디지털 시대의
시각인류학

디지털 시대의 시각인류학

초판 인쇄 2023년 10월 25일
초판 발행 2023년 10월 30일

지은이 조관연
교정교열 정난진
펴낸이 이찬규
펴낸곳 북코리아
등록번호 제03-01240호
주소 13209 경기도 성남시 중원구 사기막골로 45번길 14
우림라이온스밸리2차 A동 1007호
전화 02-704-7840
팩스 02-704-7848
이메일 ibookorea@naver.com
홈페이지 www.북코리아.kr
ISBN 978-89-6324-305-4 (93300)

값 23,000원

* 이 저서는 2018년 대한민국 교육부와 한국연구재단의 지원을 받아 수행된 연구임 (NRF-2018S1A6A4A01035398).

디지털 시대의 시각인류학

조관연 지음

북코리아

서문

인류학은 많은 한국인에게 낯선 학문이다. 적잖은 사람은 무엇을 하는 학문인지 아예 모르거나, 영화 속 인디아나 존스처럼 낯선 이국적 풍습이나 문화를 연구하는 '괴짜'들의 학문으로 알고 있다. 일부 사람들은 인류학의 정체성과 학문적 기여를 비교적 자세히 알고 있고, 실제 이상으로 높이 평가하기도 한다. 현재 많은 분과학문처럼 인류학도 20세기 초반 서구에서 만들어졌고, 많은 변화와 발전을 거쳐 현재의 모습을 갖추었다. 인류학은 인간과 문화를 이해하기 위해 총체적 관점, 문화 비교, 장기간 현지조사, 내재적 접근 등의 방법을 사용하는데, 이는 다른 학문과의 차이점이다. 초기 인류학은 한동안 인간 발달 또는 '진화' 과정에서 사라진 연결고리를 찾기 위해 오지의 원시사회에서 장기간 현지조사하고, 그 연구 결과를 민족지로 발표했는데, 여기에서 괴짜 학문이라는 표상이 형성되었다. 인류학도 — 다른 모든 학문처럼 — 시대에 따라 연구대상, 주제, 시각, 이론, 접근법 그리고 방법론들이 변화했다. 인류학자는 지구상 인간과 문화들이 왜 그리 다양한지 그리고 그 다양성에 담긴 의미와 구조, 역할 등을 어떻게 이해할 수 있는지에 관심이 있다. 현재 적지 않은 사람들은 아직도 자민족중심주의에 갇혀 좁은 시각에서 인간을 재단하고 이해하는 경향을 보이는데, 인류학의 야심찬 프로젝트는 분명히 이를 교정하고 인식의 지평을 확대하는 데 도움을 준다.

인류학은 오랫동안 연구와 지식 전파에 영상물을 활용했지만, 디지털 시대의 시각 이미지나 미디어를 본격적으로 연구한 역사는 인접 학문에 비해 상대적으로 길지 않다. 그런데도 인류학에서의 이 분야 연구성과들이 주목받는 이유는 변별적 연구 방법과 시각 그리고 접근방식에 있다. 장기간 참여관찰과 총체적 시각, 내재적 접근법, 문화 비교 등의 연구 방식과 이를 통해 축적된 시각과 이론 등은 디지털 시대에도 인류학만의 고유한 연구성과를 제시하는 토대다. 이 책은 이를 소개하는 입문서의 역할을 기대해서 기획하고, 저술되었다. 디지털 시대와 시각 이미지에 관한 다수의 연구성과가 발표되고 있지만, 이 책은 이를 다른 시각에서 접근하고, 이해하고자 하는 독자들에게 지적 자극제가 될 수 있을 것이다.

이 책은 1부에서 디지털 시대 이전의 인류학을 소개하는데, 이는 독자 대부분에게 인류학이 낯선 학문이라고 생각했기 때문이지만 틀린 추정이기를 기대한다. 아날로그 시대와 디지털 시대 사이에는 꽤 큰 차이가 존재하는데, 인류학은 — 다른 분과학문들에 비해 — 이 차이를 상대적으로 크지 않게 생각한다. 모든 학문은 자기 역사를 기반으로 발전을 거듭하고 연구대상을 바라보는데, 인류학도 예외는 아니다. 인류학의 오랜 역사와 담론 그리고 이론 등은 디지털 시대를 이해하는 데 토대가 되며, 이를 이해하는 것이 디지털과 시각 이미지 논의를 이해하는 데 도움이 될 것 같아 1부를 할애했다. 당연히 이 책에서 소개한 내용이 인류학 전체를 대표하지는 않지만, 인류학 시각에서 디지털 시대를 이해하는 데 도움을 줄 것으로 생각한다.

2부에서는 이 책의 주제에 좀 더 접근해 인류학이 미디어와 시각 미디어를 어떻게 연구했는지를 소개한다. 인류학이 디지털 시대 이전과 직후에 어떻게 그리고 왜 시각 미디어 연구를 하게 되었으며, 대표적인 내용과 시각 그리고 성과가 무엇이었는지를 제시한다. 인류학은 앞서 소개한 방법과 시각을 중심으로 디지털 시대를 연구하는데, 이런 연구 방법을 흔히 '민족지 연구 방법', 그 결과물을 '민족지'라고 칭한다. 3부에서는 디지털 민족지 방법과 원칙들을 소개하고, 경험과 사물 그리고 로컬리티를 연구하는 데 어떻게 활용되었는지를 구체적으로 소개하며, 각 분야에서 인류학만의 연구사와 접근법, 연구성과 그리고 한계 등도 제시한다. 모든 학문은 특정 현상을 이해하는데, 장점이 있지만 나름대로 한계도 노출한다. 이와 같은 점 때문에 학제 간 연구가 주목받는데, 이 책은 이런 점을 고려해 충분하지는 않지만 인접 학문에서의 연구성과와 학제 간 연구도 소개한다. 이 책의 마지막 부분에서는 인류학에서의 총체적 접근법과 문화 비교연구 그리고 참여관찰 방법들이 잘 어우러진 시각인류학 연구 사례들을 제시한다. 이 책 제목과 독자의 기대에 제일 부합하는 내용이면서, 인류학의 정체성도 어느 정도 살펴볼 수 있다.

시각인류학에서의 디지털 시대 시각 이미지와 매체에 관한 연구는 그 숫자와 내용이 너무 방대해서 전부 개괄하는 것은 불가능하고, 필요하지 않다고도 생각한다. 전문가들이 인정하는 시대를 대표하는 연구성과나 시각인류학의 경향성을 잘 보여줄 수 있는 사례들을 자의적으로 선별해서 책의 내용을 구성했다. 분명히 더 적합하거나 좋은 사례들이 있지만, 필자의 역량 부족으로 이를 모두 균형 있게 다루지는 못했다. 이는 후학들의 보완이나 개정이 있을 것으로 기대하며, 독자들이 책 뒷부분에 소개한 문헌들을 활용하면 원하는 지식이나 정보를 더 찾을 수 있다. 또한, 구글 스칼라 등에서 주요 연구자들을 검색하면 이 책에서 다루지 않은 최근 연구성과들도 확인할 수 있다.

끝으로 책 제목이 《디지털 시대의 시각인류학》이지만, 책의 목차나 내용에 시각 이미지나 미디어에 관한 부분이 두드러지지 않아서 적지 않은 독자가 실망할 수도 있다. 인류학은 총체적 접근을 중시하기 때문에 시각 이미지나 미디어만을 분리해서 고찰하지 않는다. 쉬운 이해를 위해 예를 든다면, 종교현상은 다양한 요인이 결합해서 형성된 매우 복합적인 사회 · 문화적 현상이다. 교리나 제도 등의 특정 요인만을 분리해 이런 복합적 현상을 이해하고자 한다면 종합적이고 심층적인 종교에 대한 이해에 도달하기 어렵다. 이는 디지털 시대의 시각 미디어나 이미지에도 해당한다. 인류학에서는 시각 이미지나 미디어를 종합적인 문화현상으로 간주하기 때문에 그 자체만을 분리해 분석하지는 않는다. 다양한 정치적, 경제적, 사회적, 문화적 그리고 심리적 요소들이 결합해 특정 현상이 구성된다고 생각하고, 이를 종합적이면서도 심층적으로 이해하고자 한다. 따라서 미술이나 사진, 영화 또는 미디어 연구자와는 달리 총체적인 시각에서 시각 이미지를 연구한다. 이와 같은 인류학의 차이점은 새로운 시각에서 디지털 시대의 시각 이미지와 미디어를 이해하는 데 중요한 시사점과 함의를 제시한다. 총체적 시각에서 디지털 시대의 이미지를 이해하고자 하는 사람뿐만 아니라 총체적 시각에서 연구에 관심을 가진 사람 모두에게 분명히 흥미로운 내용이 될 것이다.

이 책이 세상에 나오는 데 많은 분의 도움이 있었다. 필자는 한국연구재단의 〈인문 저술 프로젝트〉의 지원을 받아 《영상인류학 이론과 방법론》(2016)을 저술했고, 이 책은 세종 우수학술도서로 선정되었다. 2018년 이 프로젝트의 지원을 다시 받아 《디지털 시대의 시각인류학》 저술 작업을 시작할 수 있었다. 연구재단의 지원은 분명히 자극과 동기를 유발했지만, 다른 한편으로는 큰 심리적 부담이 되었다. 이 책이 발간되는 데 연구재단의 지원과 이런 '생산적' 부담감이 큰 도움이 되었다. 북코리아의 이찬규 사장님께도 감사의 인사를 드린다. 북코리아는 지난 20여 년 동안 여러 권의 책을 발간해주었는데, 이번에도 다시 신세를 지게 되었다. 외국어 표기와 원고의 미흡한 부분을 꼼꼼히 교정해준 정난진 선생님께도 감사를 드린다. 이 외에 많은 분이 이 책 출간에 도움을 주었는데, 가족들이 난삽한 문장을 윤문하고 맞춤법을 교정하는 데 특히 많은 도움을 주었다. 그리고 무엇보다 선배 인류학자들에게 무한한 감사를 드리는데, 이들의 좋은 연구성과가 없었다면 이 책은 세상에 나올 수 없었다. 이 책으로 인류학이 많은 사람에게 더 이상 괴짜들의 '이국적인' 학문이 아니라 인간을 종합적이면서 심층적으로 이해하려는 사람들의 노력의 집합체라는 사실이 알려질 수 있다면 그 목적은 어느 정도 달성했다고 생각한다.

2023년 10월
금정산 기슭 연구실에서
조관연

CONTENTS

I

디지털 시대 이전의 인류학

20세기 후반부터 인류학에는 주도적인 사상이나 이론들이 존재하지는 않지만, 몇몇 영향력 있는 담론과 생각들이 연구에 큰 영향을 끼치고 있다. 인류학에서의 여러 주요한 논쟁 중에서 재현을 둘러싼 논의는 다양한 연구주제를 포괄하고 있으며, 많은 인류학자는 이 점에 특히 관심을 보였다. 인접 분과학문에서와 마찬가지로 인류학의 재현 논쟁에서 가장 주목받은 주제는 탈식민 논의였다. 하지만 인류학은 — 다른 인접 학문에 비해 — 식민주의 유산과 더 많은 관련이 있어 이에 대한 논의는 아직도 지속되고 있다. 전 세계적으로 에드워드 사이드의 오리엔탈리즘 담론은 탈식민 논의를 촉발하는 데 결정적으로 기여했으며, 문화적 타자를 객체화하는 데 비판적 목소리를 냈다.

1장

20세기 후반 인류학 논의 개괄

인류학에는 오랫동안 별다른 문제의식 없이 문자텍스트와 시각 이미지 등을 통해 연구대상을 이국적이고 낯선 타자로 재현하는 전통이 있었다. 인류학의 '글쓰기 문화 논의(Writing Culture Debate)'는 이런 재현 전통을 성찰하는 계기가 되었다. 이 논의는 기존 인류학 전통에 반기를 들면서, 대안적 글쓰기 방식을 추구했다. 이 논의는 이국적 타자를 기술하는데 단어의 선택만이 문제가 아니라는 사실을 보여주었다. 연구자뿐만 아니라 연구자와 상호작용하는 연구대상자에 대한 연구자의 시각 그리고 연구자의 실존 자체가 단어 선택만큼이나 문제가 될 수 있음이 밝혀졌다. 이 외에도 인류학의 새로운 관심 대상으로 부각된 것은 '타자'와의 만남에서 필연적으로 만들어지는 불평등한 권력관계, 이에 대한 자기성찰(reflectivity)이나 반영 그리고 '타자' 기술(description)의 문제였다. 특히 인류학은 항상 이데올로기로 덧입혀진 공간을 해석할 수밖에 없으며, 이 때문에 해당 연구대상의 역사와 정치 관계로부터 자유로울 수 없는 숙명을 지니고 있다.

1) 인류학 위기와 '해석적 전환'

인류학은 20세기 후반 들어 거의 환골탈태하는 수준의 변화를 겪었고, 이 과정에서 인간과 문화에 대한 새로운 이해와 지식을 제시했다. 인간은 자신이 존재하는 자연과 사회환경의 영향을 많이 받으며, 이에 상응하는 행동을 주로 한다. 인간은 많은 부분에서 시각적 경험을 토대로 문화적 의미들을 만들어내며, 이 의미는 다시 문화적 현상을 이해하는 토대가 된다. 인간은 복합적이고 추상적인 사고를 할 수 있는 능력 덕분에 다른 동식물과 비교해 차원이 다른 문화생산 능력을 갖추게 되었다. 새로운 지식에 의하면, 개별 인간은 행위력(agency)을 갖추고 있고, 문화는 지속적인 해석을 통해 만들어지는(즉, 고정된 실체가 없는 과정적인) 것으로 간주되었다. 만일 인간이 끝없는 해석 과정을 통해 문화를 직조한다면, 인류학자는 연구 참여자의 해석을 다시 해석하는 것이 된다. 이와 같은 주장을 펼치는 해석인류학은 기존 인류학 전통과 달리 변별적 과정을 통해 형성되었다.

이전의 대표적인 인류학자로는 에드워드 타일러(Edward Burnett Tylor, 1832~1917), 루이스 모건(Lewis Henry Morgan, 1818~1881), 허버트 스펜서(Herbert Spencer, 1820~1903), 제임스 프레이저(James George Frazer, 1854~1941), 프란츠 보아스(Franz Boas, 1858~1942), 로버트 로이(Robert Harry Lowie, 1883~1957), 알프레드 크뢰버(Alfred Louis Kroeber, 1876~1960), 루스 베네딕트(Ruth Fulton Benedict, 1887~1948), 마거릿 미드(Margaret Mead, 1901~1978), 브로니슬라브 말리노프스키(Bronislaw Malinowski, 1884~1942), 알프레드 래드클리프-브라운(Alfred Radcliff-Brown, 1881~1955), 클로드 레비스트로스(Claude Lévi-Strauss, 1908~2009) 등이 있다.

이들은 학문으로서의 인류학 사명을 인간과 문화들에 대한 객관적 지식을 드러내는 것이라고 생각했다. 이들 중 몇몇은 '선진적'이고 '엄밀한' 자연과학 개념과 방법을 모델로 이에 상응하는 문화법칙을 정립하려했다. 또한 이들 중 몇몇은 자신의 위치를 중립적인 문화 기록자로 위치시켰고, 또 다른 이들은 현상 너머의 객관적 기능이나 본질적 구조를 밝히려고 했다. 이들은 자료나 정보 또는 자신의 결론에 대해 가끔 의문을 드러내기도 했지만, 인류학이라는 학문 내에서 인간과 문화에 대해 확고한 지식 꾸러미를 생산할 수 있다는 확신을 가졌다는 점에서 공통점이 있다. 이들의 방법론은 인과관계에 정초하고 있었고, 이를 통해 인간 행위와 문화를 설명할 수 있다고 굳게 믿었다. 이런 학술적 경향성 때문에 이들의 연구 방식을 '분석인류학'이라고 총칭할 수 있다(Stellrecht, 1993: 34-35).

1960년대 후반에서 1970년대 초반, 일부 인류학자는 당시 인문학과 사회과학에서 담론을 주도하던 철학과 문학 연구의 영향을 받았고, 이를 토대로 해석인류학을 제시했다. 그 당시 서구사회는 커다란 변화의 한가운데서 부유하고 있었다. 다수의 국가가 식민 상태에서 해방되었고, 전 세계적으로 제국주의와 자본주의에 대한 비판은 거세졌으며, 기존 질서를 비판적으로 해체하면서 인권, 자유, 평등, 해방 등에 대한 새로운 담론들이 봇물을 이루었다. 이런 혼동과 변화는 인류학 연구에도 자연스럽게 스며들었고, 해석인류학이 새롭게 등장했다, 하지만 미국을 중심으로 분석적 연구 경향은 이전처럼 계속 발전했다.

문화유물론

문화유물론은 주로 미국에서 신진화주의 모델을 토대로 형성되었는데, 환경이 문화 과정에 객관적인 힘을 행사한다는 전제에서 출발했다. 이런 맥락에서, 문화는 인간에게 유용한 하나의 적응 시스템으로 간주된다. 이들 연구자는 문화를 객관적 필요에 의미 있게 적응하는 시스템으로 파악하고, 환경이 문화 과정에 끼치는 강한 영향에 주목했다. 대표적인 학자는 마빈 해리스(Marvin Harris, 1927~2001)인데, 그의 책들은 한동안 한국에서도 커다란 인기를 누렸다. 해리스는 문화와 자연의 공생을 연구의 출발점으로 삼았는데, 자기 생각을 쉽게 서술했기 때문에 일반 독자도 그의 책들을 쉽게 이해할 수 있다.

해리스의 주장에 따르면, 문화와 자연 모두 실용적이고 목적지향적인데, 그는 음식 금기로 자신의 시각이 유용함을 제시하고 있다. 간단하게 이를 소개하면, 돼지는 땀샘이 없어서 더위에 특히 취약한 가축이다. 중동지역에서 대규모 벌목이 있기 전에 이 지역에는 돼지가 무더위를 피할 수 있는 나무 그늘이 많았고, 먹을 수 있는 나무 열매도 많아서 인간과 먹이 경쟁을 하지도 않았다. 하지만 기원 전후를 즈음해 인간이 대규모로 삼림을 벌목하면서 나무 그늘도 사라지고, 숲속에서도 먹이가 줄어들었다. 나무가 줄어들자 돼지를 키우기 위해 따로 그늘을 만들어주어야 했고, 열매가 줄어들자 인간은 이제 돼지와 먹을 것을 두고 경쟁하는 관계가 되었다. 중동지방에서 사람들이 돼지고기를 먹지 않는 이유는 땀샘이 없어서 더위에 취약한 돼지를 키우는 것이 인간에게서 너무 많은 시간과 에너지를 빼앗을 뿐만 아니라 인간의 많은 보살핌도 필요하기 때문이다.

해리스는 거의 동일한 방식으로 인도의 암소 숭배도 설명하고 있다. 이 지역에서는 소를 고기로 섭취하는 것보다 기르는 것이 인간 생존에 더 유리하기 때문이다. 소는 쟁기를 끌고, 인간에게 우유를 제공하고, 똥은 중요한 땔감이기 때문에 소를 보호하는 조치가 음식 금기로 나타난다고 주장했다. 마빈 해리스는 문화를 이용하는데, 비용(cost)과 이득(benefit) 사이의 관계가 중요하다고 보았다. 돼지의 경우 대규모 벌목이 있기 전에는 비용보다 이득이 많았는데, 벌목 후에는 이득보다 비용이 많아졌다. 해리스는 이런 맥락에서 중동지역에서 돼지고기 섭취를 금지하는 문화 현상이 만들어졌다고 주장했다.

해리스의 이런 주장은 문화와 사회를 그 자체로 이해하려던 프랑스를 위시한 유럽 대륙의 인류학 전통과 다르다. 레비스트로스에 의하면, 음식 금기는 범주 시스템의 한 표현일 뿐이다. 그의 구조주의에 의하면, 동물은 먹기 좋은 것인지가 아니라 생각하기 좋은 것인지가 중요하다. 즉, 인간이 토템으로 사자를 선택한 것은 이 동물의 강인함과 용맹함 등이 토템으로 생각하기에 또는 받아들이기에 이상적이기 때문이다.

메리 더글러스(Mary Douglas)는 《순수와 위험》에서 돼지고기 금기를 관념론적 시각에서 해석했다. 구약성서의 〈레위기〉에는 바다와 땅 그리고 하늘에서 사는 동물의 특징들이 기술되어 있는데, 돼지는 육상동물 범주에 해당하는 특징들을 온전하게 갖추지 못했다. 돼지는 당시 그 지역에서 흔히 볼 수 있는 양이나 염소 또는 소처럼 발굽도 없고 되새김질도 하지 않는 부족한 동물이어서 부정한 동물이다. 더글러스는 이처럼 부족한 속성 때문에 돼지고기 금기가 만들어졌다고 주장한다. 포스트모던 인류학자들은 해리스의 주장을 비판했는데, 그는 지역에 특정하게 주어진 환경을 중시하지만 세상을 인식하는 문화적 관점을 전혀 고려하지 않았기 때문이다. 해석적 시각에 의하면, '객관적 유용성'은 문화 이해에서 주변부 위치를 점한다. 사람들은 메뉴판에 개나 고양이 또는 돼지나 소가 적혀있으면, 역사적으로 구성된 의미를 통해 이를 이해할 수밖에 없는 존재라고 보는 시각이 있다.

기어츠의 발리에서의 수탉싸움: 텍스트로서의 문화

프란츠 보아스가 1888년 평생 주요한 정보제공자였던 조지 헌터를 만났을 때, 미국 문화인류학에 새로운 지평이 열렸다. 말리노프스키가 1915년 트로브리안드제도에 도착하면서 영국의 사회인류학에도 또 다른 지평이 열렸다. 기어츠(Clifford James Geertz, 1926~2006)는 1958년 인도네시아 작은 마을에서 벌어진 수탉싸움을 보고 이를 새로운 시각에서 해석했는데, 여기서 인류학의 새로운 지평인 해석인류학이 열렸다.

기어츠는 박사학위를 취득하고 얼마 되지 않아 부인과 함께 인기 휴양지이며 힌두 문화의 보고인 발리로 갔다. 기어츠는 여기서 갑자기 병을 얻어 한적한 마을에서 요양하게 되었다. 이때 그는 수탉싸움판이 벌어진 것을 보고 이를 흥미롭게 구경했는데, 인도네시아 정부는 수탉싸움을 도박이라며 금지하고 있었다. 싸움이 한창일 때 경찰이 들이닥쳐 참가자들을 체포하기 시작했는데, 미국인 기어츠는 체포되면 추방되어 다시는 이 지역에서 연구할 수 없어서 급하게 낯선 집으로 도망갔다. 주민들은 평소에 기어츠를 투명인간 취급했는데, 박사학위를 가진 미국 백인 남성이 인도네시아 범부와 마찬가지로 허둥대면서 도망가는 모습은 지역민에게 강한 인상을 남겼다. 기어츠는 도피한 집에서 주민들이 자기에 대해 상당히 정확하게 알고 있다는 사실을 알게 되었고, 이 사건은 기어츠와 주민들이 매우 가까워지는 계기가 되었다.

이 사건을 기록하고 해석한 발리에서의 수탉싸움은 해석인류학의 초기 정전이 되었다. 이 글에서 인류학자 기어츠는 발리 사람을 지시하는데, 발리 사람은 다시 자기 문화를 지시한다. 기어츠는 작은 마을에서 벌어진 수탉싸움을 커다란 관계성 또는 맥락에서 해석하지만, 발리 문화의 본질이나 특성에 대해서는 거의 언급하지 않는다. 기어츠는 그 대신에 발리 마을에서 싸움이 가진 은유적 의미, 남성성과 수탉의 동일화 그리고 특히 지위를 둘러싼 내기의 체계, 마을 파벌과 싸움의 관계를 기술하고, 이를 토대로 수탉싸움의 의미를 해석하고 있다.

"투계장 안에서의 학살은 사람들이 실제로 서로에 대해 행동하는 것의 모사가 아니라(더 심각한 것일 수도 있지만) 자신의 행동을 특정한 시각에서 어떻게 인지하는지를 보여준다. 이런 시각은 당연히 사회적 계층과 관련 있는데 … 명예감의 위계, 폴리네시아 작위 서열과 힌두교 카스트 제도 등의 독특한 융합은 사회의 정신적 중추를 이룬다. 수탉싸움에서만 이런 위계에 기반한 감정이 자연스러운 색채로 드러난다."(Geertz, 1973: 250-251)

기어츠의 해석은 상당히 포괄적이고 추상적이어서 많은 비판을 받았다(Petermann, 2004: 998). 당연히 발리의 마을 주민 누구나 기어츠가 기술한 감정을 가지고 있지 않다. 그의 해석에 대한 비판은 민족지를 타자 위에 위치시키고, 이들에 대해 이야기함으로써 타자들은 전형적인 존재로 축소되며, 독자는 새로운 인식을 얻을 수 없다는 점이다. 하지만 기어츠는 1970년대에 문화를 텍스트로 독해할 것을 주장하면서 인류학에 새로운 활기를 불어넣었다.

"현재 인류학에서 주도적인 비유인 유기물을 해부하고, 증상을 진단하고, 암호를 해독하거나 시스템을 배치하는 것과 문화유형 연구 사이에는 더 이상 공통점이 없으며, 오히려 문학적 텍스트로의 침투와 유사하다. 수간(獸姦)으로서의 수탉싸움 또는 집단으로 수행되는 다른 모든 상징적 구조는 '무엇에 대해 무엇을 증언하는' 것이다. … 따라서 사람들은 사회적 메커니즘의 문제가 아니라 사회의미론과 대면하게 된다." (Geertz, 1973: 253)

인류학자들은 집 건축, 제의, 갈등 또는 자연재해의 결과를 사회적 사건과 과정처럼 해석함으로써 한동안 '텍스트로서의 문화'라는 은유에 대해 논의를 이어나갔다. 이때 모든 문장을 해당 쪽과 전체 장의 관계 속에서 파악하고, 이를 다시 전체 책과의 관계 속에서 이해하려고 했다. 성서와 법 해석에서 발전한 텍스트 해석학이 해석인류학 발전에 도움을 주었다. 해석학에 의하면, 사회와 문화는 자신의 역동성에 따라 나타나지만, 텍스트는 경직되고 명백하고 일목요연하게 나타난다고 이 둘 사이의 차이점을 파악했다. 따라서 사건에 대해 권위 있는 텍스트 형식은 존재할 수 없다.

하지만 해석인류학자들은 이런 구분과 차이에 대해 반대 입장을 취했다. 개방적이고 역동적인 텍스트 이해가 존재할 수 있다. 사람의 생각이 말로, 이는 다시 문자 텍스트로 전환되는데, 문자 텍스트는 다시 말과 생각으로 복사되고, 전사되기 때문이다. 기어츠는 문화는 행위를 통해 드러나고 그 의미가 전달되는데, 이런 행동을 해독하기 위해서는 인간의 행동을 문학 텍스트로 취급해야 하고, 그에 걸맞은 독해 방법을 개발해야 한다고 주장했다. '텍스트로서의 문화'라는 시각은 해석인류학에 중요한 발전의 계기가 되었다. 해석인류학은 문화 자체에는 다중적 해석 가능성이 존재한다고 주장했지만, 많은 논쟁점도 남겼다.

해석학

클리포드 기어츠는 제2차 세계대전 때 군 복무를 마친 후 하버드대학교에서 탤콧 파슨스(Talcott Parsons)에게 수학했는데, 이때 독일 사회학과 막스 베버의 주요 문화 개념을 배웠다. 그는 이후 시카고대학교에서 수학하면서 상징인류학을 연구했다. 이때 그가 접한 사상들은 프린스턴대학교 고등연구소(Institute of Advanced Studies)에서 1970년 정년퇴직할 때까지 그의 학문 세계에 큰 영향을 끼쳤다. 그의 저작들은 20세기 후반 인류학의 경향과 쟁점을 상당 부분 대표하고 있다. 기어츠는 문화유물론이나 구조주의 같은 메타 이론을 거부하고, 사회적 사건을 텍스트로 해석하는 미시적 현지조사를 중시했다. 기어츠에게 영향을 끼친 또 다른 사상가는 프랑스 철학자 폴 리쾨르(Paul Ricoeur, 1913~2005)다. 리쾨르는 텍스트 해석을 특히 강조하는 현상학자였다. 현상학은 성서해석에서 출발했지만 후에 철학 서적과 법전 해석으로 그 외연이 확대되었는데, 기어츠는 이를 문화로까지 확장했다.

단어는 문장 내에서만 의미가 생겨나고, 이 의미는 의미절 내에서 그리고 이는 다시 전체 텍스트 내에서만 독해될 수 있다. 현상학적 순환(hermeneutischer Zirkel)은 더 큰 맥락 안에서 각각의 의미를 더듬어 찾는 과정을 말하는데, 이 과정에서 얻어진 의미는 최종적으로 전체 의미를 밝히기 위해 다시 더 큰 맥락 속으로 투사되어야 한다. 이는 시각장애인이 코끼리를 이해하기 위해 자신의 제한적 감각을 통해 코끼리의 각 부분을 더듬어서 알아내는 과정과 유사한데, 이 과정에서 가정은 지속적으로 폐기되고 새롭게 만들어진다. 인류학자는 시각장애인이 코끼리를 알아내는 것처럼 사물이나 사건을 알아내려고 하며, 이런 의미에서 본다면 인류학자는 사회의미론에서 의의를 찾는 사람이 된다. 인류학에서 분석적 접근은 연구하고 분석할 수 있는 객관적 진실이 실재한다는 전제에서 출발한다. 이에 반해 해석적 접근은 인간을 의미를 생성하는 존재로 파악하고, 인류학은 이런 의미를 해석하는 것을 과제로 삼고 있다.

기어츠는 인류학자의 활동을 '기술하는 사람'이라고 했는데, 민족지(ethnography) 개념에는 기술 측면이 포함되어 있기 때문이다. 그에 의하면, 텍스트는 만들어진 그 무엇이고, 실재와 허구 사이의 구분을 염두에 두지 않은 픽션(fiction)을 의미한다. 이 픽션은 최선의 경우일지라도 행위자 또는 행위를 해석한 1차 해석일 따름이다. 실제로 인류학자가 연구 참여자로부터 어떤 문화현상에 대한 의미를 듣고 이를 기록했다면, 1차 해석에 대한 2차 기록과 해석이 되는 것이다. 기어츠는 이런 점에 착안해 당시 인류학의 대가로 인정받던 루스 베네딕트, 말리노프스키, 에반스프리차드 그리고 레비스트로스의 연구성과를 다시 검토했다.

그는 특히 이들의 민족지에 나타나는 문학 형식에 주목했는데, 이들 저자가 연구 현지에 있었다는 점을 어떻게 드러내고 증명하는지를 중점적으로 살펴보았다. 기어츠는 이들의 민족지가 문학작품이라는 점을 발견하고, 이들을 새로운 의미의 관계망에 위치시켰다. 인류학은 이를 통해 새로운 방향 정립을 할 수 있었지만, 이 논리를 극단적으로 밀어붙이면 문화상대주의와 동일한 결과에 다다르게 되는 문제가 발생하는데, 연구자가 문화상대주의를 극단적으로 밀어붙이면 타자에 대한 접근 자체가 불가능하게 된다. 인류학에서 주류 전통은 타자 이해와 이의 기술을 중시했는데, 타자에 대한 재현을 문학적 형식으로 환원시킨 기어츠의 시각은 인류학 주류 전통의 존립 기반을 뿌리째 흔들어버렸다. 인류학은 기어츠의 도발적인 주장을 통해 민족지 연구의 수사학과 언어적 형식을 다시 자각하고, 타자성과 자기서술의 진정성을 역사적이고 방법론적 측면에서 성찰하는 계기로 삼을 수 있었는데, 이는 다시 인류학의 토대 강화로 이어졌다. 기어츠의 해석인류학 이외에 새로운 담론들이 등장하면서 인류학은 또다시 자신의 정체성과 존립 토대를 되돌아볼 수밖에 없었다.

에드워드 사이드의 오리엔탈리즘과 요한네스 파비앙의 '타자화'

말리노프스키는 인류학에서 가장 중요한 현지조사 방법론을 정립했는데, 그가 현지조사 동안 쓴 일기가 1967년 출간되었다. 프리맨(Freeman, 1983)은 1983년 마거릿 미드의 연구 과정과 성과를 비판한 것을 위시해서 인류학의 존립 근거를 흔드는 문제들을 제기했다. 특히 이 두 사건은 인류학계에 현지조사와 연구대상에 대한 접근과 상호작용에 대해 성찰적 질문을 던졌다. 하지만 이들 사건과 별개로 인류학에서는 인식 가능성과 한계에 대한 회의감이 싹트기 시작했다. 파리를 중심으로 후기구조주의 전환(turn)이 이런 회의감 형성에 큰 영향을 끼쳤다.

특히 미셸 푸코(Michel Foucault, 1926~1984)의 담론 개념은 인류학에서 상호이해 가능성과 한계를 새롭게 되돌아보는 계기를 제공했다. 언어학에서 담론분석은 미시적 사용 차원에서 모든 발화 순간과 강조, 수사적 수단, 그리고 전체 맥락을 종합적으로 분석했다. 푸코는 이런 미시적 방법을 차용해 제도와 이데올로기가 거대 주제에 대한 담론에 참여하는 방식을 제시했다. 사회는 담론을 통해 질서와 확실성 그리고 진리를 만들어내는데, 담론 안에서 토론이 벌어지지만 인간은 담론과 토론으로부터 자유롭지 않은 갇힌 존재일 따름이다.

푸코가 제시한 견해는 사이드의 오리엔탈리즘에 버금가게 인류학계에 커다란 반향을 불러일으켰다. 에드워드 사이드(Edward Said, 1935~2003)는 유럽 식민세력이 스스로 낯설게 여기는 세계에서 권력구조와 경제적 종속뿐만 아니라 정치적 여건과 분리할 수 없는 왜곡된 학술 지식을 생산했다고 주장했다. 오리엔트는 실재적으로 존재하지 않지만, 문학과 예술 그리고 학문은 이를 구성해냈다. 이 과정에서 오리엔트는 서구를 뜻하는 옥시덴트의 도덕과 이데올로기에 영속적으로 대립하는 것으로 구성되었고, 오리엔탈리즘은 타자에 대한 유럽 지배를 설명하고 정당화하는 기제가 되었다. 논문, 번역, 탐험기, 보고서, 동화, 그림 등은 타자의 관습과 습관을 재현하고 있는데, 전제적 지배형식과 잔인한 형벌, 배꼽춤(belly dance) 그리고 할렘에서의 사치와 방탕 등이 소설과 할리우드 영화의 단골 배경이 되었다. 이런 표상은 외국 관광객을 위한 여행안내서에도 상당 부분 다시 발견되는데, 오리엔탈리즘에 대한 비판은 서구뿐만 아니라 '낯선 타자' 사이에서도 폭넓게 수용되고 논의되었다.

하지만 사이드의 오리엔탈리즘을 비판적으로 점검할 필요도 있다. '오리엔탈리스트(orientalist)' 또는 '오리엔탈리즘적(orientalistic)'이라는 개념 또는 명칭은 식민주의와 유럽 중심주의 맥락과 관련된 작가와 작품을 비판하기 위해 동원되는 경향이 있다. 실제로 오리엔탈리즘적이라는 것은 종종 타자를 정형화하면서 자기성찰에는 등한한 경향을 보인다. 여기서 종종 간과되고 있는 사실은 유럽 사상 전통 내에도 적지 않은 수의 열린 사고를 가진 사람이 오리엔트와 관련된 연구를 진행해왔으며, 이들의 저작 모두가 사이드의 오리엔탈리즘 주장에 그다지 부합하지 않는다는 것이다. 하지만 이런 사실에도 불구하고 사이드의 주장은 모든 학자에게 자신의 시각과 가치를 다시 점검하는 계기가 된 것도 사실이다.

'타자화(Othering)'라는 개념은 인위적인 방식을 통해 다른 것을 더 다르게 만드는 것을 지칭하는 철학적인 내용인데, 인류학에서는 요한네스 파비앙(Johannes Fabian)이 이를 본격적으로 제기했다. 그는 시간의 사용과 이에 대한 표상이 기술된 객체에서 어떻게 거리를 만들어내는지를 보여주었다(Fabian, 1983). 그에 의하면, 인류학에서 중요하게 생각하는 타자 재현은 당대의 타자를 부정하는 경향이 있는데, 자신의 경험을 통해 이를 소개했다.

파비앙은 아프리카 자이르에서 광산을 소유하고 있는 벨기에 가정에 식사 초대를 받았는데, 식사를 마친 후 음식 솜씨를 칭찬했다. 이 말을 들은 여주인은 요리사를 불렀고, 그녀는 파비앙에게서 들었던 음식 칭찬을 다시 요리사에게 말했다. 이때 여주인은 마치 요리사가 그 공간에 없는 것처럼 칭찬을 전달했다. 요리사가 같은 공간에 있었지만, 여주인은 요리사를 투명인간 취급하고, 3인칭 화법으로 요리사의 솜씨를 칭찬한 것이다. 파비앙은 바로 이런 칭찬 사례와 민족지 재현 사이의 유사성을 발견했다.

인류학자들은 자신의 민족지에서 당대에 존재하는 '타자'를 마치 부재한 것처럼 이야기하고 있으며, 이를 통해 연구 참여자 또는 대상은 당대의 객체로 전락하게 된다. 인류학자들은 이들 연구 참여자와 거리를 만듦으로써 자신만이 저자로 자리매김할 수 있게 되고, 타자에 대한 텍스트 통제권도 홀로 행사할 수 있게 된다. 파비앙의 민족지 비판은 글쓰기 과정을 통해 다른 이들을 더 가깝게 만들기보다는 낯설게 하거나 타자화함으로써 우리와 타자 사이의 거리 또는 생경함을 만드는 데 있다. 파비앙은 이 문제의 원인을 작가 개인이 아니라 시간에 대한 우리의 인식과 표상 그리고 당대 언어 사용 형식에서 찾고 있다.

2) 글쓰기 문화 논의와 재현

푸코와 사이드 그리고 파비앙의 주장을 종합하면, 인류학은 학문의 시작부터 자신만의 강한 전제와 관심사가 있었고, 이는 1970년대까지 학계에 강한 영향력을 행사했다. 타자에 대한 표상은 정치적일 뿐만 아니라 오랜 역사를 통해 내려온 맥락과 관련이 있다. 이런 맥락에서 말리노프스키와 미드의 삶과 학술 성과에 대한 재점검 그리고 이에 대한 비판은 학문으로서의 인류학에 중요한 의미가 있다. 일부 인류학자는 '인류학'이라는 학문과 '문화'라는 개념 자체를 철폐하고, 그 대신에 담론으로 대체해야 한다는 극단적인 주장을 하기도 했다. 다수의 인류학자는 이런 막다른 골목에서 새로운 탈출구를 모색했지만, 마땅한 대안을 찾지 못하고 있었다. 프리맨과 파비앙의 논의를 둘러싸고 국제 세미나가 개최되었는데, 그 결과가 《글쓰기 문화(*Writing Culture*)》다. 인류학은 적어도 1970년대부터 철학, 문학, 사회학 등의 인접 학문으로부터 인식론과 관련된 연구성과를 적극 수용해서 문화생산과 이데올로기를 연구하는 데 도움을 받았다. 이런 영향은 《글쓰기 문화》의 부제 '민족지의 시학과 정치학(*The Poetics and Politics of Ethnography*)'에서 알 수 있다. 글쓰기 문화 논쟁은 인류학 위기와 같은 선상에 있었는데, 이 둘은 동일한 문제의식을 공유했다. 당대 대표적인 인류학자 제임스 클리포드는 《글쓰기 문화》의 도입부에 해당하는 글에서 푸코와 사이드를 언급하면서 다음과 같이 결론을 말했다.

> "민족지 저작과 독서는 해석 공동체인 저자와 독자의 통제 너머의 힘들에 의해 궁극적으로 결정된다. 글쓰기 과정에는 언어와 수사학, 권력과 역사의 우연성이 확연하게 들어가야 한다. (…) 이런 대면은 '입증'이라는 가시 돋친 문제를 야기한다. 문화기술에서 진실은 어떻게 평가될 수 있나? 누가 예술과 학문, 사실과 허구, 이데올로기와 지식을 구분할 수 있는 권위를 가지고 있나?"(Clifford, 1986: 25)

클리포드는 인식 과정이 아니라 글쓰기 과정에 주목했는데, 이는 글쓰기 과정이 문화생산의 장소이며, 해석적 의례로서 심층적인 영향을 끼치기 때문이다. 독자가 상상하는 것과 달리, 인류학자는 현지조사를 마치고 민족지를 쓰는 것이 아니라 현지조사 기간에 이미 글쓰기를 시작한다. 《글쓰기 문화》의 표지 그림은 이런 인류학자의 모습을 재현하고 있다. 한 백인 남자가 자신이 연구하는 지역의 한 허름한 집 안에 있는 매트 위에 앉아서 자신이 경험한 것을 노트에 기록하고 있는데, 클리포드는 이 책을 쓰는 출발점으로 이 모습을 담았다. 첫인상을 문자로 기록하고, 경험한 것을 몇 페이지로 환원하면 필연적으로 '부분 진실(partial truths)'일 수밖에 없는데, 여기서 '부분 진실'은 문자 그대로 진실의 한 부분이면서 당파적 진실을 모두 아우른다.

제임스 클리포드의 '부분 진실'

'글쓰기 문화' 논쟁에서 핵심적인 질문은 문학적 형태다. 인류학자가 작성하는 민족지는 항상 맥락의존적이고 개인적인 색채로 물들어 있으며, 현지조사는 예측 불가능함과 우연으로 점철되어 있다. 인류학자는 민족지 글쓰기에서 우선 수사적 수단을 선택하고, 특정 내러티브 구조를 선호하는데, 이는 민족지 내용에 광범위한 영향을 끼친다. 일단 텍스트로 고정되면, 텍스트로 쓰기 이전 현지의 행위자가 완전히 객체가 될 위험에 처한다. 인류학자는 언어적 수단을 가지고 정확하게 글을 쓰려고 하지만, 실상 민족지 속의 타자는 기술되는 것이 아니라 창조되는 것이다. '기술하기'라는 단어는 대부분 도주하는 성질을 가진 생각이나 인상을 단단하고 구체적인 형태로 빈 종이에 고착하는 행동이다. 이는 당연히 말하는 행동에도 해당하는데, 화자는 말하는 순간 자신이 한 말에 대한 영향력을 잃어버린다. 푸코와 사이드의 통찰이 인류학의 기존 지향점과 전제에 본질적인 인식론 의문을 제기했기 때문에 인류학 프로젝트에 끼친 영향은 컸다.

여기서 커뮤니케이션 과정이 작동하고 의미를 구성하는 과정을 소쉬르의 언어학 이론 중 랑그(langue)와 파롤(parol)을 통해 살펴볼 필요가 있다. 만일 화자가 다른 이에게 "너는 내 친구지?"라고 물어보면, 이는 다른 이가 알고 있는 관계를 확인하거나, 이 말을 통해 새로운 사회적 사실을 만들려는 의미가 내포되어 있다. 만일 국가 간 정상회담에서 이 말을 한다면 그 의미는 완전히 달라져서 정치와 경제에서 제법 큰 문제를 초래할 수도 있다. 커뮤니케이션 행동은 확실히 사회적 실재(reality)를 만들어낸다. 판사나 법원 관리의 말에는 사회 규범적 차원이 존재하는데, 이처럼 인류학자가 학술서적 또는 논문의 형태로 타자에 대해 이야기하면, 이 타자 재현은 특정 권위를 획득하게 된다.

언어나 글은 결코 순진무구한 커뮤니케이션 수단이 아니어서 종종 기술된 것은 저자를 향하기도 한다. 아프리카 지식인들은 인류학자들이 자기 나라의 열악한 산업기반시설, 불안정한 행정과 법률 시스템 등을 자주 이야기하기 때문에 조국의 이미지가 손상당하고, 이로 인해 투자가 제대로 이루어지지 않는다고 항의하고, 인류학자들에게 이런 태도와 말을 교정할 것을 요구한다. 인류학자에게 해당 연구 지역의 경제발전은 우선적인 관심 주제가 아니지만, 글쓰기 문화 논쟁 이후로 타자 재현에서 언어 선택과 그 영향에 대해 관심을 가지게 되었다.

일부 인류학자들은 1980년대를 전후해서 이국적인 타자가 아니라 자신이 속한 문화에 대해 민족지를 발표하기 시작했다. 말리노프스키는 트로브리안드제도에서 '이국적인 타자'의 문화와 삶을 연구했지만, 수평선 너머로 사라지는 배를 보면서 자기 이야기를 했다. 이를 통해 독자에게 자신의 연상 고리를 호출하게 만들었고, 낯선 오지에서 학술적 업적을 성취하기 위해 희생을 감수하는 고독한 영웅으로 자신을 자리매김했다. 클리포드(Cilfford, 1993)는 자신의 글에서 인류학 고전에 나타나는 텍스트 재현 형식과 인류학 권위 문제를 분석했다. 여기서 인류학자들이 텍스트 구성에서 담당한 역할, 이들의 권위 획득 방식과 타자 재현의 스타일에 대한 논의가 활발하게 진행되었고, 이 과정에서 권위를 나누는 것에 대한 논의도 자연스럽게 부각되었다.

대화적 텍스트

인류학자들은 주로 푸코, 사이드 그리고 클리포드의 생각에 영향을 받아 민족지의 텍스트 형식에 대해 논의했는데, 주요 핵심 키워드는 다음과 같다.

① 파편적(fragmentary)

② 과정적(processual)

③ 대화적(dialogical)

④ 다성적(polyphone)

⑤ 자기성찰적(self-reflexive)

인류학자는 현장에서 단편적으로 경험할 수밖에 없고, 타자의 이해는 결코 완결될 수 없으며, 인류학 지식은 파편적이고 과정적 성격을 갖는다. 따라서 타자에 대한 이해를 재현하고자 한다면 텍스트에는 반드시 의문점들이 포함되어야 한다. 또한, 인류학자는 정보제공자에 대해 이야기하는 것이 아니라 자신의 정보제공자와 함께 이야기해야 한다. 인류학자들이 연구하는 사회에는 예외 없이 다수의 다양한 목소리가 존재하는데, 이런 복수의 목소리가 민족지에 포함되어야 한다. 인류학자의 몸과 마음도 글쓰기에 필연적으로 녹아들어갈 수밖에 없는데, 인간은 누구나 나름대로 문화적 필터를 가지고 있으며, 타자도 이런 필터를 통해 인식하고 자신만의 목소리를 낸다. 이 외에 민족지 작성에서 연구 맥락도 중요한 역할을 하는데, 모든 연구자는 '학계'라고 부르는 지식 공동체 내에서 사회화 과정을 거치기 때문이다. 이상의 다섯 가지 키워드는 현재 인류학에서 당연하게 받아들이는 개념들이 되었다. 하지만 다수의 인류학자는 이런 개념들이 반영된 민족지가 실제로 가능한지 그리고 구체적으로 어떤 모습일지에 대해 궁금하게 생각하고, 또 다른 학자들은 이에 대해 회의를 표하기도 했다.

빈센트 크라판자노(Vincent Crapanzano)는 1985년 포스트모던 민족지로 평가받는《투하미: 어느 모로코인의 초상(*Tuhami: Portrait of Moroccan*)》를 발표했다. 모로코에 사는 투하미는 타일 제조공인데 문맹이며, 40대 중반의 나이에 미혼인 그는 사회에서 소외된 아웃사이더였다. 크라판자노는 투하미와 나눈 이야기를 기반으로 민족지를 작성했다. 그는 우선 투하미를 어떻게 알게 되었으며, 연구 과정 중 자신과 투하미의 관계가 어떻게 변화했는지를 소개한다.

투하미는 다른 남자들과 달리 여자들과 결혼할 수 없었던 이유를 자신이 낙타 발 모습의 여자 악령과 결혼한 데서 찾았다. 마법의 달인이자 뛰어난 이야기꾼인 투하미는 자신이 일하는 가마 근처의 볕이 들지 않는 습한 오두막집에서 살았다. 밤마다 악마와 성인들이 방문해 그를 괴롭혔는데, 그는 끔찍한 양면성을 가진 여성 악마로부터 해방되고 싶었다. 크라판자노는 현대적 심리치료 방법을 잘 알고 있었는데, 투하미를 치료하기 위해 다양한 노력을 했지만 성공하지는 못했다.

크라판자노는 이때 나눈 이야기 번역본과 당시 관찰한 사실과 기억 자료를 자신의 민족지에서 제시하고 있다. 크라판자노는 독자에게 자신의 위치를 민족지에 투명하게 공개해서 독자들도 연구 과정을 점검할 수 있도록 했고, 독자도 나름대로 자신만의 투하미 모습을 그릴 수 있도록 했다. 크라판자노는 자신의 책에서 "나는 당시 실재가 참됨의 은유가 될 수 있다는 점을 전혀 알지 못했다"라고 말해 현지조사에서의 한계를 인정했다(Crapanzano, 1983: 174). 그는 현상학, 정신분석학, 상징주의를 기반으로 투하미 자신과 그의 세계에 대한 기이한 설명을 해석했는데, 이를 통해 실재와 진리의 본질 그리고 민족지 자체의 한계에 대해 새로운 사유를 촉발했다. 크라판자노의 《투하미: 어느 모로코인의 초상》은 아직까지 인류학에서 새로운 이해를 촉발한 중요한 저작으로 손꼽히고 있다.

크라판자노는 글쓰기 문화 논쟁에서 도출한 결과를 실제 사례에 적용했는데, 투하미 사례처럼 항상 성공적인 것은 아니다. 이 논쟁 이후 적지 않은 인류학자들은 정보제공자의 말 뒤에 숨어서 도전적인 질문을 회피했고, 독자가 이해하기 어려운 현학적이고 열린 텍스트를 생산하기도 했다. 또한, 인류학자는 자신의 민족지를 잠재적 독자의 기대와 욕망에 부응하는 내용으로 채우거나 복잡함과 불확실성을 숨기기 위해 현란한 수사학을 동원하기도 했다. 현재 대부분 인류학자는 글쓰기 논쟁에서 촉발된 논점들에 대해 거의 공감하지만, 이를 실행에 옮기는 데 어려움을 겪고 있다. 하지만 '글쓰기 문화 논의'는 타자가 민족지에서 어떤 방식으로 재현되고 있는지에 대해 재사유할 것을 요구하고, 새로운 실험적 글쓰기를 독려하는 역할을 했다. 이 과정에서 타자는 자신의 목소리를 어느 정도 회복할 수 있었고, 연구자는 현지조사 상황과 인식 과정을 명시적으로 드러낼 필요를 느끼고 이를 실행에 옮기도록 했다.

기회와 시각

인류학은 1970년대부터 시작된 자기성찰 과정에서 핵심 관심사인 타자 인식의 뿌리마저 흔들렸다. 인류학 연구는 주로 문화적 차이에 기반하고 있는데, 이를 주제화하고 기술하는 것이 생각보다 단순하지 않은 작업이라는 사실도 밝혀졌다. 인류학은 식민 시기에 형성된 타자와의 관계를 완전히 극복하지 못했는데, 식민 시기에는 불평등한 권력관계와 현재 서구 지식의 기반이 되는 다수의 예술과 문학 그리고 학문이 형성되었다. 사회과학과 문화 연구의 주요 방법론 역시 주로 서구사회를 기준으로 만들어졌고, 연구대상이 되는 다른 사회의 방법론은 간과되거나 경시되었다. 학술적으로 주류가 된 방법론은 서구에 알려지거나 익숙한 내용을 기반으로 했고, 다른 사회의 실재를 반영하는 내용과 시각은 경시되었다. 이런 맥락에서 인류학자는 타자를 연구하고 기술하는 데 주도적인 역할을 했으며, 연구대상이면서 참여자인 '타자'는 객체로 전락하게 되었다. 방법론과 재현의 문제점들이 파헤쳐지면서 인류학은 위기를 맞았지만, 동시에 새로운 기회를 포착할 수 있었고, 새로운 방식의 현지조사와 기술도 가능하게 되었다.

이런 비판을 극복하기 위해 인류학에는 여러 가지 시도가 있었지만, 두 가지 방향이 두드러진다. 우선 인류학자들은 연구대상을 새롭게 정립했다. 기어츠는 수탉싸움을 사회 전체의 의미론이 표현되는 장으로 받아들였지만, 이후 연구자는 이런 방식으로 사회 전체를 다루지 않고 특정한 해석 장만 다루기 시작했다. 예를 들어 젠더 인류학의 경우 노동, 법 등의 영역에서 성별마다 고유한 개념에 대해 질문을 던진다. 의료인류학의 경우 특정 공동체 내에서의 질병과 건강, 몸과 정신, 종교와 치료 등을 연구한다. 이런 연구 이후 특정 커뮤니티에서 도출된 연구성과를 다른 사회에 적용해서 비교 연구도 시도했다. 이를 통해 비교문화적 의미에서 연행, 수사학 또는 시각성에 대한 좀 더 심층적인 이해가 가능해진다. 이제는 더 이상 남태평양의 트로브리안드 사회와 캐나다 서부 해안의 콰키우틀 사회를 전체적으로 비교 연구하는 것이 아니라, 특정 문화 생산물의 특정 형태에 대해 신중하게 토론한다.

이 과정에서 관찰자의 선입견과 결론의 도출 과정 모두 고려 대상이 되었다. 기술 또는 서술 형식은 민족지의 시각과 질문 영역에 영향을 끼치고, 억압된 목소리를 드러내기도 한다. 여기서 결론은 절대적인 진리를 드러내는 것이 아니라 과정과 상호접근의 한 부분으로 이해된다. 이에 반해 예전의 민족지는 명확함과 총체적 진술을 중시했지만, 현재의 민족지는 작가가 대상을 담론적으로 만드는 데 더 많은 중점을 둔다. 예를 들어, 연행이나 수사학 그리고 시각성에 대한 이론은 나와 타자에 대한 시각과 가치를 변화시키기 때문에 사실을 변화시킨다. 다양한 개인을 집단으로 묶어서 보았던 기존의 방식도 새로운 변화를 모색하고 있다. 만일 모든 것이 이미 구성된 것이라면, 연구자는 이제 힘과 열정을 가지고 이 구성 과정에 동참하는 편을 선택해야 식민지 표상이 변화될 수 있고, 여기서 새로운 주제와 기회가 만들어질 수 있다.

인류학이 마주한 위기를 극복하기 위한 또 다른 시도는 자신 안의 타자를 위치 짓는 것이다. 인류학은 예전부터 자신이 속한 사회를 연구대상으로 삼기도 했다. 로위(R. H. Lowie)는 1914년 미국 사회 내의 독일 이주민을 연구했는데, 이는 극히 예외적인 사례였다. 하지만 이제는 인류학에서 자신이 속한 문화집단을 연구하는 것이 더 이상 낯선 일은 아니다. 이 같은 현상이 벌어진 이유는 식민 시기의 종식과 관련이 있다. 이제는 인류학자들이 방해받지 않고 자유롭게 타자를 연구하기 어려운 환경이 되었다. 그리고 예전의 연구대상이던 '타자'가 노동이주민, 연구자, 상인, 난민 등의 자격으로 주로 인류학의 고향인 유럽이나 미국 등으로 이주하고 있다. 이들이 유럽이나 미국 등의 사회에서 자리를 잡아가고 공동체를 형성하고 있는데, 이들을 연구하는 것도 인류학의 흥미로운 주제가 되었다.

또한, 인류학은 전통적 주제를 넘어서서 시각인류학이나 미디어 인류학 등으로 연구영역을 확장했고, 이들 매체 속의 소수자 또는 타자 재현 문제도 중요하게 연구하기 시작했다. 인류학은 정부 기관, 사업가, 시민단체, 구호단체, 임차인 그리고 고용주와 외국 이주민의 관계를 분석하고 이해하는 일을 새로운 연구과제로 받아들이고 있다. 이들 외국 이주민이 새로운 환경을 어떻게 받아들이고, 타협 과정은 어떻게 진행되는지를 밝히는 것도 흥미로운 연구주제가 되었다. '타자'가 갑자기 우리와 함께 사는 세상이 시작되었고, 이런 통학문적 외연 확장은 인류학의 정체성 상실이라는 위기를 초래할 수 있다. 통학문적 연구가 성공적으로 정착하기 위해 각 분과학문이 자신만의 연구영역과 정체성을 확고하게 정립하는 것이 필요한데, 인류학도 예외는 아니다.

3) 포스트모던과 탈식민 담론

유럽에서는 근대의 도래와 함께 세계에 대한 새로운 시각이 형성되었다. 자유로운 시장경제는 경제적 인간이 탄생할 수 있는 조건과 행동 그리고 '상상의 공동체'인 국민국가가 탄생할 수 있는 공간을 제공했다. 근대국가는 법과 제도 그리고 행정 부문에서 새로운 꼴을 갖추었고, 여기서 사회와 전통 등은 새로운 의미를 갖게 되었다. 개인주의 이데올로기는 창조적이고 성찰적인 행위자라는 인간상을 넘어 사회도 넘어서는 존재로 간주되지만, 전쟁 때는 이 지위가 유예되었다. 학문의 세계에서는 실증주의가 힘을 얻었고, 인간의 이성은 거의 모든 문제에 대해 의문을 제기했으며, 확실한 해답을 도출할 수 있다고 생각했다. 인간 정신은 과거 전통과 종교 등에 더 이상 포획되지 않았으며, (자연)과학이 새롭게 제시하는 실증적 증거는 절대적인 것으로 받아들여졌다.

모던과 포스트모던

포스트모더니즘은 모더니즘의 이런 전제에 대한 도전이었다. 자유시장경제는 자연스러운 세상 질서가 아니라 생산자와 소비자가 이데올로기로 충만한 시스템 내에서 기존 관습에 따라 상호작용한 결과다. 객관적 진실을 추구한다고 믿어졌던 자연과학도 문화 시스템의 한 부분일 따름이며, 이 시스템은 주도적인 질문을 형성하고, 특정 해답만 가능하게 한다. 우리의 지식은 객관적인 것이 아니라 사회관계 내에서만 전개되고, 지식은 문화적 경계 내에서만 유효해서 특히 타자 인식과 재현은 종종 문제를 촉발한다. 이런 모더니즘의 이데올로기 측면이 드러나면서 이에 대한 회의와 자기성찰, 새로운 담론이 출발하는 기반이 되었다. 이전의 지식은 해체되었고, 새로운 시각이 이 자리를 대신하기 시작했다. 이런 점을 고려한다면 포스트모던은 기존 인간 사회에 대한 포괄적인 비판이다.

인류학은 '해석적 전환' 이래 자신의 학문적 토대에 대해 계속 질문했다. 클리포드 기어츠는 문화 시스템을 "상대적으로 정돈된 의식적 사고의 총체적 복합체"인 공통감각(common sense)으로 간주했지만, 이 시스템의 구성적 측면을 대부분 거부했다(Geertz, 1973: 261-288). 실제로 기어츠가 제시한 공통감각은 인류학에서 상대적으로 중요성이 경시되었다. 포스트모던 인류학은 글쓰기 문화 논쟁을 통해 본격적으로 시작되었고, 두 가지 방향으로 진행되었다. 하나는 푸코를 위시한 후기구조주의 철학을 받아들인 것이고, 또 다른 하나는 포스트모던 민족지의 등장이다. 포스트모던의 영향은 사상적으로 인류학에 큰 영향을 끼쳤지만, 인류학의 기존 연구 실천을 크게 바꾸지는 못했다. 포스트모던 방식의 민족지는 그 수가 많지 않으며, 포스트모던 인류학자라고 자처하는 사람들의 숫자도 많지 않다. 그럼에도 포스트모던 논의는 인류학자에게 자신을 성찰하는 기회를 제공했다는 점에서 큰 의미가 있다.

푸코는 포스트모던 학자가 아니라 후기구조주의 학자로 간주된다. 그는 유럽 모더니티의 토대, 감시와 통제 그리고 지배와 통치 기제 등을 연구했는데, 인류학은 특히 그가 제시한 권력과 지식의 분리 불가능한 관계에 주목했다. 공적인 학술 담론에는 일정한 커뮤니케이션 규칙이 있으며, 이런 학술 실천에서 이성에 기반한 지식이 만들어지고, 이는 진실로 간주된다. 이런 지식은 사전에 사람 또는 집단 사이의 관계를 구조화하며, 구체적인 상호작용을 통해 권력관계가 만들어진다. 권력은 그 자체로 실체가 있는 것이 아니라 맥락을 통해 만들어지는데, 이 권력은 다시 대립권력을 촉진한다. 권력과 대립권력 사이의 관계는 일방적이지 않다. 푸코는 권력을 폭력이나 지배와 구분하면서, 권력에서 지식이 만들어지는 순간에 특히 주목했다. 권력은 사회 스스로 조직화하는 포괄적인 장치와 결합해 있는데, 정치, 정신의학, 교육, 섹슈얼리티, 지식 그리고 기타 다른 장치들은 억압적이면서도 생산적으로 작동한다고 했다(Foucault, 1990).

장폴 뒤몽(Jean-Paul Dumont)은 베네수엘라의 빠나레(Panare) 인디언 사회에서 10년 이상 현지조사를 했는데, 자신과 연구대상 사회 사이의 복잡한 관계를 푸코의 권력관계 개념을 토대로 연구했다. 뒤몽은 빠나레 인디언에게 의약품 등의 물건을 선물해 지식을 얻으려고 했다. 지식과 선물은 양측 권력과 서로 긴밀하게 연결되어 있어서 이 둘은 어느 하나가 없다면 존립할 수 없다. 그는 지식과 선물의 첫 번째 협상 과정을 이해하기 위해 '호두 이론(walnut theory)'을 이용했다. 호두에서 알맹이를 온전하게 꺼내려면 조심스럽게 껍데기를 깨야 하는데, 인류학자도 다른 사회에 접근하여 이를 이해하기 위해서는 호두를 깨는 것과 같은 전략이 필요하다. 하지만 뒤몽은 빠나레 사회에 대한 해석이 상호작용적으로 구성된다는 점을 나중에야 깨달았다.

빠나레인은 그를 선교사나 크레올이 아니라 '털북숭이'라는 새로운 범주에 넣었다. 그는 현지조사 초기부터 빠나레인과 상호작용을 시도했지만, 이들은 처음에 뒤몽을 거부했다. 그는 현지조사 기간 내내 한편으로는 객관적 지식을 추구하기도 했지만, 다른 한편으로는 '현지인 되기(going native)'를 실천해서 오락가락 행보를 보였다. 인류학자로서 그의 정체성은 연구 과정에서 형성되었는데, 뒤몽과 빠나레 사람들이 공동으로 그의 정체성을 구성한 것이다.

> "(…) 실재, 민족지적 실재는 발명된 것이라고까지 하기는 어렵지만 적극적으로 구성된 것이다."(Dumont, 1978: 66)

이런 포스트모던적 이해모델에 따르면, 지식과 진리는 맥락에서 생겨나며, 생겨난 곳에서만 유효하다고 주장할 수 있다. 뒤몽이 전하는 빠나레 이야기는 특정 시간과 공간 그리고 사람들과의 만남을 통해 구성된 것이다. 만일 다른 사람이 다른 상황과 맥락에서 빠나레 사람을 만난다면 뒤몽과 동일한 결과를 제시하지 않을 수도 있다. 여기서 인류학이 오랫동안 추구해온 일반화 문제가 발생한다. 만일 저자가 자신만의 특수한 경험을 해석해서 보여주는 것이라면, 이제부터는 독자 스스로 일반화하려는 노력을 해야 한다. 특히 독자가 '포스트모던 민족지'로 불리는 연구 결과를 독해하려면 특히 이런 노력을 더 해야 한다.

레나토 로살도(Renato Rosaldo)는 현지조사에서 감성과 공감이 얼마나 중요한지를 보여주었다. 현지조사 중 동행한 그의 아내가 사망했는데, 그는 이런 개인적 경험 이후 '머리 사냥'에 대한 이해가 매우 달라졌다. 로살도 부부는 30개월 동안 필리핀 루손섬에 거주하는 일롱고트(Ilongot) 사회를 현지조사했는데, 1981년 연구 동료이자 부인이 산속에서 발을 헛디뎌

절벽으로 추락사했다. 로살도는 이때 아내의 죽음을 통해 다양한 감정, 애도 경험 그리고 분노와 슬픔 사이의 긴밀한 관계 등을 느꼈다.

> "그녀의 시체를 찾자마자 나는 분노에 휩싸였다. 어떻게 나를 버리고 떠날 수 있단 말인가? 어떻게 절벽에서 떨어지는 바보 같은 짓을 할 수 있단 말인가? 나는 울려고 애썼다. 목이 메어 흐느꼈지만 분노가 눈물마저 압도해버렸다."(레나토 로살도, 《문화와 진리》, 2000: 40)

로살도는 현지조사하면서 현지인들로부터 가족 사망에 대한 이야기를 많이 들었지만, 그 의미를 제대로 이해할 수 없었고 관심도 없었다. 일롱고트 사람들은 이전에 로살도에게 분노 때문에 머리 사냥을 하고, 머리 사냥은 슬픔을 잊게 한다고 했다. 하지만 로살도는 이런 주장을 "빈약하고, 모호하고, 이치에 맞지 않으며, 전형적이거나 만족스럽지 않은" 것으로 치부하고 무시했다(Rosaldo, 1993: 377). 그는 아내가 죽은 지 14년이 흘렀지만, 계속 고통스러운 상실감과 분노를 느꼈다. 미국 중상층 앵글로색슨의 기독교 문화에서는 이런 감정을 억압하고 무시하는 것이 일반적이었다.

로살도는 이 감정을 극복하기 위해 심리치료사를 찾았는데, 그는 로살도에게 이 감정을 받아들여야 한다고 충고했다(Rosaldo, 1993: 384). 로살도는 자기와 일롱고트 사람들의 슬픔은 결이 다르다고 생각했다. 그는 머리 사냥이 아닌 분노에 대한 증오로 아내를 상실한 슬픔을 극복하려고 했다. 하지만 그는 이런 분노, 부당한 감정, 다른 어떤 위로나 위안으로 잠재울 수 없는 인간적 고통과 상실감을 스스로 체험하면서 일롱고트 부족의 머리 사냥 의미를 공감할 수 있게 되었다. 로살도는 — 일롱고트 사람처럼 — 누군가의 머리를 베고, 집어 던짐으로써 그 분노를 해소하고픈 충동을 느끼기까지 했다. 로살도는 이런 경험에서 '인류학자도 다른 사람들과 마찬가지로 특정한 시각을 가진 "위치 지어진 주체"라는 점'을 깨달았다. 인간은 항상 자신의 위치와 행동 맥락을 기반으로 행동하는 주체다. 인류학자도 현지조사를 통해 새로운 위치를 찾으며, 이 때문에 세상을 다르게 볼 수 있다. 인류학자는 이런 새로운 위치 잡기 덕분에 특정 사물이나 현상을 더 잘 이해할 수도 있다고 주장했다.

비판적 민족지

연구자가 자신이 사는 사회를 타자의 시각을 통해 본다면 새롭게 접근할 수 있다. 1980년대 일군의 인류학자들은 멀고 낯선 곳에 위치한 연구대상을 떠나 자기가 사는 사회에서 타자를 연구하기 시작했고, 여기서 비판인류학(critical anthropology)이 탄생했다(Marcus & Fischer, 1986). 이들은 문화간 대화를 중시했고, 이를 위해 서구사회의 시선을 재고할 필요성을 제기했다. 이들 연구자는 이를 위해 현지조사 당시 상황을 밝힐 것과 서구 지식시스템에 대한 비판을 진지하게 숙고할 것을 요구했다.

인도의 인류학자 비나 다스(Veena Das)는 서구 인류학자는 단지 정보제공 차원에서만 남아시아인의 목소리를 받아들이고, 이 정보는 다시 서구 지식시스템 속에서 재평가된다고 주장했다. 그는 "다른 문화들은 결코 사고의 도구가 아니라 사고의 객체로서만 정당성을 얻는다"(Das, 1993: 410)라며 이런 현상을 설명했다. 그의 주장은 기존 인류학의 약점을 명확하게 드러냈는데, 특히 인지인류학과 구조인류학의 연구 경향이 비판 대상이 되었다. 레비스트로스는 1962년 발간된 《야생의 사고》에서 다스가 주장한 논점을 놓쳤으며, 프랑스 포스트모던 인류학자들도 민족지 기술에서 연구대상인 타자의 목소리를 경시했다. 아프리카와 인도 그리고 이스라엘의 철학자들은 유럽과 로고스 중심주의에서 벗어나 다른 지식과 이성개념 시스템도 인정할 것을 요구했다(Hornbacher, 2005: 21). 호른바허는 이런 문제의식에서 발리 춤을 연구했는데, 그는 "우주와 형이상학적 지식이 신체미학적으로 표현된 것"으로 인도네시아 춤을 파악했다(Hornbacher, 2005: 21).

지식 유형과 서구 학문 전통에 대한 비판과 담론은 서로 연결되어 있다. 《글쓰기 문화》의 공동 저자인 스티븐 타일러는 서구철학 전통에서 민족지 재현의 문제를 다시 분석하면서 유럽 중심적 인식모델에 대한 자신의 해석을 제시했다(Tylor, 1987). 서구 민족지에서의 기본적인 이해모델 구조는 정신적 관념과 감각적 재현이고, 이는 서구 형이상학을 기반으로 한다(Hornbacher, 2005: 93). 따라서 민족지 재현 위기는 서구식 텍스트 생산 전통과 언어 교육에 기인하고 있을지도 모르는데, 타일러에게 진리 문제는 진부한 것이다. 그는 문자가 없는 인도 코야(Koya)에서 현지조사했는데, 그는 존재와 외관 사이의 구분이 사고하는 데 반드시 필요한 것이 아니라는 사실을 깨달았다.

코야에서 감각적으로 지각할 수 있는 것은 실재다. 하지만 서구에서는 고대 그리스 철학 이후 눈에 보이는 것과 사물의 본질을 구분했는데, 타일러는 이를 유럽중심적 가설일 따름이라고 주장했다. 타일러는 언어는 세계를 모사하거나 이에 대한 해설이 아니라 세계가 언어를 구성할 따름이며, 만일 누가 무엇을 말한다면 그는 사실을 창조하는 것이다. 이런 재현 논쟁에서 환기가 핵심으로 떠오르는데, 이는 포스트모던 세계에서 종종 만능치료제로 사용되기도 했다. 이에 따르면, 인류학자는 실재를 모사하는 것이 아니라 환기의 힘을 빌려 실재를 드러낼 따름이다. 타일러의 이런 극단적인 주장에 비판들이 있었다. 호른바허는 타일러의 주장에 대해 세분화된 기술을 구분하지 않고 타자의 사고를 신비화하는 무책임한 말이라고 비판했다(Hornbacher, 2005: 92-100).

포스트모던은 — 이전 담론과 다른 방식으로 — 인류학을 정치화했다. 행동인류학(action anthropology)은 연구와 실천에서 특히 윤리적 측면을 강조하는데, 연구대상 사회에 대한 충직함을 최우선시했다. 개발인류학은 신흥 국민국가에서의 서구 개입을 비판적으로 평가할 것을 주장하면서, 특히 실질적이고 실행 가능한 행동과 개입을 중시했다. 포스트모던의 의제는 포괄적이고 방법론 중심이었다. 인식 가능성, 권력과 지식의 상호작용 그리고 이에 대한 윤리적 요구 등은 철학적 기반에서 논의되었다. 전체적으로 이를 평가한다면, 이 논의는 상당히 강력한 힘을 가지고 있었지만, 그 내용이 그다지 명료하지 않았다. 즉, 이들 주장을 기반으로 — 사회적 책임이 담보되는 행동이 담긴 — 가이드라인을 구체적으로 추론하기는 어렵다. 미국 인류학에서 포스트모던 논의는 다문화주의 토론을 활성화하는 데 도움을 주었지만, 유럽 인류학계는 학술적 논의의 장에서 이를 강하게 비판하기도 했다. 이런 현상이 문화 개념에 대한 차이 때문에 발생했을지도 모르는데, 유럽에서는 양차 대전과 파시즘 경험 때문에 '주도문화(Leitkultur)'에 대한 강한 거부감이 존재한다.

4) 후기 식민과 인류학

인류학도 후기 식민 담론에서 제기된 요구, 즉 식민주의와의 연계를 극복해야 하는 문제를 가지고 있었다. 이에 대한 응답으로《인류학과 식민적 만남(*Anthropology and Colonial Encounter*)》(Asad, 1973)이 발간되었는데, 이 총서는 인류학이 식민 프로젝트에 동조한 것을 상이하게 평가하고 있다. 일부 저자는 초기 인류학자들이 식민 당국에 자의적으로 도움을 주었다고 주장했지만, 다른 저자들은 인류학이 식민 당국과 그다지 접점을 가지지 않았다고 주장했다. 타랄 아사드는 본질화 · 타자화하는 오리엔탈리즘과 달리 인류학은 이해관계 충돌을 축소하고, 조화를 강조함으로써 또 다른 측면에서 식민지 확장의 정당성을 부여했다고 주장했다.

이 총서는 많은 논의를 촉발했지만, 1980년대의 글쓰기 문화 논의에 빛을 잃어버리고 별다른 조명을 받지 못하다가 1990년대에 다시 부각되었다. 프랑스 후기구조주의 학자들은 이전과 달리 이 문제를 폭넓은 영역으로 확대해서 살펴보았다. 특히 타자와 인류학자들의 만남 상황을 연구해서 객관적인 지식이 직접적이고 양가적 상황에서 어떻게 생산되었으며, 식민지 실천으로서 민족지를 어떻게 받아들여야 하는지에 대해 분석했다(Pels & Salemink, 1994).

인류학이 후기 식민 연구에서 관심을 가진 또 다른 주제는 식민주의가 식민지 사회와 문화에 어떤 역할을 했는지 그리고 신흥 독립국가의 현재 모습을 결정 지은 변형 과정이다(Dirk, 1992). 일부 식민관리는 민족지를 썼고, 후에 박물관 관장이 되거나 대학교수가 되었다. 이들 중 일부는 식민 행정에도 관여해 수백만 명을 통치하거나 이들에게 영향을 끼쳤다. 식민지에서 인구조사는 중립적인 범주가 아니라 시행자들의 표상 범주에 따라 실행되었는데, 이때 언어, 출신, 종교, 피부색 그리고 종족적 소속 등이 중요한 지표가 되었다. 인구조사에서는 전략적 계산도 중요하게 작용했다. 민족지를 오독하고 잘못된 분류 범주를 이용해 특정 부족의 인구수를 실제보다 과다 파악하거나, 언어와 종교 공동체를 너무 세분해서 부족 숫자를 과소 파악하는 경우들도 흔했다. 이렇게 파악된 숫자는 식민지에서의 정치와 행정에서 지속적인 영향을 끼쳤고, 이후 종족이나 부족 정체성 형성과 유지의 토대가 되기도 했다. 이런 시각에서 본다면, 예전에 수행된 상당수 현지조사 결과를 식민지 산물로 판정할 수 있다.

식민지 상황에서 만들어진 인류학은 학문의 지평뿐만 아니라 연구 방법론에도 이런 영향을 받았다. 인류학 민족지는 비서구 문화를 이해하는 데 중요한 역할을 했기 때문에 후기 식민주의 논의에서 벗어날 수 없다. 아직도 적지 않은 사람들은 과거에 인류학자들이 민족지에서 기술한 것처럼 낯선 오지 문화를 이해하기도 한다. 이런 사실에도 불구하고 적지 않은 인류학자는 식민통치와 행정에 비타협적이거나 거부하는 행동을 했고, 오리엔탈리즘이라는 개념으로 포획하기 어려운 내용을 제시하기도 했다.

니콜라스 더크스는 세계적인 식민지 침투의 영향을 연구했다. 그는 19세기 말 인도 사례를 '민족지적 국가(ethnographic state)'로 칭하고 있다. 그의 주장에 따르면, 인류학자들은 이곳의 풍습이나 관습에 관한 포괄적인 기록을 실제 역사보다 더 중요하게 인식했다. 예를 들어, 식민지 관리는 특정 카스트를 — 실재적인 잠재성 이상으로 — 학식이 뛰어나거나, 호전적이거나 또는 범죄적인 범주로 자신의 핸드북에 기술했다. 이에 따라 특정 집단에 대한 고정관념이 형성되었고, 이후 이런 표상은 카스트 제도 운영과 재현에 큰 영향을 끼쳤다. 더크스에 따르면 카스트는 19세기에 이르러서야 이런 고정된 기술, 민속 이야기 그리고 진흥정책 등을 통해 중요한 사회적 범주가 되었다.

> "인도의 식민주의는 전통적인 것으로 간주되는 새로운 형태의 사회를 생산했다. 우리가 아는 카스트는 과거 전통의 유산이 아니라 시민사회의(즉, 이를 대체하는) 특정한 식민 형태인데, 이는 오리엔탈리스트의 비전을 정당화하면서 유지한다."(Dirks, 2001: 60)

더크스의 주장은 이전의 산스크리트 텍스트가 제시하는 카스트에 대한 상세한 진술을 간과하고 있다. 카스트 위계는 제의에서 드러나며,

영국 식민지 이전에도 불가촉민은 무산자로 별도로 격리된 거주지에서 살았다. 그의 주장이 인류학에서 중요성을 가지려면 대학에서의 학문과 행정관리의 민족지적 기술 사이를 구분해야 한다. 하지만 그의 주장은 식민 시기의 변형 과정에 대해서만 주목하게 하면서 현재 인도에서의 영어 사용과 지위, 국가형태 그리고 교육시스템 등을 이해하는 데 도움을 주었다. '일국수법'(한 나라에 여러 개의 법체계가 존재하는 것) 사례처럼 지역과 국가 그리고 후기 식민 힘들이 공존하고, 이로부터 그 무엇이 만들어지는 과정을 연구하는 것은 인류학의 흥미로운 주제다. 인도 사회에는 다수의 법체계가 공존하는데, 이는 한편으로는 역사적, 식민주의적 그리고 종교적 영향으로 이해할 수도 있지만, 다른 한편으로는 갈등 당사자들이 — 일국수법을 이용해 — 지역 또는 국가 법체계 중 하나를 선택함으로써 행동 선택 가능성을 넓힐 수도 있다.

포스트모던은 거대 이론이나 서사에 대해 회의적인 태도를 보였다. 학문 역사를 살펴보면, 진화주의, 기능주의, 구조주의 등처럼 문화를 각기 다르게 해석하는 시각들이 있었다. 이들은 기존의 신비롭고도 주관적인 설명을 비판하며 새로운 대안을 제시함으로써 자신의 존립 근거를 제시했다. 이로부터 새로운 '신식' 학문이 탄생했고, 이들은 자신들의 변별적 시각을 토대로 세계를 학술적으로 해석했다.

뉴욕대학교 물리학과 교수 앨런 소칼(Alan Sokal)은 저명한 학술지 《소셜 텍스트(*Social Text*)》에 온갖 현학적인 이론과 이야기를 혼합해서 글을 투고했다. 철학과 사회과학의 현학적인 용어들로 치장된 이 글이 심사를 거쳐 논문으로 정식 발표되자, 〈뉴욕타임스〉는 이를 상당 기간 기사로 다루었고, 다음과 같은 질문이 제기되었다(Boghossian, 1997).

'인간은 자신이 실제 경험할 수 있는 진실과 독립적으로 존재하는가, 아

니면 인간은 자신의 사고만으로 세계 자체를 파악할 수 없으며 진실이 란 인간에 의해 창조되는 것인가?'

논의된 전체 내용은 나중에 한 권의 책으로 발간되었는데, 저자들은 여기서 주로 인간 인식 또는 학문의 한계를 이야기했다. 전체적으로 본다면 학문은 역사적 산물이고, 낡은 주장은 항상 새것에 의해 도전받고 대체되는 양상을 보이지만, 이와 상관없이 인간의 인식은 항상 한계를 보인다. 여기서 학술적 해석과 '신비한' 해석 사이에서 누가 옳은지에 대한 질문을 제기할 수 있다. 소칼의 사례는 어떤 준거 틀에서 어떤 판단 지표를 선택하느냐에 따라 그 답이 달라질 수 있음을 보여준다. 소칼은 학문 고유의 판단 지표를 지향하는 학문을 요구했다. 인류학은 소칼의 주장에 대해 어떤 태도를 취할 수 있을까? 문화적 타자 이해를 지향하는 인류학은 내부자적 관점을 높이 평가하고, 이를 문화 이해와 해석에 적극 활용하려고 한다. 하지만 인류학은 "우리 조상은 곰이다" 또는 "숲의 정령이 들어와서 잉태되었다"와 같은 신비한 주장을 논제에 포함시키는 데 상당히 조심스러운 태도를 보인다. 학문이나 신화 모두 문화적 맥락과 연결되어 있으며, 이 둘은 모두 특정 시스템 내에서 내재적인 진실을 형성한다. 인류학자들은 학술적 진실을 생산하지만, 신화도 나름의 기준으로 이에 상응하는 것을 생산하려고 한다.

글쓰기 문화 논쟁이 시작된 후로 40여 년이 지났고, 다양한 인류학자들이 여기서 저자성, 재현 가능성과 한계에 대해 치열한 토론을 벌였지만 모두 공감할 수 있는 해답을 찾지는 못했다. 포스트모던에 비판적인 사람들의 눈으로 본다면 이들 논의는 쓸모없고, 의미도 없는 시도처럼 보인다. 이 논의는 진실에 관한 것이 아니어서 해답을 찾는 일은 쉽지 않다. 비판가들은 포스트모던 작가들이 모호한 언술 또는 '열린 텍스트' 뒤에 숨었다고 비판한다. 또한, 이들 연구자는 다른 학자를 이용해 자신의 입지를 구축하거나, 심한 경우 인류학 연구대상보다는 자신에게 집중하는 경향을 보이기도 한다. 포스트모던 학자들은 전통적 인류학자들이 타자를 구성하고, 이들을 다른 존재로 만들었으며, 이들의 문화를 본질화하면서 자신들의 인식 과정을 베일로 감추었다고 비판했다. 포스트모던에 비판적인 학자들은 이런 비판에 대해 "포스트모던 연구자들이 바로 자신들의 '손님사회'를 신비화했다"고 주장했다.

글쓰기 문화와 후기 식민 논쟁은 뚜렷한 해결책을 찾지 못했지만, 인류학에서의 학문 실천에 대해 높은 수준의 성찰과 텍스트의 구성에 대해 숙고하는 계기가 되었다. 당시까지 인류학이 가진 문제점들이 적나라하게 드러났으며, 이런 힘든 경험을 통해 서구 텍스트 전통 너머의 지식 형태에 대해 생산적인 토론이 벌어졌다. 또한, 이들 논쟁 과정에서 인접 분과학문의 연구성과들을 적극적으로 살펴보고 수용함으로써 인류학은 연구와 인식의 지평을 확장할 수 있었다.

2장
20세기 후반 매체인류학 개괄

현재 세계에서 미디어가 문화적 과정에 끼치는 영향은 점점 커지고 있다. 미디어 콘텐츠는 문화 생산물을 재현하기 때문에 인류학도 오랫동안 비교문화적 시각에서 다양한 미디어에서의 생산과 수용 문제를 연구했다. 시각인류학은 다양한 미디어 중에서 민족지영화(ethnographic film)를 중심으로 사진과 영화를 연구와 교육에 어떻게 이용할지를 체계적으로 연구했다. 하지만 디지털 시대에 들어서면서 시각인류학도 테크놀로지와 환경의 변화에 맞도록 연구영역의 외연을 확대해야 할 필요성을 느꼈다. 시각인류학은 이미지 생산과 저장 장치의 역사적 해석과 최종 소비자의 시각 테크놀로지 사용 등도 연구대상으로 다루게 되었다. 하지만 시각인류학의 주된 연구영역은 — 온라인과 오프라인상에서의 실재 관계, 컴퓨터 게임의 전유 등처럼 — 전자 미디어에서의 시각성이다. 디지털 시대에 물성(materiality)을 가진 상당수 물건은 코드화된 메시지를 전달할 수 있어서 미디어로 간주될 수 있다. 이런 맥락에서 시각인류학이 다룰 수 있는 연구대상은 대폭 확대될 수 있다.

인간은 오랫동안 손으로 그린 그림을 이용해 상호 소통했다. 스페인의 알타미라 동굴벽화는 북아메리카 나바호족의 모래그림(sandpainting) 또는 현대사회의 콘크리트 담장에 그린 그래피티나 낙서와 마찬가지로 모두 미디어다. 서아프리카의 에웨(Ewe)족은 약 100년 전까지 북소리의 고저와 장단을 통해 메시지를 전달했는데, 이는 서구사회의 전보와 거의 유사하다. 이들은 이런 시청각 메시지로 모임을 소집하고, 판결의 집행 그리고 그 결과를 알렸다(Wendl & Beez, 2004: 41). 현재 시각인류학의 연구초점은 상당 부분 현대 매스미디어로 이동했는데, 시각 콘텐츠의 글로벌 확산 그리고 이것의 지역적 전유와 수용이 주요한 연구영역으로 자리를 잡았다. 시각인류학은 이를 연구하기 위해 현대 테크놀로지와 정치 · 경제적 기본 조건, 행위자의 행동 그리고 역동적인 문화 등이 서로 얽혀 구성되는 방식을 조사하고 있다.

1) 미디어 인류학

미디어 인류학은 프린트 매체, 라디오, 텔레비전 그리고 영화를 주로 다룬다. 미디어 분석의 방법과 인식론은 — 종족이나 민족 정체성의 구성과 의미의 확산처럼 — 문화 과정에서의 미디어 영향력에 중점을 두는 경향이 있다. 다수의 세계화 이론은 글로벌 네트워크화가 확산 · 심화되면서 전 세계적으로 사회와 문화들이 동질화되어간다고 주장하지만, 미디어 인류학은 이와 달리 미디어 사용과 이의 의미 구성이 다양하다는 점에 주목한다. 이 연구영역은 현지조사를 기반으로 연구를 수행하며, 내재적(emic) 시각과 개별 행위자의 행위를 특히 중시한다. 1990년대 미국의 대중 드라마 〈댈러스(*Dallas*)〉가 많은 국가에서 방영되었는데, 이에 대한 미디어 인류학의 수용 연구는 자신의 정체성을 잘 보여준다. 리베스와 카츠는 전 세계 66개 집단을 대상으로 이 드라마의 수용자를 분석했는데, 드라클레는 다음과 같이 요약하고 있다.

> "아랍 가정에서 남성과 여성은 서로 분리되어 텔레비전을 시청하는데, 자신들의 도덕과 가치 그리고 표상과 충돌하는 이 드라마 내용을 당황스럽게 받아들였다. 모로코 출신의 유대인은 이 드라마 시리즈를 비교적 있는 그대로 받아들이면서 역사를 중시했다. 이에 반해 키부츠나 로스앤젤레스에 사는 유대인은 이 드라마를 거리를 두고 비판적으로 시청했는데, 이 시리즈의 제작 방식과 기법에 주목했다. 러시아 출신 유대인의 반응에 주목할 필요가 있는데, 이들은 이 드라마를 정기적으로 시청한다고 인정했으며, 이는 이스라엘 다른 주민의 시각 습관에 적응하기 위해서이고, 이 드라마를 통해 일상생활에서 자신들이 도드라지지 않고 충분한 대화 주제를 알 수 있기 때문이었다."(Dracklé, 2005: 194)

미디어 인류학의 초기 연구는 수용에서 문화에 따라 다르게 나타나는 의미들에 관심을 가졌는데, 한 사회 내에서도 이런 문화적 다양성이 존재한다는 사실은 상대적으로 경시되었다. 하이데만은 인도에서의 현지조사 경험을 토대로 할리우드나 발리우드의 블록버스터 영화를 보고 난 후 관객의 반응이 다르다는 점을 밝혔다. 몇몇 사람은 영화의 전개 과정 중 비극적인 장면에 감동받은 것을 이야기하고, 다른 이들은 주로 영화와 뮤지컬이 혼합된 구성미학을 이야기하며, 또 다른 이는 지난 10여 년 동안 사회정치적 맥락에서 발전한 영화 이야기를 하기도 한다. 하지만 이런 다양성에도 불구하고 영화의 독해 방식은 문화마다 선호하는 것이 다를 수 있다. 인도에서 낮은 카스트의 남성과 높은 카스트의 여성이 연애하는 것은 사회적 스캔들로 여겨지는 경향이 있는데, 이런 내용을 다룬 〈타이타닉〉(1997) 영화가 상영되자 사람들은 한동안 이에 대해 이야기했다. 이 외에도 인도 관객은 대서양을 빠르게 횡단하는 정보 전달 시스템, 빙산과 충돌하게 만든 명령 시스템에 많은 관심을 보였다(Heidemann, 2011: 126).

전자 미디어는 문화적 의미와 별개로 작동할 수 있지만, 미디어 이용과 이를 둘러싼 조직은 문화마다 명확한 차이를 보인다. 캐나다 북부에서 잊힌 전통을 재활성화하려는 비디오 프로젝트가 실시되었는데, 당시 사회적 문제로 어려움을 겪던 청년세대는 이 프로젝트를 통해 새로운 시각을 얻을 수 있었다. 이 프로젝트의 하나는 이누이트(에스키모) 신화를 영화로 제작하는 것이었는데, 〈아타나주아(The Fast Runner: Atanarjuat)〉(2001)가 제작되었고, 많은 나라의 텔레비전에서도 방영되었다. 브라질 열대우림에 사는 카야포(Kayapo) 인디언도 지역에서 자신의 토지권을 지지하고 강화하기 위해 영화를 제작했다. 호주에서도 1980년대 호주 원주민 애버리진의 주도 아래 위성 텔레비전 방송국이 출범했는데, 이 방송국은 기존 호주 방송국들과 완전히 다른 시각에서 영상물을 제작 · 방영했다. 예를 들어, 롱테이크(longtake)로 성스러운 장소를 촬영하고, 장시간 반복적으로 제의 장면들을 보여주는 것 등은 주류 호주인에게는 상당히 낯선 영상이었다. 1980년대 이후 인류학자들은 소수자의 권리와 능력을 강화하기 위해 영상 매체를 적극 활용했지만, 디지털 시대에 접어들자 미디어 제작과 유통이 쉬워지면서 이들 소수자는 인류학자들의 참여와 도움을 그다지 필요로 하지 않게 되었다.

2000년대를 전후해 인류학은 매스미디어에서 타자화가 어떻게 구성되고 재현되는지에 대해 더 많은 관심을 가졌다. 할리우드 블록버스터 영화 〈아바타〉(2009)는 판도라 행성에 사는 나비족을 현대적인 형태의 '고귀한 야만인(noble savage)'으로 재현하고 있다. 외형만 본다면, 나비 족은 인류학에서 과거에 많이 연구했던 원시 부족의 모습과 상당히 유사하다. 하지만 내용을 살펴본다면, 이 영화는 탈식민주의와 환경운동으로부터 주요한 시각과 가치를 전유하고 있다. 제임스 캐머런 감독은 인터뷰에서 사회에 이런 메시지를 환기시키기 위해 탈식민주의와 환경운동의 시각과 가치를 제시했다고 했다. 이 영화는 허구와 상상 그리고 실재를 분리하는 것이 얼마나 어려운지 보여준다(Taylor, 2013).

미디어 인류학에서 상대적으로 덜 연구된 분야는 일간신문의 생산과 수용에 관한 주제인데, 사회와 문화의 역동성을 이해하는 데 중요하다. 전국적인 일간지는 신문사가 지향하는 정치색에 맞는 국가 차원의 공감대를 만들려고 하지만, 지역일간지는 종종 이런 전국지와는 변별적인 목소리를 내기도 한다. 북인도의 지역지 편집장과 지역유지는 상호작용을 통해 공존하며, 이들의 권위는 상호 순환적인 과정을 통해 확대 재생산되고 있다(Rao, 2009: 216). 라오가 현지조사를 하는 동안 미국 20세기폭스사가 제작한 디파 메타(Deepa Mehta) 감독의 〈물(Water)〉에 대한 항의 시위가 열렸고, 언론이 이를 주목하면서 큰 사건으로 비화되었다. 다른 많은 나라에서와 마찬가지로, 인도에서도 언론이 현장에 있어야 항의 시위를 한다. 기어츠가 주장한 '심층 기술(thick description)'을 이용해 편집부의 입장에서 보도 내용을 분석하면, 현지 저널리스트의 지역에 대한 자기이해, 미디어에서의 상징적 · 수사적 형태의 전유, 권위의 형성과 확보 등에 대해 흥미로운 지식을 발견할 수 있다. 지역유지들은 영화 〈물〉에 대한 항의 시위를 통해 국제적인 영화 제작자들과 어느 정도 대등한 중요성을 획득했고, 지역 정치인은 체면과 지위를 획득했다.

아파두라이(Appadurai, 1991)는 문화의 탈영토화를 주장하면서, 문화지형을 '스케이프(scapes)'라고 칭했다. 미디어 스케이프는 전자 미디어의 탄생과 이의 영향 때문에 생겨난 탈영토화된 미디어 정경을 의미한다. 예를 들면, 영화 장르는 글로벌 차원에서 서로 영향을 주고받는 관계가 되었고, 다양한 국적의 영화들은 전 세계적으로 방영될 뿐만 아니라 인쇄매체, 라디오, 인터넷 등의 다른 미디어들과도 상호작용한다. 여기에서 장소와 분리된 미디어 정경과 외견 상 자유롭게 부유하는 의미의 지형이 형성된다. 하지만 아파두라이의 미디어 스케이프 주장과 달리 미디어 정경은 공간으로부터 자유롭지 않은데, 스케이프는 항상 특정 지역을 기반으로 발화하기 때문이다. 이 때문에 인류학은 다시 공간성 연구로 회귀할 수밖에 없게 되었는데, 이 새로운 공간은 이전과 달리 더 강하고 복잡하게 네트워크화되어있다.

테크놀로지의 발전 덕분에 미디어 사이의 네트워크화가 강화되었고, 미디어 사이의 데이터 전환 가능성이 커지면서 새로운 연구 활동 영역이 만들어졌다. 데이터의 포맷을 빠르고 쉽게 전환해서 빠르고 쉽고 저렴하게 전송할 수 있게 되자, 여태까지 정보로부터 소외된 지역에서도 이런 데이터에 쉽게 접근하여 사용할 수 있게 되었다. 또한, 미디어들을 서로 융합 또는 혼합하는 것도 가능하게 되었다. 디지털 테크놀로지의 발전으로 인한 이런 변화는 당연히 새로운 사회적 · 문화적 관계와 상황을 만들어냈다. 이에 따라 미디어 인류학은 지역마다 상이한 글로벌 콘텐츠와의 관계에 주목하고, 이를 해석하기 시작했다.

각 지역의 사용자는 디지털 시각 데이터와 어떤 관계를 맺고 있으며, 디지털 미디어가 디아스포라와 국민국가 그리고 정체성 형성과 유지에 어떻게 동원되고 개입되는지 그리고 복수의 저작권과 익명성이 어떤 결과를 초래했는지를 연구했다. 이상에서 소개한 주제가 미디어 인류학의 전체 주제는 아니고, 그 다양성을 개괄하는 것은 거의 불가능하다. 올드 또는 레거시 미디어를 벗어나 새로운 매체 또는 플랫폼을 연구대상으로 삼으면서 미디어는 더 다양해지고 있다. 이제는 인터넷 포럼, 페이스북 같은 소셜네트워크, 홈페이지, 유튜브 등도 새롭고 중요한 연구대상으로 부상하고 있다.

이를 종합하면 미디어 인류학은 세계화 논의에 새로운 차원을 제시했다. 미디어 인류학 연구 분야는 특정 지역에서의 콘텐츠 제작뿐만 아니라 지역마다 상이하게 수용 또는 전유되는 의미의 양상과 디지털 미디어 테크놀로지의 지역에서의 고유한 사용 방식 그리고 올드미디어와 뉴미디어 등에서 타자의 재현과 구성 등을 포괄하고 있다. 연구 방법으로는 미디어 콘텐츠에 대한 해석적 방법과 '심층기술' 그리고 행위자들과의 직접 접촉과 참여관찰 방법 등이 활용되고 있다. 인류학자들은 미디어를 연구할 때 방송국의 편집부뿐만 아니라 거실 소파에 앉아 있는 시청자도 조사하는데, 시청자는 거실 소파에서 시청할 채널을 선택할 뿐만 아니라 프로그램에 대해 다양한 의견을 주고받기 때문이다. 시청자는 프로그램에 대해 미묘한 지식을 갖고 있으며, 스스로 프로그램의 맥락을 만들기도 한다.

2) 시각인류학

광의의 의미에서 본다면, 시각인류학은 시각 시스템 내에서의 시각 미디어를 다룬다. 과거에는 인류학자들의 연구성과를 기반으로 생산된 연구와 교육용 그리고 기록용 시각 자료를 주로 다루었지만, 여기에 시각 시스템, 시각 커뮤니케이션, 시각문화 등도 연구영역에 추가되었다. 예를 들어, 패션, 건축 그리고 텃밭 가꾸기 등도 의미를 전달하는 시스템으로 간주할 수 있으며, 이들의 각 부분은 문화 전체와 맥락적 관계를 맺고 있다. 이와 같은 점에 착안해서 뱅크스와 머피는 시각인류학의 연구 중심을 사진이나 영화에서 벗어날 것을 주장했다(Banks & Murphy, 1997: 5). 하지만 20세기 내내 시각인류학에서 '고전적' 의미의 영상물 제작과 수용 연구가 차지하는 비중은 절대적이었다. 시각인류학의 외연 확장은 타자와 자기재현 부분에서 이루어졌는데(Bayerdörfer et al., 2007), 연구주제는 서구 미디어 내에서의 타자성 재현, 원주민의 자기기록(autobiography), 종족 권능화(empowerment), 분리와 독립운동, 개인 사진 앨범, 결혼 비디오, 그리고 거실 사진과 그림 배치 등으로 확장되었다.

아날로그와 디지털 방식으로 생성된 영상, 즉 사진과 영화 그리고 비디오는 타자의 기록과 재현 연구 과정에서 특별한 위치를 점하게 되었다. 연구자가 현지조사 중 사진이나 영상을 촬영하면, 이는 시각적 인상을 순간적으로 정지시켜 포착하는 것이다. 이 영상은 종종 상황적 의미와 별개로 생산되기도 하는데, 아직도 적지 않은 사람이 이를 객관적 기록으로 받아들인다. 하지만 이 영상은 상당히 주관적인 성격을 가지는데, 이는 촬영자가 자신의 메시지를 전달하기 위해 촬영 현장에서 특정 촬영 위치, 시각, 프레이밍 그리고 순간 등을 선택할 수밖에 없기 때문이다. 무엇보다 사진 속에 필연적으로 촬영자의 해석이 담길 수밖에 없다.

이 외에도 다큐멘터리 촬영자는 종종 메시지를 분명하게 부각하거나, 자기가 원하는 목적을 성취하기 위해 연출을 하기도 한다. 촬영이 끝나면 편집실에서 촬영된 자료들의 선별 작업이 시작되는데, 이후 보정과 편집, 후반 작업이 이어진다. 대부분의 영상 제작 작업에서 이런 후반 작업은 촬영만큼이나 오랜 시간과 에너지가 투입되는데, 종종 촬영 전에 기획했던 것과 상당히 다른 최종영상이 제작되기도 한다. 영상이 제작되면 관객의 시청 행위가 이어지는데, 이들의 영상물 수용은 제작자의 의도와 별개로 이루어지기도 한다. 이 모든 점이 시각인류학의 연구 토대를 형성하고 있다.

앞서 살펴본 대로 영상기록은 해석적인 과정인데, 이때 연구자뿐만 아니라 — 정도의 차이는 있지만 — 연구대상 사회 구성원이 이에 참여한다. 관찰자는 행동을 시각화함으로써 기록 과정에서 변화된 것을 스스로 발견할 수 있으며, 많은 경우 사진은 특정 기대와 규범을 반영하는 사회적 장(social field)이기도 하다. 사회에는 좋은 이미지에 대한 표상이 존재하므로 사진을 촬영하는 순간 특별한 행동 규칙이 작동하며, 피사체는 자기연출을 하는 경향이 있다. 사진 촬영 포즈는 사회적 장에 되먹임되기 때문에 사진의 객관적인 기록 측면을 주장하기 어렵다. 사람들은 종종 친밀감을 드러내기 위해 껴안기도 하는데, 이런 경향은 사진 촬영에서 더 두드러지게 나타난다. 이런 맥락에서 사진 촬영은 단순히 순간을 기록으로 남기는 것을 넘어서는 사회적 행위다.

사진 또는 영상의 또 다른 장점은 대화를 통해 사진 촬영의 전후 맥락을 포착할 수 있다는 점이다. 연구자는 사진을 같이 보면서 이야기를 나눔으로써 과거의 사건을 의식의 영역으로 소환할 수 있으며, 이 과정에서 수면 아래 잠재해 있던 흥미로운 관심사를 발견할 수도 있다. 제의나 의례에서 사진이나 영상 촬영은 또 다른 장점을 가진다. 연행이 시작되면 아무리 우호적이고 친절한 정보제공자라고 하더라도 연행의 진행 과정과 형식 등을 간단하게 이야기해줄 수는 있지만, 이것의 의미를 설명할 수 있는 정신적 · 시간적 여유를 가지지 못한다. 이 행사를 촬영한 시각 자료가 있다면, 연구자는 연구 참여자에게 추상적인 질문을 던질 수 있고, 이 과정에서 종종 심층적이고 모순적인 설명을 듣기도 한다. 예전의 민족지에서는 의미의 다양성이 종종 억압되었는데, 오늘날 민족지 텍스트에서는 이를 발견하고 기술하는 것이 당연시된다. 인류학자들은 종종 그림이나 영상을 연구 참여자의 기억이나 경험을 환기시키는 수단으로도 사용하는데, 이때 저자는 독자가 새로운 의미를 부여하고 검증할 수 있도록 해석 과정을 공개한다. 특히 포스트모던 맥락에서 이런 과정은 중시되는 덕목이다. 영상 자료가 가진 또 다른 장점은 사람들이 이 자료를 여러 차례 보다 보면 더 많은 기억이나 경험 그리고 감정을 이끌어내기도 한다는 점이다.

현지조사에서 이미지 실천이 불가능한 영역도 있다. 하이데만은 남인도 지역에서 현지조사를 하면서 잠자는 사람을 촬영해서는 안 된다는 사실을 깨달았다. 현지인들은 잠자는 사람은 죽은 사람처럼 보여서 촬영을 금지한다고 주장했지만, 하이데만은 부탁을 받고 망자를 촬영하기도 했다. 연구 참여자들의 설명에 따르면, 잠자는 사람의 사진은 피사체를 망자의 곁으로 보내지만, 망자의 사진은 단지 과거 기억을 되살아나게 만든다고 한다. 종종 살아있는 사람들 사진들 곁에 망자의 사진도 함께 전시했는데, 이 경우 망자의 사진을 몸에 붙이거나 살아있는 사람들의 사진 사이에 위치시켰다.

사진들은 규범적 가족 사회도(sociogram)를 재현하는데, 마음에 들지 않는 사람은 종종 가족사진에서 보이지 않게 처리된다. 이 지역에서 조상의 사진은 신들을 위한 제단 옆에 위치하고, 신들과 마찬가지로 꽃과 향을 바치기도 한다. 하이데만은 남인도에서는 스냅샷보다 사회도처럼 보이는 가족 집단 사진을 선호하는 것을 발견했다. 자신이 속한 서구사회와 달리 남인도에서는 사진이 훨씬 더 규범적이라는 사실도 발견했다. 이 지역에서 사진은 사적 영역 너머에 존재하기 때문에 사진관 주인은 당사자에게 물어보지도 않고 타인의 사진을 당연한 듯 전시했다(Heidemann, 2011: 257).

이미지는 자신의 지위에 대한 사회적 인증이나 승인과 관련이 있다. 사진은 '실재'에 대한 피상적 유사성을 내포하고 있을 수도 있고, 다른 한편으로는 자신의 이상을 시각적 형태로 제시하는 것일 수도 있다. 이 둘은 동시에 모두 가능하고, 서로 연결되어 있을 수도 있다. 하지만 이 둘 중에서 어느 부분에 더 중점을 두느냐에 따라 문화적 차이가 생겨난다. 인류학에서 시각성을 연구하기 위해서는 인류학에서 축적한 시각에 대한 고유한 이론이나 방법 또는 시각에서 출발해야만 변별적인 연구성과를 제시할 수 있다. 그렇다면 신들의 조각상이나 유명인 또는 문신한 몸을 인류학적으로 본다는 것은 무엇을 의미하는가? 시각은 촉각이나 후각, 청각 또는 미각 등의 다른 감각과의 관계 속에서 자신의 위치와 의미를 가지기 때문에 이를 기반으로 이미지의 사회적 실천 연구를 할 필요가 있다.

사진의 시각적 기록 특성을 중시한 일부 연구자는 우선 사진으로 기록하고 이를 나중에 이해해도 늦지 않다고 생각했다. 하지만 시각 이미지는 스스로 말을 하지 못하기 때문에 연구자들은 어떤 이유에서 무엇을 촬영해야 하는지를 사전에 충분히 고민해야 한다. 하지만 일부 연구자는 아직도 이미지를 정보의 근원으로 생각하고, 새로운 정보를 획득하기 위해 우선 많은 정보를 이미지 안에 담아야 한다고 생각하며 촬영한다. 하지만 이런 생각이 가진 한계를 비판적으로 점검할 필요가 있다.

영상인류학자인 티머시 애시(Timothy Asch)는 자신이 가르치는 인류학 전공 학생들에게 이국적인 이미지를 보여주었다. 처음에는 초점이 나간, 즉 상당히 불분명한 이미지를 보여주었고, 이후 점차 단계적으로 선명도를 높여서 보여주다가 마지막에는 선명한 사진을 보여주었다. 학생들은 마지막에 선명한 이미지를 보았음에도 일부 학생은 처음에 보여준 불분명한 이미지를 보고 잘못 인식한 내용과 의미를 끝까지 유지했다. 티머시 애시는 이런 경험을 통해 처음부터 정확하게 관찰하는 것이 영화제작에서 그 무엇보다 중요하다는 사실을 깨달았다. 현재 전 세계적으로 다양한 민족지영화 제작 과정이 운영되고 있는데, 참여자 대부분은 여기서 처음으로 실제 제작을 경험한다. 따라서 인류학에서 운영하는 민족지영화 제작 과정은 기술적인 부분보다는 촬영하고자 하는 주제를 정확히 파악하고, 자기 스스로 자료를 조사하고, 현지조사 윤리를 진지하게 받아들이고, 연구대상과의 협동 또는 협력 작업을 중시한다. 학생들은 촬영과 후반 작업을 하면서 점차 영화 매체 또는 이미지가 가진 독특한 힘과 가능성을 스스로 깨닫고, 상영회에서는 관객의 다양하고 예상치 못한 반응도 접하게 된다. 시각인류학은 이처럼 비판적으로 미디어를 이해하는 법과 타자 재현이 초래하게 될 문제점을 배운 다음, 스스로 민족지영화를 제작할 수 있는 능력을 배양하는 데 중점을 두고 있다.

3) 민족지영화

영화가 발명되고 몇 년이 지나지 않은 1890년, 유럽에서는 이국적인 문화를 담은 영화가 처음 상영되었다. 이 점을 고려하면, 민족지영화는 영화의 역사만큼이나 오래되었다고 할 수 있다. 하지만 영상인류학은 학술적 차원에서 시각성의 재현을 중시하기 때문에 이런 주장이 적합하지 않을 수도 있다. 대부분의 신생 분과학문은 자신의 역사를 되도록 오래된 것으로 포장하고 싶어 하는 욕망을 가지고 있는데, 민족지영화를 주로 다루는 영상인류학도 예외는 아니다. 한동안 영상인류학의 시초로 로버트 플래허티의 〈북극의 나누크〉가 언급되었고, 인류학 수업에서 부교재로 자주 활용되었다. 이 영화는 인류학에서 관심을 가졌던 이누이트의 과거 전통과 문화를 재연했고, 인류학이 중시하는 방법인 '원주민 피드백(native feedback)'과 참여관찰, 장기간 현지조사, 협력적 영화제작 등을 활용해 제작되었다.

하지만 인류학에서 사진과 영화의 사용에 대한 본격적인 학술적 차원의 회고는 1970년대에 있었다(Hockings, 1975). 1950~1960년대에는 현재 인류학에서 고전으로 받아들여지는 민족지영화들이 다수 제작되었다. 존 마셜(John Marshall)은 아프리카 남부 칼라하리사막에서 수렵채집을 하던 부시맨에 관한 영화를 제작했고, 티머시 애시는 아마존 열대우림에 사는 야노마미 사회에 관한 연구와 교육 영화를 제작했으며, 로버트 가드너(Robert Gardner)는 아프리카에서 유목민의 삶을 그렸다.

이처럼 다양한 민족지영화들이 제작되면서 (영상)인류학자들은 무엇을 '민족지영화'라고 부를 수 있는지, 민족지영화의 정체성에 대해 논의를 벌였다. 이들이 대체로 공감하는 기대치는 다음과 같았다. '민족지영화는 주제 측면에서 인류학과 관련성이 있어야 하고, 사실을 기록하는 다큐멘터리여야 하며, 특정 문화의 현상을 넘어서는 심층적인 내용을 담고 있어야 한다' 등이다. 하지만 일부 학자는 민족지영화는 다큐멘터리영화보다 더 엄격한 제작 지침을 준수해야 한다고 주장했다. 학술적이고 객관적이며 검증 가능한 내용만 담아야 하고, 사건이나 내용을 왜곡하는 해설이나 음악을 추가해서도 안 되며, 민족지영화가 제작될 당시의 조건을 전부 공개해야 한다고 주장했다. 하지만 이들의 주장처럼 민족지영화가 자연과학적이고, 실증주의적이며, 실재론적인 요구를 모두 충족시키기는 어렵다.

현재 제작되는 민족지영화 대부분은 이런 요구를 충족시키지 못하고 있다. 또 다른 인류학자들은 사용자 입장에서 민족지영화를 정의했는데, 민족지영화에서 '민족지성(ethnographicness)'은 어떻게 이용되고 해석되느냐에 달려 있다고 주장했다(Heider, 1976; Ruby, 2000). 인류학자들이 상당히 동의하는 민족지영화에 대한 정의는 존재하지 않고, 존재할 수도 없다. 하지만 논의를 전개하기 위해 그 한계를 잠정적으로 정할 필요는 있다. 이 책에서는 인류학자들이 제작에 주도 또는 관여하거나, 인류학 전문 문헌에서 언급되고, 인류학 영화제가 수용하고 상영한 작품 모두를 포괄하는 의미로 '민족지영화'라는 용어를 사용한다. 20세기 전반부에 민족지영화가 많이 제작되었지만, 방법론 측면에만 국한해서 본다면 그다지 큰 성과는 없었다. 20세기 후반에 들어서서 민족지영화는 하나의 인류학 하위 영역으로 자리를 잡아갔는데, 두 명의 민족지영화 제작자가 이에 의미 있는 역할을 했다.

프랑스 출신 영상인류학자 장 루슈(Jean Rouch)는 1950년대부터 서아프리카 식민 상황의 지역 문화와 사람 그리고 유럽 디아스포라 등을 영상으로 기록했는데, 그의 많은 작품은 인류학뿐만 아니라 영화사, 특히 다큐멘터리영화 제작에도 신선한 충격을 주었다. 그는 시네마 베리테(cinéma vérité)의 창시자로 인정받는데, 객관적 실재가 아니라 영화제작자와 영화 참여자(또는 배우)들이 만나는 순간을 영상으로 포착하려고 했다. '영화의 진실'을 의미하는 시네마 베리테는 카메라 렌즈 앞에서 촬영 순간에 드러나는 것을 말하는데, 이는 영화제작자의 의도와 영화 출연자와의 만남 그리고 이들의 자기연출을 통해 구성된 것이다. 이때 카메라는 현상을 객관적으로 모사하는 기기가 아니라, 그 어떤 진실을 촉발하고 기록하는 장치가 된다.

루슈는 영상 제작 관련 전문교육을 받지 않았고, 카메라와 영화제작 기술을 독학으로 배웠다. 그는 파리의 벼룩시장에서 중고 동영상카메라를 사서 서아프리카로 가는 비행기 안에서 설명서를 보고 사용법을 익혔다. 서아프리카에서 촬영 중 가져간 삼각대를 잃어버려서 할 수 없이 카메라를 들고 찍을 수밖에 없었는데, 당시 동영상을 촬영할 때는 무조건 삼각대를 사용하는 것이 불문율이었다. 루슈는 카메라를 들고 찍는 방식이 가진 장점들을 깨닫고 이후 이런 촬영방식을 고집했다. 루슈는 시각과 활동 범위를 제한하는 삼각대를 떠나면서 훨씬 더 자유롭게 촬영 대상에 가까이 다가갈 수 있었고, 이들의 활동과 목소리를 더 직접적으로 포착할 수 있었다.

그의 촬영은 관찰적인 것이 아니라 상호작용적이었다. 루슈는 주로 감독과 촬영기사 역을 담당했고, 지역 언어에 능통한 정보제공자가 사운드를 책임졌다. 루슈의 일부 작품에서는 정보제공자가 직접 영화에 등장해서 즉흥적인 방식으로 허구 또는 상상적 민족지영화를 제작했는데, 이 영화는 현지인이 처한 정치적 · 경제적 · 사회적 상황 그리고 이들의 꿈과 욕망, 기대를 보여주고 있다. 당시 인류학은 영상 또는 영화를 객관적 기록매체로 간주했는데, 루슈의 민족지영화는 이를 벗어나 더 성찰적이고 창조적인 대안이 될 수 있음을 실제로 보여주었다.

민족지영화 세계에 큰 영향을 끼친 또 다른 인류학자는 데이비드 맥두걸(David MacDougall)이다. 데이비드 맥두걸은 1970년대 자신의 아내 주디스(Judith)와 함께 케냐 북부에 사는 투르카나(Turkana) 유목집단에 대한 3부작 민족지영화를 제작했다. 그는 영화제작과 현지조사에서 동시녹음이 가능한 16mm 카메라를 사용한 최초의 인류학자였고, 영화를 통해 인류학의 미래를 제시했다. 이 영화는 투르카나 사회 구성원 사이에 공존하는 다성성을 보여주었고, 이들의 말은 영어로 번역되어 관객에게 자막으로 전달했다. 그의 영화에는 사건이나 맥락을 설명하는 해설과 '특권적 시각(priviliged perspect)'을 보여주는 장면이 없다. 할리우드 극영화는 여러 가지 이유에서 벽난로 안에서 거실 모습을 보여주거나, 냉장고에서 음료수를 꺼내는 사람 얼굴을 냉장고 안에서 보여주는 장면 등처럼 '특권적 시각'에서 촬영된 영상을 활용한다.

데이비드 맥두걸은 현실 상황에서는 불가능한 등장인물의 이런 시각이 진실을 왜곡한다고 생각해서 포기했다. 그는 1990년대 인도 엘리트 사립학교를 대상으로 민족지영화를 제작했는데, 이 과정에서 몇몇 개념을 개발했다. 그중 하나가 사회적 규범과 가치가 공간 안에서 재현된다는 '사회적 미학(social aesthethic)'이다. 인도의 엘리트 사립학교는 영국 유명 사립학교를 모델로 설립 · 운영되었는데, 이 학교의 가치와 규범, 이상과 질서 등이 미학적 형식으로 사물과 행동에 반영되어 나타난다. 이런 현상은 선박, 감옥 또는 기숙학교처럼 폐쇄된 시설에서도 자주 드러난다. 이후 그는 패션이나 건축 또는 정원처럼 의미를 담고 있는 단위를 시각적으로 인식 가능하다는 전제에서 각각의 부분이 하나의 전체를 지향하는 시각 시스템 연구에 집중했다(MacDougall, 2006: 94ff).

식민 시기와 탈식민 시기의 사진

영화가 발명되기 전부터 정지영상, 즉 그림이나 사진 등은 문화적 타자에 대한 표상을 제시했다. 오래전에 생산된 그림과 석판화 등에 나타난 타자 재현 문제는 식민 시기에 생산된 사진과 동일한 시각에서 연구되었고(Theye, 1984; Theye, Wegner & Prinz, 1989), 이 외의 다른 매체에서 나타나는 타자 연출도 연구되었다(Bayerdörfer et al., 2007). 이들 연구는 또한 이미지의 도상과 실천 그리고 상호매체성에도 주목했다. 20세기 초반까지 서구에서는 인종 전시회가 개최되었고, 여기서 이국적 타자에 대한 이미지들이 생산 · 유포되었다. 이들 시각 이미지는 오리엔탈리즘의 공모와 협조 없이는 불가능했다. 오늘날 영화나 이미지 속의 타자 재현도 예전의 타자 재현과 적지 않은 유사성을 보인다. 예를 들어 열대 천국으로 재현되는 하와이의 경우, 특정한 스트레오타입이 존재한다.

이러한 스트레오타입은 정치적 · 경제적 이해관계와 상당히 깊은 관계를 맺고 있는데, 이렇게 형성된 표상은 지금까지도 계속 다른 지역 또는 문화로 확산하고 있고, 다양한 매체가 별다른 문제의식 없이 이를 유통하고 있다. 이 같은 스트레오타입에는 종종 타자에 대한 공포 또는 적개심을 일으키거나, 이들을 열등하게 만들려는 의도가 숨겨져 있기도 하다. 2001년 미국에서 9.11 테러 공격이 벌어졌고, 미국인 사이에서는 이슬람과 미국의 정체성에 대한 집단 이미지가 만들어졌다. 만일 미국인의 머릿속에 이 사건을 환기시키는 기존의 이미지 저장창고가 없었다면, 이 사건에 대한 집단적인 기억과 표상은 그다지 강력하게 만들어지지 않았을 것이다. 이 점을 고려한다면, 시각성과 재현의 연구는 현재 사회에서도 매우 중요하다.

4) 사이버 인류학

사이버 인류학(cyber anthropology)은 '디지털 인류학(digital anthropology)'으로도 불린다. 인류학에서 가장 최근에 만들어진 연구 분야이고, 역동적인 수행성에 많은 관심을 두고 있다(Coleman, 2010; Wilson & Peterson, 2002). 시각인류학이 주로 아날로그 시대를 다루었다면, 사이버 인류학은 디지털 시대의 미디어, 특히 연구와 기록 그리고 교육에 있어서 디지털 미디어의 사용과 디지털 미디어를 통해 창조된 세계를 주로 연구한다.

다른 모든 분과학문과 마찬가지로, 인류학도 조직화된 연구 데이터의 잠재 가능성, E-러닝 그리고 인터넷의 가능성이 커지자 이에 주목했다. 인류학이 새롭게 등장하는 사회문화적 공간과 맥락을 민족지 연구 방법인 참여관찰과 심층 묘사로 한다면 변별적인 가능성과 성과를 선보일 수 있다. 사이버 인류학자들은 민족지 방법을 통해 초기에는 블로거, 해커, 온라인공동체, 인터넷 포럼 그리고 근거리 통신망을 이용한 컴퓨터 게임 등을 조사했다. 이들 민족지 연구는 테크놀로지가 사용자 실천에 별달리 영향을 끼치지 않는다는 사실을 보여줌으로써 다른 분과학문의 연구 결과와 다른 결을 보여주었다. 예전에는 인류학자들이 아마존 열대우림에서 현지조사를 하려면 현지인의 동물과 식물 분류법, 이들에 대한 다양한 문화 지식을 습득할 필요가 있었다. 사이버 인류학도 — 인류학의 다른 연구 분야 못지않게 — 연구대상 집단이 사용하는 테크놀로지를 충분하게 이해하지 못한다면 이들의 문화적 실천을 제대로 이해하기 어렵다. 예를 들어, 사이버 인류학자가 해커 세계를 이해하려면 이들이 사용하는 정보통신기술을 충분히 알고 있어야 한다.

인류학의 특별한 방식의 관찰이 컴퓨터 모니터 앞에서 온라인 사용자의 행동과 경이로운 매출 증가를 연구하는 데 필요하지 않을 수도 있다. 또한, 대중교통이나 자가용 이용자가 오랜 시간 차 안에서 보내고, 여기서 파생되는 경제적 유발 또는 연관 효과가 매우 큰데 인류학은 이를 연구하지는 않는다. 사이버 인류학은 정보통신기술 기반의 문화적 생산, 집단 정체성 형성과정, 종족적 저항의 형성 그리고 디아스포라 집단의 네트워크 등에 관심을 두고 있다. 전 세계적으로 분리운동 단체는 홈페이지와 이메일을 통해 자신들의 메시지를 확산하고 있다. 2009년 이란에서는 온라인 형태의 정치적 저항운동이 발생했다. 이 운동은 거의 이동전화와 단문메시지를 통해 정보를 주고받아 이전 오프라인 운동과는 차이를 보였다. 이 저항운동은 온라인 활동을 통해 자신들의 가치를 되물어보거나 재정립해나갔을 뿐만 아니라 규범을 제시하고 접하면서 가치 표상도 재생산했다. 인류학자에게 이런 과정은 매우 흥미를 끄는 주제다.

전 세계적으로 컴퓨터 게임 매출액이 영화산업 매출액을 넘어서면서 게임의 내용과 실천, 게임의 발전과 진화, 모딩(modding) 그리고 게임의 의미 연구가 다수 발표되었다(Ackermann, 2000; Knorr, 2009). 이들 컴퓨터 게임 연구에서 자주 등장한 이야기는 폭력성 문제다. 컴퓨터 게임을 즐기던 학생이 어느 날 갑자기 학교에서 총기를 난사해 친구와 교사, 경찰 그리고 행인까지 살해하는 사건이 실제로 있었고, 다수 연구자는 게임과 폭력성 사이의 강한 연관관계를 주장했지만. 일부 심리학자와 사회학자는 이 둘 사이의 직접적인 상관관계를 부정했다. 인류학은 한 개인이 왜 특정한 삶의 상황에서 동료와 자기 자신마저 살해하는지에 대해 정답을 제시할 수 없다. 하지만 사전에 주변 사람에게 보이는 행동, 폭력적 행동의 진행 과정, 무기와 의상 선택, 살해 현장 그리고 미디어 보도와 공적인 토론 등의 문화적 형태와 의미를 기술하고 해석할 수는 있다. 인류학은 이 경우 타 문화에서의 사례를 참조해서 이러한 문화적 현상을 심층적으로 해석하려고 한다.

예를 들어, 이와 유사한 일이 스리랑카의 한 마을에서 벌어졌다. 어떤 가정 내에서 작은 다툼이 있고 난 후 '전형적인' 자살 사건이 발생했다. 다툼의 원인은 용돈일 수도 있고, 음식 투정일 수도 있다. 이에 상심한 청년은 마음의 상처를 입고 가출해서 농약을 마셨고, 귀가해서는 가족 앞에서 고통스럽게 죽어갔다(Spencer, 1990: 186, 206, 253). 살인 행위는 문화마다 다른 형태를 보이는데, 독일에서는 흔히 특히 온라인에서 획득한 특정한 문화 코드에 따라 총기를 가지고 사람들을 살해하거나 부상을 입힌다. 스리랑카에서는 가족을 말로 탓하면서 죽음을 맞이하는데, 유족은 이런 행동에 심한 정신적 충격과 트라우마를 겪는다. 이처럼 인류학자는 연쇄살인범 사건을 문화적 형태로 해석하기 위해 부당함, 벌, 폭력 그리고 자살 등에 대한 집단적 의미와 의미 형성 과정을 같이 살펴볼 것이다. 거의 모든 의도적인 신체 상해 사건에서는 범죄 현장과 무기 선택 같은 상징적 차원이 중요하다. 오늘날 미디어가 이를 상세하게 보도하면서 사람들은 상당히 잘 알고 있으며, 이 지식은 모방이나 모델의 토대가 되고 있다.

사이버 인류학 시각에서 본다면, '가상'과 '실재' 세계의 구분은 그다지 큰 의미가 없다. 흔히 가상세계로 자주 언급되는 인터넷은 도서관이나 공장과 마찬가지로 실재 세계다. 인터넷은 네트워크화된 물리적 전자 부품으로 구성되어 있으며, 인간은 매우 복잡한 조직 구조를 통해 이를 운영하고 있다. 인터넷 포럼 안에서의 대화 역시 오프라인상의 대화나 전화와 마찬가지로 실재적이다. 인터넷 포럼 공간 속의 정체성도 어느 하나로 명확하게 정의하기 어려우며, 온라인과 오프라인 세계는 서로 상당히 중첩되어 있다. 사람들이 포럼에 게시하는 내용 중 상당수는 자신이 오프라인 세계에서 경험한 것들이다. 인류학의 관심 주제는 이 과정에서 벌어지는 온라인과 오프라인 세계 사이의 상호작용이다. 일부 연구자나 비평가 또는 기자들이 주장하는 '가상'과 '실재' 세계의 구별은 명확함보다는 혼동을 초래하는 경향이 있다. 왜냐하면 인터넷은 물리적인 의미에서 실재하며, 인터넷에서 이루어지는 커뮤니케이션이나 상호작용 역시 대면관계에서의 대화와 동일한 속성을 보이기 때문이다. 이와 같은 이유에서 인류학은 '가상'과 '실재' 세계 대신에 '오프라인'과 '온라인'으로 세계를 구분한다.

인간은 하나가 아니라 동시에 여러 세계에서 적극적으로 활동하는 행위자다. 사진을 통해 낯선 세계를 여행하고, 소설을 읽으면서 낭만적 사랑을 꿈꾸고, 종교를 통해 신비적 체험을 경험하는 존재다. 이런 의미에서 아바타와 사이버스페이스의 근간을 이루는 테크놀로지는 물리적 실재이며, 어떤 의미에서 문학을 통해 주로 경험하는 낭만적 사랑보다 훨씬 더 실재적이다(Rheingold, 1994).

넓게 본다면, 시각인류학은 이미지와 사이버스페이스 그리고 미디어 모두를 포괄하는 연구주제를 다룬다. 이 연구 분야는 미디어를 매개로 한 커뮤니케이션 과정, 즉 미디어 콘텐츠의 생산과 유통 그리고 수용을 문화

비교적인 시각에서 연구해서 학문으로서의 변별성을 찾고자 한다. 미디어는 문화 생산물의 저장고 역할을 하며, 문화 생산물의 적용과 사용은 항상 정치적 · 사회적 시스템의 일부로 작동한다. 전자 미디어를 연구하는 인류학은 행위자들을 연구 중심에 두고, 이들의 내재적 시각을 참조하며, 참여관찰을 통해 사용자의 다양한 실천을 연구함으로써 방법론적으로 변별성을 보인다. 시각인류학은 이런 방법론을 기반으로 정체성과 집단 형성 과정 그리고 핵심적인 가치의 교섭 과정 등을 연구함으로써 인류학과의 연결고리를 이어나가고 있다.

Ⅱ
인류학자의 미디어와 시각 미디어 연구

3장
아날로그 시대의 시각인류학

인류학은 1980년대 후반에서야 미디어 연구에 관해 본격적으로 입지를 다지기 시작했다. 오래전부터 있었던 대중매체 방송의 변혁을 감안한다면, 왜 인류학자가 좀 더 빨리 이 분야를 본격적으로 다루지 않았는지에 대한 비판이 있다. 비록 인류학자의 미디어 연구가 상대적으로 늦게 시작되었지만, 1990년대부터 분명한 정체성을 확립하고 변별적인 연구성과들을 선보였다. 이 당시 인류학은 모더니티가 전 세계적으로 확산 · 강화되는 환경에서 미디어와 커뮤니케이션이 어떻게 문화 변화에 영향을 끼치고 있는지에 관심을 가졌다. 당시 인류학자들은 다른 분과학문에서의 미디어 연구성과에 관심이 적었고, 다른 해당 분야 전문가들도 인류학의 연구성과에 관심이 없기는 마찬가지였다. 21세기를 전후해 인류학자와 미디어 전문가들은 서로의 연구 분야와 성과들에 대해 관심을 가지기 시작했다. 미디어 연구와 콘텐츠 제작이 활기를 띠면서 인류학의 전통적 관심 분야인 인간의 다양성, 문화적 현상, 테크놀로지 그리고 미래의 미디어 실천 가능성에 대한 관심이 높아졌다. 디지털 시대가 본격화되면서 미디어와 커뮤니케이션에 대한 관심도 폭발적으로 증가했고, 미디어와 문화 연구 관련 연구자들은 인류학 방법론과 이론들에 관심을 보이기 시작했다. 여기서는 인류학과 미디어 연구가 왜 서로 무관심했으며, 어떻게 서로가 서로에 대해 관심을 갖게 되었는지를 소개한다.

1) 아날로그 시각 미디어

19세기 말 문화인류학 또는 사회인류학은 전 세계 인간 문화의 매우 다양한 존재 양상과 그 변화를 탐구하고 이해하려는 욕망에서 시작했다. 이 시기는 식민지 팽창이 한창이었고, 유럽과 북미의 예술가, 상인, 군인, 농부 그리고 일부 아마추어 인류학자들이 전 세계에서 다양한 사회나 문화들과 유례없이 활발하게 접촉했다. 제임스 조지 프레이저(James George Frazer, 1854~1941) 경이 1890년 전 세계 종교현상을 비교 연구한 《황금가지(*The Golden Bough*)》를 발표했을 때, 인류학자들은 거의 예외 없이 안락의자에 앉아서 현지 정보제공자들로부터 수집한 자료를 가공해 이론화하는 작업을 했다. 이로부터 30여 년이 지나자 인류학은 광범위한 현지조사와 장기간 참여관찰 등을 토대로 변별적인 방법론과 접근법 그리고 시각을 발전시켜나갔다. 20세기 중반 들어 인류학은 고향인 유럽과 북미 국가들뿐만 아니라 나머지 대륙의 많은 대학에서 사회과학의 한 분과학문으로 자리매김했다. 미국의 인류학은 영국이나 유럽 대륙과는 약간 다른 길을 걸었는데, 인류학 안에는 문화인류학, 체질인류학, 언어학, 고고학 등의 4개 분야가 만들어졌고, 이들 중 문화인류학은 다양한 사람의 삶의 방식 그리고 문화 패턴과 시스템 연구에 집중했다.

인류학은 20세기에 들어서서 대륙 간의 차이에도 불구하고 하나의 공통점 또는 지향점을 공유하고 있었다. 유럽이나 북미와는 완전히 변별적인 사회를 연구해서 인류에 대해 더 폭넓은 이해와 관점을 이끌어 낸 것인데, 가장 대표적인 연구자는 브로니슬라브 말리노프스키(Bronislaw Malinowski, 1884~1942)다. 그는 현대 인류학의 정초를 놓은 학자 중 한 명인데, 폴란드에서 출생해서 영국에서 고등교육을 받고 활동했다. 그는 멜라네시아의 트로브리안드제도(Trobriand Islands)에 살면서 현지인들의 삶과 믿음 등을 연구했는데, 서구인에게 이들의 문화 실천은 상당히 이국적이고, 비논리적이고, 신비하게 보였다. 하지만 그의 연구는 — 현지인의 맥락에서 살펴본다면 — 이런 문화 실천이 나름대로 의미가 있음을 제시했다.

1980년대에 들어서서 일부 학자들이 말리노프스키의 연구성과와 방법론 그리고 현지인이나 정보제공자와의 관계를 비판했지만, 신화 연구와 인류학 방법론 정립에 공헌한 점은 높이 평가하고 있다. 말리노프스키의 이미지는 인류학자에 대한 스트레오타입을 종종 환기시킨다. 백인 남성이 지구상의 어떤 오지에서 이국적인 타자들과 장기간 함께 살고, 참여관찰한 결과를 정리해서 자신의 고향인 유럽 학계에 발표하는 모습이다. 미국과 호주의 인류학자들은 말리노프스키처럼 오지를 찾아 떠날 필요성을 거의 느끼지 않았다. 이들이 관심을 갖고 연구하고 싶은 사람과 문화가 자기가 사는 나라 안에 이미 존재했기 때문이다. 이곳의 인류학자들은 그저 국경 안에 존재하는 — 아메리칸 인디언이나 호주 애버리진처럼 — 매우 다른 형태의 삶을 영위하는 사람과 문화를 연구하면 되었다.

인류학의 전통 연구 분야는 자기가 속한 문화와 매우 다른 문화 형태였고, 이를 연구함으로써 인류에 대한 일반적 이론을 만들려고 했다. 초기 인류학은 가장 이국적이고, 가장 오지에 살며, 가장 전통적이거나 부족적인 삶을 사는 '신기한' 삶의 방식에 관심이 많았다. 매스미디어도 오랫동안 이에 관심을 가졌기 때문에 인류학은 태생부터 매스미디어와 가까울 수 있었다. 인류학은 이런 주제를 오랜 기간 연구했지만, 대학에서는 이런 것만을 주로 교육하지는 않았다. 인류학 전공자들은 다양한 형태의 사회나 커뮤니티를 넘나들면서 연구할 수 있는 능력을 갖추도록 교육을 받았다. 따라서 현대 인류학자들은 지구상 오지에 사는 부족 마을에서부터 현대식 광산, 농촌 마을 그리고 과학연구실 등처럼 다양한 환경에서 학문 연구를 수행할 능력을 갖추고 있다.

하지만 예전의 전통적인 서구 인류학자는 자신과 관심 있는 연구대상 사이에 근본적인 차이가 있다고 생각하고 연구했다. 이들 인류학자가 연구대상인 오지의 사람들도 현대 서구인처럼 라디오를 청취하고, 텔레비전 방송을 시청하며, 유럽인과 마찬가지로 현대적 실천을 한다는 사실을 받아들이기는 쉽지 않았다. 이들 연구자는 이런 변별적인 연구 욕구가 충족되지 않으면, 라디오와 텔레비전 프로그램을 시청하기 불가능한 더 깊숙한 오지를 찾아 나섰다. 이들은 거기서 현대 문명에 영향을 받지 않은 사람들의 태곳적 신화와 종교 또는 제의를 찾아서 연구했다.

만유인력 법칙이나 상대성이론은 자연과학에서 인간의 인식 지평을 대폭 확대했는데, 인류학도 다양하게 존재하는 인간의 문화들을 연구함으로써 상대성이론에 버금가는 그 어떤 보편적 규칙이나 원리를 수립하려고 했다. 이를 위해서는 잘 알려지고 연구된 지역에서의 증거와 자료뿐만 아니라 아직 전혀 연구되지 않은, 또는 가장 미지의 이국적인 문화들에서의 자료와 증거를 수집하는 것이 필요했다. 인류학은 이 점에서 매스미디어와 상당히 공통된 관심사를 가지고 있다. 매스미디어는 대중을 지향하지만, 학문으로서의 인류학은 새로운 시각과 이론 그리고 접근법을 정립하는 데 차이점이 있었다. 일부 인류학자는 20세기 중반 미디어의 존재가 사회에 어떤 변화를 초래하는지에 관심을 가졌다. 미국의 초기 인류학자이자 이 학문을 개척한 호텐스 파우더메이커(Hortense Powdermaker,

1900~1970)는 1940년대 할리우드를 연구한 논문 〈인류학자가 영화들을 보러 가다〉를 발표했는데, 다음과 같은 글로 시작한다.

> "어떤 인류학자가 영화 렌즈를 켠다면 무엇을 찾을까? 렌즈는 호주 애버리진의 성인식, 남태평양과 서태평양에서의 탐험 무역, 동아시아 우간다에서의 주술을 찾는 데 익숙할 것이다."(Powdermaker, 1947: 80)

파우더메이커는 인간 행위들이 조직화된 시스템으로 제도를 생각했고, 이는 인간의 기본 욕구를 충족시켜주는 역할을 한다고 주장했다. 그는 영화를 현대사회 제도의 산물로 간주했고, 인류학자가 이를 연구하려면 이런 일반 전제와 시각에서 출발해야 한다고 생각했다. 그의 주장은 당시 기능주의 시각이나 개념과 공통점을 보이고, 당시 많은 인류학자는 그의 생각에 공감했다. 현재 시점에서 그의 주장은 상당히 구식이지만, 당시 주류 인류학 맥락에서 본다면, 일반적 생각보다 상당히 앞섰다. 비서구적 삶의 방식 자체를 실증적으로 연구해야 한다고 주장한 점 그리고 전통적 접근 방식과 대상 대신에 사회 구조와 실천 분석을 촉구했기 때문이다. 당시 몇몇 인류학자는 캐나다의 콰키우틀족 문화를 연구했는데, 파우더메이커는 영화의 산실인 할리우드를 이 문화와 비교 연구했다. 그는 신화 형성과 재생산 과정을 거치면서 미국 사회의 본질적 가치가 대중에게 어떻게 전달되는지를 밝혔다. 할리우드 영화에서 반복적으로 등장하는 주제 중 하나는 '낭만적 사랑'이다. 그는 이런 신화들이 일상생활의 경험과 거리가 멀지만, 현대 미국인이 자기 삶에서 기대하는 조직화된 원칙들을 지시한다고 주장했다.

파우더메이커의 〈인류학자가 영화를 보러 가다〉

말리노프스키의 제자인 호텐스 파우더메이커는 교사이며, 노동조합 위원장이면서 인류학자였다. 볼티모어의 독일-유대 중산층 가정 출신으로 런던 정경대학교에서 인류학을 공부하고 박사학위를 받았다. 그는 파푸아뉴기니의 뉴아일랜드 레수 마을에서 10개월 동안 인류학 현지조사를 했고, 1933년 《레수에서의 삶》을 출간했다. 이후 파우더메이커는 미국 남부에서의 인종 관계와 할리우드 영화산업을 현지조사했다. 1950년에 발간된 《할리우드: 꿈의 공장》은 사회 세계가 영화제작 과정에서 영화의 의미와 내용에 큰 영향을 끼친다는 사실을 밝혀냈고, 할리우드 영화산업을 새로운 차원에서 이해하는 계기를 마련했다. 당시 백인 남성이 인류학계를 주도했는데, 여성인 파우더메이커의 업적은 인류학 역사에서 거의 언급되지 않고 있다.

할리우드 영화산업의 제작과 소비 영역 모두를 조사한 접근법은 뛰어난 업적이었다. 그는 상당히 비판적인 입장에서 할리우드 프로듀서들을 평가했는데, 할리우드 영상물의 재현 정치와 가혹한 산업 현실에 특히 비판적이었다. 이 연구는 후에 많은 미디어와 문화 연구자에게 영향을 끼쳤다.

> "우리가 설명한 대로 할리우드는 정교하게 구성된 전체주의적 요소들을 가지고 있다. 사람들을 소유물로 그리고, 조작해야 할 대상으로 간주하고, 고도로 집중된 권력을 위해 개인화된 권력, 부도덕성, 단절과 불안 그리고 위기 분위기가 지배한다. 이 과도한 정교함의 결과는 사업상의 비효율성, 인간관계에서의 깊은 좌절감 그리고 재미없는 많은 수의 이류와 삼류 영화들이다."(Powdermaker, 1950: 332)

파우더메이커는 관객이 영화 이야기에서 느끼는 특별한 매력을 이해하려고 했는데, 관객과 영화 속 인물들(또는 연기하는 배우들) 간에 개인적 연결고리 형성과 진정성 전달이 매우 중요하다고 주장했다. 그는 브랜드 문화와 팬덤의 역동성에도 관심을 가졌는데, 미디어와 문화 연구가 이를 본격적으로 연구한 지는 얼마 되지 않았다.

> "관객은 스크린 속의 등장인물이 사실적이고 '자연스럽고', 배경과 설정이 정직해 보이기 때문에 재현된 인간관계 역시 진실하다고 느낀다. 실재성(realness)이라는 속성은 (관객에게) 강력한 영화의 세계로 몰입할 수 있게 하고, 대본의 가치와 아이디어들을 의식적 또는 무의식적으로 흡수하게 만든다."(Powdermaker, 1950: 14)

관객에게 의식적 또는 무의식적으로 각본의 가치와 생각을 흡수하게 하고, 영화의 세계로 탈출할 수 있도록 하는 것이 바로 현실의 질이다. 파우더메이커의 초기 미디어 연구는 현재 인류학의 미디어 연구 의제와 일치하지 않지만, 다른 인접 학문의 연구성과와 차이를 보여주었다. 이후 인류학자들은 — 파우더메이커의 연구처럼 — 총체성과 문화비교 연구 그리고 현지조사 방법을 기반으로 미디어를 특색 있게 연구하기 시작했다. 아직도 총체성과 문화비교 그리고 현지조사 방법은 미디어 연구에서 인류학의 특징이며 변별성이다. 파우더메이커가 인류학에 기여한 또 다른 공헌은 할리우드 등의 문화산업 연구에서 할리우드 영화 자체에 집중하지 않고 영화의 사회 내 역할, 영화산업과 사회 구조의 관계 등에 관심을 가졌다는 점이다.

비록 파우더메이커의 초기 할리우드 연구성과가 미디어 인류학의 의제를 제시했다고 말하기는 어렵지만, 인류학자들은 후에 학술적 정체성을 정립하고 변별적인 미디어 연구 방법을 개발할 수 있었다. 일부 냉소주의자들은 총체적 시각과 문화비교 방법을 중시하고, 이에 과도한 의미를 부여하는 인류학자들의 태도를 비판했지만, 이들의 비판과 상관없이 현재 미디어 연구에서 이런 방법은 다시 주목받고 있다. 인류학은 영화산업의 조직화 이면에 존재하는 원리 그리고 영화가 이해에서 담당하는 근본 기능을 중시한다. 이런 접근 방식은 아직도 영화 연구, 문학 분석 또는 시각예술사의 접근 방법과는 결이 상당히 다르다. 이들 학문은 대부분 영화를 텍스트로 간주하고, 영화의 미학적 영향과 시각적 또는 청각적 구성을 주로 분석하는 경향이 있다.

브라질과 호주 원주민의 텔레비전 민족지

파우더메이커가 1940~1950년대 할리우드 영화와 산업을 분석할 당시 이 영화들은 이미 전 세계에서 유통되었고, 많은 문화에 커다란 영향을 끼치고 있었다. 매스미디어 테크놀로지가 발전하고 전 세계적으로 확산하자, 인류학의 전통 연구지역인 오지의 커뮤니티에서도 할리우드의 러브스토리 영화와 홍콩 무술영화들을 볼 수 있게 되었다. 인류학은 1980년대까지 텔레비전 연구에 별다른 관심을 보이지 않았고, 주목할만한 연구성과를 제시하지 못했다. 에릭 마이클스(Eric Michaels)가 1986년《텔레비전에서의 애버리진 발명》을 발표하면서 인류학에서도 미디어 연구의 새로운 전기가 마련되었다. 그는 1982년부터 1986년까지 호주 중부 유엔두무(Yuendumu) 지역의 왈피리(Warlpiri) 원주민 사회를 현지조사했다. 그의 관심사는 당시 최신 기술인 위성 텔레비전과 비디오 녹화 장치가 원주민 삶에 어떤 영향을 끼치고, 어떻게 사회에 통합되는지였다.

《텔레비전에서의 애버리진 발명》이라는 책 제목이 시사하듯이, 서구 시청자와 달리 그는 유엔두무의 텔레비전 시청자도 미디어 신기술을 사용하고 있다는 전제에서 연구를 시작했다. 마이클스는 왈피리 사람들이 정보와 지식의 흐름에 나름대로의 생각을 갖고 있었고, 텔레비전이라는 신기술이 지역사회를 통합하는 데 풍부한 자양분을 제공한다고 주장했다. 사람들은 신기술을 이용하고 새로운 아이디어와 관계 맺을 때 지역 역사와 기존 믿음 체계를 토대로 자신의 지적 용어로 이를 대한다. 왈피리 사람들은 서구 농촌사회 사람들과는 다른 방식으로 텔레비전을 시청했다. 피상적으로 보면, 왈피리 사람들과 서구 사람들은 유사한 방식으로 텔레비전을 시청하는 것 같지만, 시청 경험에서 의미를 만드는 방식과 만들어진 의미는 동일하지 않다.

마이클스는 '호주애버리진연구소' 의뢰로 연구했는데, 보고서 안에 인류학자와 관련된 주요 이슈들을 개괄적으로 설명했다. 그는 우선 왈피리 사람들이 일상 실천에서 보이는 텔레비전 테크놀로지 존재와 흐름을 제시했다. 비디오 레코더를 누가, 언제, 누구의 집에서 그리고 어떤 조건에서 사용하는지를 조사했다. 우선 비디오 레코더나 비디오 테이프 구매와 대여에 필요한 화폐와 다른 자원을 어떻게 공유하는지를 분석하고, 정치적 · 경제적 측면에서 지역에서의 미디어 소비를 설명했다. 그는 당시 위성 텔레비전 방송 허가와 사회기반시설의 배치와 통제정책을 담당하는 기관이나 단체들도 조사했는데, 이들 기관은 이 지역 밖에 있었다. 이들 기관의 정책은 기초와 광역지역의 텔레비전 프로그램 제작에 큰 영향을 끼쳤다. 그는 연구보고서에서 원주민 지역에서의 텔레비전 콘텐츠 자체 생산을 장려해야 한다고 촉구했다. 당시 호주에서는 애버리진 커뮤니티의 자기재현 중요성과 문화적 · 정치적 자원의 자율적 관리가 한창 논의되고 있었는데, 이 보고서는 이 논의에 활기를 불어넣었다.

다수의 연구자는 애버리진 커뮤니티에서 텔레비전과 비디오 도입과 전유보다 미디어 도입으로 인한 사회 변화에 더 많은 관심을 보였다. 왈피리 사람들은 오랫동안 현대 기술문명과 담을 쌓고 전통적 삶을 살았다. 마이클스는 원주민들이 빠른 속도로 발전하는 현대 기술과 보조를 같이 할 수 없다는 점을 보여주기보다 이들의 삶의 방식이 신기술 사용을 막지 못했다고 주장했다. 텔레비전과 비디오가 오지의 원주민 커뮤니티에 도입되자, 중요한 문화변동이 발생했다. 파우더메이커가 1940년대 할리우드 영화를 분석할 때처럼 마이클스도 텔레비전 시청이 지역어 사용에 어떤 영향을 끼치고, 텔레비전 프로그램에 내재하는 문화적 메시지가 현지인들의 결혼과 친족제도 등에 어떤 영향을 끼치는지에 관심을 가졌다. 그의 연구에 의하면, 왈피리 사람들은 텔레비전이 도입되자 자신만의 시청 방식과 목적을 찾아냈고, 이는 나중에 미디어를 스스로 제작하는 데 중요한 토대가 되었다.

마이클스의 원주민 텔레비전 사용 연구성과는 당대에 별다른 관심을 끌지 못했다. 그는 40세에 사망했고, 연구성과는 1988년에 일부만 발표되었다. 그 안에는 원주민에 대한 세부적이고 풍부한 사실적 기술, 문화기술로서의 텔레비전에 대한 다양한 분석 그리고 정책 입안에 필요한 정치적 고려 등이 담겨있다. 그는 인류학과 미디어 그리고 문화 연구의 융합모델을 제시했다(O'Regan 1990; Hebdidge 1994).

마이클스와 비슷한 시기에 콘래드 필립 코탁(Conrad Phillip Kottak)도 브라질의 텔레비전 연구를 진행했다(Kottak, 2009). 그는 동료 연구자들과 함께 1983~1987년 브라질의 텔레비전 영향과 의미를 연구했는데, 많은 연구자가 이에 관심을 보였다. 브라질 도시 주민 중 상당수는 1980년대 중반까지 자기 집에서 텔레비전을 시청했지만, 농촌과 변두리 지역의 텔레비전 보급률은 낮았다. 코탁은 6곳의 커뮤니티에서 텔레비전을 연구했는데, 몇몇 커뮤니티에서는 오래전부터 텔레비전 시청이 가능했지만 일부 커뮤니티는 연구 시작 전에야 가능했다. 또한, 이 프로젝트는 브라질과 미국 사례를 비교해 텔레비전이 일상생활에 침투하면서 문화적 삶과 가족적 실천 그리고 사회정치적 태도가 어떻게 변화하는지도 분석했다.

코탁은 설문조사와 인터뷰 그리고 참여관찰 등으로 방대한 양의 1차 자료를 수집했는데, 그는 이전 민족지들보다 정량적 분석을 많이 활용했다. 그는 자신의 책 서문에서 미디어 인류학 분야를 반추하면서, 대부분의 미디어 인류학 연구자가 자신이 사용한 민족지 방법론 대신에 포스트모던 방법론을 사용하는 것을 아쉬워했다. 코탁은 과도기 상태의 사회에서 텔레비전 영향을 — 미국 커뮤니케이션 연구에서 지배적인 양적 조사 방법이 아니라 — 민족지 방법으로 탐구하는 것을 목표로 삼았다.

코탁의 연구는 글로벌 미디어 역사에서 특정한 순간을 포착했다. 이 시기에 텔레비전 산업이 발전을 거듭하면서 아시아, 아프리카, 유럽, 아메리카의 수천만 명이 공유된 실천과 공적 대화의 장에 모이게 되었다. 베네딕트 앤더슨은 1983년 미디어가 "상상의 공동체(imagined communities)"를 가능하게 하고, 이를 강화하는 역할을 한다고 주장했다. 앤더슨은 인쇄매체의 역할을 중심으로 민족의식 형성을 설명했는데, 20세기 말에는 텔레비전이 확산했고, 이 매체는 상상의 공동체를 구축하고 민족 정체성을 설명하는 데 각별한 의미를 갖게 되었다. 당시 브라질처럼 종족과 그 기원이 다양하고, 국민의 문해력도 낮으며, 적지 않은 커뮤니티는 매우 고립된 상태로 사는 나라에서 텔레비전의 역할은 연구자에게 흥미로운 관심 대상이었다.

오늘날 전 세계 사람 대부분은 위성방송, 이동전화 그리고 소셜미디어 등의 미디어 과잉 환경 속에서 살고 있는데, 브라질도 예외는 아니다. 디지털 정보혁명 전에 아날로그 방송 매체도 느리지만 발전을 거듭했으며, 수십 년 동안 전 세계 사람들의 삶과 지역사회를 변화시켰다. 브라질에서도 오지에 살던 소외된 사람들도 전국적인 통신망에 통합되기 시작했다. 당시 시장조사 연구자나 주류 커뮤니케이션 학자들은 시장성이 적은 이 분야에 별다른 관심을 두지 않았기 때문에 코탁의 연구는 이러한 초기 전환 단계에 귀중한 통찰력을 제시한다.

그의 연구는 문화비교 분석 방법을 이용해서 미디어 연구에 귀중한 모델로 평가받고 있다. 그는 미국에서의 관찰을 통해 많은 영감을 받았고, 독창적인 연구 질문을 설계할 수 있었는데, 예를 들어 '텔레비전이라는 존재는 사회를 어떻게 변화시킬까?'라는 질문이 대표적이다. 그는 브라질 사회에서의 텔레비전 영향을 전국적 그리고 지역적 차원에서 모두 분석했는데, 이렇게 도출된 결과를 미국에서 수집한 자료나 연구성과들과 비교 연구해서 더 심층적인 이해에 도달할 수 있었다. 코탁은 이전에 미국에서 일어났던 일이 브라질에서도 반복된다고 주장하지 않는다. 오히려 그는 브라질 사례 연구가 미국 텔레비전 문화를 다른 방식과 시각에서 고찰할 수 있게 한다고 주장했다. 이전 연구자들과 달리 코탁은 텔레비전 프로그램의 종류에도 관심을 가졌다. 그는 프로그램에 대한 시청자의 반응과 실천 외에도 프로그램이 전달하는 메시지도 중요하게 생각했다. 또한, 그는 브라질의 중심 텔레비전 방송국인 글로보(Globo)사의 가시청 범위를 파악하고, 이를 토대로 지역적 · 전국적 차원에서 텔레비전의 영향력을 제시했다. 코탁은 민족지 방법을 주로 사용했지만, 다른 방법론이나 접근법을 배제하지는 않았다.

코탁의 브라질 텔레비전 연구

미국의 인류학자 콘래드 필립 코탁이 주도하는 연구진은 1983~1987년 텔레비전이 브라질에서 미치는 영향을 연구했다. 이 팀은 우선 브라질 텔레비전 산업에 관한 아카이브와 통계자료를 조사했고, 이후 브라질의 가장 인기 있는 프로그램의 내용도 조사했다. 이후 브라질의 서로 다른 6개 지역에서 현지조사도 실시했다. 이 팀은 현지조사에서 1,879건의 인터뷰를 했고, 가구 전체 구성원과도 인터뷰를 했지만 상당수는 개인 인터뷰였다. 이들 연구자는 인터뷰를 전후해 해당 커뮤니티에서 주민 행동과 일상생활에 대한 참여관찰을 했는데, 이를 통해 지역 주민과의 관계가 발전했다. 텔레비전의 서로 다른 노출 정도에 따라 6개 커뮤니티가 선정되었다. 한 시골 커뮤니티는 연구가 시작되기 1년 전에야 텔레비전이 처음 들어왔지만, 대부분의 가정에서는 텔레비전을 시청할 수 없었다. 다른 세 곳의 지역 커뮤니티에서는 10~15년 전에 텔레비전 시청이 가능했고, 나머지 두 곳의 도시 지역 커뮤니티에서는 25년 이상 텔레비전을 보아왔다.

코탁은 텔레비전에 대한 노출 횟수가 이들 커뮤니티에서의 광범위한 사회 지표와 의미 있는 상관관계를 보인다는 점을 발견했다. 텔레비전을 더 장기간, 더 많이 본 시청자는 좀 더 자유주의적 태도를 보이는 경향이 있었다. 이들은 여성들이 직업 활동하는 것을 더 지지하고, 이혼에 대해서도 더 호의적인 태도를 보였으며, 자기 자녀들의 성교육에 대해서도 더 개방적인 성향을 보였다(Kottak, 2009: 158-161). 〈프라임타임 소사이어티〉 프로젝트가 끝난 후, 코탁은 연구진이 수집한 자료를 통해 브라질 가정에서 텔레비전이 '피임효과'가 있다는 주장을 했다(Kottak, 2009: xii-xxiv). 오랫동안 텔레비전을 시청한 여성들은 그렇지 않은 여성들보다 평균적으로 자녀 숫자가 적었다. 코탁은 심지어 텔레비전의 장시간 시청 여부를 가지고 소규모 가족 여부를 예측했는데, 기존 사회과학자들이 전통적으로 사용하던 지표보다 이 지표가 더 정확하다고 주장했다.

미국의 텔레비전 시청자와 달리 브라질 사람들은 텔레비전 시청이 사회적 고립을 초래한다고 생각하지 않았다. 텔레비전 시청은 종종 집단 차원에서 이루어졌고, 이 과정에서 대화와 다른 형태의 상호작용이 촉진되었다. 코탁에 의하면, 사교성을 높이 평가하는 사회에서 텔레비전은 사교의 수단으로 가장 많이 사용되었다. 코탁은 텔레비전 같은 매체가 본질적으로 소외나 반사회적인 속성을 가진 것으로 이해해서는 안 된다고 강조했는데, 후대 연구자들도 이에 상당 부분 동의했다. 그는 일부 동일한 패턴이 서로 다른 문화에서 발견되더라도 동일한 매체가 서로 다른 문화 맥락 안에서 상당히 다르게 인식되고 사용될 수 있음을 보여주었다.

인류학과 매스미디어에 대한 무관심

지금까지 인류학이 미디어를 다루는 초기 연구들을 살펴보았는데, 이들 연구는 각기 주목할 만한 통찰력을 제시했고, 1990년대 이후 시각인류학과 미디어 인류학의 토대가 되었다. 이런 선구적인 연구성과에도 불구하고 인류학자들은 상당 기간 미디어에 그다지 관심을 보이지 않았다. 실제로 코탁과 마이클스는 1980년대 중반 텔레비전이라는 매체를 연구해 인류학 분야에서 선구적인 입지를 획득했지만, 현대 미디어 연구에서 이들의 연구성과는 더 이상 획기적으로 받아들여지지 않는다. 현대성이 점점 세계화되고, 산업화 프로젝트가 점점 더 확산 · 강화되는 시기에 대중매체와 사회문화인류학 모두 거의 동시에 이로 인한 변화의 결과를 경험하고 있었다. 이 두 분야는 서로 잘 알고 있지는 못했지만 어떻게 이 문제를 생산적으로 풀어나갈 수 있을지 각자 고민하고 있다. 이런 갑작스러운 상황 변화에 적지 않은 인류학자가 미디어 분야에 관심을 갖고 연구하기 시작했다.

일부 인류학자들은 1980년대 이전부터 커뮤니케이션과 정보의 일반적 속성을 연구하고 있었다. 예를 들어, 영국의 저명한 인류학자 잭 구디(Jack Goody)는 구전 전통이 강한 서아프리카 지역사회에서 문해력 변화를 연구했다. 좀 더 광범위하게 살펴보면, 대표적으로 레비스트로스 등의 인류학자들은 언어학, 신화학 그리고 상징 커뮤니케이션을 연구했는데, 이는 미디어와 커뮤니케이션 이론 형성과 발전에 중요한 토대가 되었다. 그러나 이들은 특정 지역사회에 대중매체가 도입되면서 발생하는 기술적 · 문화적 형태 또는 실천을 조사하는 데는 별다른 관심을 보이지 않았다. 이들 연구자는 현지인들이 인쇄물, 라디오, 전화, 텔레비전 같은 미디어나 현대적 커뮤니케이션 기술과 어떻게 상호작용하는지를 연구하지 않았는데, 이는 해당 지역에 미디어 실천이나 미디어 네트워크가 없어서가 아니었다.

과거 인류학 연구대상 지역에 대해 일괄적으로 말하기는 어렵지만, 인류학자들이 활발하게 연구했던 상당수의 전통적인 농촌지역 커뮤니티들에는 이미 적지 않은 미디어들이 삶의 환경 내에 존재했다. 이들 기기의 사용 빈도도 그다지 낮지 않았는데, 다수의 연구자는 이런 점들을 자신의 민족지 연구에 충분히 반영하지 않았다. 예를 들어, 아프리카는 인류학 지식의 축을 형성하는 데 중요한 역할을 한 대륙이며, 오늘날에는 아프리카의 다양한 형태의 사회 내에 미디어와 커뮤니케이션에 관한 다수의 인류학 연구가 존재한다. 그러나 이런 연구는 거의 모두 지난 30여 년 동안에 이루어진 것이다. 하지만 이 지역에서 대중매체는 이보다 훨씬 전부터 존재했고, 사람들은 이를 사용했다.

1920년대와 1930년대 동아프리카 전역에서 라디오 방송을 청취할 수 있었다. 이 시기 영국의 인류학자 에번스 프리처드는 아잔데와 누어에서 고전적인 민족지 연구를 수행했는데, 자신의 책에서 이 지역의 라디오나 신문을 전혀 언급하지 않았다. 저명한 인류학자 빅터 터너(Victor Turner)가 은뎀부(Ndembu)를 연구한 1950년대 서아프리카 전역에서는 하우사

(Hausa)어와 다른 언어의 라디오 프로그램 청취가 일반적 현상이었다. 터너의 연구지역인 북부 로디지아에서도 라디오 방송 프로그램이 송출되고 있었다. 공교롭게도 빅터 터너의 아버지는 존 로지 베어드(John Logie Baird)와 함께 텔레비전을 연구하고 발명한 과학자였고, 빅터 터너는 어린 시절 고향에서 무선통신을 했지만(Mentore, 2009), 은뎀부에 관한 터너의 출판물에는 라디오나 다른 매체에 대한 언급이 없다.

많은 인류학자는 20세기 중반부터 중남미 대륙 전역에서 도시 공동체 및 농촌사회를 연구했는데, 이 과정에서 이 지역 사람들이 영화나 텔레비전 또는 신문이나 라디오 같은 대중매체를 소비하는 현상을 목격했을 것이다. 예를 들어, 오스카 루이스(Oscar Lewis)는 1943~1948년 멕시코의 테포즈틀란(Tepoztlán)에서 장기간 현지조사했는데, 당시 이 나라에서는 영화가 황금기를 누리고 있었다. 인류학자 로버트 레드필드(Robert Redfield)는 1920년대 오스카 루이스가 연구한 현지에서 연구했는데, 레드필드는 테포즈틀란의 민속문화를 연구하면서 도시와 농촌 마을 중산층이 신문을 읽고 영화를 보고 있다고 밝혔다. 레드필드에게 이런 문화실천은 자신이 연구대상으로 설정한 민속문화와는 사뭇 결이 다른 현상이었다(Redfield, 1958: 1-15). 레드필드가 연구를 멈춘 지점에서 루이스는 1940년대에 연구를 이어나갔는데, 당시 이 지역에서 진행 중인 사회 변화, 특히 빈민층의 일상적 삶과 경험에 관심을 가졌다(Lewis, 1970). 루이스는 당시 이 마을 사람들이 철도를 이용하고, 대중가요를 부르고, 신문과 소설에 접근할 수 있었다는 사실을 언급했고, 테포즈틀란이 더 넓은 세계와 연결되어 있으며, 이들과 상호작용한다는 점을 무시하지 않았다. 하지만 그는 영화의 존재에 대해서는 언급하지 않았다. 당시 멕시코에서는 전국적으로 페드로 인판테(Pedro Infante)와 코미디언 칸틴플라스(Cantinflas) 같은 '마티니 스타'의 인기가 높았는데, 글로벌 미디어 네트워크에서도 이들의 존재와 활동은 상당히 유명했다(Pilcher, 2001). 루이스의 연구는 나중에 멕시코 사회의 근대성 본질을 논하는 장에서 주요한 자료로 사용되었다(Pilcher, 2001: 191-192).

20세기 유명한 문화인류학자 중 한 명인 클리포드 기어츠도 자신의 저서에서 발리와 자바에서 힌두교와 불교 사상의 전달자로 책과 문학의 역할을 간략하게 기술하고 있다(Geertz, 1973: 185-186). 그는 예술을 생각의 전달 매체로 간주했는데, 특히 발리 연극에 대해 상당히 귀중한 연구성과를 남겼다(Geertz, 1980). 기어츠의 연구성과는 커뮤니케이션 이론가들에게 상당한 영향을 끼쳤는데(Carey, 1989; Servaes & Lie, 2007), 정작 기어츠 자신은 동남아시아의 섬들을 횡단하던 미디어에 대해 별다른 관심이 없었다. 이와 유사하게 유럽의 주변화된 지역을 연구하던 인류학자들에게도 미디어는 관심의 대상이 아니었다.

안톤 블록(Anton Blok)은 1974년 《1860~1960년 시칠리아 마을의 마피아》라는 민족지를 발표했는데, 이 책은 지역 정치를 폭넓게 다루면서 정치운동에서의 이념세력을 분석했다. 블록은 많은 시칠리아 마을 사람이 미국으로 이주하고, 남은 사람들이 제2차 세계대전으로 깊은 영향을 받은 모습을 그리지만, 시칠리아를 다른 세상과 단절된 모습으로 기술하시는 않았다. 하지만 그 역시 자신의 책에서 어떤 종류의 미디어에 대해서도 서술하지 않았다. 하지만 이제는 고전이 된 영화 〈시네마 천국〉을 보면, 시칠리아에서 미국영화는 지역 사람의 문화 실천에서 매우 중요한 부분을 차지하고 있다는 사실을 알 수 있다. 이 모든 인류학적 사례들을 종합하면 인류학 연구에서 하나의 주된 경향성을 발견할 수 있다. 인류학자들은 20세기 내내 일상생활과 사회 변화에 커다란 영향을 끼친 매스미디어 연구에 그다지 관심이 없었고, 이런 경향은 민족지에도 그대로 나타났다.

인류학의 포스트모던 전환

인류학자들은 현대 세계의 주변화된 장소와 사람들을 연구하는 데 특화되어 있고, 문자텍스트와 시각 미디어를 거의 사용하지 않는 사람들을 주로 연구대상으로 선정했다. 인류학자들이 이런 식으로 연구를 진행하는 동안 1980년대에는 연구대상이 사는 지역에서도 미디어 사용이 대세가 되었다. 그러면서 인류학은 커뮤니케이션과 미디어 연구 부문에서 뒤처지게 되었다. 이 시기에는 방송기술이 서구 세계 시청자 영역뿐만 아니라 개발도상국의 도시 중산층 영역도 넘어서서 지구상 구석구석으로 빠르게 확산했다. 텔레비전은 학문과 산업 중심지로부터 멀리 떨어진 전 세계 오지 마을로도 확산했다. 또한, 텔레비전은 문화적, 정치적 그리고 기술적 변화를 촉발하면서 글로벌 정보경제를 형성하는 토대가 되었다. 새로운 삶의 방식들이 나타나기 시작하면서 사회과학자들도 더 이상 예전처럼 텔레비전을 애써 못 본 체할 수 없는 세상이 되었다. 인류학자들도 이제는 콘래드 필립 코탁과 에릭 마이클스의 선구적 연구성과를 주목하기 시작했다.

코탁과 마이클스는 문화인류학에서 앞으로 모더니티가 침투하지 않은 커뮤니티를 연구하는 것이 불가능한 시대가 도래할 것을 보여주었다. 당시의 인류학자들은 점차 사라져가는 또는 상상 속에 존재했던 전통을 붙잡고 함께 몰락할지도 모른다는 위기의식을 느꼈다. 이런 맥락에서 인문학과 사회과학에서 새로운 사상적 흐름이 등장했는데, 인류학에서도 예외는 아니었다. 다수의 인류학자는 기존의 인류학 연구를 되돌아보면서 학문의 토대가 되는 신화들을 비판했고, 혁명적 변화는 아니더라도 좀 더 정교하고 다른 방식으로 커뮤니티를 연구할 필요가 있다는 점에 공감대를 형성해나갔다. 인류학의 새로운 세대는 '포스트모던 전환(Postmodern turn)'에 주목하고, 자신들이 어떻게 새로운 방식으로 사고하고, 기술하고, 대상과 관계를 맺을지를 모색하기 시작했다.

세계적 모더니티 과정에서 분리되어 독립적으로 존재하는 공동체가 존재하고, 총체적이고 종합적인 방법으로 이 사회를 기술할 수 있다고 믿었던 시대는 점차 저물고 있었다. 이 무렵, 인문학과 사회과학에 여러 가지 새로운 사고의 물결들이 등장했다. 세계 여러 지역의 인류학자들은 치열한 혁명은 아닐지라도 자신들의 연구 방식을 조정할 필요성을 느껴 기존 작업들을 다시 살펴보았다. 이런 새로운 세대의 학자에게 '포스트모던 전환'은 매우 매력적이었다. 이들은 인류학에 겹겹이 쌓인 많은 토대신화를 비판하면서 새로운 연구와 민족지 쓰기를 고민했다. 인류학자들은 기존 인류학이 상상했던 연구대상은 허구라고 주장했다(Fabian, 1983; Clliffford & Marcus, 1986). 기존 연구대상 문화들은 급속하게 변화했지만, 죽어가거나 사라지지는 않았다.

전통적인 민족지 글쓰기는 연구대상인 사람들이 고립 또는 독립된 공동체에서 '전통적인' 방식으로 사는 것으로 상상했다. 하지만 이들 중 적지 않은 사람은 임금노동을 했으며, 정부 기관과 관계를 맺으면서 살았고, 현대식 교통수단을 이용했으며, 지역사회 너머의 사람들과 교류했다. 하지만 적지 않은 민족지는 이들의 삶을 '전통적인' 방식에 갇혀 사는 모습으로 재현하는 경향이 있었다. 인류학자들은 1980년대 중반에 이르러 이런 현상을 어떻게 쓰고 이야기할 수 있을지, 그리고 자신들에게 그렇게 기술할 권리나 권한이 있는지를 생각하기 시작했다. 대부분의 인류학자는 초기 수십 년 동안 연구대상 현지의 신문, 영화, 라디오 같은 미디어 존재를 무시하는 것으로 이런 고민을 비켜나갈 수 있었다. 하지만 1990년대 초반부터 이 모든 것이 바뀌었다. 많은 인류학자는 포스트모던 인류학이 제기한 비판적 질문에서 영감을 받았다. 현대 매스미디어 시스템의 빠른 확산으로 사회와 문화 환경이 변했고, 사람들의 일상 경험도 이에 영향을 받았다. 다양한 분과학문 연구자들은 점차 이들 미디어 세계를 기록하고 분석하는 물결에 참여하기 시작했으며, 인류학도 이런 물결에 본격 동참했다.

2) 초기 디지털 미디어

데브라 스피툴닉은 1993년《인류학 연례 리뷰(*Annual Review of Anthropology*)》에 투고한 글에서 인류학이 아직도 매스미디어를 진지하게 간주하지 않는다고 지적했다(Spitulnik, 1993: 293). 지난 10여 년 동안 인류학 분야에서 발표된 미디어 관련 주요 연구성과들을 종합하여 논평한 두 권의 책이 2002년 발간되었다(Ginsburg & Abu-Lughod & Larkin, 2002; Askew & Wilk, 2002). 여기서는 1990년대부터 발표된 주요 연구성과와 인류학자들이 글로벌 미디어 연구에 기여한 점을 살펴본다. 인류학자들은 주로 기존 인류학 이론에 기반해 의제를 제시하고 연구해 학계에 공헌했지만, 문화 연구, 미디어 연구 그리고 사회학 연구자들과 협력해 새로운 성과를 선보이기도 했다. 1990년대부터 인류학은 다양한 주제와 연구범위를 가지고 미디어에 대해 연구했다. 이미 다른 곳에서 찾아볼 수 있는 인류학에서의 포괄적인 문헌 검토를 반복하기보다는 미디어 연구와 관련된 몇몇 주요 혁신 성과를 소개할 것이다.

미디어 인류학자들은 모더니티와 글로벌화의 변화 속도에 대한 논의를 끌어냈고, 미디어의 생산과 소비가 '문화정치'를 어떻게 형성했는지도 분석했다. 인류학자들은 전통적 미디어 연구에서 간과됐던 원주민을 포함한 소외계층과 소수집단 공동체의 경험에도 주목했다. 일부 미디어 연구자들은 인류학의 이론과 방법이 일상생활에서 사람들의 미디어 사용을 이해하는 데 유용하다는 점에 동의한다. 인류학이 미디어 연구에 기여한 중요한 공헌은 모더니티와 현대적 삶의 방식이 확산하는 상황에서 미디어와 이들의 관계를 명시적으로 다루어야 한다는 점을 부각한 것이다. 인류학에서 연구대상 지역민은 현대적 구조나 실천과 깊이 관련된 삶을 살았지만, 연구자들은 문화들의 내적 통합성을 강조하거나 극단적인 문화 차이만 강조하는 경향이 있었다. 이런 연구성과는 독자에게 인류학 연구대상이 고립된 상태로 존재한다는 인상을 주었지만, 1990년대 중반부터 점점 더 많은 민족지가 공무원, 임금노동자, 철도 및 자동차, 수입품, 이주, 상업, 그리고 다른 많은 글로벌 모더니티로 인한 변화를 이야기하기 시작했다.

인류학이 이후 모더니티에 많은 관심을 가진 주된 이유는 민족지에 모더니티가 과소 대표된 것을 바로잡기 위해서였지만, 또 다른 이유도 있다. 인류학은 실제적인 차원에서 현장에서 모더니티를 직면했다. 인류학 연구 분야에 모더니티는 항상 존재했지만, 1980년 이후 모더니티는 전 세계적으로 광범위하게 확산했다. 인류학자들은 1980년대 파푸아뉴기니 고원지대의 외딴 지역이나 아마존 열대우림 지역으로 현지조사를 떠났다. 이들 지역민이 식민지나 국가 당국과 정기적으로 접촉한 지 얼마 되지 않았을지라도 청년들은 대량 생산된 옷을 입고 살았으며, 학교 교육도 받고 있었고, 국가 지정 표준어를 배웠으며, 부모 세대와 매우 다른 환경에서 자라고, 교육받고, 생활하고 있었다. 일부 인류학자는 현대적 요소들이 사회 전반에 확산되지 않은 곳을 찾아 연구했지만, 여기서도 일상생활이 빠르게 변화하고 있었다. 소위 '후기 모더니티'가 이들 사회와 문화를 변화시켰다. 세계화의 힘은 단지 세계 중심부의 무역과 비즈니스의 본질

뿐만 아니라 전 세계 많은 사람의 삶을 다양하고 예측할 수 없는 방식으로 변화시키고 있었다.

인류학에서의 모더니티 연구는 미디어 연구를 훨씬 능가하는 광범위한 시도였지만, 다수의 연구자는 매스미디어가 현대생활 구성에서 특별한 역할을 한다는 점에 동의했다. 아파두라이는 1996년 발간한《고삐 풀린 현대성》에서 문화적 차원의 세계화를 논했다. 그는 삶에서 모더니티의 힘을 추적할 수 있는 여섯 가지 스케이프 범주를 제시했다. 그는 지리학에서 주로 사용하는 용어인 경관(landscape)에서 '스케이프'라는 용어를 주조했고, 이를 통해 글로벌 이동을 구분했다. 에스노스케이프(ethnoscape)는 이주와 관광객을 포함하는 사람들의 이동, 금융스케이프는 재화와 금융산업의 이동, 테크노스케이프는 테크놀로지와 제조업의 글로벌 분포와 이동, 미디어스케이프는 전 세계 미디어의 생산과 유통의 이동, 그리고 아이디어스케이프는 이미지를 포함한 아이디어와 이데올로기의 이동 양상을 의미한다. 아파두라이는 이 같은 6개 스케이프가 서로 밀접하게 연결되어 있으며, 이전 시대와는 완전히 다른 세계 경험을 만들고, 서로를 강화한다고 주장했다.

아파두라이의 연구에서는 인류학이 '모더니티'라는 큰 틀에서 미디어를 어떻게 다루고, 구체화하는지를 알 수 있다. 미디어는 사람, 금융, 테크놀로지, 아이디어만큼 중요한 역할을 한다. 아파두라이는 미디어가 세계화의 다른 중요한 차원과 분리될 수 없으며, 미디어의 역할을 이들과 동등하게 인정하지 않는다면 다른 차원들도 제대로 이해할 수 없다는 점을 분명히 했다. 특히 텔레비전, 영화, 비디오 같은 미디어스케이프는 전 세계에 크고 복잡한 일련의 이미지, 내러티브 그리고 에스노스케이프를 시청자에게 제공하며, 여기서 상품과 뉴스 그리고 정치 세계가 서로 심하게 엉켜있다. 전 세계 많은 관객이 미디어 자체를 인쇄물, 셀룰로이드, 전자 스크린, 광고판 등과 복잡하게 상호 연결된 레퍼토리로 경험한다.

아파두라이의 연구에 의하면, 물성을 가진 미디어는 비물질적인 이미지와 아이디어로 구성되어 있고, 사람들은 미디어를 일상적이고 실용적인 방법뿐만 아니라 풍부한 상상력을 충족시키기 위해 사용한다. 아파두라이는 시청자가 미디어들의 장르를 서로 분리하거나, 뉴스와 정치로부터 상품과 오락을 분리하는 것이 아니라 중복적인 방식으로 미디어를 이용한다고 주장했다. 실제로 시청자는 서로 다른 목적에서 유통되는 상이한 이미지와 텍스트의 불협화음을 경험한다. 아파두라이는 미디어를 단순한 방식으로 설명하려 하지 않고 이를 둘러싼 혼돈을 명확하게 보여주고자 했으며, 이 과정에서 인류학 접근법이 가진 많은 특징을 제시했다.

아파두라이는 미디어 이론을 만들기 위해 미디어스케이프를 논의한 것이 아니라 모더니티를 폭넓게 분석하기 위해 미디어를 연구했다. 이런 맥락에서 미디어는 사회 세계를 이해하는 하나의 (중요한) 창인데, 이 점이 인류학이 미디어를 연구하는 변별성이다. 대부분의 인류학자에게 연구의 궁극적인 목적은 인간의 복잡성을 이해하고, 유사성과 다양성을 규명하며, 인간의 조건을 이해하는 것이다. 종교인류학자들은 인간의 조건을 이해하기 위해 종교적 믿음을 연구하고, 언어인류학자들은 인간의 조건을 이해하기 위해 언어를 연구한다. 특정 지역 연구를 전분으로 하는 인류학자는 글로벌한 인간 조건을 규명하기 위해 비교분석 방법을 사용한다. 따라서 미디어 인류학자에게 미디어 연구는 궁극적으로 인간의 다양성을 이해하고 현대사회의 복잡성을 설명하기 위해서인데, 이는 주류 인류학의 사상을 발전시키는 것으로 이어진다. 인류학자들의 이런 관점이나 시각은 다른 분과학문의 미디어 연구자들과 완전히 다르지 않지만, 목적은 상당히 다르다.

미디어 인류학자들의 연구성과는 미디어에 관심을 보이지 않던 인류학자들의 관심을 끌었고, 인간의 문화를 좀 더 깊고 새롭게 이해할 수 있게 했다. 종종 미디어 연구자들은 아파두라이의 미디어 연구성과를 인용하지만, 그를 미디어 인류학자로 평가하지는 않는다. 인류학자로서 미디어에 대한 연구성과를 발표하는 사람들도 동일한 평가를 받는다. 광범위한 미디어 연구성과 중에서 인류학자의 업적이 차지하는 비중은 적지만, 인류학의 변별적인 시각인 총체론은 고유한 특징을 가진 것으로 평가받고 있다.

문화 연구, 문학 연구 그리고 사회학도 종종 미디어를 넘나들면서 연구해서 인류학의 미디어 연구 경향이 독특하지 않을 수도 있고, 인류학이 미디어 연구에서 총체적 관점을 무리하게 고집하는 것처럼 보일 수도 있다. 미디어 인류학자들이 쓴 글에서 미디어와 직접 관련된 부분은 상대적으로 적은데, 이는 다른 문제의식으로 현지조사를 하다가 예기치 않게 이 주제의 중요성을 인식하면서 다루었기 때문일 수도 있다. 코탁은 상당수 인류학 미디어 연구성과는 우연의 산물이어서 체계적이고 광범위한 후속 연구로 이어지지 못한다고 했지만(Kottak 2009: xxi), 이는 다른 목소리와 관점을 보여주는 강점일 수도 있다. 인류학은 미디어를 복잡한 사회 시스템의 단지 한 부분으로서만 분석하는 경향이 있고, 미디어 또는 디지털 연구자들은 이 때문에 인류학의 미디어 연구성과를 그다지 높게 평가하지 않는다.

후기구조주의와 포스트모더니즘 문화이론을 토대로 인문학을 재편성하는 광범위한 논의가 있었고 인류학자들도 이에 동참했는데, 아파두라이의 연구성과는 이를 잘 보여준다. 인류학의 전통적인 훈련 방식에 따라 미디어 인류학자들도 주제의식과 이론 그리고 방법론을 체화했다. 하지만 1990년대에 들어서자 인류학자들도 인문학과 사회과학의 중요한 논의들을 인정하고 수용할 필요가 생겼다. 인류학자들도 버밍엄대학교 현대문화연구소의 레이먼드 윌리엄스(Raymond Williams), 스튜어트 홀(Stuart Hall) 등의 연구성과에 관심을 보였다. 당시 미디어 인류학자들이 발표한 상당수 글은 문화이론 성과를 인용하면서 시작했다. 미디어 권력은 미디어 산업과 정부 정책 그리고 다양한 미디어 소비자 경험에 큰 영향력을 끼쳤는데, 문화 연구는 이에 비판적 견해를 제시했고, 인류학도 이를 기반으로 시각과 영역을 구축하고 확장했다.

당시 일부 연구자는 소수집단과 하위문화에서의 일상적 경험을 정치적 참여와 문화적 주장을 하는 현장으로 파악했는데, 이런 맥락에서 대중문화도 진지한 학술적 연구주제로 관심을 받았다. 이 시기 일부 연구자는 인류학의 미디어 연구와 문화이론이 문화 연구라는 이름 아래 통합되지 못하는 것을 못마땅하게 여기기도 했다. 미디어 인류학자들은 전 세계적으로 급증하는 미디어 제작과 미디어 소비 실천을 이해하는 방법을 모색하고 있었는데, 문화 연구, 특히 사회학과 교차하는 문화 연구영역들이 인류학 이론과 방법론 형성에 많은 영감을 주었다.

재니스 래드웨이(Janice Radway, 1984)는 여성의 로맨스 소설 읽기, 이엔 앙(Ien Ang, 1989)은 미국 드라마 〈댈러스〉의 시청 행위를 페미니스트 시각에서 연구했다. 이들은 여성들이 대중문화 텍스트들을 왜 그리고 어떻게 즐기는지를 연구했는데, 인류학의 방법론과 시각에서 많은 도움을 받았다. 주류 인류학자들은 문화 연구 방법론과 시각을 이용하는 데 비판적이었는데, 문화 연구가 '미디어 효과'에 지나치게 초점을 맞춘 나머지 경험주의적이고 실증적인 태도를 보였기 때문이다(Spitulnik, 1993). 하지만 북미 인류학계는 학생들에게 마셜 매클루언 등의 주요한 커뮤니케이션 업적을 참고할 것을 권장했고, 일부 인류학자는 주요 학술지에 커뮤니케이션 연구성과를 비판적으로 리뷰하는 글을 실었다(Boyer, 2011; Askew & Wilk, 2002). 미디어 연구 초기에 인류학자는 참고할만한 인류학 문헌들이 충분하지 않아서 인접 학문의 연구성과들을 참조할 수밖에 없었다.

인류학자들은 문화와 미디어 연구에서 축적한 아이디어들을 커뮤니티와 장소 연구에 적용해 변별적인 연구성과를 선보였는데, 문화 연구와 커뮤니케이션 연구는 이런 시도를 하지 않았다. 미디어 인류학자들은 1990년대부터 몇몇 주요한 연구주제를 공유하고 있었지만, 이런 논쟁적 주제는 종종 서로 중복되는 경향을 보인다.

민족국가 형성과 미디어 연구

사람들은 모더니티를 서구, 특히 서유럽과 미국의 대도시를 중심으로 형성된 것으로 상상한다. 최근 수십 년 동안 인류학자를 포함한 많은 학자는 모더니티가 수 세기에 걸친 세계적인 과정이었다고 주장해 이런 고정관념에 맞섰다. 미디어를 구체적으로 살펴보면, 인류학자들은 세계의 서로 다른 지역에서 유래한 미디어 발전 사례와 역사도 미디어 연구에 포함해야 한다고 주장했다. 인류학자들은 유럽과 미국 이외의 지역에서도 모더니티의 이상과 실천을 증진했다는 전제에서 미디어의 역할을 집중적으로 연구했다. 전 세계적으로 본다면, 현대국가와 시장이 미디어 네트워크를 구축하는 방식에는 많은 유사점이 있지만, 인류학자들은 다양한 지역적 맥락에서 이러한 유사점 또한 작동 방식을 미시적으로 분석했다.

이들 작업은 미디어 연구가 모더니티를 연구하는 유용한 방법이며, 미디어가 소위 말하는 세계 중심에서 유일한 '모던'이 아님도 보여준다. 모더니티를 생산적으로 연구하고 이해하기 위해서는 모더니티의 역사에서 잘 알려지고 연구된 장소뿐만 아니라 카리브해의 외딴 섬, 나이지리아의 대도시 또는 이집트 가정 내 텔레비전 시청도 분석할 필요가 있다.

다니엘 밀러는 카리브해 트리니다드토바고에서 모더니티와 자본주의를 고찰했는데, 모든 장소에서 민족지 접근법으로 광고, 미디어, 소비 같은 현대 산업과 실천을 연구할 수 있음을 보여주었다. 밀러는 트리니다드토바고가 런던만큼이나 모던하고, 어떤 경우에는 더 모던하다고 주장했다. 카리브해의 노예제도, 식민주의, 자본주의 역사는 모던 정체성을 성찰하게 만들었고, 이런 역사는 자기가 사는 지역을 편안하게 느끼도록 만들기도 한다. 트리니다드토바고는 시장과 생산 규모가 작아서 수입된 문화상품이 미디어 경관을 지배하고 있다. 수입된 미디어는 지역 미디어와 문화 정경에 통합되지만, 트리니다드토바고 사람들이 외국의 모던한 미디어 콘텐츠를 순순히 수용하는 것만은 아니다. 밀러는 이런 현상을 미국 CBS에서 1973년부터 방영한 통속드라마 〈더 영 앤 더 레스트리스(The Young and the Restless)〉를 통해 제시한다. 트리니다드토바고 사람들은 이 드라마를 자신들의 도덕적 세계를 성찰하고 토론하는 장으로 만들었다(Miller, 1992). 후기 식민사회 사람들은 서구 매체 소비에서 자기 이해관계를 위해 모더니티를 전유하는데, 밀러의 사례 연구는 모더니티가 반드시 서양에서 유래할 필요가 없다는 점을 보여준다.

브라이언 라킨은 북부 나이지리아에서의 발리우드 영화를 연구했다. 나이지리아의 하우사 관객은 자신의 전통과 유사한 주제와 시각 그리고 서구 모더니티에 내재한 정치적 · 이데올로기적 의미의 부재로 이들 영화를 좋아한다(Larkin, 1997: 407). 인도영화는 하우사 관객에게 완전히 다른 매력을 가진 상상의 세계인데, 사회의 중요한 문화제도인 결혼에 도전하는 것처럼 친숙한 딜레마를 다룬다. 라킨은 "정확히 그들은 유럽이나 미국과 관련된 미디어 장르가 아니어서 인도영화는 전통과 현대, 아프리카와 서양, 저항과 지배 사이의 이항대립적 구분을 벗어난 문화 공간에 존재한다. (…) 이 영화가 제공하는 모더니티 이미지들은 전통적 사회관계 유지에 대한 우려를 매개하고, 이들 이미지는 서구가 제시하는 모더니티와 병

렬적이지만, 유사하면서도 다르다"고 주장했다(Larkin, 1997: 433).

나이지리아의 비디오 문화

인류학자 브라이언 라킨은 나이지리아 도시에서 인기 있는 비디오 문화 세계를 연구했다. 라킨은 통시적 자료들을 이용해 1980~1990년대 나이지리아 도시에서 해적 매체의 네트워크 증가 현상을 조사했는데, 이 시기 국가가 상당히 통제했지만 해적 매체는 번창하던 미디어 인프라였다. 그에 의하면, 해적 행위 때문에 나이지리아 일반 소비자도 이전에는 불가능했던 범위와 속도로 세계 미디어 문화에 접근할 수 있게 되었다.

> "한때 미국이나 인도의 철지난 영화들로 스크린이 채워졌던 나이지리아의 관객도 해적 매체 덕분에 뉴욕이나 뭄바이의 관객처럼 영화를 볼 수 있게 되었다. 나이지리아 소비자는 공식 유통망으로부터 소외받지 않고, 이제는 국제 소비자 문화에 즉각 참여할 수 있게 되었다."(Larkin, 2008: 224-225)

기술적 결함과 저품질 복제품이 넘쳐나는 현실에서, 해적판 매체 소비에서 얻는 물질적 · 감각적 경험은 정식 유통채널을 통한 합법적 영상 시청 경험과는 상당히 다르다. 라킨은 이러한 '시그널과 소음' 특성들은 단순히 오리지널 영화의 몇몇 왜곡이 아니라 이들 시청자만의 시청 경험으로 보아야 한다고 제안했다. 실제로 나이지리아의 해적 비디오 문화는 새로운 장르의 미디어 제작을 가능하게 했고, 국내 비디오 시장을 겨냥한 장편 영화 산업의 부상으로도 이어졌다. 국제 미디어 회사나 입법자들은 법적인 관점에서만 해적판 미디어를 판단하고 있다. 하지만 라킨은 나이

지리아 비디오 제작자와 관객이 합법과 불법 사이를 오가기 때문에 해적판 미디어는 고유한 생성적 자질들(generative qualities)을 갖게 되고, 이는 새로운 종류의 대중문화상품 개발로 이어진다고 주장했다.

라킨의 연구가 시사하는 바는 미디어를 다른 문화적, 정치적 그리고 경제적 요소들과 분리해서 분석하면 나이지리아 비디오 같은 문화 형태를 이해하기 어렵다는 점이다. 나이지리아 비디오 문화를 이해하기 위해서는 비디오를 광의의 '네트워크화된 인프라'의 한 부분으로 볼 필요가 있다. 비디오 시청 문화는 — 케이블, 전기 공급 장치, 텔레비전 화면, 인터넷 연결 그리고 도로와 건물 등을 포함하는 — 더 큰 차원의 물자와 기술 네트워크에 의존한다. 사람과 조직은 자신들이 존재하는 환경의 물적 가능성과 지역사회의 문화적 역사에 따라 물자와 기술을 활용한다. 라킨은 이러한 노력을 "제도화된 구조를 창조하는 테크놀로지와 문화 시스템의 총체성"이라고 칭했다(Larkin, 2008: 6). 그는 이런 시각에서 비디오 문화를 광의의 도시 생활 과정 중 하나로 분석할 수 있었다. 요약하면, 비디오 문화는 나이지리아 도시 경험 구성에 도움을 주는데, 이는 도시 맥락이 제공하는 문화적 · 물질적 가능성에 영향을 받는다.

많은 학자가 이미 지적했듯이, 특히 민족주의와 민족 정체성은 모던한 현상이다. 아부루호드는 이집트에서 텔레비전 드라마의 소비와 생산 현상을 모더니티 관점에서 분석했다. 이러한 미디어 인류학 연구성과는 단순하게 보이는 텔레비전 시청 같은 시민 행동이 자신들의 민족공동체 형성과 강화에 어떻게 관여하고 있는지를 보여준다. 그는 도시와 농촌 여성들이 시청하는 텔레비전 드라마 장르를 연구했는데, 이들 여성은 드라마 시청을 전통과 모더니티에 대한 자기 경험을 사고하고 반추하는 방법으로 이용했다. 여성들은 후기 식민세계에서 텔레비전 시청을 많이 하는데, 여성들의 국가정체성 형성에 텔레비전은 상당히 생산적으로 관여한다.

아부루호드에 따르면, 이집트 정부와 미디어 제작자들은 사람들이 이집트 국가의 일부라는 점을 가르치기 위해 텔레비전을 매우 의도적으로 사용한다. 이런 '문화교육'은 이집트 미디어에서 새로운 현상은 아니지만, 텔레비전은 이에 특히 효과적인 매체다. 텔레비전은 가정 내 여성들의 사적 영역에서 벌어지는 가장 친밀한 일상적 실천을 국가의 공적 영역으로 끌어올리고, 이를 폭넓은 토론과 정치로 이어준다. 물론 텔레비전이 국가공동체 건설에 홀로 역할을 담당하지는 않는다. 정부, 박물관, 학교, 모스크 등은 모두 이집트의 정체성과 가치를 증진하는 수단이었다. 그러나 아부루호드는 "이집트에서 텔레비전은 민족국가 형성에 가장 풍부하고 흥미로운 테크놀로지 중 하나인데, 이는 문화적 · 정치적 · 사회적 차원에서 작용하고, 순간적인 프레임과 재미를 하나로 묶는 마법상자이기 때문이다"(Abu-Lughod, 2008: 9)라고 했다. 그는 텔레비전 드라마의 감정적 요소, 특히 시청의 감성적 측면과 촉발된 감정을 집중적으로 분석했다. 이집트 텔레비전에는 교육적 요소도 존재하지만, 시청자를 사로잡고 유혹하는 것은 이야기 속의 감동이다. 그의 연구성과는 시민의 진부한 일상적 경험이 민족주의 같은 추상적인 개념을 어떻게 뿌리내리게 하는지를 이해하는 데 도움을 주었다.

원주민과 소수집단의 미디어 사용 연구

미디어 인류학은 1990년대 이후 미디어를 이용해 문화적 소수집단이나 주변화된 공동체를 탐구하면서 활기를 찾았다. 연구자들은 이들의 미디어 사용이 주류 미디어 세계와 교차하지만 항상 같지 않다는 점에 주목했고, 전유 개념으로 서로 다른 커뮤니티들에서의 미디어 해석을 분석했다. 인류학에서 원주민 미디어 연구는 풍부한 토론과 연구 소재를 제공한다. 선진국 사람들처럼 이들 원주민도 글로벌 미디어 네트워크를 이용해 자신들을 주변화하는 지역의 문화적 · 정치적 구조의 한계를 극복하려고 했다. 미디어 인류학은 미디어 생산보다 소비 행위에 더 많은 중요성을 부여한다는 비판을 종종 받았지만, 원주민 미디어 연구는 대체로 크고 작은 규모의 생산 행위에 중점을 두어 차별점을 보였다. 에릭 마이클스는 원주민 미디어 연구에서 선구적 위치를 차지하는데, 연구자들은 이후 10여 년 동안 그 주제의 외연을 확대하고 심화했다. 긴즈버그는 미디어 제작에서 원주민성이 어떻게 표현되고, 생산되고, 복잡해지고, 소비되는지에 관심을 보였다.

> "세계 미디어 지형에서 원주민 미디어의 생산과 소비는 흥미로운 공간을 차지한다. 원주민 커뮤니티들은 자신들의 정치적 · 문화적 대의명분을 홍보하기 위해 고군분투하면서, 주류 미디어 보도에서 전형적으로 지워지고 있는 아이디어와 관점을 드러내는 중요한 방법으로 자신의 미디어를 발견했다."(Ginsburg, 2000: 29)

긴즈버그 등이 제시한 이런 종류의 '문화행동주의'는 호주 원주민 영화와 텔레비전 제작물, 사파티스타(Zapatista) 운동을 포함한 멕시코 전역의 원주민 공동체의 라디오 프로그램 제작과 인터넷 행동주의 그리고 캐나다 이누이트의 영상물에서도 발견할 수 있다. 인구 절반 이상이 원주민인 볼리비아에서 원주민 출신의 에보 모랄레스는 미디어를 적극 이용해 대중적 사회운동을 벌였고, 집권하는 데 성공했다(Ginsburg, 2002; Stephen, 2012; Wortham, 2013; Himpele, 2008; Salazar & Cordova, 2008).

긴즈버그는 다양한 지역에서의 원주민 미디어 생산을 연구했다. 그는 캐나다와 호주 공영 방송국에서 방영한 텔레비전 프로그램을 연구했고, 호주 원주민 미디어 생산자와 원주민 '문화행동주의'를 옹호했다. 원주민의 삶을 잘 아는 일부 전문가들은 원주민 지역사회에 텔레비전이 도입되면 이들의 전통적 삶의 방식이 위협받을 것이라고 우려했다. 하지만 긴즈버그는 원주민 스스로 자신의 텔레비전 프로그램을 제작함으로써 "자신들의 집단적 이야기와 역사를 감추는 것이 아니라 자신들의 집단적 이야기와 역사를 회복하는 데 스크린 미디어를 사용하고 있다. (…) 이것은 지배문화의 국가 내러티브에서 지워진 것이었고, 지역 세계에서도 잊힐 위험에 처한 것이다"라고 주장했다(Ginsburg, 2002: 40).

긴즈버그는 캐나다의 이누이트 텔레비전 프로그램은 전통적인 믿음과 새로운 테크놀로지를 문화에 활력을 주는 생산적 방식으로 결합했다고 주장했다. 그는 호주 원주민 텔레비전의 프로듀서 레이철 퍼킨스(Rachel Perkins)가 다양한 매체를 통해 원주민의 모더니티에 활력을 불어넣어준 사례를 제시하면서, 퍼킨스 같은 원주민 미디어 생산자들이 점점 눈에 띄게 증가하고 있다고 전했다. 스크린에 원주민과 이들의 이야기가 더 많이 등장하는 것은 대체로 긍정적인 발전이다. 하지만 긴즈버그는 원주민 미디어가 세계적으로 공유되면서 원시성과 이국주의 등의 '왜곡된' 이미지가 만들어질 수 있고, 이는 원주민의 실재적 삶을 부정하는 결과가 될 수도 있음을 경고했다. 또한, 그는 호주 주류문화에 원주민 이야기와 이들의 존재가 너무 자주 등장하면 원주민의 경험이 — 다른 사람들의 경험에 비해 — 특권적 지위를 획득할 우려가 있다고 했다(Ginsburg, 1993: 574). 이처럼 원주민 미디어 산업 성장은 제작자와 시청자 모두에게 새로운 도전이지만 복잡성도 내포하고 있다.

인류학의 상당수 연구는 지역의 작은 커뮤니티 내에서 미디어가 어떻게 제작되는지를 살펴보았다. 원주민 미디어 프로젝트는 대부분

NGO, 커뮤니티 그룹 그리고 외부 미디어 전문가의 도움 아래 미디어 제작이 가능했다. 이 프로젝트는 본질적으로 영리를 추구하지 않으며, 원주민 커뮤니티의 자율성을 지지하고, 원주민의 제작과 표현 능력을 강화해 스스로 자기 이야기를 하는 것을 목적으로 한다(Salazar & Córdova, 2008; Halkin, 2008; Turner, 2002). 그러나 모든 형태의 원주민 미디어가 반드시 정치적 대의명분을 명시적으로 표방하지는 않는다. 원주민 미디어 역시 오락을 목적으로 할 수 있고, 독립적 또는 지역 기반의 풀뿌리 네트워크나 전국 방송망을 통해 송출될 수도 있다. 긴즈버그는 호주 원주민 출신 작가, 감독, 제작자들이 호주 공영 텔레비전에서 방영하기 위해 제작한 영화와 프로그램들도 소개했다.

제프 힘펠(Himpele, 2008)은 볼리비아에서 미디어를 연구했다. 그는 원주민이 포함된 소외계층이 상업 텔레비전이 방영한 토론프로그램 〈법정〉에 대해 제기한 참여 문제를 소개했다. 원주민이 소수이고, 비원주민과 원주민 간의 접촉이 제한된 사회에서 미디어의 문화재현은 정치 영역에서 중요한 역할을 한다. 원주민 미디어와 지역연구자들은 주류 미디어에 나타나는 알코올 중독, 폭력 또는 게으름 등과 같은 스테레오타입을 교정하거나 오해를 불식시키려고 했다(Langton, 1993; Ginsburg, 1993). 아직도 많은 사람은 원주민이 전근대적인 시대에 갇혀 살거나, 현대사회의 테크놀로지나 제품 등 문명의 이기에 별다른 관심이 없다는 이미지를 갖고 있지만, 전 세계적 원주민 미디어 콘텐츠 제작과 이를 둘러싼 실천을 살펴보면 이런 생각은 오해다.

생산 실천과 소비 회로

미디어의 특징은 이동성에 있다. 미디어의 텍스트, 이미지, 사운드는 한 장소에서 다른 장소로 전송되고, 미디어에 접근하고 소비하는 기기들도 종종 이동한다. 인류학자들의 다수 미디어 연구성과는 미디어 콘텐츠와 미디어 테크놀로지의 전 세계적 이동을 이해하기 위해 제작에서 소비까지의 맥락을 고찰하고 있다. 점점 더 많은 사람이 이런 미디어 기기를 가지고 다른 커뮤니티들로 넘나들고 있으며, 미디어를 이용해 사회적 연결망을 다시 구축한다. 미디어 인류학은 미디어 이동의 역동성을 이해하기 위해 다른 분과학문에서 개발된 아이디어를 기반으로 논의를 발전시켜나간다. 특히 글로벌화를 이해하기 위해서는 사회학자, 지리학자 그리고 다른 이론가들이 구축한 이론들을 참조하는 것이 중요한데, 인류학자는 1990년대부터 이를 토대로 현대생활의 초국가적이고 역동적인 특징을 이해하려고 했다(Hannerz, 2002; Beck, 2000; Urry, 2003; Giddens, 2002; Marcus, 1995).

아부루호드는 이집트 시골과 도시 공동체의 시청자 모두를 분석했을 뿐만 아니라 텔레비전 프로그램을 제작하거나 이에 대해 글을 쓰는 전문가들과도 인터뷰했다. 그는 '다현지 접근법'을 이용해 미디어의 이동성을 이해하려고 했다. 긴즈버그는 현지조사에서 아부루호드보다 더 넓은 지역을 넘나드는 다현지 접근법을 사용했다. 그는 원주민 미디어를 연구하기 위해 호주와 미국 또는 캐나다 원주민이 사는 장소 그리고 시드니의 텔레비전 프로그램 사무실과 뉴욕의 원주민 영화제를 현지조사했다. 전통적 인류학은 현지조사 대상으로 물리적으로 실재하는 특정 장소를 선택했다. 인류학의 연구 경향과 시각이 변하면서 다수의 미디어 인류학자는 더 이상 특정 물리적 장소만을 연구대상으로 삼지 않는다. 한 장소에서 다른 장소로 지속적으로 이동하는 미디어의 특성을 고려해 인류학자들도 이에 맞추어 이동함으로써 미디어가 어떻게 더 큰 구조의 일부로 작동하는지를 이해하려고 한다.

인류학자는 특정 지리적 장소에서만 현지조사를 하지만 미디어의 상호연결성을 고려할 필요가 있다. 이전에 연구하던 커뮤니티와 달리, 이 장소는 특정 물리적 공간에 뿌리를 내리지 않은 새로운 종류의 커뮤니티일 가능성이 크다. 이런 새로운 종류의 매개된 커뮤니티는 인터넷의 등장으로 현저하게 많아졌다. 스피툴닉은 잠비아에서 라디오를 휴대한 장거리 여행자들을 조사했다(Spitulnik, 2002). 이들이 도시에서 농촌 마을로 여행하면, 이 라디오는 종종 공동체의 공동 소유가 되기도 한다. 소유주는 결혼식 같은 특정 이벤트에서 잠깐 라디오를 켰다가 다시 끄는데, 이후 라디오는 다른 사람들에게 전시된다. 이 이야기는 이동하는 물건인 라디오가 결혼식 같은 특정 사회적 순간에 변화하는 맥락에서 어떻게 이용되고 전유되는지를 보여준다. 이동 가능한 라디오가 특정 사회적 사건의 변화된 맥락에 따라 이용되거나 전용되는 것을 보여준다. 스피툴닉은 도시에서 마을까지의 전 과정을 통해 이 라디오를 추적하지 않았지만 그의 글은 마을 사람들이 다른 곳에서 온 물건, 음악 그리고 사람 등의 영향을 받으며 살고 있다는 점을 보여준다.

인류학자들이 미디어의 이동성을 조사하는 또 다른 방법은 생산에서 소비 그리고 다시 생산으로 이어지는 '문화의 순환'을 조사하는 것이다. 스튜어트 홀을 비롯한 문화 연구 학자들은 미디어를 문화의 순환 측면에서 접근했다. 이들은 모든 미디어 텍스트의 라이프사이클의 변별적이고 상호연결된 단계를 이해하려고 했다. 생산에서 시작해 다른 많은 단계를 거쳐 소비에 이르는 순환 과정에서 미디어의 각 부분은 그것이 존재하는 정치와 경제 조건 그리고 미디어에 대한 의미와 해석 행위에 따라 구성된다. 각 단계는 완전히 통제할 수 없으며, 예측할 수도 없다. 미디어 인류학자들은 문화 연구에서 개발된 '문화의 순환' 모델에 영향을 받았지만, 인류학에는 문화의 순환을 분석하는 또 다른 고유한 전통이 있다.

인류학은 1920년대부터 교환을 연구했다. 쿨라 링(Kula Ring)의 연구는 멜라네시아 트로브리안드제도의 조개껍데기와 다른 의례적인 물건들이 지역을 횡단해 유통되는 현상을 설명했다. 마르셀 모스(Marcel Mauss)는 이에 영감을 받아 물건이 어떻게 선물과 상품으로 순환하는지를 이론화했다. 이후 인류학자는 물건이 종종 공간을 횡단해서 교환되거나 이동하기 때문에 이들의 문화적 삶은 항상 움직임(운동) 속에 있다고 생각했다. 이 연구성과는 교환물들이 어떻게 공간을 횡단하면서 가치를 교환하고, 사람들은 어떻게 이런 물건을 이용해 사회적 관계를 만들고 강화하며, 아이디어를 주고받는지를 보여주었다. 이 모델을 미디어 연구에 이용하면 흥미로운 결과를 얻을 수 있다.

제프 힘펠은 볼리비아에서 영화와 텔레비전을 연구했는데, 특히 텔레비전 프로그램들이 볼리비아의 다양한 사회집단을 어떻게 횡단하는지를 집중적으로 살펴보았다. 할리우드, 멕시코 또는 스페인에서 제작된 영화들은 특정 순환 경로를 보여주지만, 또 다른 경로는 국지적인 순환이다. 라킨은 나이지리아 영화와 비디오 문화를 분석했는데, 이들 미디어는 '극장'이라는 공적 공간과 '해적 경제'라는 비공식 공간에서 순환되고 있다. 인도의 발리우드 영화, 홍콩 무술영화, 나이지리아의 날리우드 영화 그리고 해적 DVD의 국지적 유통이 나이지리아 미디어 정경을 결정한다. 이들은 문화 연구의 성과를 참조해 연구를 시작했지만, 인류학의 교환 이론을 직접적으로 적용해 어떻게 연구대상과 텍스트가 생산 · 유통 · 교환 · 변형되는지를 연구했다.

인류학은 외진 곳에서 주변부적 삶을 사는 커뮤니티를 주로 연구했기 때문에 인류학에서의 미디어 연구가 이렇게 통상적이지 않은 장소를 연구하는 것이 별로 이상하지 않다. 지금까지 소개한 모든 사례가 많은 사람이 관심을 보이지 않는 이국적인 미디어 사용이라서 단순한 호기심의 대상으로만 치부될 수는 없다. 다른 미디어 연구자들과 달리, 인류학자들은 미디어 연구를 어떻게 해야 할 필요가 있는지를 보여주었다. 즉, 미디어 연구 범위에서 맥락과 장소를 폭넓게 확대하고, 비교 연구하기 위해 기존 이론이나 가정을 재사유하는데, 이것이 미디어 인류학의 원동력이다. 인류학자는 세계를 실제로 구성하고 있는 다양한 문화와 공동체에 주목하고 이를 미디어 연구의 출발점으로 삼으면 미디어에 대한 폭넓은 이해와 분석에 도달할 수 있으며, 여기서 좋은 이론이 만들어질 수 있다고 생각한다. "우리가 연구하는 대상이 주류 미디어 '지도에서 벗어난' 것일 수도 있지만, 이는 21세기 변혁 못지않게 중요하다"(Ginsburg, Abu-Lughod & Larkin, 2002: 23).

하지만 모든 인류학자가 '지도에서 벗어난' 미디어를 연구하는 것은 아니다. 주류 시청자에게 친숙한 미디어에서의 실천을 연구하는 인류학자들도 있다. 버드는 미국 언론인과 인쇄매체의 역할을 조사했는데, 이는 미디어와 커뮤니케이션 학자와 실무자들이 직접 관련된 주제다. 그는 디지털 시대의 타블로이드판 신문 성장과 기자들의 실무 관행을 분석했는데, 그가 제시한 많은 이론이나 주장은 인류학 전통을 기반으로 하고 있다(Bird, 1990, 2009, 2010; Boyer, 2010, 2013).

타블로이드 신문과 잡지는 사회의 중요한 의제 대신 개인적인 이야기와 유명인사의 스캔들을 주로 다루는데, 주류학자들은 이를 저급한 저널리즘이라고 비웃는다. 버드는 타블로이드 신문의 좋고 나쁨을 판단하기보다 하나의 문화현상으로 간주했다. 그는 슈퍼마켓에서 팔리는 타블로이드 신문이 어떻게 구성되고, 왜 독자들이 이들 신문을 즐겨 읽는지를 이해하려고 했다. 버드는 독자와 작가가 세상을 어떻게 건설해야 하는지를 협력적으로, 대화하는 장으로 타블로이드 신문을 파악할 필요가 있다고 주장했다. 이런 종류의 신문 이야기의 중심에는 '미국의 전통적 가치관'이라고 불리는 도덕적 신념을 방어하는 내용이 자리하고 있다. 여기서 가족은 가장 중요한 사회적 단위이며, '신세대'는 좋은 사람으로 분류된다(Bird, 1992). 타블로이드 신문의 주된 독자층은 백인, 여성, 중산층이다. 버드는 타블로이드 신문 독자의 인구통계학적 관련성을 이야기하면서 독자를 더 넓은 범위에서 분석한다. 뉴스 시청자는 특히 생동감 있고 개인화된 서사가 담긴 이야기들을 중시하고 좋아한다. 예전에는 타블로이드 신문에서나 볼 수 있었던 이러한 개인화된 서사가 이제는 주류 미디어의 텔레비전 뉴스에서도 점점 더 자주 볼 수 있다(Bird, 1998).

버드의 연구는 독자의 습관과 선호도 고려하지만, 연구의 대부분은 타블로이드 신문사 기자들의 관행과 태도에 초점을 맞추었다. 버드는 대중의 생각과 달리, 타블로이드 신문 작가들은 자신들의 작품을 존중한다고 주장한다. 이들은 주류 언론사와 다른 이야기를 제시하고 있는데, 정확성과 객관성도 계속 가치 있게 평가하고 있다. 버드와 인터뷰한 기자들은 "그들의 이야기 스타일은 공식적이고, 의도된 구조와 내용으로 이야기를 구성하기 위해 인용과 사실을 수집한다"는 점에 동의한다. (…) 이런 종류의 스토리텔링을 다른 기자들이 사용하는 것과도 비교한다(Bird, 1992: 96).

20세기 말 미디어가 인류학의 핵심적 논의 중 하나가 되었다. 인류학자들도 미디어에 다양한 관점을 가진 다른 분과학문 연구자들과 대화를 시작했고, 특히 미디어와 문화 연구 분야와의 생산적인 대화와 협력으로 이어졌다. 유럽사회인류학자협회 산하의 미디어 인류학 네트워크가 적극적으로 이런 활동을 했는데, 이들은 장기간의 온라인 세미나와 유럽을 횡단하는 토론회, 학술회의, 출판행사 등을 개최했다. 미디어 인류학자는 일상생활에서의 미디어 경험을 민족지에 담았고, 미디어 이론을 확장하는 데 도움을 주었다(Brauchler & Postill, 2010). 인류학이 오랫동안 연구해온 종교, 신화 그리고 의례에 관한 연구성과도 미디어 연구에 접목했다. 미디어에는 종교, 신화, 의례 등의 문화 현상들이 자주 등장한다. 인류학 이론은 미디어가 장례식, 스포츠 경기, 친숙한 일상적 의례 등을 어떻게 다루는지를 이해하는 데 도움이 된다. 인류학자들도 세계화로 인한 문화의 균질화 현상에 주목했다. 대부분의 인류학자는 지역사회에 침투해 균질화하는 미디어의 영향을 인정하지만, 지역민이 이를 전유할 가능성도 강조한다. 이런 논의에서 알 수 있듯이, 미디어는 디지털 테크놀로지와 세계화로 급격하게 변화하는 사회적 삶을 재사유하는 좋은 수단이다. 미디어 인류학은 21세기에 들어서서 다양한 미디어 세계를 이해하려면 모더니티와 글로벌 커뮤니케이션 이론을 연구에 포함해야 한다고 주장했다. 경험의 복잡한 실재에 관심을 가질 때, 사람들이 생산 · 유통 · 재구성 · 소비하는 일련의 창의적이고 예측 불가능한 방식을 이해할 수 있고, 민족지와 민족지적 감수성은 중요한 방법이 될 수 있다.

3) 민족지와 미디어

지금까지 인류학이 20세기 말에 어떻게 변화했으며, 전 세계적으로 부상하는 미디어 연구에 어떤 방식으로 참여했는지를 살펴보았는데, 여기서는 문화 및 미디어 연구에서 거의 동시에 나타난 전환들을 살펴볼 것이다. 다수의 미디어 인류학자는 민족지 방법으로 미디어를 연구하기 위해 문화 연구의 형성적 접근법을 차용했고, 문화 연구와 미디어 연구도 연구영역을 확장하거나 심화하기 위해 인류학의 민족지 방법론을 받아들였다.

인류학과 미디어와 문화 연구 학자들이 직접 협력해 미디어에 대한 민족지 연구성과들을 생산하기도 했지만, 일부 미디어 연구자는 민족지를 자신만의 방식으로 전유했다. 이때 인류학자와 문화와 미디어 연구자의 접근법과 관심사가 서로 겹치기도 했지만, 협력이나 공동작업보다는 독립적으로 연구했다. 하지만 좀 더 분명한 대화와 협력에서 미디어 민족지라는 느슨한 연구영역이 만들어지고, 미디어 연구와 인류학은 접점을 찾았다. 이름에서 알 수 있듯이 미디어 민족지는 민족지 방법론으로 미디어를 연구하지만, 반드시 인류학적 연구를 의미하는 것은 아니다. 일부 미디어 민족지는 — 인류학자들이 통상 '민족지'라고 지칭할 때 연상하는 요소나 측면보다는 — '민족지적 감수성'을 중시했다.

이 장에서는 인류학이 주로 문화 및 미디어 연구에 끼친 영향을 살펴보겠지만, 사회학 연구가 미디어 민족지 발전에 중요한 역할을 했다. 사회학은 수 세대 동안 흑인 공동체, 직장문화, 청소년 하위문화, 조직범죄단체 등의 주제를 연구했고, 민족지는 이들 연구성과에서 많은 영향을 받았다(Spitulnik, 1993). 이런 사회학 연구는 특히 미국에서 활발했는데, 주류 역사와 정치에서 배제된 주변부 집단의 경험을 중점적으로 연구해 일상생활의 중요성을 제시했다. 사회학의 현장 연구는 특히 '시카고학파'와 관련이 있는데, 윌리엄 화이트(William F. Whyte, 1914~2000)가 보스턴 이탈리아 이주민을 연구한 《길모퉁이 사회(*Street Corner Society*)》가 가장 영향력 있는 민족지 프로젝트이며, 어빙 고프만(Erving Goffman)은 문화사회학과 문화 연구를 넘나들면서 일상적 삶의 연구를 이어나갔다.

이런 맥락에서 본다면, 인류학만이 민족지에서 자기정체성을 찾고 이를 정교하게 발전시켰다고 말하기 어렵지만, 이를 많이 사용한 것은 사실이다. 미국 사회학도 제2차 세계대전 이후 인류학 이론과 방법론에 영향을 받았고, 다수의 민족지를 발표했다. 로이드 워너(Lloyd Warner, 1898~1970)와 윌리엄 화이트의 연구성과는 당시 높은 평가를 받았는데, 최근에는 별달리 언급되지 않고 있다. 사회학자인 워너는 인류학 훈련을 받았고, 머진(Murgin) 호주 원주민을 연구한 후 미국 커뮤니티와 산업사회를 집중 연구했다. 워너는 고프만의 연구에도 영향을 끼쳤고, 고프만의 이론은 일상생활 속의 미디어를 연구하는 다수 인류학자에게 다시 영향을 끼쳤다. 이처럼 미디어와 문화실천 연구는 사회학과 커뮤니케이션, 사회사 그리고 문화지리학 연구사와 복잡하게 연결되어 있다. 이런 복잡한 연결에도 불구하고 인류학자들은 연구 방향을 미디어와 문화 연구에 접맥하면서 '민족지 전환(ethnographic turn)'을 위한 조건을 만들었다.

민족지와 '민족지 전환'

인류학자들은 1980년대 '모더니티와 세계화의 실재 경험을 어떻게 연구할 것인가?'라는 문제를 이해하려고 노력했는데, 다른 분과학문 연구자들도 이는 마찬가지였다. 전 세계 많은 연구단체는 점점 세계화되어 가는 시대에 미디어가 어떤 모습으로 변할지를 미시적이고 실증적인 차원에서 이해하려고 했다. 주로 영국 미디어와 문화 연구 연구자들이 이런 문제를 다루는 '민족지 전환'에 많은 관심을 보였지만, 기타 유럽, 미국, 라틴아메리카, 호주 등의 연구자들도 이에 관심을 보였다(Drotner, 1994).

문화 연구자 스튜어트 홀 등은 일상 경험을 중심에 두고 미디어를 연구했는데, 특히 미디어 소비를 포함한 문화실천이 주변부 또는 소수집단 정체성 형성에 어떤 역할을 하는지를 밝히려고 했다. 이들의 문화실천은 때로 주류 문화에 도전적이었고, 때로는 모방하는 방식으로 표현되었다. 문화 연구의 주류 전통은 기호학과 영화 이론에서 유래한 방법론을 근간으로 했지만, 포스트모더니즘의 영향도 받아 미디어 콘텐츠의 메시지를 해체하고 그 구성을 분석했다. 예를 들면, '연속극의 스토리텔링에 어떤 문학적 장치가 사용되는가?' 또는 '텔레비전의 황금시간대 광고에 어떤 상징들이 담겨있는가?' 등이 대표적이다. 1980년대 이후 연구자들은 문자나 시각적 재현 분석에서 벗어나 미디어 소비를 집중적으로 연구했는데, 특히 사람들이 일상생활에서 미디어를 어떻게 이용하는지에 관심을 보였다. '미디어와 상호작용을 구성하는 실천은 무엇이며, 이러한 상호작용이 어떻게 다른 사람의 삶의 영역으로 흘러 들어가는가?', '사람들은 미디어를 의미 있게 만들기 위해 무엇을 하는가?' 등의 질문에 답하기 위해서는 미디어 자체보다 사람들을 분석해야 했다.

데이비드 몰리와 샬럿 브런스돈은 미디어 변화 연구 분야에서 권위를 인정받았는데, 이들은 다양한 종류의 청중이 뉴스 프로그램의 이념적 메시지를 어떻게 다르게 수용하는지를 전국적인 조사를 통해 분석했다. 브런스돈은 야간 시사 프로그램 〈네이션와이드(Nationwide)〉의 텍스트를 분석했고, 몰리는 다양한 청중 그룹들에서 발견된 프로그램에 대한 반응과 독해 그리고 동일시에 연구초점을 맞췄다(Morley, 1980). 몰리 연구팀은 〈네이션와이드〉에서 선택한 에피소드들을 사회 · 경제적 배경이 다른 29개 소그룹에게 보여주고, 그룹인터뷰를 통해 프로그램에 대한 이들의 의견과 느낌을 조사했다. 몰리는 스튜어트 홀의 인코딩 · 디코딩 모델을 이용해 시청자가 동일한 프로그램을 이해하는 데서 드러나는 세 가지 범주의 독해 양상을 구분했다. 대체로 〈네이션와이드〉의 시각과 전제에 동의하는 '주도적(dominant)' 독해는 주로 정치적으로 보수주의 성향을 가진 전문가와 노동자 계층의 백인 남성에게서 나타났다. 두 번째 범주는 '타협된(negotiated)' 독해인데, 프로그램의 일부 전제를 다소 편향되거나 '자신들을 위한 것이 아니다'라고 받아들였다. 학생과 노조원들이 이런 성향을 보였다. 세 번째 범주는 '반대적(oppositional)' 독해인데, 이런 경향을 보이는 사람들은 프로그램의 시각이나 스토리에 동의하지 않았고, 정치적 의제를 내포하고 있다는 이유로 이 프로그램에 반대하는 태도를 보였다. 〈네이션와이드〉 연구 프로젝트는 명시적으로 민족지를 표방하지 않았지만, 정성적 연구 방법으로 미디어의 다양한 시청자 반응을 포착했고, 미디어 민족지 연구를 위한 초기 기준점을 제시했다.

다양한 방법으로 미디어 콘텐츠의 수용자 연구를 하는데, 매스커뮤니케이션 분야에서는 주로 상업적 평가 시스템, 정량적 조사, 그리고 미디어 효과 분석 모델 등을 사용한다. 반면에 민족지 전환 이후 수용자 연구는 미디어의 생산과 수용자의 미디어 해석을 분리했는데, 시청자의 반응을 이해하기 위해서는 이들의 삶을 연구하는 것이 필요하기 때문이다. 〈네이션와이드〉 사례처럼 시청자는 프로그램을 단지 개인적인 취향에 따라 좋아하거나 싫어하지 않으며, 자기의 사회적 위치에 따라 프로그램의 스타일과 메시지를 정치와 연관 짓는다. 사람들은 계급, 인종, 젠더, 나이 그리고 직업 등을 기반으로 자기인식을 형성하고, 시청자로서 〈네이션와이드〉와 어떤 관계를 맺어야 하고, 어떻게 시청해야 하는지를 경험한다. 〈네이션와이드〉 시청 행위에서 볼 수 있듯이, 시청자를 영국 사회에서의 개인적 위치와 분리해서 이해할 수는 없다. 이는 영국 뉴스 시청에만 해당하지 않는다. 시청자는 매체의 종류나 맥락과 상관없이 자기정체성과 사회적 삶에서 형성된 필터를 통해 특정 프로그램이나 텍스트를 이해하고 수용한다.

수용자 연구에서의 이런 변화는 중요하고 흥미롭지만, 이에 만족할 수는 없다. 연구자들은 사람들이 자기 삶과 의식 그리고 감정적 · 지적 경험 등을 통해 어떻게 다양한 종류의 미디어를 통합하는지를 탐구하고자 했다. 텔레비전 시청은 간단한 행동처럼 보이지만, 실제로는 상당히 복잡한 일련의 행위와 다양한 방식으로 구성되어 있다. 이 과정을 수치로 측정해서 결과를 도출할 수도 있지만, 행위 자체를 조사하는 것도 필요하다 (Silverstone, 1990; Morley, 1992; Sled, 1988). '시청자'라는 범주는 대부분 인위적인

구성이다. 시청자는 미디어 텍스트를 항상 같은 장소에 모여서 동일한 시간에 소비하지 않는다(Radway, 1988; Hartley, 1987). 미디어 콘텐츠를 다운로드해 나중에 시청할 수 있는데, VOD 서비스가 일반화되기 전에도 프로그램 지연방송은 흔했다. 방송국은 녹화해서 방송했고, 시청자는 프로그램을 녹화해 각기 다른 시간과 맥락에서 시청하기도 했다. 이런 실천을 고려하면, 모두 같은 시청자가 아니다. 재니스 래드웨이는 1988년 여성 독자를 대상으로 로맨스 소설 수용을 연구해 독자에 대한 이전의 특권적 견해에 이론적 그리고 방법론적으로 도전했다.

> "나는 일련의 청중을 특정 미디어 그리고/또는 장르에 따라 정확하게 구분하고, 이에 따라 사회적 형성을 기존 방식대로 세분화하는 대신 일상적 삶의 실천이나 습관에 따라 구분하는 것이 더 생산적이라고 생각했다. 역사적 주체인 이들은 실천과 습관을 능동적이고, 불연속적이며, 심지어 모순되게 결합하고, 하루하루의 존재에서 이질적인 연상과 관계들을 통해 방랑한다. 실제로 나는 우리의 새로운 분석 대상이 쉽게 고정될 수 없으며, 이론으로 새로운 분석 대상을 설명할 수 없다는 점에 의문을 품기 시작했다. 즉, 미디어가 끊임없이 돌아가면서 변화하는 일상생활의 만화경과 통합되고, (일상생활) 안에서 통합되며, 함의를 가지는 방식이다. (…) 민족지는 이런 탐험을 조직하는 데 아직 가장 효과적인 방법일지도 모르는데, 이는 일상적 실천 범위를 구체적으로 기록하면서도 역사적 주체가 자신의 문화세계와 어떻게 접합하는지를 구체적으로 이해하려고 노력하기 때문이다."(Radway, 1988: 366)

래드웨이는 수용 연구에서 좀 더 민족지적인 길을 제안했고, 다수 학자가 이에 공감했다(Silverstone, Hirsch & Morley, 1991; Moores, 1993; Ang, 1991; Drotner,

1994). 앙은 '민족지 이해'는 수용자 연구에서 일상적 삶의 특정 세부 사항을 포착하는 데 도움을 주는데, 이는 미디어 소비가 수용자에게 어떤 의미인지를 실제로 재현하기 때문이라고 했다(Ang, 1991: 165). 무어스는 문화 소비를 민족지 방법으로 광범위하게 연구하면, 수용에 내재된 실천의 성격을 적절하게 이해할 수 있다고 했다(Moores, 1993: 54). 미디어 연구자들은 주로 통계나 설문조사 등으로 연구하는데, 이 방법은 미디어와 일상적 삶을 연결하는 데 한계를 보인다. 이에 반해 민족지 접근은 작은 뉘앙스와 세부 사항 그리고 미디어와 일상생활의 연관성을 이해하는 데 더 많은 도움이 된다, 래드웨이의 주장은 미디어 연구자들에게 도움이 되는 민족지의 또 다른 측면을 제시한다. 민족지 연구자는 연구대상자들과 장기간 함께하고, 이들과 좀 더 열린 대화를 나누는데, 미디어 소비자는 이때 자신의 언어로 미디어 사용 경험을 전면에 드러낸다. 몰리는 〈네이션와이드〉 프로젝트가 끝난 후 이를 다음과 같이 평가했다.

"커뮤니케이션 연구에서 민족지와 학제 간 접근은 하나의 야심 찬 시도다. 이는 사회적 행위자들이 자신을 어떻게 정의하고, 자신의 커뮤니케이션 실천들, 즉 선택과 결정 그리고 일상적 삶과 후속 행위의 이해 능력에 달려있다. 이는 또한 연구자의 능력에도 달려있는데, 즉 구조적인 고려사항의 이점을 어떻게 분석에 활용할 수 있는지도 중요하다." (Morley, 1992: 175)

언론학자들은 민족지의 잠재력을 인정하면서도 이의 한계에 대해서는 우려를 표명했다. 우선, 민족지 연구에는 많은 시간이 필요하고, 집과 같은 사적이고 은밀한 장소에서의 텔레비전 시청이나 다른 미디어 실천에 참여관찰하기 쉽지 않다(Silverstone, Hirsch & Morley, 1991). 미디어와 문화 연구 연구자들은 민족지 연구와 글쓰기의 단점들도 지적했다. 대부분의 민족지는 객관적 데이터 기반의 경험 연구라고 주장하지만, 민족지 텍스트는 주관적인 연구자가 생산한 해석적 견해다. 이 텍스트는 허구적 속성을 가지고 문학적 장치를 사용해 생산된다. 경험적 분석 방식과 연구자-정보제공자의 사회적 만남으로 구성되는 해석적 분석 방식 사이에서는 긴장이 존재하는데, 인류학자들은 이런 긴장을 생산적인 것으로 받아들인다.

미디어 연구자에게 이런 긴장은 받아들이기 쉽지 않다. 다수의 미디어 연구자는 인류학에서 영감을 받아 민족지 조사를 하지만, 인류학자들과 달리 연구대상자를 몇 달 또는 몇 년 동안 참여관찰하지 않는다. 미디어 인류학자도 지역사회 구성원을 연구하는 데 반드시 집중적인 참여관찰을 하지는 않았다. 많은 연구자는 한 커뮤니티 내의 작은 네트워크 내에서 반구조적 인터뷰를 했다. 브루넬대학교의 실버스톤과 동료들은 가정용 테크놀로지 사용에 대해 장기간 참여관찰과 연구대상자와의 긴밀한 협의를 통해 연구했는데, 일기와 지도 등을 보조자료로 활용했다(Silverstone, Hirsch & Molley, 1991). 브루넬 프로젝트를 포함한 일부 미디어 민족지 연구는 문화 연구, 인류학, 사회학 전공 연구자들이 참여하는 융합 프로젝트로 수행되었다. 그러나 1990년대 이후 '민족지 전환'에 기반한 연구성과들이 탁월성을 보이자, 미디어 인류학자들은 인류학의 기존 논의에 관심을 덜 가졌다. 미디어 민족지 연구는 인류학자의 관점과 통제를 넘어 추진되었고, 미디어와 문화학자들은 자신만의 시각과 목적에 적합한 접근법과 방법론을 확립해나갔다.

글로벌 미디어의 정치와 실천 그리고 장소 연구

민족지는 20세기 말까지 영국의 문화 및 미디어 연구에서 상당히 확고한 자리를 잡았다. '적극적 시청자' 개념에 대한 논의가 한창이었고, '민족지 전환' 이후 시청자 연구의 출발점이 되었다. 영국 이외의 연구자들도 커뮤니케이션 연구 전통이 가진 단점을 극복하려고 다른 방식으로 민족지 방법을 활용했다. 패트릭 머피(Patrick Murphy)와 마르완 크레이디(Marwan Kraidy)가 이 논쟁을 주도했고, 민족지가 국제 커뮤니케이션 연구 발전에 유용하다고 주장했다. 커뮤니케이션 연구는 1990년대 이후 점점 더 국제화되었고, 많은 연구성과는 비서구적인 맥락에서 미디어와 커뮤니케이션의 역사와 정치를 보여주었다. 이들 중 일부 연구성과는 모더니티 또는 발전 측면에서 식민사회와 탈식민사회에서의 대중매체 시스템 도입을 평가했다. 일부 연구는 모더니티가 이들 사회에 긍정적인 영향을 미쳤다고 주장하지만, 다른 연구는 대중매체 수용을 문화제국주의의 한 형태로 분석했다.

국제 커뮤니케이션 연구는 주로 정치와 경제 관점에서 접근하는데, 1990년대에는 세계화가 국가 및 지역 미디어 시스템에 끼치는 영향을 주로 다루었다. 이와 대조적으로, 미디어와 문화 연구는 세계화로 인한 구조적 문제의 정당성을 탐구하기보다 특정 지역에서의 미시적 평가에 천착했다. 머피와 크레이디는 거시적이고 미시적인 시각에서 문화와 권력을 탐구해야 하며, 이를 위해 민족지 방법은 더욱 엄격하면서도 광범위하게 사용해야 한다고 주장했다. 이들은 정치적 경제와 시스템을 연구해 국제 커뮤니케이션 이론을 구축하기보다 민족지가 이론 구축에 더 좋은 대안이 될 수 있는데, 이는 일상적 삶을 분석하기 때문이라고 주장했다(Murphy & Kraidy, 2003: 307). 또한 국제 커뮤니케이션 이론 정립에 민족지적 접근이 가진 장점은 글로벌 파워들과 지역적 특수성을 추적하는 '휴리스틱 경로(heuristic trail)'라고 했다. 민족지 조사는 미디어 시스템의 구조를 이해할 수 있는 "인식론적 기회와 경험적 자료를 모두 제공하면서 수용자가 경험하는 것처럼 소프트 미디어의 복잡성을 포착하게 한다"(Murphy & Kraidy, 2003: 320)고 했다.

미디어 민족지에서 수용은 주요한 연구주제이고, 2000년대 초까지 미디어 생산자에 대한 민족지 연구성과도 꾸준히 증가했다. 텔레비전 시청 같은 소비 행위를 복잡한 사회적 순간으로 이해해야 하듯이, 텔레비전 프로그램 제작자의 일상적 실천 등의 생산 행위도 — 사람들의 미시적 행위와 결정처럼 — 거시구조가 나타나는 것으로 이해할 필요가 있다. 텔레비전 프로그램 제작 연구에서, 데이비드 헤스먼달과 사라 베이커는 프로그램 제작과 관련된 텔레비전위원회, 제작팀과 다른 관계자들 사이의 갈등과 압력 그리고 이 상호작용이 텔레비전 프로듀서팀 내 구성원의 스트레스, 불안, 열악한 업무 등과 어떻게 관련되어 있는지를 민족지 연구 방법으로 조사했다(Hesmondhalgh & Baker, 2008). 비키 메이어는 미디어 제작 과정과 관련된 다양한 사람을 연구했는데, 1990년대 소프트코어 포르노인 리얼리티 비디오는 미국 케이블TV의 인기 장르였다. 메이어는 이 분야의 카메라맨을 연구하기 위해 50명 이상의 카메라맨 작업을 참여관찰하고 인터뷰했다(Mayer, 2008). 메이어는 젠더화된 '연행' 측면에서 이 문제에 접근했다. 소프트코어 포르노 영역에서는 남성성 담론이 지배적인데, 이런 '위험한 산업'에 종사하는 카메라맨들도 연행해야 했다. 그는 서구 맥락에서 이런 제작 사례를 연구했는데, 미디어 제작 종사자의 실천과 정체성을 미디어 산업을 둘러싼 폭넓은 구조나 과정과 연결해 글로벌 커뮤니케이션 연구에서 생산적으로 기여했다.

완닝 쑨은 중국 미디어와 모더니티를 광의의 사회정치적 구조 안에서 어떻게 작동하는지를 분석했다. 그는 중국 시골 마을에서 대도시로 이주한 가정부들을 문화 연구의 비판적 분석과 민족지 연구 방법을 융합해 조사했다. 그는 실생활에서 가정부가 어떻게 재현되고 있는지를 이해하기 위해 텔레비전 프로그램과 신문 보도를 중점적으로 분석했다(Sun, 2009). 그는 농촌 이주 가정부가 현대 중국 사회에서 어떻게 형성되고 있는지를 이해하려면 고용주, 동료 가정부 등과 함께 가정부들의 '사실적' 경험과 대중매체를 통해 유통되는 이들에 관한 이야기 모두를 연구해야 한다고 주장했다. 그는 근로자들과 고용주들 사이의 '물적 · 상징적' 상호작용을 분석해서 이들 이주 가정부가 어떻게 문화적 경계를 대하는지도 연구했다(Sun, 2009: 19). 도시의 가정부는 도시 대 농촌, 사적 가정생활 대 공적 노동 그리고 중산층 대 노동자 계급이라는 경계를 호출하는데, 이는 현대 중국 사회의 문화정체성을 정의하고 구분하는 주요한 방식이다. 대중매체에서 이러한 경계들이 재현되고 논의되는데, 쑨은 도시 가정부와 이들이 일하는 가정에서의 생생한 경험을 자세하게 보여준다. 그는 연구 외연을 현대 중국에서의 도덕경제 차원에서 시청자 민족지로도 확장했다. 그의 시청자 민족지 연구는 지난 수십 년간 미디어와 문화 연구에서 진행되어온 적극적 시청자, 대중문화 그리고 정치사회적 참여 장소로서의 가정공간으로 이어졌다. 그는 상대적으로 덜 대표되었던 사람과 장소들을 조사해 영미 중심의 수용, 시청자 그리고 소비 연구에 신선한 자극을 주었다.

2010년을 전후해 미디어 인류학은 거실에서 가정공간처럼 더 폭넓고 다양한 환경으로 연구영역을 확장했고, 장소 기록에도 관심을 가졌다. 닉 콜드리는 미디어의 장소 구성과 이해에 끼치는 영향을 연구했다. 그는 '미디어 순례' 개념으로 미디어의 장소 횡단 현상을 추적했다(Couldry, 2000). 그는 영국 통속드라마 〈코로네이션 스트리트(Coronation Street)〉 촬영지 방문객을 연구했는데, 이들이 집의 텔레비전에서 경험한 장소를 왜 그리고 어떻게 경험하는지를 조사했다. 시청자는 통속드라마 촬영지를 상상된 공간으로 기대하고 경험한다. 하지만 출연자와 제작진의 존재 때문에 촬영

장소와 공간은 연속극 촬영과 방영 과정에서 변화하고, 관광객이 방문하면서 다시 변화한다. 콜드리는 시청자가 텔레비전 드라마 제작을 위해 만든 물리적 세트 방문 행동을 가상으로 아는 공간을 넘어 실재 경험을 추구하는 현상으로 설명했다. 콜드리, 쑨, 헤스먼달 그리고 베이커와 메이어의 연구는 최근 수십 년 동안 미디어 민족지의 연구 외연이 점차 확장하는 것을 보여준다. 또한, 이들 연구는 다양한 글로벌 맥락에서 발견되는 생산과 소비의 상호연결성을 보여주고, 미디어를 형성하는 개인적 실천과 정치적 구조를 어떻게 탐구할 수 있는지도 제시했다.

사례 연구 소개: 닉 콜드리의 미디어 순례

시청자가 텔레비전을 볼 때, 가본 적 없는 장소에서의 매개된 경험을 종종 즐긴다. 그러나 콜드리가 '미디어 관광'이라고 부른 관광 형태가 성장하면서, 시청자는 미디어 소비를 통해 알게 된 장소들을 방문한다. 대표적인 미디어 관광지는 디즈니랜드인데, 콜드리는 텔레비전 제작 세트를 찾은 방문객을 연구했다. 그는 영국에서 장기 방영된 통속드라마 〈코로네이션 스트리트〉의 세트장에 주목했다. 콜드리는 현지조사 중 이 드라마 촬영지를 방문한 84명을 인터뷰 조사했다. 그는 세트장에서 이들 관광객을 참여관찰했고, 후에 온라인 미디어에서 자기를 초대한 21명의 경험이 담긴 편지들도 분석했다. 이들 중 일부는 텔레비전을 통해 친숙해진 장소를 직접 체험할 수 있어서 세트장 둘러보는 것을 좋아했다. 하지만 이들이 수고를 마다하지 않고 방문한 또 다른 이유는 텔레비전 세트장이 기억과 향수를 물질적인 것으로 바꾸기 때문이었다. 콜드리는 인류학 이론 중 '미디어 순례'를 이용해 촬영 세트장 방문을 분석했는데, '미디어 순례'를 "공통으로 합의된 가치가 존재하는 중심지로의 여행, 즉 여가의 레이스(laces)"라고 정의했다(Couldry, 2000: 18).

콜드리에 의하면, 미디어 순례는 종교적이 아니라 세속적 성격을 띠고 있다. 하지만 사람들은 종교 순례할 때처럼 특별한 장소를 방문하려고 수고스러운 여행을 마다하지 않고, 문화적으로 의미 있는 경험을 만들려고 의례적인 행위에 참여한다. 사람들이 거리를 두고 텔레비전 스크린상에서 세트를 볼 때와 달리 실제 세트장에서는 물리적 장소와 혼연일체가 되고, 경험이 격렬해질 수도 있다. '미디어 순례'는 특정한 장소가 미디어 생산과 소비를 통해 어떻게 중요한 의미를 획득하는지를 보여준다. 또한, 이 연구는 미디어 소비가 여가활동과 공간 횡단뿐만 아니라 삶을 형성하는 많은 활동에 영향을 끼치고, 이들을 연결하는 다양한 방법을 보여준다.

비영어권의 미디어 민족지 사례

영국 미디어와 문화 연구 기관들은 민족지를 사용해 미디어 연구 접근법을 개발했는데, 영어권이며 학술적 교류가 활발한 미국과 호주에서도 이런 경향이 있었다. 이 외의 지역에서 문화와 미디어를 연구하는 다수 학자는 영어권 이론가나 프랑스 철학자 또는 국제적으로 저명한 학자의 연구성과들을 참고하는데, 이들은 영어권과 다른 질문에서 연구했다. 아시아 학자들은 《국제아시아문화연구지(*Inter-Asia Cultural Studies Journal*)》에서 자신들의 지적 출발점이었던 영국과 북미를 벗어나 아시아 내의 문제로 연구초점을 전환했다. 서유럽과 중부유럽 그리고 스칸디나비아의 미디어와 문화 연구자 네트워크도 민족지를 활용한 새로운 접근법을 개발해 연구했고(Drotner, 1994; Rotenbuhler & Coman, 2005; Tufte, 2000), 라틴아메리카 지역에서도 미디어 민족지 방법으로 좋은 결과를 제시했다.

브라질의 텔레노벨라

텔레노벨라(Telenovela)는 브라질을 비롯한 라틴아메리카에서 저녁 황금시간대를 지배하는 인기 텔레비전 프로그램 장르인데, 이 프로그램은 종종 통속극과 비교된다. 텔레노벨라는 1년에 1시간 이내의 에피소드 200개를 방송하는데, 일상적 삶을 다룬다. 대중이 잘 알지 못하는 사람들이 등장해 '가벼운 이야기' 형식으로 인기 프로그램이나 드라마에 대해 이야기한다. 브라질의 거대 미디어회사 글로보(Globo)가 텔레노벨라를 제작하는데, 많은 학자는 브라질의 일상생활에서 차지하는 텔레노벨라의 역할에 주목했다.

토마스 터프트는 이를 연구한 《쓰레기 여왕과 함께 살기(*Living With the Rubbish Queen*)》라는 책을 발간했다(Tufte, 2000). 그는 참여관찰과 인터뷰 그리고 정량적 설문조사 방법으로 브라질 3개 지역에서의 텔레노벨라 생산과 수용 그리고 역사를 연구했고, 추가로 사진과 시각 자료들을 분석했다. 터프트는 텔레노벨라가 '시민 문화(cultural citizenship)'를 구축 · 접합하는 데 중요한 역할을 한다고 평가했다. 텔레노벨라 시청은 가혹한 조건에서 사는 사람들에게 자신의 어려운 삶을 이해하고 대처하는 한 방법이다. 브라질에서의 텔레비전 연구는 서구 미디어 연구가 영국이나 미국에서 형성된 문화적 가정에 얼마나 강하게 기초하고 있는지를 보여주었다. 브라질의 일상적 삶과 통상적 활동 그리고 실천은 영국과는 매우 다르다. 영국 사람들은 주로 사적인 집 또는 은밀하고 친밀한 공간에서 텔레비전을 시청한다. 이에 반해, 브라질에서는 공적 공간과 사적 공간의 구분이 불분명하고, 텔레비전도 다르게 기능한다. 터프트는 영국 문화를 기반으로 개발된 미디어 이론은 보편적 이론이 될 수 없으며, 당연히 다른 문화에도 이를 적용할 수 없다는 점을 지적했다.

라디오와 텔레비전이 1980년대까지 지구상의 오지나 농촌 그리고 도시의 거의 모든 커뮤니티에 많이 보급되었는데, 현대 라틴아메리카에서는 특히 디지털 대중매체가 강한 영향을 끼치고 있다. 현대적 미디어가 사회에서 주변화되고 소외된 사람들에게 모더니티가 제시하는 사회적 이동성이나 경제발전을 반드시 보장하는 것은 아니다. 멕시코와 브라질의 몇몇 미디어 산업은 20세기 후반까지 높은 이익을 거두면서 자국의 방송망을 지배했고, 다른 라틴아메리카 지역으로 프로그램을 수출했다. 이런 성공 덕분에 텔레비전과 라디오는 이들 지역에서 일상생활의 핵심 구성요소가 되었다. 많은 연구자가 이 지역의 독특한 미디어 현상을 연구하기 시작했다. 이들 연구자는 특히 텔레비전이 대중문화와 결합해 계급, 개인과 집단 정체성, 상상된 미래 그리고 문화와 가족의 가치에 어떤 영향을 끼치고 있는지를 조사했다. 미디어는 중남미 사회 이해에 필수 항목이 되었고, 민족지 방법으로 대중매체가 시골과 도시 노동자의 삶에 미치는 영향을 분석했다.

다수의 미디어 민족지가 라틴아메리카에서 발표되었는데, 연구자 대부분은 그 지역 출신이었다. 마르틴-바르베로(Jesús Martín-Barbero)는 대표적인 연구자인데, 중남미 지역을 넘어서는 미디어 이론 형성에 기여했다. 그는 미디어와 매개(mediation) 개념을 구분하고, 미디어가 소비되는 사회적 맥락과 수용 과정을 결합해 연구했다. 그는 라틴아메리카에서의 커뮤니케이션을 미디어, 문화 또는 단순한 인식이 아니라 매개 과정 측면에서 연구했다(Martín-Barbero, 1993: 2). 그는 매개에 연구초점을 맞추면서, 특히 사회의 힘없는 사람들의 일상적 실천에 주목했다. 이들은 다양한 미디어를 이용해 새로운 종류의 혼합적(syncretic) 정체성을 만들고 있는데, 마르틴-바르베로는 이들이 자신들의 문화를 어떻게 생산하고 재생산하는지를 연구했다.

마르틴-바르베로는 중남미의 저명한 커뮤니케이션 학자인데, 중남미 전역의 미디어와 문화 연구에 큰 영향을 끼쳤다. 그는 1937년 스페인 아빌라에서 태어났는데, 벨기에와 파리에서 교육받고, 1963년부터 콜롬비아에 거주하며 연구하고 있다. 그의 연구 지향점은 라틴아메리카 시각에서 미디어 이론을 만들어내는 것이다. 그는 '대중계급(popular classes)'이라는 용어를 제시했는데, 대중계급은 도시 노동자 계급만을 지칭하지 않는다. 도시와 시골 빈민, 토착민, 혼혈인 모두를 포괄하는데, 이들 모두는 라틴아메리카 사회를 지배하는 권력과 부로부터 소외된 상태에서 살고 있다. 대중계급은 현대적 방식으로 텔레비전 등의 미디어를 자신들의 일상적 실천과 통합하고 있다.

라틴아메리카 사회의 특징 중 하나는 뿌리 깊은 불평등이다. 사람들은 옥죄는 권력 구조에 저항하거나 타협하면서 사는데, 대중문화 속 재현된 문화정체성은 중요한 의미를 갖는다. 영국 미디어와 문화 연구는 이런 점에 착안해 미디어와 대중문화를 연구했는데, 이론적 · 방법론적 문제에 봉착했다. 마르틴-바르베로의 매개 개념은 이 문제 해결에 큰 도움이 되었다. 라틴아메리카 미디어 이론가들도 민족지를 재발견했는데, 이들 연구자는 영국 연구모델을 모방하거나 재생산하지 않았지만, 영어권에서 영향력이 컸던 인류학 · 철학 · 사회학 이론들을 참조했다.

인류학자들은 1980년대 이후 라틴아메리카에서 미디어와 커뮤니케이션 이론가들처럼 미디어와 문화에 관한 일련의 논의를 끌어냈는데, 이들 논의는 영어권 미디어나 문화 연구와 별다른 관련이 없다. 유럽이나 미국의 미디어 연구자들은 텔레노벨라나 다른 미디어 사례를 연구하려고 다양한 지역을 방문했는데, 이때 생산과 유통에 대한 실증적 사례 연구 문헌을 참조할 필요성을 느꼈다. 2000년대 초 마르틴-바르베로와 동료 연구자들이 라틴아메리카 커뮤니케이션과 문화 연구를 이해하는 데 민족지가 중심적 역할을 했다. 이들 연구성과는 라틴아메리카뿐만 아니라 미국, 유럽 등의 학자들에게도 큰 영향을 끼쳤다.

> "최근 '대중(popular)'이라는 용어는 미국 원주민이나 농민 문화에만 적용되지 않고, 라틴아메리카 도시의 많은 새로운 주거 환경에서 사는 메스티소와 혼혈 그리고 대중문화의 기형적 진화에도 적용되고 있다."
>
> (Martín-Barbero, 1993: 2)

마르틴-바르베로는 미디어 자체보다 매개를 연구해야 한다고 제안했고, 미디어 수용 과정은 매개 덕분에 일상생활에서 중요한 삶의 일부분이 되었다. 그의 연구들은 본질적으로 이론적 성향인데, 실증적 자료보다는 추상적 담론을 통해 논의를 전개한다. 중남미 연구자들은 그의 논의를 출발점으로 실증적 연구를 했는데, 매개 개념이 핵심적 관심사였다. 이들 연구는 미디어 콘텐츠를 자신의 목적에 맞도록 활용하는 시청자의 창조적 역량을 강조했다. 이들 후속 연구는 라틴아메리카와 유사한 맥락을 가진 타 지역에서의 미디어 전유 현상을 제시했다.

다른 학문적 전통에서 출발한 다양한 미디어 연구를 살펴보았는데, 이들은 이전 미디어 연구가 가진 한계를 극복하기 위해 민족지 방법을 사용했다. 21세기에 들어서서 민족지 방법론은 인류학 미디어 연구에서 확고한 자리를 잡았다. 미디어, 대중문화 그리고 모더니티에 관심 있는 인류학자들은 미디어와 문화 연구 프로젝트에 더 많이 관여했고, 실버스톤, 몰리, 앙 그리고 콜드리처럼 미디어 및 문화 연구 학자의 연구성과를 활용했다.

미디어 민족지는 중남미 지역에서도 확고한 기반을 마련했다. 연구자들의 관심은 미디어가 일상생활에서의 실천, 문화 재생산 과정 그리고 국가 및 초국가적 정치 영역에서 어떤 역할을 하는지에 집중되었다. 1990년대 후반부터 디지털 기술이 전 세계적으로 확산하자 미디어와 커뮤니케이션 판도도 크게 변화했다. 디지털 시대는 새로운 사회적 · 문화적 변화를 초래했고, 민족지 미디어 연구 분야에서도 통학문적 접근이 가속화되었다. 다음 장에서는 민족지가 온라인 커뮤니티와 인터넷 연구에 활용된 초기 사례와 모바일과 소셜미디어에서의 후속 연구를 살펴본다.

4장

디지털 시대의 시각인류학과 미디어 인류학

1) 인터넷과 가상세계

20세기 후반은 인문학에서 주요한 논의가 많았지만, 학계의 논의와 상관없이 세상은 인터넷 도입과 디지털 매개 커뮤니케이션 증가로 큰 변화를 겪고 있었다. 20세기가 끝날 무렵, 전 세계 수억 명이 인터넷으로 정보에 접근하고, 다른 사람들과 소통하며, 가상 환경에 참여했다. 인터넷이 일상생활에 침투하는 현상은 전 세계 모든 지역에서 동일하게 나타나지 않는다. 인터넷은 2000년대 초까지 서구 대도시뿐만 아니라 농촌과 산간벽지, 부자와 빈자 그리고 다양한 경제와 정치 시스템을 가진 지역으로도 확산했고, 일상생활을 크게 변화시켰다. 이 장에서는 인류학이 인터넷 초기에 수행한 연구 중 디지털 참여와 온라인 세계 이해에 기여한 성과를 소개한다.

다수의 인류학자는 레거시 미디어를 연구한 경험이 있어서 미디어 인류학이 축적한 시각과 이론으로 디지털 미디어 실천을 분석하려고 했는데, 일부 인류학자는 다른 방식으로 인터넷 연구에 접근했다. 이들은 처음에 디지털 미디어와 온라인 세계와의 상호작용 방식을 인류학적으로 기록했지만, 곧 디지털 테크놀로지와 인프라에 의해 가능해진 실제 삶을 추가했다. 인터넷은 이전 미디어들과는 상당히 달라서 테크놀로지 발전과 수용 방식에 맞추어서 연구를 수행해야 했다. 라디오와 텔레비전은 선진국 대도시에서 처음 사용되었고, 수십 년이 지난 후에야 다른 국가의 대도시에서도 이를 이용할 수 있었다. 다시 얼마간 시간이 지난 후에야 농촌 커뮤니티에서도 사용할 수 있었다. 하지만 인터넷은 미국과 서유럽 그리고 아시아 지역에서 매우 빠른 속도로 퍼져나가서 사용 시차가 크지 않았다.

1990년대 중반, 모자이크와 넷스케이프 웹브라우저가 출시되자 이메일이 크게 성장했고, 곧 주된 커뮤니케이션 형태가 되었다. 아마존이나 이베이 같은 전자상거래가 등장하자 미국과 서유럽의 수백만 명 사용자는 이를 기반으로 새로운 삶의 방식을 만들어갔다. 세계은행 통계에 의하면, 1995년 세계 인구의 1% 미만이 인터넷을 사용했지만, 2005년에는 16%, 2015년에는 44%가 인터넷을 사용했다. 20년 만에 전 세계 거의 절반의 인구가 이를 사용하게 되었다. 많은 문화 이론가와 사회과학자는 전례 없는 인터넷 확산으로 사회가 앞으로 어떻게 변할 것인지, 그리고 사회 세계가 어떻게 다르게 경험될지에 관심을 보였다.

인터넷 연구의 시작

1990년대 중반부터 가상 '사이버스페이스'가 등장했고, 새로운 형태의 문화 또는 '사이버 문화들'이 형성되었다. 일부 문화인류학자도 이 현상에서 긴박한 이론적, 방법론적 그리고 윤리적 문제들이 무엇이며, 인류학은 이 문제에 어떻게 접근할 수 있을지에 관심을 가졌다(Hakken, 2000). 하켄은 1990년대 후반까지 테크놀로지를 연구했는데, 인류학의 실증적 연구가 다가올 '컴퓨터 혁명'의 범위와 성격을 밝히는 데 도움을 준다고 주장했다(Hakken, 1999). 인터넷 문화를 연구하기 위해서는 학제 간 연구가 필요했는데, 하켄과 다른 인류학자들은 — 네트워크 연구자들과 협동작업으로 — 매스미디어를 포함한 현대적 테크놀로지 연구와 접점을 찾으려고 했다(Escobar et al., 1994). 초기 인류학 연구자는 인터넷을 민족지 방법으로 연구할 때 장점이 드러나는 접근 방법과 관심사에 대해 고민했다. 당시 많은 미디어와 테크놀로지 연구자들은 "인터넷은 본질적으로 혁명적 또는 해방적 테크놀로지"라고 주장했는데, 인류학자 대부분은 이에 회의적인 태도를 보였다. 인류학자들은 성급한 추정으로 현상을 일반화하기보다 사람과 시간 그리고 공간을 구체적으로 한정하고 이를 실증적으로 연구할 필요가 있다고 주장했다.

당시 다양한 분과학문 연구자들은 새로운 디지털 세상에 깊은 관심을 보였고, 이들 중 일부는 자신만의 고유한 시각과 이론으로 이 변화가 초래할 사회적 영향을 예측했다. 사회학자 마누엘 카스텔스의 연구는 사회과학 전반과 일반인에게 큰 주목을 받았다. 카스텔스는 새로운 형태의 글로벌 상호접속 방식을 '정보사회'라고 명명하고, 정보와 커뮤니케이션 흐름이 경제발전과 정치 통제 차원에서 중요해질 것이라고 주장했다. 그는 자신의 책 《정보사회》에서 자본주의 시대에는 대량생산에 의존해 경제가 발전했지만, 정보사회 시대에는 디지털 네트워크가 부의 창출과 권력 분배에서 중요해질 것으로 예측했다. 정보 테크놀로지가 기존의 정치적 · 경제적 형성을 재조직화하는데, 특히 노동과 금융의 본질을 변화시킨다고 주장했다. 그는 여러 책에서 이런 재조직화를 종합적이고 상세하게 제시했다.

다른 연구자들은 새로운 기술의 가상적 성격에 관심을 보였는데, 특히 실재 시간과 공간에 의존하지 않고 만들어지는 연결성에 큰 관심을 보였다. 라인골드(Howard Rheingold)의 《가상 커뮤니티: 전자 프런티어에서의 도시 정주》는 채팅방 회원과 온라인 환경에서의 생활을 탐구한 초기 연구 성과인데, 초기 온라인 커뮤니티에 참여했던 자기 경험을 토대로 내용을 구성했다. 이 책은 민족지는 아니지만, 사람들이 온라인상에서 일상적으로 상호작용하는 행동을 제시했다. 라인골드는 디지털 기술이 성공한 요인으로 타인과 관계를 구축하고 공동체를 형성하려는 인간의 욕망을 들었다. 인류학자들은 그의 연구성과를 접하고 관심을 가져야 할 인터넷 연구의 핵심 주제가 무엇인지를 깨달았다.

1990년대 연구자들은 새로운 문화적 형태에 별다른 관심을 보이지 않았다. 카스텔스는 디지털 시대의 정치적 경제에 초점을 맞추었고, 라인골드는 학계와 일반 독자의 관심사를 다루었다. 이들 작업은 초기 사용자의 실제적인 실천을 분석하고 기록하는 것보다 미래에 벌어질 변화를 예측하는 데 더 많은 관심을 두었다. 또한, 이들은 인터넷 정책 수립에 직접 개입하지는 않았지만, 글로벌 디지털 커뮤니케이션이 가져올 잠재적 이득을 탐구했다. 당시 많은 연구자는 인터넷과 디지털 네트워크가 삶에 가져올 변화를 낙관적으로 받아들였는데, 카스텔스는 여가가 늘어나고, 이는 다시 인간 해방으로 이어질 것이라고 주장했다(Hesmondhalgh, 2013: 320; Fuchs, 2009: 97). 이에 반해 라인골드는 인터넷이 더 나은 세상을 만드는 데 일조할 것인지에 관한 판단을 유보했다. 그는 미래 정치문제에 대해 "가상 공동체가 시민민주주의를 활성화하는 데 도움을 줄 수 있지만, 이 가상 공동체는 매력적으로 포장된 민주주의 담론의 대체물로 우리를 유인할 수도 있다"고 했다(Rheingold, 1994: 295). 그는 경계를 횡단해서 새로운 커뮤니티들이 만들어지는 것을 강조하려고 책의 부제를 '전자 프런티어에서의 도시 정주'라고 달았다.

카스텔스나 라인골드 모두 1990년대 후반 잡지나 신문 또는 대중 담론의 장에서 흔히 발견되는 '디지털 낙관론'을 순진하게 수용했다는 비판을 받았다. 당시 미디어 연구에서 저명한 젠킨스(Jenkins, 2006)와 벤클러(Benkler, 2006)도 디지털 테크놀로지의 해방적 잠재력을 과대평가했다는 비판을 받고 있지만, 이들의 업적이 경시되어서는 안 된다. 초기 인터넷 연구의 주요한 특징 중 하나는 이런 낙관적인 견해와 미래 예측인데, 이는 곧 반박당한다. 셰리 터클은 이런 낙관적 견해를 반박한 대표적인 연구자인데, 그는 비싼 비용과 우리의 진정한 자아 상실이라는 대가를 치르면서 디지털 세상의 즐거움이 도래했다는 비관적인 입장을 견지했다.

> "시뮬레이션 문화는 우리가 다중적 · 통합적 정체성이라는 비전을 달성하는 데 도움이 되는데, 우리는 다중 자아가 가능해지면서 유연성과 탄력성, 기쁨이라는 능력을 얻게 되었다. 하지만 만일 우리가 이 과정에서 실재를 잃게 된다면 우리는 형편없는 흥정을 하게 될 것이다."(Turkle, 1995: 268)

또한, 터클의 연구성과는 대면 만남과 인터넷 등의 가상세계 만남의 특징을 구분하는 데도 자주 인용되었다.

> "사람들은 가상세계에서 길을 잃을 수 있다. 어떤 이들은 사이버 공간에서의 삶을 탈출이나 무의미한 우회처럼 심각하지 않게 생각하고 싶어 한다. 이는 (…) 가상으로 표현하는 다중 자아에 대한 깊은 이해에서 나온 것이 아니어서 우리의 경험이 실재를 풍요롭게 할 수 없다. 스크린 속 인물 배후에 있는 무엇인가에 대한 우리의 인식을 함양한다면 우리

는 가상 경험을 활용해 개인적 변신을 성공적으로 할 가능성이 높다."
(Turkle, 1995: 268-269)

사람들은 세상이 빠르게 변화하자 변화 방향을 궁금해했고, 연구자들은 1990년대 말의 연구성과를 기반으로 인터넷으로 변화할 미래를 예측했다. 제임스 슬레빈은 존 톰슨, 앤서니 기든스 그리고 지그문트 바우만의 모더니티와 포스트모더니티 이론을 토대로 인터넷 연구를 진척시켰다. 슬레빈은 기존 미디어 연구에서 컴퓨터 매개 커뮤니케이션 역사는 경시된 반면에 인쇄물, 방송미디어 그리고 텔레커뮤니케이션의 역할 연구는 중시된다고 주장했다(Slevin, 2000: 4; Wilson & Peterson, 2002). 디지털 미디어 연구는 1990년대 초부터 본격화되었는데, 도전적인 연구과제 중 하나는 — 이전에 분리해서 연구하던 — 미디어, 텔레커뮤니케이션 그리고 컴퓨팅의 역사를 통합하는 것이었다. 오늘날 다수의 디지털 미디어 연구자는 '융합' 문제, 특히 테크놀로지와 비즈니스 그리고 실천이 교차하고 겹쳐지는 양상에 많은 관심을 보이고 있다(Jenkins, 2006; Dwyer, 2010).

인터넷의 민족지와 일상생활 연구

1990년대 말 하켄 등의 연구자가 디지털 세계의 미래에 관심을 보였지만, 인류학자와 문화 연구자는 사람들이 디지털 테크놀로지와 미디어를 실제로 어떻게 이용하는지를 조사했다. 2000년대 새로운 미디어에서의 실천 연구가 상당히 진척되었고, 다수의 정성적 · 정량적 자료들도 축적되었다. 이들은 인문학과 사회과학에서 정립된 기존의 연구 방법론을 활용해 사람들이 온라인과 실재 세계에서 디지털 테크놀로지를 일상적으로 어떻게 이용하는지를 조사했다. 인류학자들은 이 시기에 인터넷 연구에 민족지를 어떻게 이용할지를 고민했고, 새로운 종류의 질문과 관심사를 이해하기 위해 디지털 시기 이전에 정립된 민족지 방법론을 수정 · 보완했다.

초기 인류학 연구자는 우선 연구영역을 확정하고, '사이버 인류학', '인터넷 인류학', '디지털 민족지' 그리고 '디지털 인류학' 등으로 다양하게 불리는 이들 용어의 특징을 정리해야 했다. 1세대 디지털 인류학자들은 이미 인류학에서 정립된 이론이나 방법론만으로도 급변하는 테크놀로지와 실천을 충분히 연구할 수 있다고 생각했다.

> "인류학 방법론으로 비교문화적, 다층적 그리고 다현지적 현상을 분석할 수 있다. 또한, 개인과 집단의 정체성 구성을 분석하는 것, 새롭게 등장하는 의사소통 그리고 문화에 내재된 사회적 실천의 특성을 조사하는 것도 가능하다."(Wilson & Peterson, 2002: 450; Miller & Slater, 2000: Hart, 2004)

인류학자들은 오랫동안 사회변동을 연구했고, 새로운 현상과 사회역사적 맥락 사이의 연결고리를 찾는 데 자신감을 느끼고 있었으며, 이를 토대로 미디어와 테크놀로지의 만남도 연구할 수 있다고 생각했다.

> "우리의 견해 그리고 현재 인류학 이론과 실천에 가장 부합하는 것으로 보이는 견해에 의하면 실재와 상상 또는 가상 공동체 사이의 구별은 유용한 것이 아니며, 인류학적 접근법은 현존하는 공동체, 정체성, 네트워크의 연속성을 조사하는 데 가장 적합하다는 것이다."(Wilson & Peterson, 2002: 456)

이들은 인류학이 디지털 기술 연구에서 만족스러운 결과를 내지 못한 이유를 일상적 실천에 관한 관심 부족에서 찾았다. 이들은 철학적 담론 수준에서 미래의 가상세계 모습을 이해하면서 디지털 몰입이라는 기본적인 경험을 놓쳤다고 주장했는데, 이 당시 인류학자는 가상세계의 물상화(reification)에 별다른 관심이 없었다.

트리니다드토바고에서의 인터넷 연구

밀러와 슬레이터는 "실재와 가상의 대립은 (…) 지속적인 사회생활에 내재하는 의사소통 매체에서 관계의 복잡성과 다양성을 완전히 놓치게 한다"는 말로 실재와 가상세계 구분에 반대하는 입장을 취했다(Miller & Slater, 2000: 55). 이들의 견해는 당시 주류 인터넷 연구와 결을 달리했다. 인류학은 연구대상자들이 사회 세계를 어떻게 변별적으로 인식하는지를 오랫동안 연구했기 때문에 가상세계와 실재세계의 대립에 회의적인 태도를 보였다.

1960년대 이후 인류학자는 이러한 구별을 드러내기 위해 언어학 연구에서 유래한 '에믹(emic)'과 '에틱(etic)' 개념을 사용했다. 에믹 모델은 세계가 어떻게 작동하는지 이해하기 위해 내부자(insider)의 관점에서 접근하지만, 에틱 모델은 — 문화비교론의 시각처럼 — 외부자의 관점에서 세상이 어떻게 작동하는지를 설명한다. 밀러와 슬레이터는 트리니다드토바고에서 인터넷 사용을 연구했는데, 이들은 민족지를 이용해 디지털 삶의 본질을 이해하려고 시도한 초기 연구자들이다. 이들은 트리니다드토바고 사람들이 인터넷을 일상생활에서 사용하면서 '가상성(virtuality)'이라는 의식을 전혀 가지지 않는다는 점에 주목했다. 트리니다드토바고 사람들은 지역에서 삶의 실천과 맥락에 뿌리내리고 살았는데, 인터넷을 이용해 실제적 관계를 만들고 유지했다. 이들은 참여관찰을 중심으로 광범위한 민족지 연구를 했는데, 자신들이 추정하고 있던 인터넷의 의미에서 벗어나 인터넷이 실재 문화 속에서 어떻게 이용되고 있는지를 실증적으로 조사했다.

다니엘 밀러와 돈 슬레이터는 상대적으로 규모가 작은 카리브해의 트리니다드토바고섬에서 현지조사했는데, 당시 대부분의 미디어 연구자는 이렇게 작은 규모의 장소를 연구대상지로 선택하지 않았다. 하지만 밀러와 슬레이터는 선진국이나 서구국가 또는 고소득 경제 환경에서 사는 사람들을 대상으로 새로운 테크놀로지를 연구할 필요는 없다고 생각했다. 이들은 트리니다드토바고야말로 인터넷이 일상적 실천과 지역적 맥락과 통합하는 것을 보여주므로 인터넷 연구에서 선구적인 장소가 될 수 있다고 생각했다.

이들 연구에 의하면, 트리니다드토바고 사람들은 커뮤니케이션 이론에서 중시하던 가상과 실재 세계의 구별에 관심이 없었다. 트리니다드토바고 사람들은 가족이나 친구들과의 기존 관계를 유지하기 위해 인터넷을 주로 사용했다. 인터넷은 트리니다드토바고 사회성에 위험 요소가 아니라, 사람들의 사교 실천을 확장하는 데 도움이 되었다. 카리브해 역사를 보면, 인구학적 조건이 인터넷 매개 통신을 매우 쓸모 있게 만들고 있다. 1990년대 후반 트리니다드토바고의 대부분 가정에서 가족 중 일부가 해외에 거주했다. 가족이 해체되거나 흩어지면서 많은 아이가 부모 없이 양육되거나 영국과 미국으로 이주했다. 이런 조건 때문에 사람들은 원거리 친인척이나 친구들과 연락할 의사소통 수단이 필요했다. 밀러와 슬레이터는 새롭게 등장한 이메일이 대부분의 트리니다드토바고 사람이 원하던 의사소통 방식이라고 주장한다.

당시 이메일로 멋진 전자엽서나 귀여운 이미지를 보내는 것이 인기

였는데, 이런 이메일은 비공식적이고 장난스러우면서도 일상적인 느낌을 주었다. 값비싼 국제전화나 편지보다 이메일은 훨씬 더 좋은 평가를 받았는데, 국제전화나 편지는 비싸고, 종종 분실되며, 오랜 시간이 지난 후에나 받을 수 있었다. 또한, 트리니다드토바고 사람들은 다양한 커뮤니케이션 방식들을 다르게 받아들였는데, 가벼운 우정이나 짧은 만남에는 이메일보다 채팅이나 인터넷 메시지를 선호했다. 이 연구 후 밀러와 슬레이터는 카리브해와 인근 지역에서 최신 테크놀로지인 이동전화와 소셜미디어를 분석해서 연구 외연을 확장하고 정교화했다. 이들의 인터넷 연구는 가상과 실재라는 이분법적 구분에 반대하면서 일상적 실천을 자세하게 분석했고, 새로운 형태의 미디어와 커뮤니케이션 연구에 자신들의 연구 방식이 유용하다는 점을 부각시켰다.

커뮤니티와 관계성

가상세계가 부상하면서, 초기 인터넷 연구는 온라인 커뮤니티의 본질에 관심을 가졌다. 사람들이 상호작용 테크놀로지로 새로운 형태의 사회적 상호작용을 하는 것이 아닌지, 온라인 커뮤니티를 진정한 커뮤니티라고 명명할 수 있는지를 주로 논의했다. 온라인에서 등장한 새로운 사용자 집단과 이들이 형성하는 문화를 지칭하는 데 기존의 '커뮤니티'라는 용어를 계속 사용하는 것이 적합한지에 대해 다양한 의견이 존재한다 (Wilson & Peterson, 2002: 450). 인류학자들은 온라인에서의 이러한 참여가 본질적으로 완전히 새로운 현상이라는 주장에는 회의적인 반응을 보였다. 민족지 연구에 의하면, 오프라인 커뮤니티와 마찬가지로 온라인 커뮤니티도 정기적으로 접촉하지 않는다. 니콜 콘스테이블의 《글로벌 무대에서의 로맨스(*Romance on a Global Stage*)》는 결혼 상대를 펜팔, 이메일, 온라인 포럼 등을 이용해 어떻게 물색하는지를 연구했는데(Constable, 2003), 이 연구는 온라인 커뮤니티 현상들이 이미 아날로그 시대에도 존재했음을 보여준다. 콘스테이블은 부정적 함의를 지닌 '서신왕래신부(mail-order bride)' 현상을 주로 연구했는데, 미국인은 온라인상에서 중국인이나 필리핀인을 만나 결혼했다. 그는 이들과 대면 인터뷰했고, 온라인에서 주고받았던 메일을 분석했으며, 온라인 커뮤니티에서 이들의 행동을 참여관찰했다. 콘스테이블은 문화와 개인에 따라 다르게 나타나는 정치경제와 결혼, 로맨스, 섹슈얼리티 그리고 새로운 테크놀로지에 대한 생각과 이로 인해 발생하는 복잡한 관계를 분석했다. 그는 이후 연구 외연을 소셜미디어와 데이트 앱에서의 결혼 상대 물색으로 확장했다.

콘스테이블은 인터넷이 '서신왕래신부' 현상을 만들어내지 않았다고 강조한다. 1990년대 후반 결혼 파트너를 인터넷에서 만나는 현상이 늘어났고, 인터넷이 초국가적인 결혼을 촉진했지만, 사람들은 인터넷 시대 이전에도 펜팔 네트워크로 결혼 파트너를 물색했다. 이 연구 사례는 결혼 파트너를 물색하는 사람들의 인터넷 실천을 이해하기 위해서는 편지, 신문, 서적 그리고 라디오 등의 과거 커뮤니케이션 방식들도 폭넓게 고찰할 필요가 있다고 주장한다. 콘스테이블의 연구 목적은 디지털 데이트에 대한 새로운 시각이나 이론을 수립하는 것이 아니어서 이에 관한 심층 정보를 제시하지 않지만, 초국가적 관계 형성에 대한 시각과 실천 그리고 의도를 이해하는 데는 도움을 준다.

그는 결혼 측면에서 온라인에서 소통하는 다양한 남녀의 의도, 경험, 의견을 제시했다. 당시 미국 사회에는 저소득 아시아 여성들이 비자를 얻기 위해 사기결혼을 하거나, 이들 여성이 가정 학대 피해자라는 생각이 만연했는데, 그는 이에 회의적인 연구 결과를 제시했다. 전 세계적으로 인터넷 접속이 활발해지면서 미국 남자와 중국 또는 필리핀 여자와의 낭만적 관계가 새롭게 만들어질 가능성이 커지고 있으며, 인터넷은 개인적 삶의 경험과 기회도 변화시키면서 확대하고 있다. 콘스테이블은 인터넷이 의사소통 방식을 변화시켰다고 주장했는데, 인터넷에서 대면 만남이 사라지면서 남녀 간의 대화는 좀 더 비정형화되고 거리낌은 덜해졌다. 이 공간에서는 대면 만남에서는 꺼내기 어려운 사적이고 은밀한 주제들도 쉽게 이야기를 꺼낼 수 있으며, 이런 변화가 로맨스 감정 형성에 도움이 된다고 주장했다.

사용자는 이메일로 형성된 관계에서 호소력 있는 친밀감과 거리감 모두를 경험한다. 인터넷의 익명성은 숨기는 것만큼이나 고백이나 진실을 드러내는데, 특히 물리적 거리감 덕분에 은밀한 이야기를 하는 행동이 안전하다고 느낄 수도 있다. 이런 현상은 일련의 광범위한 정치적, 경제적 그리고 젠더 구조 안에서 발생하는데, 이는 특정 유형의 관계가 발생하는 것을 제약하거나 고무하는 역할을 한다. 이런 광범위한 구조들을 이해하려면 오프라인 세상을 이해할 필요가 있는데, 콘스테이블은 이를 위해 이메일 분석과 온라인 교류 참여관찰 이상으로 연구 외연을 확대했다. 밀러나 슬레이터와 마찬가지로, 콘스테이블도 인류학이 온라인 만남 연구에 기여하려면 연구대상자들의 생생한 경험의 복잡성을 넓은 사회적 맥락 안에서 포착해야 한다고 생각했다.

직접 대면하지 않으면서 '진실한' 관계와 연결을 형성하는 온라인 커뮤니티 연구 사례들도 있다. 낸시 베음은 인터넷 유스넷 그룹의 드라마 팬 커뮤니티를 연구했다(Baym, 2000). 그는 팬클럽 구성원들이 드라마에서 느끼는 즐거움을 어떻게 서로 나누고, 유대감을 형성했는지를 연구했다. 그는 구성원이 어떻게 커뮤니티를 이루고, 어떻게 디지털 매개 플랫폼에서 소속감을 구성하는지도 관심을 가졌다. 기존 민족지와 문화 연구의 성과를 살펴보면, 통속극 팬클럽에서의 디지털 상호작용을 새로운 측면에서 접근할 수 있다. 베음의 통속극 팬클럽은 래드웨이의 로맨스 소설 독자와 유사한 실천을 보인다. 페미니스트 연구자들은 1980년대 대중문화를 연구했는데, 베음은 이들 페미니스트 연구 결과가 통속극 같은 대중문화 소비를 피상적인 현상으로 치부했다고 주장했다.

베음과 콘스테이블 모두 민족지 접근법과 디지털 시대 이전의 문화연구와 인류학 이론을 기반으로 연구했다. 베음은 연속극 연구, 관객과 미디어 팬덤에 대한 기존 연구성과, 콘스테이블은 초국가적 이주와 결혼 연구를 참조했다. 이들은 인터넷이 완전히 새로운 공간이어서 새로운 종류의 사회성을 밝혀야 한다고 생각하지 않았다. 인간은 본질적으로 사회적 존재이며, 오랫동안 이런 토대에서 사회적 실천과 전통을 구축해왔기 때문에 이런 실천과 전통이 디지털 시대에 어떻게 적용되고 있는지에 관심을 보였다. 이는 민족지 방법으로 디지털 삶을 연구하는 데 그 중심에 디지털 차원을 두는 접근 방식이 반드시 바람직하지 않다는 점을 의미한다. 인터넷과 다른 디지털 테크놀로지 활용을 이해하는 데 친족, 정체성, 사회성 같은 문제들도 중요한 역할을 한다.

초기 미디어 이론가들이 제시한 아이디어 중 일부를 이용해 온라인 커뮤니티를 연구하는 전통이 인류학에서도 이어지고 있다. 베네딕트 앤더슨은 근대 국민국가라는 '상상의 공동체' 형성에서의 대중매체 역할을 설명했다. 콘스테이블과 베음은 인터넷과 다른 전자 매체가 확산하면서 인터넷 커뮤니티나 팬클럽 같은 새로운 '상상의 공동체들'이 어떻게 형성되는지를 연구한 초기의 대표적인 연구자들이다. 사람들은 온라인 공간에서 직접 상호작용을 하지만 동일한 물리적 공간에 존재하지는 않으며, 이런 커뮤니티 토대는 공유된 관심사나 하위문화일 수 있다. 온라인 커뮤니티가 디지털 테크놀로지를 소비하고, 하나의 커뮤니티로 존재하기 위해 미디어 콘텐츠에 개입하는 방법을 연구할 수도 있다. 비디오 게임이 성장하면서 온라인 대형 게임 커뮤니티가 활성화되었는데, 월드 오브 워크래프트(World of Warcraft) 같은 대규모 멀티플레이어 온라인 게임 커뮤니티가 대표적이다. 사람들은 이 게임에서 디지털 테크놀로지로 생산된 예술적 경험에 몰입하고, 협력을 통해 경험을 만들고 있다(Nardi, 2010). 이러한 형태의 '상상의 공동체'는 기존 공유 미디어에서의 소비 실천을 넘어서는 양상을 보인다. 디지털 시대의 테크놀로지는 종종 커뮤니티 구성원이 존재하고 상호작용하는 중요한 수단과 토대가 된다.

디지털 사회 세계

하켄이 20여 년 전에 예측한 것처럼, 연구에서 실천을 더 중시하는 인류학자들은 테크놀로지의 소비와 이에 의한 공간 생산 그리고 실천 문제를 연구했다. 이 연구 분야는 뜨거운 논쟁거리인 문화정치, 정체성, 커뮤니티 그리고 실천 문제와 연결되어 있다. 실리콘밸리 근로자, 오픈소스 소프트웨어 개발자 그리고 해커 커뮤니티 구성원의 작업과 사적 삶을 민족지 방법으로 연구하면, 이들의 테크놀로지 생산을 도덕적 틀과 문화적 맥락에서 이해하고 탐구할 수 있다(Malaby, 2009; Kelty, 2008; English-Lueck, 2002).

컴퓨터와 인터넷이 발달하면서 사람들이 자기 일과 행동주의를 통해 디지털 테크놀로지와 어떻게 관계를 맺는지를 이해하면 경제적·문화적 형태의 진로를 파악할 수 있다. 콜먼은 컴퓨터 해커, 코딩 기술자, 괴짜(geeks) 커뮤니티를 연구했는데, 테크놀로지 숙달 정도가 정체성 형성에 매우 중요했다. 콜먼은 해커들과 다른 테크놀로지 그룹이 미국의 정치문화를 어떻게 변화시키고 있는지도 조사했다. 이 연구는 해커문화가 형성하는 정치와 가치를 연구해서 현대 미국의 정치문화를 새롭게 탐구했다. 디지털 산업에 대한 다수의 인류학 연구는 자본주의, 금융 또는 사회기반시설 연구와 중복되거나 이에 통합될 수 있다. 인류학자는 디지털의 본질을 규명하기 위해 디지털 테크놀로지나 실천에 집중하기보다 주로 디지털의 역할을 폭넓은 사회적 현상으로 파악한다. 또한 이들 중 일부는 디지털 테크놀로지가 중요한 역할을 하는 집단에서의 자기정체성, 가치 그리고 노동을 연구한다. 콜먼이 민족지 연구 리뷰에서 이야기했듯이, 첨단기술 회사 직원이나 열정적인 컴퓨터 해커 커뮤니티와 네트워크는 새로운 디지털 세상 모습을 제시한다.

> "디지털 미디어의 문화적 의미는 테크놀로지 중심에서 가장 가까이에 조직된 그룹들에서 두드러진다. 이러한 '문화적 위치'(Gupta & Ferguson, 1997)는 다른 사람에 비해 특권화하기 위해 (…) 디지털 미디어가 사회적, 언어적 그리고 정치적 과정과 프로젝트라는 광의의 범위에서 수행되는 중요한 역할을 이해하는 데 제한받을 수 있다."(Coleman, 2010: 490)

인류학자들의 인터넷 연구가 디지털 이외의 차원을 중시하면서 인터넷 문제를 근시안적으로 분석한다거나, 이의 심각성이나 중요성을 간과한다는 비판이 있다. 인류학자들은 초기 인터넷 연구부터 최근까지 디지털 테크놀로지 연구에 총체적인 접근 방식을 포기하려고 하지 않았고, 이런 접근 방식에 회의를 보이지도 않았다. 하지만 다른 분과학문 연구자는 이런 접근 방식을 중복해서 내용을 분석하거나 근시안적으로 접근하는 것으로 받아들일 수 있다. 그러나 인류학자들은 현재까지도 총체적인 접근 방식으로 디지털 테크놀로지를 분석하려는 태도를 포기하지 않았고, 콜먼도 연구에 디지털 차원을 포함했다.

소비자가 디지털 테크놀로지와 관계를 맺으면서 인터넷이 발전했고, 새로운 사용자 집단이 생겨났다. 이들은 자기 웹사이트에서 코딩하는데,

종종 다른 웹사이트나 코드와 충돌을 일으킨다. 오픈소스 소프트웨어 해커는 독립적으로 일하면서도 목표를 공유하는 집단에 속한다. 콜먼의 온라인 커뮤니티 연구는 이들의 인터넷 실천 범주를 분석했는데, 두 개의 괴짜와 해커 집단이 등장한다. 느슨한 조직인 어나니머스(Anonymous)는 행동주의 차원에서 사이버 공격으로 디지털 항의운동을 벌인다. 다른 집단은 엄격하게 통제된 조직인 위키리크스(Wikileaks)인데, 이 단체는 비밀정보를 공개하는 행동을 한다.

콜먼은 민족지 연구를 온라인과 오프라인 모두에서 했는데, 해커와 코더 이외에 인터넷 비즈니스 모굴들(moguls)과 정치인 등의 다른 행위자 역할도 조사에 포함했다. 그는 "해커들이 제작 자유를 지키기 위해 윤리적 · 기술적 실천을 어떻게 수행하고, 이런 행동으로 자신의 접근권, 표현의 자유, 투명성, 동등한 기회, 공공성, 능력주의 등 자유주의의 핵심 이상을 어떻게 확장하고 재형성하는지"를 분석했다(Coleman, 2013: 3). 콜먼은 코더와 해커가 온라인상에서 무엇을 하는지 분석하는 데 그치지 않고, 이들 행동이 다른 사람의 표현과 사상의 자유 등 정치적 견해에 어떤 영향을 끼치는지를 탐구했다. 또한, 이 연구는 이들의 디지털 실천과 행동주의가 초래하는 윤리적 · 정치적 문제도 탐구했다.

> "행동주의로부터 발생하는 윤리적 · 정치적 문제도 동시에 탐구했다. 예를 들어, 인터넷의 상업화는 언론과 표현의 자유를 극대화하는 기회로 여겨졌고, 지적재산권법이 가정용 컴퓨터와 디지털 혁명을 촉진했지만, 이것들이 자유를 억압하고 있는 것은 아닌가 하는 의문을 표한다."(Coleman, 2013: 23)

인류학자들이 초기 디지털 연구에서 끌어낸 또 다른 핵심 질문은 '인터넷을 민족지 방법으로 어떻게 연구할 수 있는지'였는데, 이는 아직도 중요한 문제로 남아있다. 인터넷 인류학은 오프라인 삶의 세밀한 조사를 연구에 포함했고, 일부 인류학자들은 특정 가상 커뮤니티를 물리적 장소와 동일한 방식으로 연구했다. 하지만 이러한 민족지 연구 방식이 디지털 시대에도 적합한지에 대한 방법론적 질문이 제기되었다.

콘스테이블은 초국가적 온라인 로맨스 만남에서 온라인 연구의 실제 장점을 보여주었다. 그는 장거리 여행 비용을 지출하지 않았고, 시간도 지체하지 않고 사무실이나 가정용 컴퓨터 앞에서 현지조사했다. 그는 사전에 기초적인 상호작용 텍스트를 수집해 쉽게 현지조사를 준비할 수 있었고, 온라인 커뮤니티에서 토론에 참여하고, 구성원들과 이메일을 주고받아 많은 양의 텍스트 자료를 수집했다. 그는 대면 만남에서 접하기 어려운 극히 사적이고 은밀한 이야기를 온라인 대화에서 들을 수 있다. 디지털 상호작용이 커플들의 열린 소통을 촉진하듯이, 연구자도 이를 토대로 정보제공자들과 열린 관계를 쉽게 맺을 수 있다. 하지만 연구자들이 온라인 포럼에서 구성원들의 상호작용을 관찰하는 행위는 윤리적 딜레마를 초래한다. 콘스테이블은 연구 초기에 웹사이트를 참여관찰했는데, 구성원들로부터 적대적인 언사를 들었다. 이런 온라인 토론과 조사 방식은 연구자가 자신을 어떻게 인식하고, 자신이 어떤 내용의 이야기를 하는지를 성찰할 수 있게 한다.

21세기에 들어와 온라인 민족지로 다루는 주제가 다양해지고 확대되자, 일부 인류학자는 오프라인 삶으로부터 분리된 커뮤니티와 이들의 상호작용 탐구가 중요함을 깨달았다. 보엘스토르프(Boellstorff, 2008)의 〈세컨드라이프〉 가상세계 연구는 인류학계에 큰 영향을 끼쳤다. 보엘스토르프는 가상세계 〈세컨드라이프〉를 현지조사 대상지로 선정하여 분석했다. 〈세컨드라이프〉는 사용자가 자신만의 아바타와 생활과 활동 환경을 만들

수 있고, 다른 사용자가 구축한 가상 환경으로도 이동할 수 있는 온라인 가상세계다. 그가 연구할 당시, 다수 언론과 기업 그리고 교육기관은 가상 환경의 가능성이 궁금해서 〈세컨드라이프〉에 많은 관심을 보였다. 이후 이 가상세계 이용자가 감소했지만, 2015년에도 여전히 월 90만 명이 이를 이용했다.

밀러와 슬레이터는 트리니다드토바고 연구에서 온라인과 오프라인을 결합한 '국지적 접근' 방법을 사용했지만, 보엘스토르프는 온라인에서만 참여관찰했다. 보엘스토르프는 이 가상세계를 "컴퓨터 프로그램으로 실현된 인터넷에서의 인간 문화 장소"라고 정의했다. 이 정의에 의하면, 이 공간은 오프라인의 하위영역이 아니라 진정성과 의미가 담긴 상호작용이 발생하는 장소라고 주장했다(Boellstorff, 2008: 17). 보엘스토르프의 연구는 "진정성과 신뢰성이 담긴, 광범위한 온라인 참여관찰 가능성"을 보여주는 성과로 평가받았다.

소셜미디어와 모바일 미디어는 정보제공자의 일상적 실천만을 변화시키지는 않았다. 디지털 테크놀로지는 인류학자와 정보제공자 사이의 커뮤니케이션 방식과 성격을 변화시켰고, 민족지 연구 방법의 새로운 가능성도 만들어졌다. 하지만 보엘스토르프는 연구가 끝나자 〈세컨드라이프〉 정체성을 포기하고 이 가상세계 방문을 중지했다. 인류학자들은 연구가 끝나도 연구지역이나 현장과 완전히 인연을 끊는 경우가 드문데, 이메일, 메신저 앱, 소셜미디어 등으로 연결을 이어나간다. 이들 연구자는 자기가 연구했던 사람들과 온라인에서 정기적으로 대화하는데, 인류학자와 정보제공자들 사이의 이런 초연결성은 기존의 민족지 경험을 대폭 확장했다.

온라인 환경에 대한 민족지 연구가 크게 변화한 것처럼 보이지만, 보엘스토르프는 상당히 전통적인 인류학 조사 기법으로 연구했다. 그는 수

년 동안 〈세컨드라이프〉 세계에 침잠해 사용자의 온라인 실천과 활동을 정기적으로 참여관찰했다. 그의 책 제목인 《세컨드라이프에서의 성년식(*Coming of Age in Second Life*)》은 마거릿 미드가 1928년에 출판한 유명한 민족지 《사모아에서의 성년식(*Coming of Age in Samoa*)》에 대한 오마주다. 보엘스토르프는 "온라인 정체성은 사용자에게 주어진 조건에 따라 변화하고, 이런 맥락에서 연구해야 한다"고 주장했다. 그에게 〈세컨드라이프〉 같은 가상 환경은 '대면' 상호작용이 가능한 장소이며, 이곳에서의 상호작용은 오프라인에서의 상호작용과 비교하거나 보완할 필요가 없는, 그 자체로 타당하고 완전한 형태의 사회 활동이다. 보엘스토르프는 디지털 낙관론자는 아니지만, 〈세컨드라이프〉 등의 가상세계는 사용자에게 창조적 가능성을 제공한다고 강조한다. 그에 의하면, 인간은 항상 '가상' 속에서 사는 존재다. 사람들은 방식에서 약간 제한을 받지만, 가상의 대안이나 판타지를 상상하거나 연기한다. 인간이 가상 영역을 창조하는 이유는 육체적 구현과 문화적 존재로서의 삶을 이해하고 구현하는 새로운 방법을 찾기 때문이라고 설명했다(Boellstorff, 2008: 58).

2) 모바일 문화와 소셜미디어

인류학은 많은 사람이 인터넷을 사용하기 전까지 코딩과 컴퓨팅을 거의 연구하지 않았는데, 이는 사회학과 역사학에서도 마찬가지였다. 커뮤니케이션 연구, 문화 연구 그리고 새롭게 등장하는 미디어 인류학에서의 매스미디어 수용 연구도 코딩이나 컴퓨팅과 상관없이 미디어를 연구했다. 2010년을 전후해 인터넷은 전 세계 많은 사람의 삶 속에서 확고하게 자리 잡았다. 몇몇 인류학자는 온라인과 오프라인에서의 참여 경험을 바탕으로 연구해 인터넷을 유망한 연구 분야로 만들어갔다.

인터넷 인류학은 디지털 시대 이전의 커뮤니티 본질을 재점검했는데, 특히 사람들이 어떻게 관계를 만들고 유지하는지를 종합한 결과를 디지털 맥락과 접합하고자 했다. 인류학은 디지털 테크놀로지가 사회적 상호작용을 증진하는지 아니면 감소시키는지, 인간의 본질을 변화시키는지 아닌지에 관심을 가졌다. 디지털 문화 연구가 20년 이상 진행되면서, 현재 인터넷은 디지털 테크놀로지 영역에서 작은 부분이 되었다. 사람들이 2010년경부터 복합 테크놀로지와 플랫폼으로 인터넷에 접속해 정보를 획득하고 커뮤니케이션하자, 이 테크놀로지를 연구하는 것이 중요해졌다. 이런 변화에도 불구하고 웹상의 커뮤니케이션과 디지털 실천은 아직도 중요한 연구주제다.

1990년대 후반부터 지금까지 휴대전화가 전 세계적으로 크게 확산했다. 이는 인류학, 미디어와 문화 연구 등에서의 가상세계와 인터넷 커뮤니케이션 연구를 촉진했고 새로운 주제와 연구 방향들도 등장했다. 2000년대 중반부터 정보통신기술이 세계적으로 확산하면서 '소셜미디어'라고 불리는 온라인 네트워킹 사이트가 등장했고, 이는 새로운 차원에서 디지털 매개 커뮤니케이션을 연구하는 동력을 제공했다. 연구 초기에 휴대폰과 소셜미디어 연구는 별개로 진행되었지만, 점차 이들을 통합해 연구하는 경향이 나타났다. 이동전화와 소셜미디어는 고정된 컴퓨터 화면을 벗어나 사람들의 주머니로 들어갔고, 특정 테크놀로지에 능숙한 사용자가 등장하자 일상적 실천을 유지하는 방식도 변화했으며, 휴대전화의 이동성과 소셜미디어의 사회성은 민족지 연구에 좋은 주제가 되었다. 많은 사람은 휴대폰으로 소셜미디어를 이용하는데, 디지털 문화가 다양한 환경에서 사람들의 삶을 어떻게 변화시키고 있는지를 이해하고자 하는 연구자에게 민족지 접근은 매력적이다. 2000년대 초 휴대전화와 소셜미디어는 각기 다른 길을 걸었는데, 이들을 분리해서 살펴볼 것이다.

테크놀로지와 플랫폼이 결합하면서, 사용자는 디지털 테크놀로지와 플랫폼을 친밀한 존재로 인식하게 되었다. 이러한 친밀감은 두 가지 측면에서 고찰할 수 있는데, 하나는 모바일과 소셜미디어가 만들어내는 친밀한 관계성이고, 다른 하나는 사람들이 사용하는 기기나 플랫폼으로 발전시켜나가는 친밀성이다(Baym, 2010; Miller & Horst, 2012). 보엘스토르프와 밀러 등의 인류학자는 모바일과 소셜미디어가 만드는 친밀성을 지지하는 것처럼 보인다. 사람들은 그 어느 때보다 디지털 매개를 통해 어떤 판타지 상태에 침잠하는 것이 아니라, 그 이전보다 더 진정한 관계를 추구하는 것 같다.

글로벌 테크놀로지로서의 휴대폰

매스미디어 시대의 연구자들은 미디어 연구에서 지리적 위치를 중요하게 생각했다. 인류학자들은 라디오와 텔레비전 등의 미디어 연구에 뒤늦게 뛰어들었지만, 대도시의 중산층과 미디어에서 소외된 삶의 모습을 비교한 연구 결과를 제시했다. 이에 반해 문화연구자들은 민족지 방법으로 서구사회의 미디어 소비자 연구를 주로 했는데, 인류학자를 비롯한 많은 학자는 지금까지 진행된 연구내용들을 통합하려고 했다. 1990년대 이후 미디어 연구는 교과서와 연구모델을 지배하던 미국과 영국 방송 모델을 넘어 대중매체 시스템과 문화가 운영되는 방식을 이해하려고 노력했다(Curran & Park, 2000; McMillin, 2006; Curtin & Shah, 2010; Straubhaar, 2007; Turner & Tay, 2009). 오늘날 미디어 연구 관련 학술회의, 저널 그리고 대학 교육은 북미와 서유럽뿐만 아니라 아시아, 아프리카, 라틴아메리카 그리고 중동부 유럽에서 연구된 사례들을 중요하게 다루고 있다.

미디어 연구에서의 탈서구화 움직임에도 불구하고 방송매체 연구는 매스미디어가 서양에서 처음 등장하고 확립되었으며, 식민지화 또는 식민지화 이후의 정치 프로젝트 덕분에 천천히 전 세계로 확산한 것으로 인식하고 있다. 이런 미디어 표준역사가 보여주는 것보다 방송 역사는 미국과 유럽에 덜 의존적이다. 몇몇 비판적인 방송 연구성과는 비서구 지역의 방송 기여가 아직도 경시되고 있다고 주장한다.

이와 대조적으로, 휴대전화는 서구의 몇몇 고소득 지역에서 먼저 발전하지 않았다. 1980년대 1세대 휴대전화 기술이 개발되었고, 1990년대 후반 2세대(2G) 디지털 휴대전화가 보급되었으며, 2000년을 전후해 휴대전화는 전 세계에서 폭넓게 사용되기 시작했다. 유럽과 북미뿐만 아니라 모든 대륙의 신흥 경제국과 심지어 저소득 국가에서도 휴대전화는 접근 가능한 디지털 기기가 되었다. 유선전화, 라디오, 텔레비전의 인프라 개발은 꾸준하지만 느리게 진척되어 대도시 거주자는 시골 주민보다 적어도 수십 년 먼저 이러한 기기를 향유했다. 하지만 휴대전화 인프라는 놀라울 정도로 빠르게 만들어졌고, 채 20년도 되지 않아 많은 사람이 이를 사용했다.

2016년 당시 세계 인구의 95%가 휴대전화 서비스 지역에 거주했고(ITU, 2016), 휴대전화는 통화 용도로만 쓰이지 않았다. 무료 또는 저가 SMS가 가능해지면서 새로운 형태의 의사소통 실천이 생겨났고, 휴대전화는 빠르게 멀티플랫폼 기기로 탈바꿈했다. 2007년에 출시된 아이폰 등의 스마트폰은 운영 체제를 기반으로 작동하는데, 앱 설치도 가능하게 되었다. 이후 예전에 컴퓨터로 인터넷 접속이 불가능했던 개발도상국에서도 휴대전화로는 접속할 수 있게 되었다. 국제전기통신연합(ITU) 자료에 의하면, 2016년 전 세계 가구의 절반 정도가 인터넷 접속을 할 수 있었고,

36억 대의 휴대전화는 모바일 서비스를 이용했다. 휴대전화는 약 15년이라는 짧은 시간 내에 미디어와 통신 시스템을 비약적으로 발전시켰다. 많은 사회에서 이 기기는 단순 통화 수단이 아니라 인터넷을 서핑하고, 채팅이나 문자메시지로 의사소통하고, 영상 콘텐츠를 시청하고, 온라인 뱅킹 등도 가능하게 했다.

레거시 미디어의 황금시대에 활동하던 인류학자들은 연구대상 커뮤니티에서의 미디어 영향을 무시했지만, 휴대전화 시대에는 이와 다른 태도를 보였다. 휴대전화의 폭넓은 사용은 인류학의 주요 연구주제인 일상생활에도 영향을 끼쳤는데, 휴대전화의 전위지역인 인도네시아, 가나 그리고 자메이카 등에 대한 다양한 연구성과가 발표되었다(Barendregt, 2008; Slater & Kwami, 2005; Horst & Miller, 2006). 인류학자들은 이들 지역을 연구하면서 변별적 지식을 상당히 축적했는데, 이를 토대로 휴대전화가 디지털 테크놀로지 변방 지역에서 어떻게 작용하는지를 연구했다. 노키아 등의 테크놀로지 회사와 국제전기통신연합 등은 사회경제적 여건을 개선하기 위해 현황과 방법을 알고 싶어 했다. 이들 기관은 인류학자들에게 전 세계적인 휴대전화 실태와 일상적 실천 연구를 의뢰했고, 이후 이런 종류의 연구 프로젝트는 꾸준히 이어지고 있다.

세계적인 휴대전화 사용 연구는 시장조사와 정책 수립에 주로 이용되었는데, 인류학도 이를 계기로 디지털 문화 연구에 동참했다. 예전의 주류 인류학자들은 디지털 문화를 연구하는 동료 학자들을 종종 '괴짜' 또는 주변부 연구자로 치부했지만, 통학문적 디지털 문화 연구는 곧 가장 인지도 높은 연구영역이 되었다. 디지털 시대가 시작하면서 인류학에 새로운 기회가 생겼고, 민족지 연구에 필요한 지적 훈련과 방향성에 관한 관심도 생겨났다. 휴대전화의 글로벌한 특성 연구는 인류학자의 참여로만 이루어지지 않았다. 이동 커뮤니케이션 이론이나 데이터를 분석하고 이해하기 위해서는 세계 곳곳으로 빠르고 다양한 방식으로 전파되는 새로운 정보 특성을 이해하는 것이 필요했고, 미디어와 커뮤니케이션은 이 주제들을 연구했다.

저개발국에서 엘리트나 중산층은 주로 홈컴퓨터나 케이블 텔레비전 등의 기기를 사용했지만, 노동자 계층과 가난한 지역에서는 휴대전화가 빠르게 확산했다. 민족지 방법으로 휴대전화를 연구할 때 자주 등장하는 주제는 이동성과 평등 문제였다. 가난하거나 주변화된 사람들이 새로운 테크놀로지를 사용하면서 일종의 사회적 · 경제적 이동이 이루어지는데, '이것이 좀 더 평등한 사회를 만드는가?', '이 테크놀로지가 이들을 정부 정책에 더 동참하게 하는가?'였다(Donner, 2008). 브라질의 젊은 노동자 계층은 브랜드에 민감한데, 휴대전화 소유가 이들의 사회적 지위와 어떤 관계를 맺는지에도 관심을 보였다(Rubia da Silva, 2007; Oliven & Pinheiro-Machado, 2012). 사람들은 휴대폰으로 새로운 종류의 일을 하는데, 가난한 사람들도 디지털 세상에 참여해 돈을 벌고, 일자리를 찾고, 네트워크를 만들고, 시민사회에도 동참했다. 케냐에서는 핸드폰으로 송금하고, 필리핀에서는 기도문을 주고받고, 새로운 연인 관계를 만들고, 문자메시지로 정치적 시위를 조직했다. 아이티-도미니카 국경에서 이민자들은 휴대전화로 돈과 상품을 보내고, 이동성이 증가하면서 해외여행도 쉬워졌다(Kusimba et al., 2016; Pertierra, 2006; Horst & Taylor, 2014). 휴대전화 사용을 민족지 방법으로 탐구하면, 일상생활 중 사소하지만 중요한 실천을 발견할 수 있다. 이런 실천 중 일부는 제품 디자이너와 정보통신기술자들이 예측하지 못한 것이고, 어떤 물건의 원래 용도나 목적과 달리 문화적으로 적응한 양상일 수도 있다.

인류학자들은 인터넷처럼 휴대전화도 사회적 지위나 정치적 자유에 중대한 변화를 가져올 것이라는 예측에 회의적인 반응을 보였다. 휴대전화는 자기 삶을 바꿀 수 있는 새로운 방법을 제공한다. 사람들은 이를 이용해 새로운 사회적 연결망을 구축하고, 기존의 사회적 연결망을 더 잘 유지할 수 있으며, 사업 기회를 확대하고, 새로운 종류의 경제적 수단을 사용할 수도 있다. 하지만 인류학자들은 이 테크놀로지가 불평등을 만들고, 재현하는 근본적인 사회 범주를 변화시키지는 못한다는 점을 제시했다. 필리핀에서 디지털 테크놀로지는 많은 일상적 실천을 변화시켰지만, 정작 중요한 경제 변혁을 일으키지는 못했다. 2001년 필리핀의 조지프 에스트라다 대통령은 정치 시위 여파로 권좌에서 축출되었는데, 인류학자들은 이 과정에서 문자메시지 역할이 과장되었다는 점을 지적했다(Pertierra et al., 2002; Rafael, 2003). 인도주의적 구조를 목적으로 하는 소셜미디어와 모바일 미디어에서도 테크놀로지는 이미 사회적 · 경제적 입지를 확보한 사람에게 더 유용하며, 테크놀로지의 역할은 이미 매우 불리한 상황에 처한 사람들에게 상당히 제한적이다. 2013년 태풍 하이얀이 필리핀을 강타해 심각한 피해가 발생하자 피해 복구에 모바일 테크놀로지를 이용했다. 이를 조사한 마디아노우는 테크놀로지가 빈곤이 심한 사회에서는 기존의 경제적 불평등을 심화한다는 사실을 발견했다(Madianou, 2015b).

디지털 테크놀로지와 이동전화 문화

2013년 태풍 하이얀이 필리핀을 강타해 1,200만 명의 이재민이 발생하고, 최소 6,300명이 사망했다. 필리핀은 휴대전화 사용과 소셜미디어 참여가 활발한 사회여서 공무원, 구조와 구호기관 관계자, 태풍 피해자 모두 디지털 기술을 널리 이용했다. 대규모 재난을 초래한 하이난 태풍이 이런 조건에서 불어 닥쳤다. 인도주의 단체들은 복구 프로그램을 조직하고 제공하는 데 디지털 기술이 중요한 역할을 할 수 있다고 판단했다. 재난 피해를 입은 지역사회가 더 효과적으로 대응하고 재건하는 데 도움이 되는 '인본적 테크놀로지'가 개발되었다(Madianou, 2015b: 3).

마디아노우 연구팀은 2014~2015년 자연재해와 그 여파를 디지털 테크놀로지로 어떻게 이해할 수 있는지를 밝히려고 필리핀 중부 피해 지역에서 10개월 동안 복구 과정을 민족지 방법으로 조사했다. 이들은 인도주의 단체들의 플랫폼과 정책보다는 피해 커뮤니티에서의 경험과 필요성을 중점적으로 조사했다. 마디아노우는 만일 인본적 테크놀로지가 재해민의 시각을 놓친다면, 다양한 복구 테크놀로지가 위기에 처한 집단에 어떤 영향을 끼치고 도움을 주는지를 충분히 측정할 수 없다고 생각했다. 장기간 참여관찰에서 도출된 조사 결과는 비판적 시각을 보여주었고, 다른 관점 때문에 정부 정책과 개발 분야에서 논쟁을 촉발했다. 인도주의 단체들은 도움이 필요한 커뮤니티 구성원들의 생각과 요구를 경시하거나 무시했고, 자신들이 이상적으로 생각하는 발전 모델과 수단을 강요한다는 비판을 오랫동안 받아왔다.

마디아노우 연구팀은 태풍 피해를 본 다양한 지역 커뮤니티가 국내외 구호단체의 인도주의적 도움을 받는 데 얼마나 유리하거나 불리한 위치에 있는지를 조사했다. 연구자들은 태풍 피해자들이 디지털 테크놀로지 사용에 불리하거나 유리한 환경에서 산다는 점을 주목했는데, 디지털 연결성은 복구 지원에 특히 중요했다. 또한, 이들은 복구 노력과 가난 그리고 불평등 사이의 관계에도 관심을 가졌는데, 큰 피해를 입은 일부 사람들은 재난을 복구하는 데 힘들어했다. 연구팀은 지속적인 불평등으로 고통받던 사람들은 다양한 복구 노력에도 불구하고 문제를 효과적으로 해결할 수 없다는 사실을 발견했다. 자원이 선의로 분배되었지만, 디지털 기술 접근성이 가장 낮은 지역사회에서는 복구 프로그램을 활용하는 능력이 현저하게 떨어졌다. 반면에 복수의 테크놀로지 플랫폼을 사용하는 지역사회는 상대적으로 이 문제를 잘 극복했다. 마디아노우는 디지털 불평등이 "불평등을 증폭시키고 복구를 복합적으로 지연시키는 효과를 낸다"고 지적했다(Madianou, 2015b: 9). 필리핀에서 디지털 테크놀로지는 다수의 사회적 · 문화적 실천을 변화시켰지만, 경제적 측면에서는 의미 있는 변화를 일으키지 못했다.

중국에서는 빠른 경제성장과 모바일 테크놀로지 확산이 동시에 이루어졌고, 이에 관한 연구가 다수 존재한다. 경제발전은 국가와 지역 차원에서 삶을 분명하게 변화시켰는데, 인류학자들은 디지털 테크놀로지 사용이 주변부 사람들의 지위와 가난한 사람들의 낙인 효과를 근본적으로 변화시키지 못한다는 점을 보여주었다. 카라 월리스는 농촌에서 도시로 이주한 젊은 여성들의 휴대전화 사용을 연구했는데, 중국 노동자 계급의 디지털 실천을 탐구한 초기 연구성과다(Qiu, 2009; Sun, 2012; Chun & Yang, 2006; Law & Peng, 2006 참조). 월리스는 이들 노동자가 이동전화로 네트워크에 접속해 일상생활의 어려움을 해소하거나 이로부터 도피할 수 있고, 중요한 정서적 지원을 받았다는 사실을 확인했다. 하지만 이런 형태의 '기술 이동성(technomobility)'은 여성의 낮은 사회적 지위와 어려운 작업 조건을 근본적으로 변화시키지 못하며, 몇몇 경우 고용주가 이들을 감시하고 통제하는 기회를 제공한다고 주장했다.

월리스는 첨단기기 사용이 확대되던 커뮤니티에서의 휴대전화 사용을 민족지 방법으로 연구했다. 《중국에서의 기술 이동성》(Wallis, 2013)은 2006년부터 5년 동안 중국 농촌에서 베이징으로 이주한 16~27세 여성을 조사한 결과다. 그는 중국 근대화 역사 맥락에서 연구했다. 젊은 여성들이 휴대전화로 자신과 다른 사람들을 어떻게 도덕적 · 정치적으로 코드화하고, 재현하는지도 조사했다. 그는 미셸 푸코와 문화 연구 성과를 참조해 연구 틀을 만들었는데, 푸코에 의하면 이런 코드는 법률이나 정책이 행사하는 외적 압력의 직접적인 결과라기보다 스스로 내재화한 것이다. 월리스는 휴대전화를 사용자에게 이동성을 제공하는 한 방법으로 보았다. 중국의 젊은 이주 여성들은 일상생활에서 많은 한계와 제약을 겪고 있는데, 휴대전화는 '부동의 이동성(immobile mobility)'을 제공한다. 그는 이런 '부동의 이동성'을 "공간적, 시간적, 물리적 그리고 구조적 경계를 넘어서는 사회 기술 수단"이라고 정의했다(Wallis, 2013: 6). 이런 부동의 이동성은 유한하지만, 이 여성들이 빈곤, 도시 작업장에서의 불안함 그리고 무엇보다 사회적 낙인으로 인한 많은 제약을 완화하거나 없애는 데 도움을 준다(Wallis, 2013: 183).

휴대전화는 젊은 이주 여성들이 중국 대도시에서 경험하는 한계를 여러 가지 측면에서 완화하거나 강화한다. 휴대전화는 자신도 현대의 국제적 시민이 된 것처럼 느끼게 하지만, 휴대전화를 스스로 완벽하게 조작할 수 없기 때문에 첨단기술 사회에서의 열등한 사회적 지위가 강화되기도 한다. 젊은 이주 여성 노동자들은 카메라폰으로 자기가 보는 세상을 기록하고, 이상화된 자아를 창조하고, 자신이 원하는 미래를 계획하며, 자기 네트워크를 풍부하게 만드는 모습을 제시했다. 또한, 이들 여성은 자기 생활과 근로 조건에 거의 통제력을 가지지 못했는데, 휴대전화는 이들 여성에게 개인적 관계를 관리하는 방법을 제공하기 때문에 직장에서 '무기' 역할을 했다(Wallis, 2013: 170). 이들 이주 여성은 통제를 기록하고, 이에 대해 이의를 제기하거나 회피하는 수단으로 휴대전화를 이용했는데, 고용주는 휴대전화로 이들을 감시하고 통제하기도 했다. 부동의 이동성에는 이중 논리가 존재하는데, 해방적일 수 있지만 구속적일 수 있고, 권능화(empowerment)와 무기력화(disempowerment)라는 새로운 길을 모두 제공한다(Wallis, 2013: 6).

월리스의 민족지 연구는 디지털 테크놀로지가 본질적으로 사용자에게 해방적 영향을 끼치지 않는다는 점을 보여주었다. 농촌 이주 여성들의 휴대전화 사용을 이해하려면, 이들의 성별, 나이, 계급, 고향 농촌과의 관계를 이해하는 것이 필요한데, 이런 조건은 더 좋은 구직 기회와 능력을 제약하기 때문이다. 월리스가 조사한 여성 근로자들은 휴대전화가 반드시 더 많은 수익과 더 나은 일자리로 이어지지 않는다는 점을 보여주었다(Wallis, 2011: 483). 휴대전화는 민주적이고 수평적인 테크놀로지로 기능할 잠재력을 내재하고 있지만, 이는 가부장적 권력관계를 쉽게 강화하는 데도 동원될 수 있다.

월리스 등의 인류학자들은 휴대전화 등의 디지털 테크놀로지에는 본질적으로 해방적이거나 참여적인 속성이 내재하지 않다는 점을 강조한다. 또한, 새로운 테크놀로지 도입으로 사회적 · 정치적 문제가 자동으로 완화되지도 않는다. 테크놀로지는 다양한 문화적 · 경제적 맥락 안에서 사용되는데, 어떤 테크놀로지는 특정 종류의 커뮤니티에서 더 잘 작동하는 속성을 내포하고 있다. 비싸고 다루기 힘든 가정용 컴퓨터와 달리, 휴대전화는 상대적으로 저렴하고 휴대하기도 쉽다. 더 중요한 점은 다양한 단말기 보조금과 사용요금 정책이다. 사람들은 신용카드 할부로 소액만 지불하고 휴대전화를 구입해 큰 부담 없이 사용할 수 있어서 휴대전화는 저개발 국가에서도 빠르게 확산했다.

디지털 테크놀로지는 사용자가 원하는 그 어떤 의미를 자유롭게 투사할 수 있는 중립적인 블랙박스가 아니다. 테크놀로지는 자신만의 고유한 행위 유도성 또는 기존 의미와 물성을 가지고 있어서 어떤 상황과 환경에서는 잘 작동하지만 다른 방식이나 맥락에서는 잘 기능하지 않거나 사용되지 않을 수도 있다. 이러한 행위 유도성은 사용자 커뮤니티를 다른 이념이나 경제체제로 격상시키지도 않는다. 사람과 조직은 사회적 · 경제적 변화를 도모하기 위해 디지털 테크놀로지를 이용할 수 있는데, 이의 성공과 실패는 다양한 방식으로 나타난다.

일상적 관계와 디지털 환경들

사람들은 휴대전화나 소셜미디어를 주로 일상생활의 일부로 간주하고 사용하므로 디지털 테크놀로지 연구주제를 정치 참여나 경제 환경 개선 또는 발전 문제로만 제한할 필요가 없다. 정기적으로 소셜미디어 업데이트 확인, 친구에게 사소한 문자메시지 전송, 부모와 아이들이 스카이프로 화상 통화, 다양한 디지털 앱과 가족 규칙으로 미디어 접근 제한 등의 일상적 실천도 흥미로운 연구주제다(Ito, 2010; Miller, 2011; Horst, 2012; Madianou & Miller, 2012). 지난 20여 년 동안 테크놀로지의 발전과 변화 때문에 하나의 테크놀로지나 미디어를 추적해 일상생활에서 디지털 테크놀로지의 역할과 사람들의 상호작용을 이해하는 것은 거의 불가능해졌다. 디지털 시대를 연구하는 다른 분과학문 연구자처럼 디지털 인류학자도 다양한 형태의 미디어 콘텐츠를 복수의 기기로 이용하는 환경에서 사람들이 어떻게 사는지를 탐구하기 시작했다.

스마트폰이 등장하면서 휴대전화와 인터넷이 결합했는데, 인류학자는 새롭고 흥미로운 연구주제와 생산적인 질문들을 발견했다. 현재 전 세계 많은 사람은 스마트폰으로 미디어 소비, 정보 수집, 커뮤니케이션, 그리고 자기표현 등의 실천을 한다. 이 분야들은 특히 미디어와 문화연구에서 인기 있는 연구주제인데, 인류학자도 여기에 동참했다. 지난 20년 동안의 기술 혁신은 특정 플랫폼이나 테크놀로지 연구를 활성화했다. 초기 소셜미디어 앱인 프렌드스터(Friendster)나 오르컷(Orkut)은 페이스북으로 대체되었고, 이는 왓츠앱(WhatsApp) 등의 인스턴트 메시지 앱과 스카이프나 페이스타임 같은 영상 기반 앱들과 다시 경쟁했다. 인류학자도 디지털 실천이 어떻게 진화하는지를 기록했다.

대부분 인류학자는 앱과 디바이스 그리고 플랫폼의 복합적인 배치나 혁신의 한계에 대해 별다른 관심이 없다. 인류학자들은 디지털 환경에서 인간이 어떻게 상호작용하고, 자신들을 어떻게 이해하는지를 분석해 기존 해석과 이론을 확장하고 정교화하는 데 관심이 있다. 예를 들어, 디지털 테크놀로지가 광의의 이념이나 윤리 확산에 어떻게 관여하는지를 조사하는 것이 대표적이다. 거숀은 다양한 커뮤니케이션 가능성 중 특정 순간에 왜 특정 미디어를 선택하는지를 연구했다(Gershon, 2010). 그는 각각의 미디어는 특정 이데올로기와 연관되어 있고, 이는 시간이 지나면서 변화한다고 주장했다. 이메일은 한 세대 동안 친구와 가족이 간헐적으로 소통하는 비교적 비공식적인 매체로 간주되었지만, 젊은 세대는 점차 이메일을 공식적인 일과 관련된 것으로 받아들이고 있다. 페이스북은 가벼운 마음으로 소통하는 매체로 생각하지만, 연인에게 이별을 통보하는 적절한 장소는 아니다. 거숀의 이런 미디어 이데올로기 개념은 1990년대 언어인류학에서 개발된 미디어와 커뮤니케이션 연구 접근법을 기반으로 한다(Spitulnik, 1993).

소셜미디어에서의 결별

거숀은《이별 2.0: 뉴미디어에서 절연하기》(Gershon, 2010)에서 사람들이 관계를 구축하거나 끊는 데 뉴미디어가 어떻게 사용되는지를 분석했다. 그는 주로 대학생들이 페이스북, 이메일, 문자메시지 그리고 기타 미디어 형태를 이용해 어떻게 연애 관계를 끝내는지를 조사했다. 그의 연구에 참여한 다수의 청년은 자기 연애 관계 상태를 페이스북에서 공개하는 것을 중요하게 생각했다. '페이스북 오피셜(Facebook official)'은 특정 사용자와 연애 관계임을 스스로 선언하는 행위이며, 진지한 연애 관계로 진입하는 데 필수적인 단계다. 연애 관계를 공개하면 이 관계가 끝났을 때 모욕을 감수해야 한다는 것과 자기 페이스북 친구들에게 상태 변화를 수시로 드러내야 한다는 것을 의미한다. 사람들은 페이스북에서 이런 실천 규칙으로 끊임없이 유희를 벌인다. 만일 이성애자인 여성이 페이스북에서 다른 여자 친구와 "결혼했다"고 주장하면, 친구들은 한편으로 이를 농담으로 받아들이지만, 다른 한편으로는 사랑의 진정한 표현으로도 받아들인다. 하지만 이런 경우 문제가 생길 수도 있다. 만일 이 여성이 실제로 남자 친구를 사귀게 된다면, 새로운 파트너와 연인 관계임을 공개하기 전에 페이스북에서 이전에 사랑을 고백했던 여자 친구와 '이혼'해야 한다. 이때 이혼당한 친구는 페이스북에서 이 문제를 새로운 또는 가짜 가족관계증명서로 해결해야 한다.

페이스북에서의 결별은 사람들이 어떻게 미디어 이데올로기를 이용하는지를 보여준다. 사람들은 특정 미디어 형태에 특정한 자질을 부여하는데, 이는 사람마다 약간 다르다. 거숀과 인터뷰한 청년들은 이메일도 편지와 마찬가지로 매우 형식적이고 경성인 매체로 간주했다. 이들은 선생님과 의사소통하는 데 주로 이메일을 사용하는데, 만일 이메일로 연애편지를 받는다면 이를 '긍정적인' 모욕으로 받아들인다. 거숀은 사람들이 이별 이야기를 할 때마다 어떤 미디어로 이별을 통보했는지 물어보았다. 이별 통보를 위해 특정 미디어를 선택하는 행동은 고통스러운 과정을 관리하고 종식하는 데 필수다.

커뮤니티 또는 특정 집단 사람이 의사소통을 위해 개발한 방법은 '관용구'와 마찬가지로 커뮤니티나 집단마다 상당히 다를 수 있다. 이런 관용구의 고유한 의미를 미디어에 내재하는 특성으로 간주하고, 이것이 미디어 메시지를 결정한다고 믿는 경향도 있다. 만일 서로 다른 미디어 이데올로기를 가진 커플이 잘못 선택한 미디어로 메시지를 보내면, 이들은 메시지의 추가 의미를 독해하는 데 어려움을 겪는다. 사람들은 상대방

이 무엇을 생각하고, 자신들의 관계가 어떤 상태인지를 분석하려고 반복해서 메시지를 읽는다. 개인의 이런 미디어 이데올로기는 쉽게 바뀌지 않는데, 이는 연인에게 문자메시지를 보내는 습관에 갇혀 있기 때문일 수도 있지만, 그렇다고 더 헌신적이고 개인적인 매체인 전화 통화로 넘어가기 어렵다. 어떤 사람은 결별을 받아들이기 위해 이전 파트너의 페이스북에서 다양한 데이터를 강박적으로 수집한다. 페이스북은 연인에 대해 많은 정보를 제시하지만, 정확하고 자신 있게 맥락을 해독하기에는 불충분할 수 있다. 거숀에 의하면, 미디어 테크놀로지가 이런 순간에 연애 관계 형성과 붕괴를 관리하는 역할을 한다.

이런 미디어 위상에 대한 또 다른 접근법이 생태계 개념에서 도출되었다(Horst, Herr-Stephenson & Robinson, 2010; Peterson, 2011; Horst, 2012). 디지털 미디어 학자들은 생물학 개념에 영향을 받아 사람, 테크놀로지, 네트워크가 시스템의 일부로 상호작용하는 환경에 관심을 가졌고, 이 연구 분야를 '미디어 생태학'이라고 칭했다.

> "우리는 생태학의 은유 개념을 사용하여 요소들이 분해되거나 분리되지 않는 기술적 · 사회적 · 문화적 장소 기반 시스템의 전반적인 특성을 강조한다. 청년의 일상적 실천, 기존 구조적 조건, 장소 내의 기반시설 그리고 테크놀로지 등의 모든 것이 역동적으로 상호 연관되어 있다. 청년의 일상적 삶의 의미, 사용, 기능, 흐름 그리고 상호연결성 역시 광의의 미디어 생태계라는 특정한 환경 내에 자리하고 있다."(Horst, Herr-Stephenson & Robinson, 2010: 31)

여기서 미디어 생태계는 캘리포니아 북부에서 가족과 함께 사는 청년들의 모습을 연상하면 된다. 기기를 설계하고 이를 소비자에게 제공할 때 조건이 제시되는데, 이때 기기만큼이나 사용자가 사용하는 여러 기기와 응용 프로그램도 중요하다. 미디어 생태계 연구에서 청년들의 집 배치, 가정 공간을 관리하는 일상, 가족생활에서의 상호작용과 이념, 이웃과 도시의 경제적 조건, 자신의 이념과 동기, 정체성, 감정 등이 중요하다. 생물학의 '생태계'라는 은유를 차용했지만, 이런 접근법을 뒷받침하는 아이디어는 인류학 전통에 있다. 호르스트와 동료 연구자들은 캘리포니아 연구 참가자들의 미디어 실천을 이해하기 위해 총체적인 접근 방식을 취했다. 이들은 테크놀로지와 사물이 연구대상 가족의 광의의 사회 시스템에 어떻게 통합되는지를 분석했다. 이 접근 방식은 분석에서 지나친 디지털 중심적 시각을 제거해야 디지털 테크놀로지의 결과를 새롭게 파악할 수 있다는 전제에서 출발했다.

마디아노우와 밀러는 디지털 시대의 미디어 복잡성을 이해하기 위해 폴리미디어(polymedia) 접근 방식을 개발했고, 초국가적 이주 가족에 이를 처음 적용했는데, 이후 다른 연구대상에도 이를 적용했다(Madianou, 2015a; Madianou & Miller, 2012). 폴리미디어 시대에 각 매체는 여러 옵션 중 하나로 존재하는데, 사람들은 자기 필요에 따라 서로 다른 매체를 비교 · 대조하고, 이를 결합하기도 한다. 미디어 이데올로기, 미디어 생태계, 폴리미디어 등의 개념은 젠킨스의 트랜스미디어(Jenkins, 2006) 개념과 마찬가지로 상호보완적인 시도다. 민족지 연구자에게 폴리미디어 개념은 디지털로 매개된 활동이 전 세계 많은 사람의 일상생활에 다양하게 침투하는 방법을 설명하는 인식 틀이다. 이 틀은 어떤 미디어 기기를 사용하는지를 단순히 관찰하고 기술하는 것을 넘어서는 시야를 제공한다. 연구자가 미디어 기기를 이념의 전달자 또는 생태적 그리고 다중 매개화된 시스템의 일부로 사유하면, 디지털 테크놀로지가 어떻게 일상생활의 다양한 측면을 변화시키는지 새롭게 이해할 수 있게 된다. 특히, 디지털 테크놀로지가 가정에서의 일상과 디자인, 노동 현장과 환경, 기반시설이나 경제 영역에 어떤 영향을 끼치는지를 맥락적으로 이해하는 데 도움이 된다.

초기 민족학 연구에서 공동체는 주요한 연구대상이었고, 구성원들이 디지털 테크놀로지로 어떻게 타자와의 관계를 만들고 유지하는지에 관심을 가졌다. 하지만 인류학자들은 모바일과 소셜미디어의 사용과 기능 그리고 역할을 연구하는 것에만 머무르지는 않았다. 이들은 디지털 문화연구를 인류학의 하위 연구 분야로 자리매김하기보다 기존 인류학 연구주제의 디지털 차원을 고찰하는 것으로 점차 이동했다. 인류학에서의 종교, 친족, 정치조직, 이주, 죽음 그리고 기념 등에 대한 연구는 디지털 테크놀로지가 사회 경험과 실천에서 수행하는 역할을 탐구하는 데 도움을 주었다. 인류학자들은 과학자나 사회과학자와 함께 환경 시스템을 연구해 긴급한 환경문제 해결에 도움을 주었고, 인간과 자연 세계 간의 상호작용에 대한 이론적 논의에 참여했다. 민족지 접근법은 법학, 정치학, 경영학 그리고 교육학 연구에서도 종종 사용되는데, 거버넌스, 정치, 관리, 소비 행위 그리고 학교 교육과 관련된 경험이나 행동을 이해하는 데 도움이 되기 때문이다.

3) 민족지영화와 텔레비전

지금까지 디지털 시대에 인류학의 미디어 연구가 어떻게 하나의 연구 흐름으로 형성되었고, 미디어와 커뮤니케이션에 대한 민족지 연구가 기존 인류학 경계 너머에서 기회를 확대했는지를 살펴보았다. 그러나 인류학자들은 오랫동안 연구, 교육 그리고 대중을 위한 미디어 콘텐츠 제작에 직간접으로 관여했다. 텔레비전과 디지털 미디어 같은 테크놀로지는 인류학자에게 작품을 제작하고 홍보하는 데 좋은 기회를 제공했다.

인류학자는 텔레비전 프로그램, 영화, 웹사이트 또는 다른 시청각 콘텐츠 제작에 직간접적으로 관여했지만, 대중적인 주류 미디어에 자주 등장하지는 않았다. 인류학자 상당수는 자신의 연구성과가 대중화되거나 오락물로 소비되는 것을 그다지 달가워하지 않았다. 인류학자 대부분은 일반인보다 동료 학자와 학생들을 위한 미디어 콘텐츠 제작을 더 편하게 생각했다. 하지만 디지털 미디어 테크놀로지는 이들에게 학계를 넘어 자신들의 연구성과를 홍보하는 새로운 방법을 제공했다. 이 장에서는 인류학자들이 교육과 공공 목적에서 디지털 미디어를 이용한 사례를 소개할 것이다.

일반적으로 인류학은 영어권에서 대중적 인지도가 높은 학문은 아니다. 대중매체에서 특정 지역 전문가의 견해가 필요할 때 인류학 연구가 신문, 라디오 또는 텔레비전에서 가끔 소개된다. 미국의 마거릿 미드와 프랑스의 클로드 레비스트로스 등을 제외하면, 인류학자 중에서 대중적 인지도를 지닌 사람은 많지 않다. 미드는 전후 미국문화를 이해하고 싶어 하는 사람들의 관심과 맞아떨어져 미국 언론에 사회비평가 또는 해설가로서 인기를 끌었다. 미드는 《레드북 매거진(*Redbook Magazine*)》에 정규칼럼을 게재했는데, 이 칼럼에서 대중의 질문에 대답해주는 일도 했다. 그는 1960년 당시 새로운 테크놀로지를 이용해서 최초로 전화 강의를 했는데, 1970년대까지 라디오와 텔레비전에 자주 등장하는 유명인사였다.

미드의 성공을 제외하면, 인류학자가 대중매체 환경에서 전문지식을 전달하기 위해 다양한 방법을 사용한 사례를 찾기는 어렵다. 이에 반해 인류학자들은 특히 영화와 텔레비전 프로그램 제작에서 비교적 성공을 거두었다. 시각인류학과 민족지영화의 길고 풍부한 역사를 논하는 것은 이 책의 범위를 벗어난다. 실제로 많은 다양한 책들이 인류학 하위분야인 이 주제 그리고 영화와 시청각 미디어와의 관계를 다루었다(Hockings, 2009; Grimshaw, 2001; Ruby, 2005; Crawford & Turton, 1992). 민족지영화 제작과 민족지영화 그리고 다른 형태의 시각문화 연구는 미디어 인류학 발전과 최근의 디지털 문화 연구에 지대한 공헌을 했다.

민족지영화

미디어 인류학이 등장하기 훨씬 이전인 1980년대와 1990년대 인류학에는 잘 정립된 민족지영화 제작과 이론 전통이 있었다. 이런 민족지영화는 대부분 인류학자가 현지조사에서 수집한 자료들을 기반으로 제작되었다. 마거릿 미드와 그레고리 베이트슨은 제2차 세계대전 이전에 민족지영화를 활용한 선구적인 인류학자들이다. 1970~1980년대 민족지영화 제작이 활발했는데, 전문적으로 훈련된 영화제작자와 인류학자들 사이의 협력적인 작업 결과가 대부분이다. 민족지영화는 일반적으로 광의의 다큐멘터리영화보다 더 구체적이고, 전문적인 대상을 다루는 경향이 있다. 민족지영화는 기록용 문화실천 사례들을 포착하는 경향이 강하지만, 인류학 이론을 보완하거나 발전 또는 예증하기 위해서도 제작된다. 이런 이유에서 민족지영화에는 몇 가지 논쟁이 있다. 우선 민족지영화가 진정한 문화실천을 특권적으로 기록할 수 있는지에 대한 논의, 영화나 다큐멘터리 제작의 주된 논쟁인 문화적 실천의 미학적 표현 가능성과 한계에 대한 논의 그리고 민족지영화가 문자매체만큼이나 현상 분석 능력을 갖추고 있는지에 대한 논의 등이 대표적이다. 아직도 이들 논쟁은 계속되고 있다.

발리에서의 마거릿 미드와 그레고리 베이트슨

마거릿 미드와 그레고리 베이트슨은 20세기 중반의 가장 유명한 인류학자다. 이들은 신혼인 1936~1939년 발리에서 현지조사했는데, 사진과 영화를 현장 기록에 많이 사용했다. 이 현지조사는 다양한 양육 관행도 비교 연구했는데, 이들은 아동의 행동과 특히 어머니와 다른 친족의 행위들을 중점적으로 촬영했다. 후대 인류학자들은 이들의 촬영 방법을 비판하지만, 이들이 발리에서 시각문화에 세심한 관심을 기울이고, 이를 분석하는 기술을 개발하고, 복수의 매체를 이용해 자료를 수집하고, 이를 토대로 연구와 교육을 위한 콘텐츠를 개발한 것은 당시로서는 선구적인 시도였다.

미드와 베이트슨은 발리섬에 머물면서 협동작업을 통해 2만 5천 장의 사진과 2만 2천 피트의 동영상을 촬영했다(Jacknis, 1988: 162). 이들의 협동작업과 방법론은 민족지 현지조사 방법론 개발과 발전에 크게 기여했다. 이들은 촬영한 영상을 수동 프로젝터를 이용해 연구 참여자들에게 보여주고, 이들의 보충 설명을 들었으며, 카메라가 현지조사에 끼치는 영향을 최소화하기 위해 노력했다. 연구자가 연구지역에 장기간 체류하면서 참여관찰을 하면 현지민에게 끼치는 영향이 최소화되는 것처럼, 이들도 촬영을 장기간 하면 카메라 존재의 영향력도 최소화된다고 생각했다. 하지만 당시 미드와 베이트슨이 사용했던 많은 방식이나 방법은 오늘날의 연구 기준과 윤리 규범에는 부합하지 않는다. 이들은 사진 촬영 시 허가나 동의를 구하지 않았고, 항상 두 대의 카메라를 휴대하고 필요할 때 즉흥적으로 촬영했다. 이들은 아이들만 보면 습관적으로 촬영했는데, 다른 사람들이 사진에 포함되었는지 아닌지에 대해 전혀 개의치 않았다. 또한 사람들은 특정 상황이나 시간에 촬영당하는 것을 원치 않았는데, 이들은 이 상황을 극복하기 위해 앵귤러 뷰파인더(angular view finder)를 사용하기도 했다(Jacknis, 1988: 165).

베이트슨과 미드는 1942년《발리인의 인성: 사진적 분석》을 출간했다(Bateson & Mead, 1942). 미드는 이 책의 서언을 썼고, 베이트슨은 책에 수록한 700장가량 되는 사진 설명을 썼다. 미드는 이전에 촬영한 사진과 동영상을 가지고 10년 후 자신의 연구를 이어나가고자 했다. 베이트슨이 이 책에서 소개한 촬영 방법은 당시 정통 다큐멘터리 제작 방식과 차이점을 보여준다.

> "우리는 규범을 결정하고 적절한 조명하에서 이러한 행동을 포착하는 것이 아니라 정상적이고 자발적으로 일어나는 일을 촬영하려고 노력했다. 우리는 현장에서 카메라를 기록 장비로 간주했지만, 이를 테제를 설명하는 기기로 취급하지 않았다."(Bateson & Mead, 1942: 69)

베이트슨은 이미지의 문화적 진정성을 포착했다고 주장하는데, 이는 당시 민족지영화의 주요 과제였다. 그에 의하면, 이미지는 자연스럽게 일어나는 행동의 기록이어야 하고, 이런 행동의 실재를 포착하는 것은 다른 형태의 영화제작이 특권을 부여하는 미적 또는 극적인 요소보다 중시되어야 한다. 헨리는 베이트슨과 미드가 발리에서 촬영한 장소들을 다시 방문해서 이들의 촬영 과정을 조사했다. 그에 따르면 이들은 자신들의 생각과 철학을 기반으로 사진을 촬영했는데, 이들이 촬영한 사진과 동영상들에는 어느 정도의 허구와 낭만이 담겨있지만, 이들은 이를 간과했다(Henley, 2013: 83).

시각인류학에서 민족지영화의 목적과 이의 평가 기준은 단골 토론 주제다. 시각인류학은 서로 다른 방식으로 정의되고 이해되는데, 민족지

영화의 범주는 분명한 경계를 가진 것이 아니라 느슨한 연합이다(Hockings et al., 2014; Ruby, 2005). 시각인류학자들은 다양한 사회에서 영화, 사진, 시각 예술 및 TV 등에서 역사적 순간에 작동하는 시각문화를 광범위하게 연구했다. 일부 시각인류학자는 스스로 시각 콘텐츠를 제작하기도 했지만, 다수의 시각인류학자는 주로 다양한 상황과 맥락에서 존재하는 다양한 형태의 시각 미디어가 어떻게 제작되고 소비되는지를 연구했다. 또한, 이들은 지역의 문화적 맥락에서 사람들이 어떻게 그리고 왜 자신들의 인식 방식들을 형성 또는 구성해나가는지도 연구했다(Berger, 1977; Pinney, 2002; Grimshaw, 2001). 따라서 시각인류학은 미디어 인류학과 디지털 문화의 지적 전통과 연구자들을 연결하는 역할을 한다.

이런 경향은 초창기 미디어 인류학 시절 상당히 두드러졌다. 테리 터너(Terry Turner)는 카야포 인디언 문화를 비디오로 제작했고, 안나 그림쇼(Anna Grimshaw)는 이를 기반으로 이미지 연구를 했다. 미디어 인류학과 시각인류학이 접맥된 대표적인 분야는 인류학 연구를 위한 민족지영화 제작, 사진의 제작과 유통, 수집 그리고 전시 연구다(Turner, 2002; Grimshaw, 2001; Pinney, 2002; Edwards, 2012; Pertierra, 2015). 시각인류학에서 지난 20여 년 동안 축적해온 이론이나 원칙을 디지털 시대에 맞도록 재정립하려는 시도들이 있었다. 이들은 현지조사와 교육에 디지털 비디오, 멀티미디어 테크놀로지, 인터넷을 어떻게 사용할 수 있는지를 탐구했다(Ruby et al., 2001; Pink, 2004; Murdock & Pink, 2005).

시각인류학자들은 디지털 테크놀로지가 등장하면서 디지털 테크놀로지에 의해 변화한 연구대상과 테크놀로지를 결합할 필요를 느꼈다. 현재 인류학자가 사진 및 사진작가를 연구하기 위해서는 컴퓨터, 편집 소프트웨어, 데이터 저장 및 디지털카메라를 우선적으로 이해해야 하지만, 이전의 시각인류학 연구에서는 이런 이해가 필요하지 않았다. 디지털 시대에 영화제작 테크놀로지와 테크닉도 변화했는데, 디지털 스토리텔링의 한 형태로서 상호작용적 다큐멘터리 등의 장르가 등장했다. 상호작용적 다큐멘터리는 비교적 연구가 덜 진척된 분야인데, 파베로는 시각인류학자들이 영화와 시각문화에 대한 자신의 기존 관념을 재사유할 필요가 있다고 주장했다.

> "연구자들은 현대 디지털 상호작용적 이미지 제작 실천을 이해하기 위해 시각문화와 영화 이론의 이론적 도구들을 디지털 문화의 이론적 도구들, 특히 웹 2.0의 사용을 특징짓는 실천들과의 대화로 이끌어야 한다. (…) 우리는 비전 영역(field of vision)이라는 좁은 정의를 넘어서서 이미지를 행위자들의 일상생활 속의 사건, 사회성 그리고 신체성과의 관계적 아이템으로 살펴보아야 한다."(Favero, 2013: 260-261)

미디어 인류학자들은 이미 1990년대와 2000년대 미디어 실천을 지역사회의 정치적 맥락에서 연구할 것을 주장했는데, 시각인류학자 파베로는 디지털 시대에 들어와서야 이들의 주장에 호응했다. 그러나 디지털 이미지의 새로운 가능성을 탐구하기 위해서는 이미지가 어떻게 구성되고 재생산되는지에 대한 이론적 토대를 점검할 필요가 있다. 나아가 미디어 및 커뮤니케이션 연구자들이 직면한 여러 과제와 기존에 별개로 여겨지던 미디어, 정보 및 컴퓨터 테크놀로지의 역사도 융합할 필요가 있다. 시각 미디어 학자들은 영화나 TV를 다른 형태의 미디어나 플랫폼 그리고 테크놀로지와 통합해서 연구할 필요를 느끼고 있는데, 이런 통합이 생산과 소비조건을 크게 변형시키고 있기 때문이다.

텔레비전과 인류학

인류학 연구성과를 기반으로 민족지영화 외에 대중을 위한 텔레비전 프로그램도 다수 제작되었다. 하지만 전반적으로 본다면, 인류학과 텔레비전 사이의 관계는 그다지 편하지 않다. 텔레비전은 대중적이고 상업적인 요구사항을 많이 고려하는데, 이는 인류학이 지향하는 핵심 가치와 양립하기 어려운 것처럼 보인다. 하지만 인류학이 텔레비전과 협동작업을 수행하면서 일부 핵심 가치도 적지 않게 변화했다. 일반적으로 민족지 연구는 주류 방송계의 지향점에 동의하지 않는 경향을 보였고, 인류학의 영상물이 주시청시간대에 방영되는 경우도 거의 없었다. 소수의 인류학자만이 텔레비전 프로그램 제작에 정기적으로 참여했다.

일부 TV 다큐멘터리 시리즈는 다양한 문화 탐구 프로그램을 제작했는데, 이때 인류학 연구성과를 폭넓게 참조했다. 일본의 니혼TV 방송국은 24년 동안 주시청시간대에 〈멋진 세계여행(すばらしい世界旅行)〉이라는 다큐멘터리 시리즈를 방영했다(Ichioka, 2003). 이 시리즈는 매주 새로운 에피소드를 방영했는데, 프로듀서들은 민족지영화가 아니라 시청자에게 다양한 문화 현상을 제시하는 것이 목적이라고 했다. 하지만 이 시리즈는 인류학이 주로 연구하는 멜라네시아, 아프리카, 동남아시아 등의 지역문화를 다루었고, 각 에피소드의 내용도 인류학 연구성과를 많이 수용했다. 프로듀서들은 실제로 내용 구성과 영상물 제작을 위해 빈번하게 인류학자들과 협동작업했고, 인류학의 변별적인 연구 방법론인 장기간 현지조사와 참여관찰 그리고 현지민과의 긴밀한 협동작업 등을 주요하게 활용했다.

영어권에서는 영국의 민족지 텔레비전 프로그램이 가장 유명한 사례다. 그라나다(Granada) 텔레비전 방송국이 제작한 〈사라져가는 세계

(Disappearing Worlds)〉 시리즈는 BBC의 〈태양 아래 먼 세상들(Worlds Apart and Under the Sun)〉과 함께 가장 많은 주목을 받았다(Singer & Woodhead, 1988; Ginsburg, 2003). 영국에서 1970~1980년대 민족지 프로그램 제작 역사는 — 다른 나라들과 달리 — 영화가 아니라 TV 프로그램이어서 특이하다.

1970년 〈사라져가는 세계〉가 처음 방영되었고, 이후 20년 이상 50편의 프로그램이 제작되었다. 그라나다와 BBC 방송국의 협동제작 덕분에 인류학 역사와 미래뿐만 아니라 텔레비전 방송사와의 협업이 가진 장점과 한계를 학술적으로 토론하는 장이 만들어졌다. 〈사라져가는 세계〉의 책임프로듀서도 이 시리즈의 목적은 소수의 학계 전문가를 위한 민족지 영화 제작이 아니라고 주장했고, 실제로 이 목적에 맞게 제작되었다. 하지만 인류학자들과의 긴밀한 협동작업은 중요한 역할을 했다. 이 시리즈의 거의 모든 주제는 당시 영국 인류학계가 핵심적인 연구주제로 생각하던 친족제도, 종교, 제의 그리고 교환 등이었다. 이 시리즈의 후반부 프로그램들은 젠더 관계나 환경변화 등의 문제를 다루었는데, 이 역시 당시 인류학계의 연구주제 변화를 반영한 것이다(Singer & Woodhead, 1988).

디지털 시대가 시작되는 1990년대에는 텔레비전과 인류학 모두에서 중대한 변화가 있었지만, 〈사라져가는 세계〉는 시대에 뒤떨어진 과학적 또는 실증적 민족지 모델에 집착하는 경향을 보였다. 이 시리즈는 오지에 사는 부족 공동체의 삶을 중점적으로 다루면서 영국 남성이 주요 내용을 해설하는 형식이다. 이 프로그램에 참여한 영화제작자들과 인류학자들은 처음으로 본격적인 민족지 텔레비전 프로그램을 제작했다. 이 프로그램은 인류학의 연구 경향을 반영하면서도 당시 대중이 인류학에 가지고 있던 상상력과 지적 욕망도 충족시켰다.

인류학자들은 민족지 텔레비전 프로그램이 인류학 지식의 대중적 표현과 확산 그리고 교육과 연구 영역에서 보여주는 잠재력과 장점 그리고 유산 등을 논의했다. 민족지 텔레비전은 연구자와 연구대상자 또는 참여자 사이의 복잡한 관계를 더욱 효과적으로 표현하는 장점이 있고, 이 덕분에 이론적 · 서술적 진보가 가능할 것이라는 주장이 있었다(Ginsburg, 2003). 하지만 상당수 인류학자는 텔레비전 민족지가 학술적으로 가치 있는 결과로 이어진다는 주장에 의문을 제기했다(Banks, 1994). 이 시리즈가 처음 제작될 당시 인류학의 관심사와 접근법은 시간이 지나면서 큰 폭으로 변화했지만, 이 점이 프로그램에 충분히 반영되지 않았다. 이 시리즈는 이국적인 문화를 다루는 프로그램에 하나의 표준모델로 오랜 기간 영향을 끼치는 유산을 남겼다. 이 시리즈가 제작된 이후 영상 속 사람들과 장소 그리고 문화실천 등이 크게 변화했지만, 이 프로그램은 아직도 해당 지역과 사람들을 소개하는 자료로 자주 이용되고 있다. 〈사라져가는 세계〉와 〈태양 아래 먼 세상들〉 프로그램은 인류학 아카이브나 대학도서관에 보관되어 있고, 종종 교육용 시청각 자료로도 이용되고 있다.

텔레비전 리얼리티 프로그램 장르가 성장하고, 다채널 환경과 디지털 다큐멘터리 제작 시대가 열리면서 인류학 주제 관련 프로그램 제작에도 새로운 가능성이 열렸다. 2015년 영국의 채널 4(Channel 4) 방송국은 〈부족(The Tribe)〉 시리즈를 제작했는데, 에티오피아 하마르(Hamar)족의 아이케 무코(Ayke Mukos) 가족의 삶을 다루었다. 이 가족의 삶은 기술적으로 진보한 소형 디지털카메라와 녹음장치로 촬영되었고, 제작 과정에서 가족의 사생활은 이전보다 덜 침해당했다. 채널 4는 오랜 다큐멘터리 제작 경험을 통해 이 방법을 개발했다. 이 프로그램은 또한 리얼리티 TV와 당시 인기 있던 '벽에 붙은 파리(fly-on-the-wall)' 다큐멘터리 기법도 이용했다. 인류학자들이 이 시리즈 구성과 제작에 참여했는데, 담당 프로듀서는 이 프로그램이 텔레비전 인류학에 새로운 방법을 제시한 것으로 자평했다(Brown, 2015).

이 시리즈의 제작 프로듀서들은 전지적 해설자가 더 이상 필요 없다고 판단해 이를 포기했다. 그 덕분에 이 프로그램은 — 이전의 시리즈나 다른 포맷의 시리즈와 달리 — 무코 가족의 경험을 더 직접적으로 전달할 수 있었다. 당시 BBC에서도 〈부족〉과 유사한 시리즈를 방영했는데, 이 시리즈는 백인 남성의 시각과 경험을 토대로 내용을 전달했다. 채널 4의 〈부족〉 프로그램이 성공을 거두자, 리얼리티와 모험을 표방하는 다수의 유사 프로그램들이 제작되었다. 〈부족〉 프로그램은 미국과 네덜란드 등에서도 방영되었는데, 인류학자들은 이 프로그램의 장점과 문제점에 대해 논쟁을 벌였다. 상당수 인류학자는 이런 종류의 오락용 텔레비전 민족지는 문화인류학이 금과옥조처럼 존중하는 문화상대주의와 성찰성 원칙을 전달하는 데 긍정적 역할을 하지 않는다고 생각한다.

BBC의 〈부족〉 시리즈

최근 흔히 '리얼리티 텔레비전'이라고 불리는 새로운 종류의 오락 프로그램이 인기를 끌고 있는데, 이는 기존 다큐멘터리와의 경계를 불분명하게 만들고 있다. 리얼리티 텔레비전 형식에서는 등장인물이 내용 구성에 개입하지만, 사전 각본 없이 촬영이 진행된다. 이런 장르에는 출연자들이 완전히 다른 커뮤니티에서 실제로 살아보는 TV 프로그램도 포함된다. 이런 영국 TV 시리즈 중에서 가장 성공적인 사례는 2005~2007년 3개 시리즈를 방영한 BBC의 〈부족〉이다. 이 프로그램의 주연은 전 영국 왕립 해병대원이었던 브루스 패리(Bruce Parry)였다. 그는 각 에피소드에 등장하는 각각의 부족 사람들과 한 달 동안 같이 살면서 이들의 삶의 방식을 체험했다. 패리는 다양한 부족 사람들로부터 다양한 삶의 방식을 배웠는데, 각 에피소드의 정점에는 — 서구 관객이 특히 극적이고 이국적인 모습으로 느끼는 — 제의와 문화적 실천이 자리한다. 패리는 인류학자가 아니었고, 〈부족〉은 인류학 프로젝트가 아니다. 하지만 인류학자 팻 캐플런(Pat Caplan)은 시청자가 이 시리즈를 일종의 인류학 프로젝트로 인식한다고 주장했다(Caplan, 2005).

다수의 시청자와 비평가는 이 시리즈 속의 선정된 부족들과 패리의 참여관찰 형식 때문에 자신들이 상상하는 인류학적 영상물과 부합한다고 생각하고 있다. 프로그램 제작자는 상호문화 이해 과정을 흥미롭게 재연하면, 대중에게 별로 인기 없는 인류학도 주목받을 수 있을 것이라고 기대했다. 인류학자들은 인류학 또는 민족지영화를 연상시키면서 문화적 차이를 재현하는 이런 프로그램에 어떻게 대응해야 할지를 논의했다. 영국의 인류학자들은 2005~2006년 《당대 인류학(*Anthropology Today*)》 저널에서 이에 관해 논의했다. 팻 캐플런은 서언과 다른 글에서 이 프로그램에 대해 대체로 부정적 평가를 했다. 이 프로그램은 문화적 차이를 과장하고 이국화함으로써 '고귀한 야만인(noble savage)' 신화를 재생산하고, 부족 관광(tribal tourism)을 장려한다고 주장했다(Hughes-Freeland, 2006).

현재 인류학자 대부분은 예전에 학계가 한동안 당연하게 여기던 부족의 낭만화를 '이국적 타자 만들기'라며 거부하고 있다. 그러나 대중 미디어는 아직도 인류학자를 이런 낡은 관념에 사로잡혀 연구하는 집단으로 재현하고 있다. 백인 남성 연구자가 용감하게 오지의 예측할 수 없는 사람과 풍습으로 가득한 미지의 세계를 탐험하는 형식이 대표적이다. 만약 시청자가 패리가 〈부족〉에서 하는 일이 진짜 인류학자들이 하는 연구 과정이나 행동으로 받아들인다면, 인류학은 결과적으로 왜곡된 모습으로 대중에게 전달되는 것이다. 이 논쟁에 참여한 다른 연구자는 〈부족〉이 약간 중대한 결함을 가지고 있을지라도 일종의 인류학적 텔레비전으로 간주될 수 있다고 주장했다. 최근의 인류학은 특히 성찰적 민족지를 강조하는데, 이 주장의 근거는 패리가 이 시리즈에서 자신만의 성찰적 특성이 담긴 내용을 재현하고 있다는 점이다(Fish & Evershed, 2006).

현재 대중적인 민족지 프로그램이 부재한 상황에서 〈부족〉은 아마도 인류학 텔레비전의 시청자층을 만들고, 이를 확대하는 역할을 했을지도 모른다(Singer, 2006). 어쩌면 이런 대중적 텔레비전 프로그램들이 없었다면, 부족들은 인류학적 텔레비전의 잠재적 관객에게 스스로 창문을 열고 새로운 시각에서 자신들의 목소리를 냈을지도 모른다(Singer, 2006). 인류학이 〈부족〉 같은 리얼리티 텔레비전 프로그램에 혼란스러운 반응은 보이는 것은 이 학문이 대중에게 그다지 잘 알려지지 않았고, 제대로 평가받지 못하며, 이 프로그램들로 인해 학문 자체의 존립이 위협받을지도 모른다는 불안감의 표현일 것이다. 하지만 '무엇이 바람직하고 좋은 인류학적 텔레비전 프로그램인가?'라는 문제는 아직도 미제로 남아있다.

디지털 시대 인류학 교육

디지털 테크놀로지의 특징 중 하나는 사용자가 콘텐츠 제작 및 보급에 더 다양하고 적극적인 방식으로 개입한다는 점이다. 다수의 미디어 학자가 이야기하듯이, 오프라인 시대의 올드미디어 환경에서는 소수의 텔레비전과 라디오 방송국이 프로그램 제작을 독점 또는 통제하고, 이를 불특정 다수 시청자에게 송출했다. 예전의 올드미디어와 달리, 디지털 미디어는 참여와 개입 공간을 좀 더 많이 제공한다. 디지털 시대에도 주류 올드미디어 회사들은 사라지지 않을 것이다. 새로운 뉴미디어 환경에서 사람들은 웹 기반 미디어를 더 많이 사용한다. 카메라와 스캐너부터 웹 호스팅 플랫폼 그리고 편집 소프트웨어 등의 사용이 간편하고 저렴해지면서 이전보다 미디어 콘텐츠 생산이 쉬워졌다.

디지털 시대 이전의 인류학자들은 시청각 미디어를 이용해 자료를 수집하고, 연구성과를 표현하기 위해서는 고가의 장비를 마련해야 했다. 이들은 대개 현지조사가 끝난 후 비싸고 다루기 어려운 필름을 인화하고 편집했다. 디지털 시대에 인류학자들은 디지털 녹음장비나 카메라 또는 스마트폰을 이용해 자료를 수집하고, 이를 바로 저장장치에 백업하고, 간편한 앱을 이용해 편집하여 이를 다른 사람들과 공유할 수 있게 되었다. 인류학자들은 디지털 테크놀로지 덕분에 현지조사에 더 몰두하고, 집중적으로 연구할 수 있게 되었다. 연구대상자 또는 연구 참여자들도 이 새로운 테크놀로지를 사용하면서 연구자와 원활하게 소통할 수 있게 되었다. 새로운 디지털 환경에서 거둔 연구성과들도 디지털 미디어를 이용해 다른 동료 인류학자와 폭넓은 대중에게 빠르고 넓게 전달될 수 있다. 인류학자들은 이런 환경에서 웹사이트, 페이스북 페이지 또는 다른 형태의 디지털 미디어를 이용해 연구 과정과 결과를 소통하고 있다.

인류학자들은 전자 매체와 커뮤니케이션을 통해 전통적인 학술 텍스트나 전문적인 민족지영화보다 독자들과 훨씬 빠르게 상호작용할 수 있게 되었다. 민족지 출판물과 영화는 학문적 엄격성과 형식을 추구하는데, 디지털 시대의 변화는 이런 특성을 약화시키지 않는다. 인류학자들은 연구와 학교 교육에서 이의 중요성과 의미를 계속 소중하게 생각하며 지키고 있다. 이들은 디지털 미디어를 이용해 현재 자신이 진행 중인 프로젝트의 중간 결과를 공개할 수 있고, 현재 벌어지고 있는 중요한 사건들을 소개하거나 이에 대응할 수 있으며, 다른 인류학자들과 온라인에서 대화하거나 자문받을 수 있고, 토론의 장을 만들 수도 있다. 블로그를 만들어서 글을 쓰거나, 잠정적 연구성과를 소셜미디어에 게시하거나, 현지조사 기간 동안 스마트폰으로 촬영한 단편 영상을 게시하는 행위는 일종의 미디어 제작 행위로 이해될 수 있다. 이런 행위는 지식인 또는 전문가가 공식적으로 참여한 텔레비전 인터뷰, 신문 칼럼 또는 사진 전시 같은 전통적 실천 행위와 완전히 다른 성격을 가진 것은 아니다.

인류학자들은 디지털 미디어를 이용해 자신의 연구성과를 확산하지만, 기존 방식도 이용한다. 다니엘 밀러가 주도한 〈왜 우리는 게시하는가?(Why We Post?)〉 연구 프로젝트팀은 이에 관한 포괄적인 사례를 보여준다. 이 연구팀은 다니엘 밀러를 포함해 10명의 인류학자로 구성되었는데, 소셜미디어가 전 세계 다양한 지역에서 어떻게 사용되고, 그 결과가 어떻게 나타나는지를 조사했다. 이 팀은 2011~2016년 유럽, 아시아 그리고 남미의 서로 다른 현장에서 15개월 동안 민족지 연구를 했는데, 이들은 런던 연구 프로젝트 총괄관리소에 모이기 전에 개인 또는 팀 차원에서 자신들의 잠정적 결과를 발표했다. 밀러는 초기 디지털 테크놀로지를 연구하면서 몇몇 아이디어를 제시했다. 이 연구팀은 이 아이디어를 기반으로 소셜미디어 사용을 사회적 상호작용, 커뮤니티 형성, 교육, 자기재현 그리고 도덕적 실천 측면에서 분석했다.

이 연구팀이 다양한 방식으로 연구성과를 발표한 이유는 다음과 같다. 첫째, 이 팀은 민족지를 전통적 매체인 책으로 출판하는 것을 경시하지 않았다. 연구가 종료된 후 그 결과는 11권의 책으로 출판되었고, 각 권은 현지조사 장소를 집중적으로 다룬 민족지이며, 몇몇 권은 연구팀 구성원들이 협동작업을 통해 도출한 결과를 담고 있다. 두 번째, 이 프로젝트는 웹사이트를 운영한다. 여기서 주요한 연구 결과를 정보 차트와 서면 텍스트로 요약해 소개하고, 해당 링크는 연구와 관련된 다양한 소셜미디어 플랫폼으로 이동할 수 있게 한다. 셋째, 이 팀은 5주 분량의 무료 온라인 강좌를 운영하고 있다. 이 온라인 강좌는 인류학자들이 현장에서 촬영한 다수의 비디오 자료를 활용하고 있는데, 이 비디오에는 강의를 위해 특별히 추가한 해설이 있다.

교육기관과 교육자는 학교와 멀리 떨어져 사는 학생들을 위한 원격 학습과 이에 필요한 디지털 툴에 관심을 보였다. 이에 관한 인류학 사례는 마이클 웨시(Michael Wesch)의 온라인 비디오를 들 수 있다. 2007~2008년 수백만 명의 수강생이 그의 비디오를 시청했고, 인류학 교육과 디지털 테크놀로지를 융합한 그의 교수법은 당시 매우 혁신적이어서 많은 인류학자가 이에 관심을 보였다. 다수의 글로벌 업체는 2012년부터 무료 또는 저가의 온라인 대학 교육플랫폼 개발 경쟁을 시작했다. 당시 일반인을 위한 가장 진보한 온라인 과정인 무크(Massive Open Online Courses, MOOC)가 대중에게 공개된다. 다수의 지식인은 공적 교육 기회로부터 소외된 사람들에게 교육 기회를 제공하는 무크를 적극 지지했다. 대학 운영진도 무크를 환영했다. 교육기관의 무크 콘텐츠가 성공적으로 안착하면, 지역과 글로벌 차원에서 명성이 높아질 것이고, 신입생 유치도 쉬워질 것으로 판단했기 때문이다.

그러나 인류학자들은 무크의 출현을 세계교육에서 중요한 계기라는 생각에 신중한 태도를 보였다. 현재의 대학 환경을 고려하면 온라인 교육에는 적지 않은 문제가 있으며, 인류학에 재앙이 될 수도 있다고 생각했다. 이런 새로운 교육 형태는 교수의 숫자와 역할을 축소하고, 궁극적으로 대체할 수도 있으며, 교육비용 절감으로 이어질 수도 있다. 하지만 긍정적 역할도 있는데, 무크가 대학 교육의 엘리트주의를 타파할 계기가 될 수 있으며, 대중에게 제대로 알려지지 않은 인류학 지식을 확산하는 데 도움을 줄 수도 있다.

무크에 열성적인 지지자는 세상에서 가장 교육 기회가 적은 곳에 사는 사람들에게 혁명적인 결과를 가져다줄 것이라고 주장한다. 이들은 서구 대학의 지식을 교육환경이 열악한 다른 저개발 지역으로 확산하는 것을 당연하게 생각하는데, 이런 시도는 많은 비판을 받았던 제국주의 이데올로기와 궤적을 같이할 수도 있다. 코세라(Coursera)의 공동 설립자인 다프네 콜러(Daphne Koller)는 2012년 TED 토크에서 〈우리는 온라인 교육에서 무엇을 배우는가?〉라는 강연을 했는데, 강연 말미에 차기 아인슈타인이나 스티브 잡스는 아프리카의 외딴 어느 마을에서 출현할 것이라고 주장했다. 인류학자 레이철 플라멘바움(Rachel Flamenbaum)은 "콜러는 아프리카의 외딴 마을을 코세라나 무크 그리고 실리콘밸리와는 대립적인 모습으로 그리면서 서로 다른 두 장소 사이의 간극을 마법적으로 이어주고 있는데, 이것이 원격강의의 문제점"이라고 지적했다. 실제로 무크를 소비하는 대부분 학생은 이미 정규교육을 받았고, 등록자의 70~80%는 이미 고등교육 학위를 소지하고 있다. 무크의 도입은 교육 잘 받은 사람과 덜 받은 사람들 사이의 교육격차를 더 크게 할 가능성이 높다(Fearn, 2014). 이처럼 일부 인류학자는 무크에 대해 우려를 표명했지만, 일부 인류학자는 무크가 교육에 끼치는 영향을 긍정적으로 평가하고, 무크 강의를 개발하고 제공했다(Jones et al., 2014). 2013~2016년 무크에 개설된 인류학 강의는 3개였는데, 이 강좌들은 해당 교수가 속한 대학이 사용하는 서로 다른 플랫폼을 이용해 제작되었다.

호주의 매쿼리대학교는 Open2Study 플랫폼으로 인간 진화를 중점적으로 다룬 〈인간 되기: 인류학(Becoming Human: Anthropology)〉 강좌를 개발했다. 역시 호주의 퀸즐랜드대학교는 EdX 플랫폼을 이용해서 〈세상 101x: 현재 세계의 이슈 인류학(World 101x: Anthropology of Current World Issues)〉을 개발했는데, 인류학 이론을 기반으로 이주와 원주민 문제 그리고 환경 등 현재 중요한 이슈들을 다루고 있다. 런던대학교는 FutureLearn 플랫폼으로 〈왜 우리는 게시하는가?: 소셜미디어 인류학(Why We Post: The Anthropology of Social Media)〉 강좌를 개발했는데, '소셜미디어의 글로벌 확산 연구에 인류학 이론과 방법을 어떻게 적용할 수 있는가?'라는 구체적인 주제를 다루었다. 인류학자들은 이 세 강좌 모두에서 전통적인 교과 과정과는 다른 새로운 방식으로 자료들을 이용하고, 교육해야 했다. 인류학자에게 새로움은 새로운 기회를 제공했지만, 기존 방법과 상당히 다르게 교육해야 하는 과제는 풀기 쉽지 않다. 대면 강의나 안내 지침이 없으면 강의는 시청각 콘텐츠에 크게 의존하게 된다. 인류학자 게하르트 호프스테드터(Gerhard Hoffstaedter)는 무크 강의 World101x를 위해 많은 분량의 영상을 새로 촬영했는데, 그는 동료 교수들과 함께 저명한 인류학자들을 인터뷰했다. 〈왜 우리는 게시하는가?: 소셜미디어 인류학〉 강좌는 이전 현지조사에서 수집한 상당량의 시청각 자료들을 사용했다.

시청각 매체를 광범위하게 활용하는 기획안을 만들고, 강의 내용을 최종적으로 영상으로 제작하려면 일련의 기술적인 학습이 필요하다. 올린 스탈린(Orin Starlin)도 이에 대한 어려움을 다음과 같이 말했다.

> "좋은 강좌를 함께 만들기란 엄청나게 힘들다. 나의 30개 강의 비디오는 모두 단편 영화를 제작하는 것과 같았다. 그리고 항상 좋은 품질은 아니었다."(Jones et al., 2014: 833)

무크가 인류학자에게 끼친 가장 긍정적인 영향은 다양한 교육 방식을 재사유하게 만든 것이다. 학생을 포함한 전 세계 사람들은 디지털 테크놀로지 사용자를 점점 더 자연스럽게 받아들이는데, 인류학 교육자도 기본적인 교육 실천에 디지털을 더 많이 접목하고 있다. 그레그 다우니(Greg Downey)는 〈인간 되기: 인류학〉 강좌를 개발했는데, 무크는 인류학자에게 교육자와 대중적인 해설자로서의 능력을 강화하는 역할을 했다고 주장했다.

> "인류학자들은 무크를 전통적인 대학 교육에 대한 위협으로 보아서는 안 되며, 이보다는 새롭게 떠오르는 장르, 일반 시청자를 위한 열린 강좌, 디지털 테크놀로지가 제공하는 피드백과 상호작용성이 통합된 형태로 간주해야 한다. 무크는 디딤돌인데, 이는 어느 정도 교실을 모방하기 때문에 편안한 친숙함을 준다."(Jones et al., 2014: 832)

무크는 낙관적인 지지자들이 상상하는 것처럼 인류학 교육에서 변혁을 이루어내지는 못했다. 하지만 인류학이 연구와 교육 및 공공 커뮤니케이션에서 어떻게 변화해야 하는지를 보여주었다. 디지털 변화는 인류학자들이 연구 커뮤니티를 기록하는 방식도 변화시켰다. 현장에서의 데이터 수집, 정보제공자들과의 관계, 학생들의 교육 방식 그리고 대중에게 자신의 생각을 전달하는 방법에 이르기까지 많이 달라졌다. 인류학자는 20세기에 고안되고 발전한 민족지 연구 방법에 익숙한데, 디지털 테크놀로지의 확산과 사용은 민족지의 생산과 확산 측면에서 흥미로운 질문들을 새롭게 부상시켰다. 인류학 서적이나 논문들은 계속해서 학술적 기준에 부합하는 방식으로 내용을 기술할 것이다. 디지털 시대에 훈련된 인류학자들은 데이터 수집과 연구 결과를 역동적이고 상호작용 형태로 제시하려면 일련의 미디어와 커뮤니케이션 테크놀로지를 반드시 사용해야 한다는 사실을 잘 알고 있다.

4) 디지털 세계와 민족지 연구

같은 언어를 사용하는 두 국가는 문화에서 많은 유사성을 보이지만, 이들의 언어와 문화는 약간의 차이점을 보인다. 영어를 사용하는 미국인은 자신들이 사용하는 일상 어휘와 구절을 영국인도 동일하게 이해한다고 생각하기 쉬운데, 이 두 언어에서의 미묘한 차이는 종종 웃음을 선사하지만 경우에 따라서는 재앙으로 이어지기도 한다. 이처럼 '민족지'라는 용어는 다양한 의미를 지니고 있으며, 모든 사용자가 반드시 이 의미를 명확하게 이해하고 사용하는 것은 아니다. 영국과 미국에서 발간된 사전을 비교하면, '민족지'라는 단어의 차이가 어느 정도 드러난다. 미국과 영국 그리고 유럽 대륙에서는 '문화인류학', '사회인류학' 그리고 '민족학' 등으로 각기 다르게 부르는데, 특히 인류학 초기에는 이들 3개의 학문이 다른 연구 목적과 가치 그리고 접근법을 가졌다. 점차 이들 사이의 학술적 교류가 활발해지면서 ― 이름은 계속 다르게 남아있지만 ― 많은 부분에서 지향점을 공유하게 되었다.

'민족지'라는 용어도 이와 같은 역사를 반영한다. 현재 민족지는 어떤 의미에서 연구 실천과 접근법을 의미할 수 있으며, 민족지라고 불리는 연구는 며칠에서 몇 년 동안 지속적인 자료 수집에서 도출된 결과일 수 있다. 또한, 연구자가 특정 커뮤니티에서 장기간 거주하면서 참여관찰한 결과일 수도 있고, 아니면 특정 장소를 방문해 일련의 반구조화된 인터뷰를 통해 도출한 연구 결과를 지칭할 수도 있다. 민족지는 한 사람 또는 대형 팀에 의해 수행될 수 있으며, 연구대상은 사무실, 학교, 마을, 또는 다중 공간과 국가가 될 수도 있다. 민족지의 이런 복잡한 의미를 고려해야 인류학자들이 다른 매체문화 연구자들과 어떻게 관계를 맺는지 쉽게 이해할 수 있다.

이 장에서는 민족지적 연구가 온라인 세상 또는 디지털 맥락에서의 일상적 실천 또는 디지털화된 세상에서 어떤 방법론적 장점과 한계를 보이는지를 살펴본다. 민족지라는 것이 인류학에서만 배타적으로 정의할 수 있는 것인지, 민족지에 하나의 단일한 정의만 가능한 것인지 또는 이것이 바람직한 현상인지에 대해서도 살펴볼 것이다. 디지털 세상을 연구하는 사람들에게 이런 질문은 특히 중요하다. 현재 디지털 실천과 디지털 문화연구는 통학문적 영역이고, 다양한 지적 전통들은 '민족지'라는 용어를 서로 다른 연구 수행을 지칭하거나 설명하는 데 사용하고 있다.

디지털 세상과 민족지 연구

지난 20여 년 동안 디지털 민족지 방법론을 논의하는 양상은 초기 인류학에서 민족지를 논의하던 양상과 유사하다. 인류학은 온라인과 오프라인에서 나타나는 삶의 특징이 근본적으로 크게 다르지 않다고 전제한다. 크리스틴 하인의 《가상 민족지(*Virtual Ethnography*)》는 인류학자가 어떻게 온라인에서 학술적 연구를 수행할 수 있는지를 연구한 최초의 본격적인 안내서다(Hine, 2000). 이후 인터넷과 디지털 테크놀로지가 점차 사람들의 일상생활에서 더 필수적인 부분이 되어갔고, 하인은 2015년 초기 연구성과를 확장하고 보완했다.

그에 의하면, 사람들이 홀로 컴퓨터 또는 스마트폰으로 가상공간에 접속하는 행위는 오프라인 환경에서의 행위와 크게 다르지 않을 수도 있다. 이런 점 때문에 하인 등의 연구자들은 민족지 연구 방법이 이전처럼 디지털 시대에도 유용하다고 주장했다. 인류학 현지조사에서 표준화된 민족지 방법은 참여관찰, 인터뷰, 현지 노트 작성, 매핑 등이 있는데, 이를 약간 수정하고 조정하면 인터넷 현장조사에서도 생산적으로 사용할 수 있다고 주장했다(Hine, 2015: 70). 하인의 주장에서 핵심이 되는 내용은 "디지털 시대에 맞는 연구 방법은 민족지의 기본 원칙을 바꾸는 것이 아니라 조정하는 것이고, 이를 기반으로 디지털 시대에 체화된 일상생활을 연구할 필요가 있다"는 점이다. 오늘날 전 세계 사람들의 친밀하고 평범한 활동들이 디지털 세상으로 통합되고 있는데, 인류학의 최근 연구서들은 디지털 민족지는 일반적인 일상생활 연구와 긴밀하게 연결되어야 한다고 주장한다. 호주 로열 멜버른 공과대학교(RMIT University) 디지털 민족지 연구센터 구성원들은 디지털 민족지의 원칙과 실천을 주제로 다수의 협동 작업을 했다. 이 연구팀은 디지털이 세계의 중요한 부분이 되어가고 있는 상황에서 함께 살아가기 위해 민족지를 어떻게 활용할 수 있을지를 고민했다(Pink et al., 2016: 1-2).

인류학자와 연구대상자 모두 디지털화된 세상에서 매 순간 경험을 쌓아가는데, 현재 디지털 민족지 연구는 현지조사 방법 개선이나 실천 연구 등에서 자유롭지 않다. 현재 인류학자들은 디지털 시대 이전과 다른 방식으로 정보제공자와 관계를 맺고, 현장에서의 경험도 상당히 다르다. 인류학자는 정보제공자와 소셜미디어 친구가 되고, 이들 정보제공자는 인류학자처럼 다양한 소셜네트워크를 넘나들면서 학술적 연구성과를 읽거나 공유하기도 한다. 인류학자는 현지조사 노트를 디지털 기기로 작성하고, 디지털 플랫폼에서 연구성과를 공개하기도 한다. 디지털에 특화된 연구주제가 아니더라도 디지털 시대에 민족지 작업은 변화하고 있다. 디지털 시대에도 민족지는 인류학의 기본 원칙을 유지하고 있지만, 민족지 실천 면에서는 변화를 거듭하고 있다. 많은 인류학자는 오디오와 비디오 기록, 디지털 매핑 도구 그리고 데이터 관리와 연관된 디지털 테크놀로지 활용 방안을 고민하며 개발하고 있다(Sanjek & Tratner, 2016; Pink et al., 2016).

1990년대부터 문화와 미디어 연구는 점차 민족지를 기반으로 융합 연구 방법을 발전시켰는데, 이는 인류학에서의 민족지 활용과 약간 차이를 보인다. 디지털 시대가 개화하면서 인문학과 사회과학은 민족지의 잠재 가능성에 관심을 보였다. 다양한 테크놀로지와 공학 분야 연구자들도 민족지를 유용한 연구 방법 또는 연구 도구로 사용하고 있다. '인간-컴퓨터 상호작용(Human-Computer Interaction, HCI)' 분야는 민족지 방법을 통해 인간이 컴퓨터 등의 다른 디지털 테크놀로지와 어떻게 관계를 맺는지 분석했다(Dourish & Bell, 2011; Randall & Rouncefield, 2013). '과학기술연구(Science and Technology Studies, STS)' 분야에서 민족지 방법을 이용한 몇몇 연구성과도 "인간이 어떤 테크놀로지 실천을 보이는지 이해해야 인간의 물적 환경도 이해할 수 있다"고 주장했다. 인류학은 인간과 테크놀로지 관계를 연구하는 데 민족지 방법론의 기준을 제시하기 때문에 이런 연구주제에서 사회학만큼이나 영향력이 있다(Lupton, 2014; Hine, 2000; Hine, 2015).

앞 절에서 설명했듯이, 문화 연구는 문학적 · 시청각적 표현문화를 포괄하는 종합적인 문화를 연구하려고 해서 민족지에 주목했다. 이 분야 연구자들은 연구초점을 일상적 삶의 경험과 실천에 두면서 이에 걸맞은 방법론을 모색했다. 이 외의 다양한 분과학문에서도 민족지 방법을 사용하면서 사회과학 내에서 더 탄탄한 입지를 구축했다. 테크놀로지 성향이 강한 HCI나 STS 분야에서 민족지는 연구와 교육 영역에서도 활용되었는데, 이들의 활용 방식은 인류학이나 문화 연구와는 차이가 있다. 공학과 엔지니어링 분야는 정량적 방법으로 연구하기에 부적당한 문제를 해결하기 위해 민족지 방법을 사용했는데, 이들 연구는 기본적으로 엔지니어링 성향을 보인다. 인류학자들은 가끔 이들 연구자와 협동작업을 했는데, 과학과 공학의 실천 문제에 대해 기존과는 다른 시각과 가치를 제시했다.

과학기술 분야에서는 표준 양적 연구 방법으로 분석하기 어려운 연구주제를 이해하는 데 민족지를 사용하지만, 인류학자는 과학과 공학이 어떻게 실천되는지를 연구하는 데 사용하며, 이런 의미에서 민족지는 테크놀로지 연구에 인문적으로 기여한다고 할 수 있다. 공학자인 폴 도리시와 제네비브 벨은 미래 유비쿼터스 컴퓨팅 연구에서 민족지가 기여할 수 있는 방안을 논하면서, 민족지가 기존의 생각과 가치를 전복시키는 역할에 주목했다. 대부분의 디자인 이론은 제품 디자인과 최종 사용법 사이의 격차를 좁히는 것을 출발점으로 삼는다. 이들은 디자인과 사용 사이에 차이가 발생한다면 문제가 있는 것으로 간주하는데, 도리시와 벨은 디자이너들이 민족지 접근법을 활용해 자신의 사유 방식을 전환할 것을 촉구했다.

> "민족지 접근법은 사람들이 테크놀로지를 실천과 의미에 접맥하는 창의적 과정을 다른 시각에서 제시했다. 이들(창의적 과정 — 역자)은 일상적 활동의 결과이며, 제거될 문제가 아니다. 여기서 테크놀로지는 사회적 · 문화적 생산의 장이다. 공간, 젠더, 가족, 시간, 동물, 음식, 죽음, 감정 등처럼 테크놀로지도 문화적 · 사회적 중요성을 발전시키는 기회를 제공한다. 민족지 방법을 적용해 틈새를 메우려고 하는 것은 모순이다. 틈새는 흥미로운 것이 벌어지는 어디에나 있는 것이고, 인간 경험의 자연스러운 결과다."(Dourish & Bell, 2011: 73)

인류학자들은 이런 틈새의 덕을 보았는데, 오랫동안 사회과학과 인문학 사이의 틈새에서 분과학문으로서의 변별성을 주장했다. 인류학자들은 자신의 학문을 인문학과 사회과학 중 어디에 위치시켜야 하는지를 논의했는데, 이 과정에서 틈새가 만들어졌다. 어떤 학자는 사회과학으로, 다른 학자는 인문학으로 연구의 중점과 시각 그리고 방법론을 이동해야 한다고 주장했다. 인류학이 더 인문적이어야 하는지 또는 더 과학적이어야 하는지에 대해 학자들마다 의견이 분분했다. 몇몇 인류학자는 인류학이 "과학 중에서 가장 인문적이고, 인문학 중에서 가장 과학적"이라는 주장을 했는데, 이는 자부심의 표현이었다. 하지만 이런 주장에서 학문의 정체성이 모호하고, 자기모순적이라는 사실도 알 수 있다. 이런 점 덕분에 — 인문학과 사회과학으로 나뉘어 대립하는 진영 논리를 넘어서서 — 새로운 가능성을 모색할 수도 있다(Wolf, 1974).

인류학이 특정 분과학문의 경계를 넘어서고, 민족지가 융합적인 연구 방법으로 인기를 얻을 수 있었던 것은 바로 이 틈새에 위치하기 때문이다. 미디어와 문화 연구는 민족지를 사회과학적 해답을 줄 수 있는 방법론으로 간주했고, 공학이나 엔지니어링은 인문학의 매력적인 가치를 제시하는 것으로 받아들였다. 이런 이유에서 민족지는 미디어와 테크놀로지 연구영역을 넘어서는 호소력을 갖게 되었다. 다수의 연구자는 특히 헬스케어, 학교 교육 그리고 도시 개발 등의 주제를 이해하기 위해 수십 년 동안 민족지와 다른 방법들을 융합했고, 복잡한 사회 문제를 이해하는 데 도움을 받았다.

인류학은 민족지를 연구에 가장 오랫동안 사용했고, 강한 애착심을 가지고 있다. 하지만 민족지에 대한 인류학의 독점적 소유권 주장은 학문 세계에서 오래전에 그 효력을 상실했다. 현재 민족지는 인접 분과학문이나 대학의 경계를 넘어 산업과 상업 영역에서도 활용되고 있다. 특히 마케팅과 비즈니스 영역에서 인기가 많은데, 몇몇 혁신적인 회사는 1950년대부터 인류학의 연구성과를 활용했다(Wilner, 2014). 민족지는 1990년대부터 마케팅 연구자들이 애호하는 시장조사 방법이 되었는데, 민족지 방법이 — 포커스 그룹 인터뷰나 통계조사 방법보다 — 소비자 행동을 이해하는 데 몇몇 장점이 있기 때문이다(Sherry, 2008: 73).

온라인 시장이 성장하자, 마케팅 연구자들은 디지털 세상을 민족지 방법으로 연구하기 위해 다양한 방법을 개발했다. 로버트 코지네츠는 민족지 방법으로 온라인 시장을 연구하는 일련의 기법과 전략을 개발하고, 이를 '넷노그래피(netnography)'라고 칭했다. 그의 책《넷노그래피》는 전통적인 민족지 조사 방법에서 차용한 접근법으로, 소비자 행동을 효율적으로 연구할 방법과 구체적인 분석 사례들을 소개하고 있다(Kozinets, 2002, 2010). 1990년대와 2000년대 실리콘밸리에서 테크놀로지 붐이 일자 비즈니스 세계에서도 민족지가 주목받았는데, 특히 이들 테크회사들은 민족지 방법으로 생산 제품을 조사했다. 당시 추진된 상당수 연구는 '디자인 민족지'라고 불리는데, 민족지 방법으로 사람들이 제품을 매일 어떻게 사용하는지를 알아내고, 회사는 사전 제작 단계에서 이 지식을 고려해 디자인했다. 민족지 현지조사 방법은 사용자가 어떻게 다양하면서도 때로는 놀라운 방식으로 테크놀로지를 이용하고, 후에 일상적 실천에 어떻게 통합되는지를 밝히는 데 특히 유용했다. 이 지식은 소비자의 실천을 이해하고, 이를 신제품 제작에 반영하려는 기업에 특히 관심을 끌었다. 멜리사 체프킨은 디자인 민족지 외에 광의의 용어인 '회사 민족지(corporate ethnography)'를 이용해 자신과 동료들이 기업에서 추진한 일련의 민족지 연구작업을 설명했다. 체프킨 연구팀은 닛산자동차회사에서 자율자동차를 개발하는 엔지니어와 기술자와 함께 협동연구했다(Cefkin, 2009; Wasson, 2016).

시장조사, 테크놀로지 디자인 또는 기타 비즈니스 환경처럼 상업적 영역에서 활동하는 인류학자 대부분은 인류학 훈련을 받은 전문가다. 이들은 대학과 민간회사를 넘나들면서 활동하는데, 그 결과를 책이나 논문 또는 학회 발표문 형식으로 제시한다. 다수의 인류학자가 기업과 협력작업을 했는데, 제네비브 벨(Genevieve Bell)은 인텔, 저넷 블룸버그(Jeanette Blomberg)는 IBM, 낸시 베임(Nancy Baym)은 마이크로소프트와 공동연구를 했다. 이들 연구자는 연구자로서의 정체성을 포기하지 않으면서, 학술적 지식과 경험을 바탕으로 테크회사의 연구팀과 공동작업했다. 인류학자들의 공동 또는 협동작업은 혁신으로 이어지기도 했는데, 이들 기업 프로젝트가 예상외로 개방적이고 이론적인 방식으로 진행되었기 때문이다.

기업 인류학자 또는 디자인 인류학자가 학계 또는 강단 인류학자와 근본적으로 다르다거나, 비즈니스 환경에서 사용되는 민족지 방법은 대학이나 학술단체들이 구축한 논의나 접근법과는 큰 차이가 있을 것이라고 가정하면 안 된다. 학술적 민족지 연구는 통상 이론적 경향을 보이며 장기간 현지조사를 전제로 하지만, 기업 민족지는 훨씬 구체적인 주제를 단기간에 연구하는 특징을 보인다. 기업 민족지 연구 프로젝트에 참여한 일부 연구자는 인류학이 금과옥조로 여기는 총체론(holism)이나 장기간 참여관찰에 반하는 민족지 방법론을 만들려고 했다. 이들 인류학자는 자신의 작업 결과를 인류학회에 거의 알리지 않지만, 학계의 인류학자들은 종종 이들의 작업 과정과 내용을 접하게 된다. 인류학 전공자들이 매력적인 마케팅 조사처럼 비즈니스 분야로 진출하려고 하고, 여기에 정착하고 있다. 일부 강단의 인류학자는 전통적 가치와 원칙 등을 들어 이런 종류의 협동작업을 무시하거나 평가절하하는 경향이 있다. 이들은 인류학과 마케팅은 서로 양립할 수 없는 대립적 관계이며, 인류학자들은 이들과 거리를 두는 노력을 해야 한다고 주장한다(Sunderland & Denny, 2016: 31).

시각인류학에서도 민족지의 기업 진출 방안에 대해 폭넓게 논의하는데, 여기에는 몇 가지 중요한 함의가 있다. 첫째, 주류 인류학에서 구축한 방법론을 비즈니스 영역에 사용하는 데 대해 불편함을 토로하는데, 이런 현상은 미디어와 문화 연구가 이전에 민족지를 사용할 때도 있었다. 둘째, 디지털 테크놀로지가 광범위하게 확산하면서 인류학, 미디어와 문화 연구 출신 연구자들이 통학문적 연구팀을 구성해 비즈니스와 학계 영역 모두에서 활동했는데, 이들의 주된 연구주제는 일상생활에서 디지털 테크놀로지의 역할을 밝히는 것이다. 정부나 비즈니스 기술센터의 연구 지원이나 자금지원 여부와 상관없이 이런 통학문적 연구팀은 민족지를 이용해 테크놀로지와 사회기술적 문제를 연구하거나 해결하려고 한다.

1990년대부터 글로벌 미디어와 커뮤니케이션 테크놀로지 연구가 붐을 이루었는데, 민족지는 이런 혜택을 입었다. 일부 인류학자들은 디지털 및 미디어 연구 방법 분야에서 권위 있는 목소리를 낼 수 있었다. 인류학자들이 제작한 대부분의 민족지 표준 역사와 핸드북은 인류학 이론과 접근법이 민족지 연구 방법 형성에 중요한 역할을 했다는 말로 시작한다. 하지만 인류학자들은 오랫동안 지켜왔던 민족지가 '민족지적 전환' 이후 새롭게 각광받는 것에 대해서는 양가적인 태도를 보인다. 민족지 방법을 활용해서 협력작업과 실험적 접근을 한 다수의 사례가 있지만, 어떤 것이 가장 좋은 또는 성공한 민족지인지를 판단하기는 어렵다. 인류학 공동체 안팎에는 민족지 구성요소에 대해 다양한 견해가 있고, 이들의 견해는 종종 미묘한 협상을 요구한다.

인텔에서의 인류학

제네비브 벨 박사는 1998~2017년 실리콘밸리 테크회사인 인텔에서 일했는데, 사용자 디자인과 기업 디지털 연구에 민족지 방법을 접맥해 변별적인 성과를 선보였다. 호주 출신의 그는 스탠퍼드대학교에서 인류학을 공부했고, 우연한 기회에 인텔에 취직했다. 벨은 테크놀로지 환경에서 활동하는 인류학자로서는 드문 자격조건을 갖추었는데, 인텔은 — 다른 회사들과는 달리 — 혁신적 연구에 많은 관심을 보였다. 인텔은 인류학자 벨을 고용해 기업 브랜드를 높이고, 연구와 개발 과정에서의 창의성과 개방성을 홍보하려고 했다. 벨은 기업에서 연구하기 때문에 학술 출판이나 교육은 부차적인 문제였다. 그가 회사에서 한 일은 사용자의 특정 테크놀로지 초기 사용분석부터 〈블루 스카이(blue skies)〉라는 개방형 연구에 이르기까지 다양했다. 이들 연구 프로젝트는 이론적 측면을 중시했고, 회사는 연구에서 즉각적인 수익을 기대하지도 않았다. 벨은 후에 테크놀로지 사용자의 문화적 다양성이나 미래 테크놀로지 사용 방향 같은 포괄적인 주제를 연구하기도 했다. 벨의 연구팀은 거의 100여 명이었는데, 주된 일은 인간과 테크놀로지 사이의 미래 관계를 재상상하는 방법을 모색하거나, 이 정보를 동료 엔지니어에게 전달하는 방법을 찾는 것이었다.

> "우리는 의문을 재구성하려고 노력했다. 우리는 사람들을 더 효율적으로 만드는 것에 대해 질문하지 않았고, 사람을 행복하게 만드는 것은 무엇이고, 무엇을 사랑하는지를 질문했으며, 그 결과에 따라 디자인했다. 테크놀로지 자체가 아니라, 테크놀로지가 디자인되고 개발되는 과정을 바꾸려고 했다. 우리는 사람들의 일상생활 속 의견을 고려해서 디자인 과정과 테크놀로지 디자인에 대한 기존의 사고를 변화시키려고 노력했다."(Bell, 2011: 3)

벨과 다른 인류학자들이 인텔에서 질문을 재구조화하는 데 사용한 방법들은 다양했다. 인류학 학술 연구에서 영감을 받기도 했지만, 항상 그렇지는 않다. 이들은 2011년 전 세계 여러 지역에 사는 사람들을 대상으로 자동차 콘텐츠 프로젝트를 실행했다. 이들 연구자는 자동차의 글로브 박스와 트렁크를 열고 그 안의 물건들을 촬영하여 목록화했다. 이들은 인류학과 고고학 방법을 융합해 물질문화 연구 방법을 만들었고, 이를 이용해서 사람들이 차 안에 두고 다니거나 남긴 물건들을 조사했다. 이들은 차를 생활공간으로 생각하고, 이런 관점에서 차를 이해하려고 했는데, 사람들은 운전하는 것보다 모바일 테크놀로지를 더 많이 사용했다. 이와 같은 통학문적 연구 결과는 디자이너와 엔지니어에게 전달되었고, 인텔사는 이 지식을 토대로 ― 자동차 제조사와 협력해 ― 운전자가 차와 상호작용할 수 있도록 내장 시스템을 개선했다.

민족지 정체성 찾기

인류학에는 다양한 시각과 접근법 그리고 이론들이 축적되어 있다. 인류학자들은 이런 성과들을 둘러싸고 미묘한 시각 차이를 드러내며, 때때로 갈등을 보이기도 한다. 거의 모든 인류학자는 자기만의 특정 성향이나 태도를 갖고 있는데, 이는 민족지 방법에서도 마찬가지다. 인류학자들이 민족지의 다양한 모습을 수용하지 않는다면, 이는 진실 추구라기보다는 자신이 속한 영토를 지키기 위해서거나 파벌주의일 가능성이 크다. 하지만 이런 태도가 항상 부정적인 것만은 아니다.

통제되지 않은 환경 속에서 인간을 관찰하는 모든 종류의 연구는 포괄적인 설명을 위해 민족지를 활용하는 데 우려감을 보인다. 인류학 전통에서 민족지에는 이중적인 의미가 있다. 하나는 민족지 현지조사인데, 이는 연구자가 데이터를 수집하는 공간에 자신을 몰입하는 행위다. 전통적인 민족지 연구는 문자텍스트 형식을 기반으로 인류학 사상 전통과 이론들을 발전시켰다(Sanjek, 1996). 두 번째로, 협의의 정의는 민족지 텍스트를 산물로 간주하는데, 이는 이전 민족지 연구성과를 토대로 현지조사에서 새로 획득한 내용을 인류학 문헌 형태로 발표하는 것을 의미한다. 이런 시각에 의하면, 인류학의 현재 또는 과거 이론과 유리된 민족지 작업은 존재할 수 없다. 하지만 진정한 인류학적 민족지는 기존 인류학 독자의 관심 대상이 되어야 한다.

민족지에 대한 협의의 정의는 만족스럽지 않으며, 인류학자는 민족지를 다시 사유할 필요가 있다. 학제 간 연구성과 중에서 가장 유명한 민족지는 인류학의 개념과 널리 알려진 중요한 논의를 담은 것이다. 앞에서 설명한 것처럼, 데이비드 몰리의 텔레비전에 관한 초기 민족지 작업은 클리포드 기어츠의 연구성과 그리고 조지 마커스와 제임스 클리포드가 〈글쓰기 문화 프로젝트〉에서 주요하게 다루었던 내용들을 논의에 포함했다. 1990년대 초반 문화 연구자인 이엔 앙, 로렌스 로스버그 그리고 문화지리학자인 도린 매시는 글쓰기 문화 프로젝트 논쟁과 인류학에서 당시 진지하게 고민하고 토론하던 이론적 논의를 비판적으로 보았다(Morley, 1992: 165-188). 다른 분과학문에서의 민족지 활용 사례를 살펴보면, 인류학 연구성과를 자기 방식으로 전유했지만, 이들의 민족지 방법이 인류학의 민족지에서 중요하게 생각하는 근본적 태도나 시각을 전적으로 무시했다고 보기는 어렵다.

민족지 적용에 대해 좀 더 유연한 태도를 가진다면, 인류학자뿐만 아니라 비인류학자들도 공감할 수 있게 용어를 정의할 수도 있을 것이다. 하지만 인류학 현지조사의 기본 요건도 충족하지 못하는 프로젝트에 민족지를 적용할 수 없다는 인류학의 강한 자부심이 문제가 된다. 연구자들은 디지털 시대에 다양한 테크놀로지를 활용해서 온라인에서 '빠르고 졸렬하게(quick-and-dirty)' 현지조사할 가능성이 열리고 있다. 디지털과 가상세계를 연구하는 다수 인류학자는 온라인에서 도출한 이런 결과를 민족지 연구성과로 간주하는 것에 조심스러운 태도를 보였다. 대표적으로 보엘스토르프 등의 인류학자가 발간한 《가상세계에서의 민족지 연구방법 핸드북(*Handbook of Ethnographic Methods in Virtual Worlds*)》은 인류학자가 너무 느슨하게 '민족지'라는 용어를 사용한다고 불만을 토로했다.

어쩌면 민족지가 시대의 흐름에 부응하지 못한다는 비판보다는 민족지에 대한 정의가 너무 느슨해 모든 것을 포괄하는 것으로 변한 것이 더 큰 문제일 가능성이 크다. 일부 연구자는 실제로 연구대상자의 일상생활을 참여관찰하지 않고, 주제에 대한 심층적 이해 없이 인터뷰하거나 또는 현장을 잠시 방문하고는 민족지를 작성한다. 이들 연구자는 논문이나 강의에서 민족지 방법을 기반으로 연구했다고 주장하거나 또는 민족지 방법에 영감을 받아서 이루어진 연구 또는 심지어 '준민족지'라고 주장한다. 이런 연구성과도 분명히 나름대로 가치 있는 학술적 성과이지만, 민족지 연구는 아니다(Boellstorff et al., 2012: 51).

이 책을 저술한 저자들이 모두 인류학자들은 아니다. 이 책은 인류학 영역 수호가 아니라 '집중적이고 장기적인 상호작용'을 기반으로 한 엄격한 민족지 전통을 지지하고 있다(Boellstorff et al., 2012: 199). 일상생활을 장기간 집중적으로 참여관찰하는 것은 어려운 일이지만, 민족지의 장점은 현지조사 기간 동안의 광범위한 몰입 특성이고, 이는 풍부하지만 혼란스러운 통찰력을 제시한다. 호르스트 등의 연구자는 민족지가 보여주는 이런 혼란스러움이 인류학과 미디어와 문화 연구 연구자의 협동작업에서도 나타난다고 했다. 이들의 연구 결과는 2012년 학술지 《호주 국제 미디어(*Media International Australia*)》 특별호에 실렸다.

> "한편으로 민족지는 본질적으로 학제 간 연구이며, 일상생활과 그 안에 담긴 혼란스러움(messiness)에 초점을 맞춘다. 새로운 도구와 새로운 조사 경로에 대한 유연성과 개방성 또한 학제 간 실천의 틀을 보여준다 (…) 우리가 찬양하는 학제성(interdisciplinarity)과 통학문성(transdisciplinarity)은 의도하지 않은 결과를 낳을 수도 있다."(Horst, Hjorth & Tacchi, 2012: 88)

특별호 편집자에 따르면, 분과학문을 횡단하는 민족지의 예상치 못한 결과는 무엇보다 대안적 접근법의 무시, 민족지 전환을 포용하는 이론화 부재, 정치적 및 경제적 문제에 대한 경시로 이어질 수 있다. 연구자들은 다양한 분과학문 영역을 횡단해서 민족지를 협동작업하면 서로 통찰력을 얻을 수 있다고 하지만, 민족지가 만병통치 수단으로 환영받으면서 발생하는 방법론적 그리고 이론적 혼란에 대한 경고들도 존재한다.

인류학 비전공 학자들은 이 방법론이 탄생하게 된 인류학의 역사적 배경과 맥락을 깊이 이해한 후 민족지 방법을 사용할 필요는 없다. 동시에 인류학자들이 민족지가 다양한 주제와 분과학문 그리고 지역들을 넘나들면서 적용되는 다양한 방식 모두를 인정할 것이라고 기대하는 것은 비현실적이다. 이상적으로 이야기한다면, '민족지'는 인류학자들이 가치 있게 여기는 기본 원칙과 관련 있는데, 자신들만의 특권이라고 생각하는 현지조사 실천, 문화상대주의, 문화비교와 총체적 접근이 그것이다. 특히 현지조사는 인간이 세상과 다양하게 관계 맺는 행동들을 개방적으로 탐구할 수 있게 해준다. 인류학자에게 이 이상의 것을 요구할 수 없지만, 비인류학자들은 자신들의 연구가 때때로 '준민족지' 또는 민족지가 아니라는 평가를 받더라도 놀랄 필요는 없다. 논의의 핵심은 민족지에는 하나의 진정한 의미만 있을 것이라고 가정할 필요가 없다는 점이다. 만족스러운 민족지라고 평가하는 기준은 시간과 장소에 따라 달라질 수 있다는 점이다.

학생들은 빠르고 다양하게 변화하는 환경에서 색다른 무엇을 찾고, 이를 이해하려고 노력한다. 기존 인류학자가 신세대 민족지 연구자에게 자신이 민족지 정수라고 생각하는 것만 주입하는 것은 바람직하지 못한 태도일 것이다. 현재 신세대 민족지 연구자들은 사회인류학과 문화인류학 경계를 넘어서는 훈련을 받고 있으며, 민족지는 여러 방법 중 하나라는 사실을 받아들이고 있다. 전통적인 민족지 실천과 거리를 두는 상당수 인류학자도 민족지 전통이 인류학을 변별적으로 만드는 데 기여한 사실을 인정한다. 민족지에는 인류학 사상사뿐만 아니라 감수성도 포함되어 있는데, 이 감수성은 혼란스러운 복잡성, 서구중심주의에 대한 윤리적 거부 등이 반드시 포함된다. 콜맨은 민족지가 디지털 삶의 연구에 기여한 것을 다음과 같이 이야기한다.

> "이 인류학의 정언명령(imperative)은 악마는 디테일에 있다는 것을 상정한다. 이러한 디테일은 종종 사회문화적 삶의 찬란함을 심미적으로 드러내는 것으로 평가되고, 이는 또한 가끔 인간 경험의 보편성과 획일성에 대한 오류 또는 편협한 추정에 대항하기 위해 윤리적으로 배치된다."(Coleman, 2010: 497)

민족지의 디테일을 생산하기 위해서는 무엇보다 시간과 관심 그리고 주의가 필요하다. 인류학은 디테일, 특히 혼란스러운 디테일로 인간의 경험에 대해 폭넓은 질문을 제기하는데, 이것이 인류학이 학문과 사상에 기여하는 점이다. 인류학자만이 민족지에 대해 배타적으로 소유권을 주장할 수는 없지만, 이 용어에 대한 강한 집착은 인류학자들이 얼마나 이에 강한 의미를 투영하고 있는지를 보여준다.

인류학과 문화 연구 사이의 협동 연구

미디어 인류학자와 문화 연구 학자는 종종 서로의 연구성과를 읽고, 공동 학술회의에 참석하며, 서로 겹치는 분야를 연구한다. 하지만 공동 프로젝트를 추진하거나 연구성과를 공유하고, 책을 공동 출간하는 일은 흔하지 않다. 초기 문화 연구 학자인 그레임 터너와 인류학자인 안나 크리스티나 페티에라는 공동작업하고, 그 결과를 2013년 발표했다. 《텔레비전

의 위치: 소비 지역》은 텔레비전을 지역과 분과학문마다 다양하게 이해하는 시각을 종합하려는 목적에서 발간된 책이다. 이 책은 텔레비전을 더 이상 표준 환경에서 작동하는 단일 테크놀로지로 이해할 수 없다고 주장한다. 디지털 시대에 들어서서 텔레비전의 중요성은 어느 정도 감소하고, 다양한 종류의 플랫폼을 횡단하면서 파편화되고 있다. 디지털 테크놀로지의 발전 덕분에 텔레비전 콘텐츠는 다른 플랫폼을 통해 유통되면서 그 영향력이 유지되고 있는데, 프로그램의 저작권도 성장하고 있고, 일부 지역 또는 국가에서는 텔레비전이 아직도 주도적인 미디어다. 멕시코는 이런 경향을 보여주는 대표적인 사례인데, 이 책은 이를 주요하게 다루고 있다.

페티에라는 멕시코 남동부에서 9개월 동안 현지조사했는데, 이때 가정과 직장 그리고 쇼핑몰과 광장 같은 상업 또는 공공 공간을 참여관찰했다. 이들의 텔레비전 실천에 대해 인터뷰했으며, 멕시코에서 가장 시청률이 높은 텔레비전 프로그램 내용도 분석했다. 이 책은 페티에라가 멕시코 동남부 소도시 체투말(Chetumal)에서 특정 시각과 주제 의식을 가지고 실시한 현지조사 결과를 소개하고 있다, 하지만 책 내용의 대부분은 자신의 시각과 연구 결과를 터너의 영어권 텔레비전에서의 문화적 · 산업적 변화 연구와 접목하는 데 할애하고 있다. 이 경우 민족지 자료는 단지 멕시코 문화를 설명하기 위해 사용되지 않는다. 그의 책은 세계적으로 텔레비전을 어떻게 이해해야 하는지, 영미권의 텔레비전에 대한 일반적 설명과 프레임을 어떻게 수정할 수 있는지를 재사유하게 한다. 이 책은 터너의 문화 연구 접근법과 민족지 연구의 목적을 나란히 배치해서 내용에서 나름대로 변별성을 보여준다. 이들은 이 책 대부분을 공동 저술했고, 결론은 두 저자 간의 대화 형태로 구성되었다. 이들 저자는 시각을 넘나들고 횡단하면서 공동작업했지만, 자신이 속한 분과학문에 따라 텔레비전에 대한 시각과 생각 그리고 경험이 다르다는 사실을 드러내기 위해 이런 구성 방식을 취했다.

5장
성찰과 전망

인류학자들이 중요한 연구대상으로 미디어를 발견한 것이 그리 오래되지는 않았지만, 그전에도 시각인류학자들은 이것의 중요성을 알고 있었다. 인류학에서의 미디어 연구는 문화 연구, 미디어 연구, 사회학, 지리학 등의 인접 분과학문으로부터 많은 영감을 받았다. 디지털 시대가 본격 시작하기 전, 인류학과 이들 인접 학문은 미디어를 자신만의 고유한 시각에서 연구했다. 하지만 본격적인 디지털 시대로 접어들면서 학제 간 협동작업은 필수가 되었다. 디지털 실천 연구의 증가로 민족지의 인기를 간접적으로 알 수 있지만, 민족지의 접근법은 다양한 방향으로 전개되었다. 민족지를 옹호하는 일부 인류학자도 이제는 더 이상 방법론의 핵심인 장기간 참여관찰을 통해서만 연구하는 것은 아니다. 디지털 시대에 민족지는 이 시대를 이해하는 유일한 최선의 방법은 아니고, 인류학자들이 이상적인 민족지 방법을 연구에 항상 사용하는 것은 아니다. 인류학자들이 디지털 문화와 미디어 실천 연구에 언제, 어떻게, 왜 참여했는지를 종합하면 다음과 같다.

인류학자들이 미디어 연구를 본격적으로 시작하기까지 오랜 시간이 걸렸지만, 일단 연구를 시작하자 열정을 보였다. 1980년대 후반에서 1990년대 초반까지 사회인류학이나 문화인류학 또는 민족학에서 방송과 매스미디어는 최우선적인 또는 매력적인 연구주제는 아니었다. 디지털 시대가 본격적으로 막을 올리면서 미디어 인류학이라는 하위 연구 분야가 등장했고, 이는 인류학의 전반적인 연구에 영향을 끼쳤다. 인류학자들은 미디어를 기존에 관심을 가졌던 글로벌 모더니티 측면에서 이해하려고 했고, 이들은 인접 분과학문과의 공동연구나 상호교류를 통해 대화했다. 또한, 미디어 인류학자는 이전처럼 소수집단과 주변부 커뮤니티를 주 연구대상으로 삼았고, 특정 지역적 맥락을 고려한 미디어 생산과 소비를 연구했다. 이런 연구에서 미디어 문화와 실천에 대한 대안적 시각이 만들어졌는데, 미디어의 다양성과 이의 사용이 그것이다.

디지털 테크놀로지는 세상을 변화시켰지만, 우리가 생각하는 것만큼은 아니다. 인류학자와 민족학자는 지난 수십 년 동안 다양한 방식으로 삶을 바꾼 사회변화 또는 변동 사례들을 기록하고 분석했지만, 디지털 실천을 이해하는 가장 좋은 방법 중 하나는 기존 인류학 성과를 적절하게 전유하는 것이라는 점을 깨달았다. 휴대폰과 소셜미디어의 사용을 이해하기 위해 친족이론을 적용할 수도 있고, 가상세계를 연구하는 데 장기간 참여관찰을 기반으로 하는 민족지 연구 방법을 활용할 수 있으며, 뉴미디어와 디지털 현상을 분석하기 위해 대규모 비교문화 연구 시각을 참조할 수도 있다. 이런 연구는 디지털 테크놀로지로 인해 인간 경험이 근본적으로 재발명되고 있다는 일부 견해에 건강한 비판적 대안을 제시할 수 있다.

미디어와 디지털 문화를 연구하는 가장 좋은 방법은 미디어와 디지털 문화에 초점을 맞추지 않는 것일 수도 있다. 미디어 인류학과 디지털 민족학의 역사를 살펴보면, 시대가 변하면서 연구하는 미디어도 변화했다. 인류학은 미디어를 이해하기 위해 광의의 사회적 · 문화적 · 경제적 ·

정치적 맥락을 총체적으로 접근하는 방식을 취했는데, 이 시도는 상당히 생산적인 성과를 보여주었다. 연구에서 미디어와 디지털 테크놀로지 자체를 중심적 위치에서 밀어내면 일견 모순되는 것처럼 보인다. 하지만 실제로 이런 조치를 통해 인류학은 인간의 삶이 미디어와 디지털 테크놀로지와 관계하는 복잡한 방식을 더 심층적으로 이해할 수 있었다. 예를 들어, 나이지리아의 비디오 문화를 연구하려면 도시 생활에서의 물질문화를 폭넓게 이해할 필요가 있다. 미디어 이데올로기에 대한 새로운 이해에 도달하기 위해서는 연애 관계가 끝날 때 어떤 느낌을 가지며, 이후 어떤 커뮤니케이션 방식을 선택하는지를 심층적으로 조사할 필요가 있다. 이처럼 미디어 연구에서 미디어를 중심에서 멀리하면 연구자는 인간 행위의 사회적 · 집단적 본질을 파악하는 데 도움을 받을 수 있다.

인류학자들은 민족지 연구를 소중하게 여기지만, 독점적 소유권을 주장할 수는 없다. 오랫동안 인류학은 민족지 방법론의 수호자라고 자처했지만, 이 주장은 설득력을 잃어가고 있다. 이와 동시에 학제 간 연구가 부상하고, 인접 분과학문에서도 민족지 전환을 수용했으며, 테크놀로지로 인한 변화와 이의 연구 방법에 대한 질문들이 새롭게 등장했다. 인류학자도 나름대로 역할을 할 수 있는 공간이 만들어진 것이다. 광의 또는 협의의 정의와 상관없이, 민족지 방법은 디지털 세상을 연구하는 데 도움을 준다. 민족지 방법은 연구자들이 일상생활에 개입할 때 즉흥적으로 나타나는 경험에 대해 근거 있고 미묘한 설명을 도출하는 큰 틀을 제시한다.

인류학자들이 제작한 미디어 콘텐츠 그리고 미디어의 생산과 소비에 대해서도 살펴보았다. 이들 연구성과는 다양한 종류의 미디어와 테크놀로지, 저소득과 고소득 계층, 극단적인 오지와 고도로 도시화된 지역 그리고 다양한 대륙과 도시들을 넘나들면서 주제를 다루고 있다. 디지털로 매개된 세상을 연구하려면, 인류학과 인접 분과학문의 다양한 지역과 사람들에 대한 폭넓은 연구들을 이해하고 이를 보완하는 것이 필요하다. 파우더메이커는 1947년 《인류학자가 영화를 본다》에서 영화 관람의 동기를 이해하는 데 마케팅 연구만으로는 한계가 있다고 주장했다. 관객은 '좋아요'와 '싫어요' 버튼을 누르는데, 이 행위만으로 이들에 대한 통찰력을 얻을 수 없다(Powdermaker, 1947: 85). 소셜미디어 시대에 우리는 종종 '좋아요' 버튼을 누르는데, 이는 파우더메이커가 예상하지 못한 행동이다. 오늘날 인류학자는 관객과 사용자를 연구하기 위해 약간 다른 접근법을 사용하고 있다. 진정한 통찰력을 얻기 위해서는 현장으로 들어가야 하고, 선입견을 최소화하고, 현지민과 함께하면서 드러나는 것을 관찰해야 한다.

파우더메이커가 할리우드 영화에 대한 글을 발표하고 75년이 지났지만, 미디어 인류학자들은 그의 성과를 순순히 인정하려 하지 않았고, 미디어와 디지털 테크놀로지 연구성과를 이어받아 발전시키는 데 적극적이지 않았다. 현재의 삶에서는 미디어와 디지털 테크놀로지를 더 이상 무시할 수 없게 되었다. 점점 더 많은 사람이 세계화된 미디어와 디지털 커뮤니케이션을 통해 일상적 경험을 만들고, 이는 디지털 인프라에 통합되고 있다. 일상생활을 연구하는 민족지는 디지털로 매개된 삶을 조사할 필요가 있다. 많은 인류학자는 미디어 또는 디지털 테크놀로지 연구에서 디지털 매개 사회 세계 탐구로 이동했다. 인류학에서 출발한 민족지를 전유하려는 시도는 새로운 기회와 책임을 동시에 부여받게 된다. 이런 시도는 인류학의 역사와 연구성과에 크게 제약받을 필요는 없지만, 인류학이 고귀한 원칙과 가치로 옹호하던 것을 어느 정도 존중할 필요는 있다.

Ⅲ 디지털 민족지와 시각 연구

6장
디지털 민족지

세계와 이를 둘러싼 환경은 끊임없이 변화하고 발전하는데, 이를 어떻게 이해하고 연구할지가 관건이 되고 있다. 여기서는 현재 인류학 또는 민족학이 사람과 세계 그리고 문화를 연구하고 이해하는 접근법을 개괄하고자 한다. 특히 사람들이 다양한 디지털 환경에서 어떻게 생활하고, 인류학자들이 이를 어떻게 연구하고 있는지를 소개한다. 현재 빠르게 성장 · 발전하는 디지털 테크놀로지는 세상을 빠르게 변화시키고 있는데, 인류학자들은 민족지 연구 방법으로 이런 현상을 어떻게 설명할 수 있을지 고민하고 있다. 현재 디지털 테크놀로지, 방법론, 실천 그리고 이론 등이 복잡하게 얽혀있으며, 디지털 미디어가 민족지 연구 기법과 과정에 끼치는 영향도 살펴볼 필요가 있다. 디지털 미디어로 변화한 환경을 연구하기 위해 새로운 방법론이 필요할 수 있고, 기존의 개념과 분석 범주를 조정할 필요가 있을 수도 있다. 이 글은 일부 새로운 방법이나 이론을 소개하지만, 필요한 경우 디지털 시대 이전의 실천, 미디어 그리고 환경에 관한 연구도 소개할 것이다. 기존 이론이나 개념을 디지털 민족지 실천에 적용하기 위해서는 디지털 연구환경에 맞도록 이들을 번역 또는 조정할 필요가 있다. 이런 경우 디지털 민족지는 사회와 문화 연구 분야에서 핵심적 개념을 새롭게 제시할 수 있을 것이다.

이런 내용은 디지털 시대의 연구 실천이나 인류학의 연구 맥락 그리고 민족지 접근법에 관심을 가진 사람에게는 흥미로울 수 있다. 민족지 방법은 다양한 차원에서 다양한 방식으로 사용될 수 있는데, 소개하는 내용은 논문 작성이나 프로젝트 개발과 수행에도 도움이 될 것이다. 현재 우리가 어떤 맥락에서 살고, 행동하고 있는지 알고 싶은 사람들에게도 흥미로울 것이다. 오늘날 우리가 사는 세상과 환경은 디지털 테크놀로지, 콘텐츠 그리고 커뮤니케이션 등이 서로 엉켜있으며, 이는 우리의 존재 방식 구성에 큰 영향을 끼친다. 소개하는 내용이 디지털 세상에 대한 정의와 주장들에 관심을 가진 독자에게는 충분하지 않을 수 있다. 이 글에서 소개한 많은 문헌을 참고한다면, 자신만의 이론적 · 방법론적 모델을 만들어나갈 수 있을 것으로 생각된다.

디지털 민족지

민족지는 인류학 연구를 실천하는 한 방법이다. 최근에는 인류학 이외의 분과학문에서도 이에 관심을 보이면서 민족지에 관한 문헌들이 꾸준히 증가하고 있다. 종종 다른 분과학문은 자신들이 사용하는 민족지를 자신들만의 고유한 접근법이라고 소유권을 주장하지만, 민족지 소유권은 맥락으로 살펴볼 필요가 있다. 민족지는 그 자체로 매우 의미 있는 연구 실천 방법은 아니지만, 특정한 분과학문 또는 학제 간 패러다임이 여기에 추가되고, 연구 과정 중 다른 아이디어나 실천 등이 추가되면 의미 있는 방법이 될 수 있다. 다양한 분과학문 연구자들은 민족지를 서로 다르게 정의하고, 각기 다르게 사용하고 있다. 일반인은 민족지의 다양한 정의와 내용 때문에 혼란스럽게 느낄 수 있는데, 이 글은 이런 혼란을 피하고자 민족지를 새롭게 정의하지는 않을 것이다.

민족지의 정의는 사용자 자신의 학술적 배경과 관심사에 따라 결정된다. 사라 핑크는 디지털 민족지에 대한 정의를 종합적으로 살펴보았는데(Pink, 2015), 오렐리와 뜻을 같이하는 연구자들은 더 개방적인 태도로 이를 정의하고(O'Reilly, 2005), 델라몬트 등의 연구자들은 좀 더 규범적으로 사용하고 있다(Delamont, 2007). 오렐리에 따르면, 민족지는 "'반복적-연역적 연구'이고, 여러 가지 방법을 기반으로 하며 (…) 이론과 연구자 자신의 역할을 인정하고 인간을 부분 대상/부분 주체로 파악하는 것이다"라고 했다(O'Reilly, 2005: 3). 만약 민족지가 디지털화된다면 오렐리의 정의는 한정적으로 유효하다.

디지털 시대 이전에 만들어진 민족지 방법은 상당 부분 디지털 민족지 실천에도 적용될 수 있지만, 기존 민족지 실천은 서서히 변화하고 있다. 연구자는 디지털 민족지 연구에서 연구 참여자들과 직접 접촉이 아니라 매개된 접촉을 주로 하며, 연구자는 디지털 미디어를 통해 참여자들과 일상생활 내내 대화할 수도 있다. 또한, 연구자는 디지털 기술을 이용해 참여자들을 추적할 수 있으며, 소셜미디어에 초대받아 이들의 행동을 관찰할 수도 있다. 예전 현지조사에서 듣는 행위가 주를 이루었다면, 이제는 여기에 읽고 보는 행위가 추가되며, 이 외에 감각과 다른 방식의 소통도 포함될 수 있다. 디지털 시대에는 민족지 글쓰기가 비디오, 사진 또는 블로깅(blogging) 등으로 대체될 수도 있다. 오렐리의 개방적 정의를 출발점으로 삼으면, 기존 오프라인 민족지와 디지털 민족지 실천에서 나타나는 차이들을 주목하게 되고, 디지털 민족지의 발전 방향을 생각할 수 있게 된다. 새로운 테크놀로지는 새로운 연구환경에 참여할 방법도 제시한다.

오렐리의 정의는 민족지와 이론의 관계에 대해 개방적이어서 또 다른 유용한 측면이 있다. 그는 특정 학문의 이론을 토대로 민족지 자료를 분석하고 이해해야 한다고 주장하지 않는다. 하지만 민족지는 관찰하고 기술하는 것에 그치지 않고, 특정 접근법도 사용한다. 민족지 방법이 가진 잠재력을 충분히 활용하기 위해서는 세상에 대한 이론을 이해하고, 이를 적용할 필요가 있다. 특정 분과학문 또는 이들 분과학문을 횡단하는 연구자는 세상을 이론화함으로써 개인 또는 팀의 연구 실천에 특정한 방식으로 영향을 끼친다. 민족지 연구와 분석에서 방법과 이론은 두 가지 핵심적 측면인데, 연구자와 연구 상황 그리고 연구 목적 등에 따라 변할 수밖에 없다. 인류학, 미디어와 커뮤니케이션 연구 그리고 문화 연구에는 각기 변별적인 접근법이 있다. 각 분과학문 내에서도 연구자들에 따라 선호하는 이론과 방법론이 상당히 달라 연구자의 시각과 강조점은 연구 진행 과정에서 상당히 다르게 나타난다. 하지만 민족지에는 일련의 기초 원칙들이 있으며, 이 원칙은 민족지 실천을 이론화하는 데 기반이 된다.

1) 학제적 디지털 민족지

민족지에는 세상과 문화를 바라보는 다양한 프리즘이 존재하는데, 민족지 문헌에는 크게 두 가지 경향이 있다. 첫 번째, 수년 동안 연구초점이 이론에서 실재적 방향으로 이동하면서, 연구 방법론도 이에 부응하는 중요한 논의들과 동조하기 시작했다. 예를 들어, 사회과학에서 젠더에 대한 논의가 활발해지자, 일종의 '젠더 전환(gender turn)'이 일어났고, 시각이나 감각과 관련된 방법론도 이를 주요하게 다루기 시작했다. 이를 민족지 방법과 연관 지어 살펴보면, 민족지는 지식 생산 측면에서 성찰성을 중시하고, 여기에 젠더 연구 경향이 더해졌다. 베하르(Behar, 1996)와 비스웨스와란(Visweswaran, 1994) 등은 여성의 삶을 페미니즘 시각에서 현지조사했는데, 이들의 변별적 연구 특성은 성찰성이었다.

디지털 시대가 본격화된 2000년대 들어서서 인류학의 민족지 연구에서 시각(Pink, 2001; Banks, 2001)과 감각(Classen, 1993; Howes, 2003; Pink, 2009)에 대한 관심이 커졌는데, 이들 민족지 연구는 특정 감각을 우선시하던 주류 지식과 연구 방식에 도전했다. 두 번째 경향은 전환인데, 일단 전환이 일어나면 그냥 단순히 사라지거나 멈추지 않고, 민족지 실천의 한 부분으로 통합되거나 강화되었다.

2000년 이후부터 디지털과 관련된 민족지 방법론 문헌들이 다수 발표되었다. 다수의 디지털 인류학자는 크리스틴 하인의 《가상인류학(*Virtual Ethnography*)》을 디지털 민족지 연구 시대를 본격적으로 연 책으로 인정한다. 그는 디지털 민족지 조사 분야에서 발표된 논문과 책에서 해당 내용을 선별하고 정리해서 디지털 민족지 영역을 대략적으로 구획 짓고 터를 닦았다. 그는 이 책에 지난 20여 년 동안 인류학 실천에서 중요한 많은 이론적 전환을 담았고, 이후 디지털 민족지는 이런 맥락 안에 자리를 잡았다. 디지털 민족지는 이 외에도 디지털이 연구와 실천에 끼친 영향과 결과들에 관한 다양한 논의를 포용했으며, 현재도 연구 범위를 계속 확대하고 있다.

다양한 분과학문들에서 디지털 문화와 실천에 관심을 보였지만, 흥미롭게도 주로 인류학과 사회학이 디지털 민족지를 정의하려고 노력했다. 인간-컴퓨터 상호작용(Human Computer Interaction, HCI), 인문지리학, 미디어와 문화 연구 등도 민족지 실천 연구에 기여했는데, 이들도 미디어나 디지털 실천 이해에 민족지 방법을 일부 이용했다. 이 외에도 정보학과 유비쿼터스 컴퓨팅 등도 민족지를 이용해 사용자 개념을 구체화하거나 확대했다(Dourish & Bell, 2011). 인문지리학은 민족지 방법으로 주로 '온라인',

'오프라인' 그리고 '가상'이 초래한 결과를 연구했다. 각 학문 또는 연구 영역들이 '디지털'의 어느 부분에 특히 중점을 두는지도 흥미로운 주제지만, 여기서는 디지털 인류학과 디지털 사회학을 중심으로 살펴본다.

터클 등의 사회학자는 처음에는 형성 연구 시각에서 디지털 미디어 또는 디지털 시대의 변화를 연구했는데, 이후 디지털의 함의 고찰로 시야를 넓혔다(Robinson, 2007; Turkle, 2005, 2011). 디지털 사회학의 상당수 연구는 사회학 전통에 따라 구조적 형태와 불평등에 관심을 가졌는데, 특히 디지털 미디어 테크놀로지가 어떻게 불평등을 확대하고 재생산하는지 이해하고자 했다. 벨라 딕스는《정성적 연구와 하이퍼미디어: 디지털 시대의 민족지》에서 디지털 미디어를 사회학의 한 방법으로 소개했고, 그 특징을 '다중양식 패러다임'에서 찾았다(Dicks, 2005). 이와 대조적으로, 머시는 컴퓨터 매개 커뮤니케이션으로 자료 수집하는 방법을 중심으로 디지털 민족지를 논의했다. 그는 디지털로 매개된 현지 노트, 온라인 참여관찰, 블로그 · 위키에서의 참여자 반응, 온라인 포커스 그룹 외에 오프라인 그룹의 생각을 다루었다. 이와 대조적으로, 하인은 '과학과 테크놀로지 연구(STS)'에서 많은 영향을 받아 인터넷과 디지털 미디어의 결과에 관심을 보였다. 러프턴은《디지털 사회학》의 서론에서 디지털 사회학은 네 가지 형태의 실천에 관심이 있다고 주장했다(Lupton, 2014).

① 사회학자들이 디지털 도구를 이용해 네트워크를 만들고 대화를 나누는 것
② 사람들이 디지털 미디어, 기술, 도구를 어떻게 사용하는지 연구하는 것
③ 디지털 도구를 이용해 분석하는 것
④ 디지털 미디어의 이용과 결과에 대한 비판적 분석

러프턴이 지적했듯이, 디지털 사회학의 중요 관심사 중 하나는 "알고리즘 데이터가 전통적인 정성적 · 정량적 실천 능력을 얼마나 향상시키고, 변화시키고, 대체할 수 있는가"였다. 디지털 사회학은 디지털 민족지를 사회학이 중시하는 주제와 실천을 연구하는 수단으로 간주했다. 하지만 마레스는 디지털 사회학의 관심이 "디지털 사회를 단지 이론화하는 것(…) 그리고 민족지를 사회의 디지털 삶을 분석하는 사회조사 방법 정도로 이용해서는 안 된다"고 주장했다(Marres, 2013). 그는 "디지털화 맥락에 따라 사회적 삶과 분석 관계들이 변하는데, 디지털 사회는 이것들의 관계를 맺는 방식을 새롭게 제시한다"고 했다. 마레스는 루리(Celia Lury)와 웨이크포드(Nina Wakeford)가 제시한 '학제 간 발명 방법(inventive methods)'에서 많은 영감을 받았는데, 자신의 연구에 '디지털 사회학'이라는 꼬리표가 붙는 것을 달가워하지 않았다.

디지털 인류학은 호르스트와 밀러의 공동작업을 통해 정립되었는데, 이들이 출간한 《디지털 인류학》은 디지털 테크놀로지에 대한 초기 민족지 연구를 기반으로 구성되었다(Horst & Miller, 2006; Madianou & Miller, 2012; Miller, 2012; Miller & Slater, 2000). 이후 후속 연구들이 그 뒤를 이었는데, 가상 세계(Boellstorff, 2008; Nardi, 2010), 모바일과 소셜미디어(Gershon, 2010), 온라인 커뮤니티와 액티비즘(Postill, 2011), 디지털 시대에 대한 성찰(Ginsburg, 2008) 등이 있다. 이 외에도 이전에 거의 다루지 않은 연구주제가 등장했는데, 디지털 아카이브(Geismar, 2012), 장애(Ginsburg, 2012), 정치(Postill, 2012a), 게임(Malaby, 2012), 디자인(Drazin, 2012), 퍼스널 커뮤니케이션(Broadbent, 2012), 소셜네트워킹(Miller, 2012), 종교(Barendregt, 2012) 그리고 일상생활(Horst, 2012) 등이 있다.

호르스트와 밀러는 디지털 인류학이 종교인류학, 법인류학 그리고 경제인류학과 동등하게 인류학의 하위 연구 분야가 되었다고 주장했다. 그는 디지털 인류학도 — 다른 인류학 하위 영역처럼 — '무엇이 우리를 인간답게 만드는가?' 등과 같은 인류학의 핵심 관심사를 공유한다고 주장했는데(Miller & Horst, 2012), 이 문제는 인터넷과 사이버 공간 연구가 시작된 이래 인류학의 뜨거운 논쟁거리였다(Escobar, 1994; Hakken, 1999; Haraway, 1991; Whitehead & Wesch, 2012). 인류학은 민족지와 같지 않지만(Ingold, 2008), 현재 상당수 인류학자는 민족지 접근법으로 디지털 세계를 연구한다. 콜먼의《디지털 미디어에서의 민족지 접근법》은 인류학 밖에서의 민족지 실천과 연구자 문제를 다루었는데(Coleman, 2010), 디지털 인류학에서도 민족지 분석만큼이나 실천 영역 연구가 증가하고 있다.

디지털 사회학과 인류학 논의에서 알 수 있듯이, 민족지 방법은 많은 생산적 논의를 끌어냈다. 민족지 접근법과 학제 간 협업에는 많은 장점이 있는데, 이 장점은 특히 가상세계 연구에서 두드러진다(Bellsstorff et al., 2012). 이들 연구자는 우선 사회학과 인류학에서의 관점과 기존 이론들을 공동 조사한 후, 대화를 통해 가상세계 연구에 적합한 민족지 접근 방법을 개발했다. 이 덕분에 이들은 기존 민족지 방법과 시각이 가진 상당한 한계를 극복할 수 있었다. 디지털 미디어와 테크놀로지는 우리가 사는 일상적이고 때로는 스펙터클한 세상의 일부가 되었는데, 여기서는 특정 유형의 디지털 민족지 실천을 살펴본다. 일부 미디어 학자들은 이를 '비미디어 중심적(non-media-centric)' 접근법이라고 불렀는데(Couldry, 2012; Moores, 2012; Morley, 2000), 이 접근법은 비디지털 시각과 이론으로 디지털 세상에 접근했다. 디지털이 어떻게 우리가 사는 물질적 · 감각적 · 사회적 세계의 일부가 되었는지를 이해하기 위해 디지털, 감각, 환경 그리고 물질성 사이의 관계를 중시했다.

민족지는 항상 일상 세계에서 연구 참여자들과 함께 결과를 만들어 가고, 그 결과를 공유하는 것을 원칙으로 하며, 이는 연구자와 참여자 사이의 협력 관계를 발전시키는 토대가 된다. 연구자는 디지털 세상을 경험, 실천, 사물, 관계, 사회 세계, 지역성, 사건 등의 범주로 연구하는데, 이 범주들은 민족지 과정을 개념화하고 이해하는 데 도움이 된다. 다음 절에서는 민족지가 어떻게 정의되고, 이 정의가 어떻게 디지털 민족지로 확장되고 있는지를 살펴본다.

2) 디지털 민족지의 원리

이 글은 디지털 민족지 연구의 다섯 가지 중요한 원칙인 '다중성(multiplicity)', '비디지털 중심성(non-digital-centricness)', '개방성(openness)', '성찰성(reflexivity)', '변칙성(unorthodox)'을 개략적으로 살펴본다. 이 원칙들을 고려하지 않고 디지털 민족지 연구를 하는 것은 실질적으로 거의 불가능하다. 또한 디지털 민족지 정의들과 이들이 디지털 민족지 이론과 실천 맥락에서 특별함을 가지는지도 살펴본다. 이 원칙들은 경험을 바탕으로 만들어졌지만, 디지털 민족지 실천의 모든 측면을 포괄하지는 않는다. 이 모든 원칙에는 이상적 측면이 많이 포함되어 있어서 모두 온전하게 실제 사례에 적용할 수는 없다. 또한, 이 원칙은 해당 연구 프로젝트의 맥락과 과정에 따라 수정되고 조정될 필요가 있다.

다중성

디지털 민족지 연구에는 항상 연구 질문과 이에 대응하는 방식에 독특한 점이 있다. 이 연구는 종종 분과학문의 특정 이론적 틀을 기반으로 하는데, 다양한 연구 참가자와 연구 파트너 그리고 이해관계자의 요구와 이해관계에 좌우되기도 한다. 이들 요소는 프로젝트에 적지 않은 영향을 끼치며, 특정한 방향으로 나아가게도 한다. 어디서, 어떤 종류의 기금을 받는지에 따라 개념화도 영향받는데, 이는 다시 지식의 유형과 결과에 영향을 끼친다. 안정적인 에너지원으로부터 전력 공급이 필요하듯이, 디지털 미디어는 디지털 테크놀로지와 미디어 그리고 행위자는 일상적 삶의 인프라와 영향을 주고받는다. 연구자와 연구 참여자 모두 일상생활과 미디어 사용을 연구하려면 이를 사용할 수 있는 환경에 존재해야 하고, 연구자는 해당 테크놀로지와 미디어를 상당히 능숙하게 사용하는 능력을 갖추어야 한다. 아마 더 중요한 점은 디지털 미디어 사용을 가능하게 하는 인프라인데, 이는 연구자와 연구대상 모두에게 큰 영향을 끼친다. 포스틸은 인도네시아에서 디지털 미디어와 시민 참여를 현지조사했는데, 연구 참여자들은 도시에서도 브로드밴드와 와이파이 접속이 어려워 빈번하게 스마트폰으로 인터넷에 접속했다. 이런 점은 연구주제 선택과 연구자의 적극적인 활동을 제한할 수 있다. 하지만 공공 와이파이 접속이 비교적 쉬운 바르셀로나에서 현지조사할 때는 이런 제한을 거의 받지 않았다.

와이파이와 소셜미디어 접속 자체가 연구의 일부가 될 수도 있는데, 역동적 공간을 새로 연구할 때부터 처음 접속 과정을 포착하고 보존할 필요가 있다. 호르스트와 포스터는 태평양 지역에서 휴대전화의 도덕과 문화경제 문제를 연구했다. 이들은 다국적 기업이 어떻게 현지화된 제품과 서비스를 개발하는지 분석하려고 다양한 회사들이 페이스북, 유튜브, 비메오 등의 플랫폼에서 하는 광고들을 저장했다. 만일 당시 이를 저장하지 않았다면, 이런 일시적인 광고를 다시 못 보는 경우가 발생할 수도 있다. 특히 학제 간 프로젝트나 팀원이 분산되어 작업하는 연구 프로젝트의 경우, 연구에서 디지털 자료수집은 중요한 과정이다. 연구 참여자는 스카이프, 구글챗 등의 플랫폼에 참여하기 위해 랜이나 와이파이 연결이 필요하다. 이것이 가능하면 연구자와 연구 참여자는 거의 실시간으로 협동작업을 할 수 있고, 다양한 자료를 실시간으로 공유할 수도 있다. 이처럼 디지털 민족지의 실천은 인터넷 속도와 사용 가능성에 따라 달라질 수 있다.

비디지털 중심성

일부 연구자는 미디어 연구에서 '비미디어 중심(non-media-centric)' 접근법을 사용했는데, 디지털 시대에 본격 진입하자 미디어 연구와 미디어 인류학에서 이 점이 새롭게 부각되었다(Couldry, 2012; Moores, 2012; Pink & Mackley, 2013). 미디어 연구에서 미디어를 중심에 두지 않는 접근법은 사람들이 미디어를 사용하고 경험하고 작동하면서 동반되는 활동, 테크놀로지, 물질 그리고 느낌 등을 연구에서 떼어내서는 안 된다는 전제에서 출발한다. 디지털 시대 이전 미디어 인류학은 미디어를 중심으로 분석하면 결과에 문제가 발생한다고 주장했다. 이들 연구자는 미디어가 이를 둘러싼 일련의 환경과 관계의 산물이라고 생각했지만, 당시 연구자들은 이 점에 대해 거의 관심을 기울이지 않았다.

연구자는 민족지 연구를 할 때 간접적인 방식으로 문제에 접근하는 경향을 자주 보이는데, 이를 통해 자신이 알고자 하는 것이 다른 것들과 밀접하게 관련되어 있다는 점을 포착할 수 있다. 또한, 연구 결과에 기초가 되는 통찰력도 얻을 수 있는데, 표준 인터뷰와 조사 방법으로는 이런 종류의 통찰력을 얻기 어려울 수 있다. 핑크는 에너지와 미디어 사용에 대해 직접 질문하지 않았다. 그는 연구 참가자들과 함께 에너지와 디지털 미디어 사용을 직접 하도록 요청하거나 관련된 일상적 삶과 행위를 함께 함으로써 그 함의를 밝히려고 했다. 이 같은 원칙은 디지털 미디어 연구에도 폭넓게 적용될 수 있다(Horst, 2012).

디지털 미디어가 어떻게 사람들 일상생활의 일부가 되는지를 포착하기 위해서는 사용된 미디어의 특성보다 사용되는 디지털 미디어 세계와 생활의 다른 측면들을 이해할 필요가 있다. 디지털 미디어는 인간관계의 일부를 형성하는데, 휴대전화 및 위치 기반 애플리케이션의 특성과 행위 유도성은 이런 관계성에 새로운 가능성을 제공한다. 사용자들은 인터넷에서 많은 활동을 하지만, 이런 행동은 디지털이라는 특성에만 영향을 받지 않는다. 따라서 온라인 행동을 이해하려면 디지털 이상의 것을 볼 필요가 있다. 예를 들어, 호르스트는 자메이카의 친족 규범 맥락 속에서 가족 내의 초국가적 의사소통을 조사했는데, 그 지역의 사회적 맥락에서 특히 중요한 할머니와 성인 남자 그리고 아동의 젠더 기대감에 주목했다. 타치는 인도 델리의 슬럼 지역에서 여성들에게 휴대전화가 어떤 의미가 있는지를 이해하기 위해 이동성 의미를 폭넓게 조사했다. 이벤트의 경우도 마찬가지인데, 이벤트는 디지털 활동, 테크놀로지, 콘텐츠 그리고 이의 사용 등이 서로 결합해 구성된다. 이벤트를 디지털 민족지 실천과 원칙을 통해 살펴보면, 사람들의 삶 이상으로 디지털 미디어의 역할을 파악할 수 있다.

우리는 다양한 요소들이 서로 얽혀있는 상황을 고찰함으로써 디지털 미디어의 함의를 새롭게 보여줄 수 있다. 디지털 민족지 연구 방법은 비디지털 중심으로 접근할 필요가 있으며, 디지털 민족지 프로젝트도 디지털 방법만으로 연구할 수 있다는 전제에서 출발할 필요가 없다. 이보다는 연구하려는 특정 연구주제와 관련해 적절한 디지털 연구 방법을 디자인하고 개발할 필요가 있다. 디지털 미디어 사용을 조사한 몇몇 연구성과는 연구 도구로 디지털 테크놀로지를 사용하지 않았지만, 다른 디지털 연구 프로젝트는 이를 적극 이용해 디지털 미디어와 일상생활 또는 지역성을 연구했다. 루이스(Lewis, 2015)는 멜버른 '공동 가드닝(Permablitz)'에서의 디지털 미디어 실천을 연구했는데, 도시의 농장 활동에 초점을 맞추었다. 디지털 미디어 연구에서 디지털을 연구 중심에 두지 않고, 광범위한 맥락 안의 한 구성요소로 간주하면 미디어를 훨씬 폭넓게 파악할 수 있다. 이는 디지털 미디어를 연구하는 방법, 활용법, 특징, 행위 유도성 등에 대한 이해가 풍부해지고, 디지털이 일상적 환경, 경험, 활동 및 관계를 구성하는 일련의 다른 요소들에 끼치는 영향을 새롭게 이해할 수 있게 된다.

개방성

현재 학계와 담론 그리고 실천 영역에서 '개방'이라는 개념이 인기다. 지리학자인 도린 매시는 장소(place)를 개방적 측면에서 보고, 사물을 연결하는 일종의 이벤트로 보았다(Massey, 2005). 개방성이라는 용어는 '열린 디자인'처럼 디자인 영역에서도 종종 사용된다. 인류학자 잉골드는 "디자인은 미래를 상상하는 것이며, 최종과 완결을 추구하는 것이 아니라 개방적으로 상상하는 것"이라고 했다(Ingold, 2012: 29). 연구자는 다양한 연구와 작업 과정에서 디지털 민족지 연구 과정을 개념적으로 개방할 가능성을 마주하게 된다. 디지털 민족지는 경계가 확정된 방법 또는 시작과 끝이 있는 행위 단위나 기법이 아니라 과정적이다.

디지털 문화에서 개방성은 기본 개념이다. 오픈소스, 크리에이티브 커먼즈(creative commons) 그리고 다른 형식의 디지털 공유와 협력은 디지털 미디어로 다른 사람들과 관계를 맺고 존재하는 방식이 되고 있다. 디지털 민족지 연구 과정에 개방성을 수용하면 수행 과정 자체를 이해하는 데 도움이 된다. 스페큘레이티브 디자인(speculative design)이나 예술 실천과 마찬가지로, 민족지 연구자도 다른 분과학문의 공동 연구자 또는 외부 프로젝트의뢰자의 기대치와 요구를 개방적이고 유연하게 포용해 연구를 디자인할 수 있다. 이 연구 디자인은 특정 연구 질문, 이와 관련된 제도적 맥락 그리고 연구 참여자의 개입 방식에 따라 달라질 수 있다. 디지털 민족지는 대부분 협동작업 형태로 수행되므로 개방성이 더 중요하다. 모든 민족지 연구에서 참여관찰은 기본인데, 이를 위해 필연적으로 다른 사람들을 만나야 한다. 이들과 라포를 형성하고, 이를 기반으로 협력 행위를 끌어낸 상태에서 연구할 수밖에 없어서 개방성은 더욱 필요하다. 문자텍스트 분석과 달리, 민족지 연구는 혼자 수행하는 것이 아니라 협력을 통해 연구주제 이해와 조사 방법을 같이 찾고, 지식을 함께 구성해나가는 과정이다. 디지털 민족지가 이전의 전통적 민족지 실천보다 반드시 더 협력적인 것은 아니지만, 디지털 민족지 연구 과정에서의 협력과 참여 그리고 개방성은 지식을 공동 생산하는 길을 제시한다.

성찰성

민족지 실천에서 성찰성에 대한 본격적인 논쟁은 '문화 글쓰기 논의'에서 출발했다. 이 논의는 민족지를 통한 지식 생산 방식에 일련의 질문을 제기해 특히 1980~1990년대 인류학계를 뜨겁게 달궜고(Clifford & Marcus, 1986; James et al., 1997), 민족지 연구에서 성찰적 연구 형태가 자리 잡는 계기가 되었다. 이 논의는 주로 인류학에서 이루어졌지만, 사회학이나 인문지리학에도 영향을 끼쳤다. 이 글에서 '성찰성' 개념은 연구자들이 다른 사람 또는 사물과 만남을 통해 지식을 생산하는 방식으로 정의한다. 성찰적 접근법은 상대적으로 단순한 '편파성(bias)' 개념을 넘어 연구자의 주관성을 전제로 한다. 이에 의하면, 민족지 글쓰기는 다른 사람들과 이들의 삶과 경험 그리고 환경에 대한 지식을 생산하는 실증적이고 창의적인 통로이지만, 해석적 본질을 내포한다. 또한, 성찰적 실천은 민족지 조사 과정에서 생산되는 지식의 협력적인 역할을 인정하는 윤리적 실천이다. 전통적인 민족지 연구 방법은 성찰성의 의미를 새롭게 발견하고, 이를 수용했다.

디지털 민족지 맥락에서의 성찰성은 기존 방식과 크게 다르지 않지만, 디지털 민족지 연구자들은 이전과는 다른 디지털, 물질적 그리고 감각적 환경에서 세계를 마주하고 이를 이론화하려고 하므로 부분적으로 차이가 있을 수 있다. 디지털 인류학자들이 성찰적으로 세상과 관계를 맺는다는 데는 연구자가 지식을 어떻게 생산하고 있는지를 스스로 질문하는 것이 포함된다. 연구자와 디지털의 관계성은 연구 수행 과정에서 마주하는 특정 인식과 존재 방식 형성에도 큰 영향을 끼치므로 성찰성은 디지털 시대에도 중요하다.

변칙성

현재 전 세계 다양한 환경 속의 디지털 사이트들을 연구한 다수의 민족지 글쓰기의 사례들이 존재하는데, 이들 중 일부는 환경, 일상생활, 연구와 테크놀로지 등을 하나의 분석단위로 연구한 프로젝트 결과다. 이 사례들은 변칙적 디지털 접근 방식으로 연구했는데, 이런 비전형적 접근법은 전통적 연구 접근법으로는 관찰하거나 이해하기 어려웠던 측면들을 포착하고, 새로운 시각에서 해석할 수 있게 한다. 변칙적 디지털 민족지 방법은 지식 생산 결과와 생산 방식이 서로 긴밀한 상호 영향을 주고받기 때문에 따로 분리해서 고찰할 수 없다는 전제에서 출발한다. 독자들은 이런 변칙적 민족지 연구 결과에서 지식이 어떤 상황과 맥락에서 생산되었으며, 이 결과에서 무엇을 배울 수 있으며, 이 과정과 결과를 어떻게 그리고 어디에 적용할 수 있는지도 주체적으로 생각할 수 있다.

디지털 민족지에서 변칙성은 지식 공유 측면에서도 이전과는 다른 결과와 효과를 보인다. 현재 디지털 민족지의 연구내용은 정제된 문자텍스트 또는 '원자료' 형태로 다양한 디지털 플랫폼에서 공유되고 있다. 일부 디지털 인류학자는 문자텍스트 민족지의 한계를 확장하기 위해 사진이나 동영상 그리고 동반 웹사이트 자료를 공유하기도 하고, 다양한 사이트에서 수집한 자료를 분석해 연구에 반영하기도 한다(Ardévol, 2012; Cruz, 2012). 디지털 시각 민족지는 시각 테크놀로지를 이용해 연구를 진행하고, 후에 그 결과를 공유하고 확산하는 데 많은 장점이 있다(Pink, 2012). 이런 디지털 공유와 확산 방법은 주로 영상물이나 사진을 사용하던 기존 시각 인류학 접근법보다 유용할 수 있다. 기존 시각 민족지에 첨부된 시각 자료는 주로 단순 설명이나 예증 또는 연구 맥락 형성에서 중요한 느낌, 관계성, 물질성, 행위와 이들의 배치 등을 알려주는 역할을 했지만, 변칙적 민족지 연구 방법은 이 가능성을 대폭 확장한다.

변칙적 민족지 연구 방법 사례를 살펴보면, 사라 핑크는 〈에너지와 디지털 거주〉 프로젝트를 수행하여 그 결과를 사이트에서 공개했는데, 편집되지 않은 연구 참여자의 세탁 장면을 볼 수 있고, 해당 블로그로 연결하는 링크도 제공한다.[1] 이 블로그는 연구 초기 기획 과정과 자료조사 내용, 학술회의 자료, 발표문, 그리고 논문 등의 더 구체적인 자료들을 제공한다. 호르스트도 〈디지털 청년 프로젝트〉와 관련된 자료와 정보를 블로그에 공개했는데,[2] 유튜브에서는 연구 결과물을 요약해서 제공하고 있

1 http://johnpostill.com/blog-series/

2 http://digitalyouth.ischool.berkeley.edu/stories.html

다.[3] 호르스트는 테일러와 함께 아이티와 도미니카공화국 국경에서 민족지 방법으로 현지조사했는데, 이때 수집한 다양한 형태의 자료들을 공개했다.[4] 타치는 커뮤니케이션이 사회와 경제 개발 영역에서 담당하는 역할을 조사했고, 연구 참가자들이 제작한 콘텐츠를 〈목소리 찾기 프로젝트〉 사이트에서 공유했다.[5] 또한, 그는 민족지 방법으로 행동주의 프로젝트를 조사했는데, 행동주의 훈련 결과를 문서로 발표하고, 인터넷 사이트에서 연구 과정과 연구 커뮤니티에 관한 현장 노트 자료들을 공개했다.[6]

민족지 실천의 초국가적이고 투명한 형태는 디지털 민족지의 가능성, 기회, 도전을 제시한다. 이러한 변칙적 대중화 방식은 디지털 민족지 현지조사와 연구 참여자들과의 지속적인 협력, 대화, 연구, 분석 그리고 유통 프로세스를 융합해 새로운 연속성과 가능성, 기회 그리고 도전을 만들어낸다. 이런 의미에서 디지털 민족지 접근법은 분과학문 영역과 학계의 전통적이고 표준화된 글쓰기 접근법을 넘어설 수 있다.

---

3 http://www.youtube.com/view_play_list?p=CC2EF6A461393C86

4 http://www.imtfi.uci.edu/files/docs/2010/mmm_time_and_cost_flyer_feb20111.pdf

5 http://findingavoice.org

6 http://ear.findingavoice.org

7장
디지털 민족지와 경험 연구

여기서는 디지털 민족지 연구자가 경험 세계를 어떻게 개념화하고 연구하는지를 살펴본다. 다양한 분야의 학자들은 민족지 연구 방법으로 경험 세계를 탐구했고, 종종 민족지 실천의 중심에 경험이 존재한다고 주장했다. 사람은 디지털 스크린에서 감성적 · 촉각적 · 시청각적 체험을 포함해 다차원적 경험을 하는데, 디지털 미디어에서의 이런 체험적 특성이 관심을 끌고 있다. 이 장에서는 경험에 관한 서로 다른 접근 방식을 소개하고, 경험 개념을 어떻게 유용하게 사용할 수 있는지를 모색한다. 우선 경험 분석을 통해 디지털 미디어가 어떻게 세계에서 경험 일부가 되었는지를 소개한다. 둘째, 연구자들이 디지털 테크놀로지 경험을 어떻게 연구과제에 포함했고, 다른 사람의 세계 이해 방식과 경험을 디지털 민족지 접근법으로 어떻게 연구했는지도 살펴본다.

경험 연구는 광범위한 학제적 연구주제인데, 이런 시각에서 다양한 종류의 경험을 어떻게 연구할 수 있는지를 모색해본다. 특히, 세 가지 구체적인 사례를 통해 디지털 민족지 방법으로 어떻게 경험을 연구했는지 살펴본다. 영국 가정에서 디지털 미디어의 현존(presence)에 의한 감각적 경험, 인도 슬럼 지역에서 여성의 휴대전화 사용과 감성 및 감각적 차원, 호주 햅틱 게임의 앰비언스(ambiance) 만들기 그리고 디지털 체험 연구에서 이 접근 방식이 가진 의미를 소개한다.

1) 경험 개념과 접근법

다양한 분과학문의 연구자들은 연구주제나 분석 범주로서 경험에 관심을 보였다. 존 듀이는 경험을 '성취의 순간'에 의해 강조된 일상생활의 흐름으로 보았는데(Dewey, 2005[1934]: 16), 그의 생각은 경험 개념의 발전에 지속적인 영향을 끼쳤다. 데트머는 현상학은 "생활 경험의 본질적 구조들을 연구하는 것을 지향하는데, 이에는 지각, 상상, 애정 등의 대상과 경험 행위 등이 포함된다"고 했다(Detmer, 2013: 23). 후설은 경험에서 의식을 중시했고, 하이데거는 경험을 세상에 존재하는 방법과 근본적으로 관련된 것으로 인식했으며, 메를로 퐁티는 신체를 세상에 관한 지식 현장으로 파악했다. 이들 모두 인간의 조건을 이해하고 확장하는 데 경험 연구가 중요하다고 생각했다.

경험에 대한 이들 초기 정의와 논의들은 한동안 사회과학과 인문학 연구자들의 학술적 경험 연구에 방향타 역할을 했다. 인류학자들도 경험 문제를 이론 또는 민족지 차원에서 연구했다(Geertz, 1986). 터너는 처음에는 걸러지지 않은 '순수 경험(mere experience)'과 이벤트, 후에는 실제 경험과 정의들 사이의 간극을 해결하는 데 집중했다(Turner, 1986). 스루프는 기존 인류학 경험 논의들을 재점검하면서, 경험 연구는 유형을 복수화함으로써 심화할 수 있다고 주장했다(Throop, 2003).

분석적 개념에서 출발한 인류학에서의 경험 연구는 20세기 후반 몸과 마음의 관계인 체화(embodiment)에 관심을 가졌다(Csordas, 1994). 이 당시 인류학자들은 민족지 지식을 생산하고, 타자를 이해하는 방식을 통해 자기 경험을 이해하여 이론화하려고 했다(Harris, 2007). 이들 연구자는 경험 연구에서 비전이나 감각 양식(Grasseni, 2007; Howes, 2003), 상상력(Crapanzano, 2004) 그리고 감정(Wulff, 2007) 등에 관심을 보였다. 경험에 대한 이 같은 관심은 비단 인류학에만 국한된 것은 아니다. 문화 연구자들도 경험 연구에 관심을 가졌고(Pickering, 1997), 21세기 초반 인문지리학자들도 일상생활에서의 경험적 차원을 재현 또는 비재현 측면에서 연구했다(Lorimer, 2008; Thrift, 2007).

현재 논의는 경험이 감각과 감성적 방식을 통해 어떻게 구현되고 체화되는지에 많은 관심을 보이고 있으며, 경험이 디지털 민족지 실천에서 어떻게 조사되고 있는지를 설명한다. 세레스(Serres, 2008)가 강조했듯이, 감각은 언어를 통해 표현하기 어렵거나 불가능한 것, 또는 직접 관찰할 수 없는 사물에 대한 경험을 이해할 수 있게 한다. 경험에는 접합하기 어려운 특성이 있어서 경험의 의미와 중요성을 이해하고 해석하려는 시도는 종종 다른 사람의 경험에 의존하는 경향을 보인다. 연구자와 연구 참여자가 경험에 관한 논의를 같이하려면, 이들이 감각 또는 감정 경험과 관련된 개념을 각기 어떻게 식별하고 사용하는지를 살펴볼 필요가 있다.

경험 연구 접근법

인류학자들은 감각 경험 연구에 두 가지 접근법을 취했다. 첫 번째 접근법은 시각, 청각, 촉각, 후각 그리고 미각 등의 서구의 전통적 오감 분류 범주를 기반으로 이들의 상호작용에 초점을 두는 것이다. 호웨스와 클라센은 이들 감각을 문화 현상으로 간주했는데, 감각 사용 방법과 감각 세계의 창조와 이해 방법 모두 문화에 의해 구성된다고 생각했다. 인간은 특정 감각이 부여하는 개인적인 의미와 이것이 내포하는 사회적 가치를 토대로 경험을 인식한다고 주장했다(Howes & Classen, 2013). 다른 경험 연구자들은 이전에는 별다른 관심 대상이 아니었던 감각 배열에 관심을 보였다. 월터 옹은 감각이 문화 형성에 중요하므로 감각의 조직과 감각 장치의 작동을 분석하면 문화를 이해할 수 있다고 주장했다(Ong, 1991: 28).

두 번째 접근법은 잉골드의 연구에서 찾아볼 수 있는데, 오감 경험을 언어적 범주로 표현하면 잘 들어맞지 않을 수 있다고 주장했다(Ingold, 2000). 신경과학자들은 신체와 뇌 사이의 감각 채널로 오감이나 감각 경험을 매핑할 수 있다고 주장했지만, 그는 이에 대해 조심스러운 태도를 보인다(Ingold, 2011). 하지만 사라 핑크는 감각 인식에 대한 현상학적 · 신경학적 이론을 잘 적용한다면 민족지 방법으로 감각 연구를 향상할 수 있다고 주장했다(Pink, 2015). 감각에 대한 이론적 이해 방식은 실제로 조사 방식에도 영향을 미치는데, 현대 서구 범주를 다른 문화에서의 감각 조사에 적용하면 서구 범주에 맞는 결과가 산출될 가능성이 크다. 하지만 이런 서구 범주가 인간 인식에 내재하는 (보편적) 문화의 일부 표현이라는 관점에서 경험 연구에 접근하면, 새로운 범주 또는 이해 방법을 발견할 가능성이 커진다.

감각 연구자들은 문화 범주를 통해 재현되는 감각 경험 층위에 많은 관심을 보인다. 스톨러는 연구 초기에는 세상 경험에 초점을 맞추었는데(Stoller, 1997), 이후 체화에 관심을 갖고 학술 실천에서 이해 가능한 것과 감각적으로 지각 가능한 것을 융합하려고 했다. 그는 감각적 몰입이 특정 문화에서 어떻게 통찰력과 이해를 생성하는지를 제시해 현대 서구의 생각이나 범주에 새로운 가능성을 제시했다. 스톨러는 니제르에서 송하이 사람들의 감각과 경험을 장기간 공동 연구했는데, 다음과 같이 연구를 결말지었다.

> "니제르의 광경, 소리, 냄새, 맛이 내게 흘러들어오게 하라. 서양 사람들은 미각, 후각, 청각보다 시각에 특권적 지위를 부여하는데, 인식론적 겸손이라는 기본 규칙은 송하이 사람들에게 시각보다 미각, 후각 그리고 청각이 더 중요하다는 점을 가르쳐주었다. 송하이에서는 친족을 맛보고, 마녀를 냄새 맡고, 조상들을 들을 수 있다."(Stoller, 1989: 5)

스톨러는 인류학자로서의 학술적 시각과 연구대상자들의 환기적인 시각을 융합해 감각 경험을 이해하고자 했는데, 이런 방식의 민족지 글쓰기 작업은 새로운 접근법이었다. 그의 접근법 이후 사회과학에서 감각과 경험에 관한 관심이 증가했다. 반니니의 감각사회학(Vannini et al., 2011), 헤이스-콘로이(Hayes-Conroy, 2010)의 본능적 지리학(visceral geography), 핑크의 미디어 민족지의 감각 접근법 개발(Pink, 2015) 그리고 디자인 민족학 및 인류학에서의 감각 수용 연구(Gunn & Donovan, 2012; Pink, 2014) 등이 대표적이다. 또한, 연구자들 사이에 미디어 현상학 분야가 다시 인기를 끌면서, 경험에 대한 관심도 높아졌다(Couldry, 2012; Moores, 2012; Pink & Mackley, 2013).

2) 디지털 미디어와 테크놀로지

디지털 미디어는 레거시 미디어와 커뮤니케이션 환경을 서로 더 복잡하게 만들었다. 여기서 변화된 맥락과 상호작용 방식이 출현했는데, 그

정도는 테크놀로지와 플랫폼에 따라 다르게 나타난다. 사람들은 이런 환경을 감각적으로 체화된 경험의 일부로 받아들이므로 연구자들은 디지털 미디어와 테크놀로지 그리고 디바이스에 관심을 가질 필요가 있다. 미디어 학자인 리처드슨이 지적했듯이, "휴대용 게임기가 자주 업그레이드되고, 복수의 휴대기기를 사용하는 환경에서 이런 기기에서의 경험과 상호작용에서의 지각적 특이성을 살펴보는 것"은 중요하다(Richardson, 2011: 421). 또한, 새로운 디지털 플랫폼이 등장하면서 새로운 방식의 생활 경험도 가능하게 되었다. 이러한 새로운 생활 경험 양식을 조사한 연구성과로는 가상세계에 대한 몰입 연구(Boellstorff, 2008; Boellstorff et al., 2012; Taylor, 2002), 게임(Hjorth, 2011; Hjorth & Chan, 2009; Nardi, 2010; Pearce et al., 2011; Thornham & Weissmann, 2013), 온라인과 오프라인 세계를 횡단하는 경험(Horst, 2009; Taylor, 2009) 등이 있다. 플랫폼도 이제는 새로운 민족지 현지조사 대상이 되었다.

이들 연구자는 기존의 전통적 현지조사 방법을 기반으로 연구 참여자들이 디지털 맥락에서 경험하는 몰입 유형을 연구했다(Marcus, 2012; Horst, 2015). 이들 중 일부는 이런 몰입 경험이 다른 사람의 참여와 경험에 미치는 영향을 연구했다(Burrell, 2015; Kraemer, 2017). 새로운 기기, 뉴미디어 그리고 새로운 콘텐츠에서의 체화된 감각 경험을 연구한 민족지도 증가하고 있다. 햅틱 테크놀로지 연구(Paterson, 2007, 2009), 사운드, 소음 및 침묵 연구(Bijsterveld, 2008; Born, 2013; Bull, 2018; Helmreich, 2007) 그리고 카메라폰에서의 시각 연구(Ito & Okabe, 2005; Okabe & Ito, 2006)는 연구자와 참여자 모두 뉴미디어를 체화하고, 감각 경험에 참여하는 것의 중요성을 보여주었다.

장애에 관심을 가진 연구자는 디지털 미디어의 특정 기능 강화, 증강 그리고/또는 변형 가능성에 관심을 보였다(Ellis & Kent, 2011; Ginsburg, 2007; Goggin & Newell, 2003). 예를 들어, 밀러는 페이스북에서 트리니다드토바고 남성들의 자기재현을 연구했고(Miller, 2011a), 긴즈버그는 장애 활동가들의 유튜브 및 기타 소셜미디어 사용을 조사했다(Ginsburg, 2012). 보엘스토르프는 〈세컨드라이프〉 현지조사에서 참가자들이 음성보다 텍스트 채팅에 더 의존하고, 아바타의 안면 표현 능력이 제한적이고 지연되거나 예상치 못한 반응을 보이더라도 관용적 태도를 보인다는 점을 밝혀냈다. 그 덕분에 장애가 있는 참가자도 현실 세계보다 더 의미 있고 유능한 사회적 행위자로 온라인에서 활동할 수 있었다(Boellstorff, 2008: 147). 이들 사례는 디지털 미디어가 감각 세계 형성에 얼마나 중심적인 역할을 하고 있는지를 보여준다.

3) 경험 연구

민족지 방법은 디지털이 경험에 미치는 영향과 경험이 디지털의 형성 방법을 설명하는 데 장점을 보인다. 다음의 세 가지 사례는 민족지 방법으로 디지털 테크놀로지 그리고 이와 관련된 일상적 경험을 탐구하는 방법을 보여준다. 첫 번째 사례는 영국 가정에서의 디지털 미디어와 에너지 사용을 연구했는데, 일상적인 일과 활동에서 잘 드러나지 않는 감각과 정서적 경험을 가시적으로 보여주었다. 두 번째는 인도의 빈민가 사례인데, 휴대전화와 억압적인 젠더 구조와 경험의 관계를 분석했다. 세 번째 사례는 게임과 놀이가 호주의 일상생활에서 중요한 역할을 하는 방법을 탐구한다.

단기 민족지 방법은 가정에서 미디어와 감각적 · 감성적 경험의 상관관계를 연구하기 위해 다양하게 사용될 수 있다. 기존의 미디어 연구들은 주로 커뮤니케이션 측면에서 미디어 콘텐츠와 수용자와의 상관관계를 연구했다. 그러나 디지털 미디어 테크놀로지와 콘텐츠는 가정환경에서 다른 역할을 담당하는데, 이들은 가정에서 유형적이고 (일부) 무형적인 감각과 감성적 구조 그리고 질감 일부로 존재한다. 수용자와 커뮤니케이션 연구자들은 사람들이 TV와 라디오 또는 음악 시청 행동 등을 연구하기 위해 관찰과 인터뷰 그리고 일기 연구 방법을 사용했다(Keightley & Pickering, 2012; Markham & Couldry, 2007; Silverstone & Hirsch, 1992). 하지만 이런 방법만으로는 가정에서의 '비가시적인' 또는 보통 말하지 않는 미디어 경험을 드러내기란 쉽지 않다. 웰빙이나 편안함처럼 보이지 않는 감각과 정서적 경험을 연구할 때, 연구자는 앞으로 자신이 무엇을 발견할 수 있을지를 반드시 예측하고 시작하지는 않는다. 연구자들은 일상생활에서 비가시적인 요인들이 어떻게 나타나는지 우선 조사함으로써 경험의 비가시적인 요소에 접근한다. 사라 핑크와 맥클리는 영국 가정에서의 디지털 미디어와 에너지 사용을 연구하면서 '미디어 현존(media presence)' 개념을 만들었는데(Pink & Mackley, 2012), 이를 어떻게 적용했는지 살펴본다. 자세한 연구내용은 www.energyanddigitaliving.com에서 열람할 수 있다.

핑크와 맥클리는 민족지 방법으로 〈에너지 절약 디지털 디자인 참여 프로젝트〉를 수행했다. 이들은 에너지와 디지털 미디어를 가정에서의 일상적 일과로 간주하고, 이들을 어떻게 사용하는지 연구했다. 이들의 연구 설계는 현상인류학을 기반으로 하는데, 다음 두 가지 시각에서 이를 조사했다. 첫째, 참여자들이 가정에서 어떻게 감각 미학(sensory aesthetic)을 만들어내는지 이해하기 위해 가정환경에서의 경험을 조사했다. 두 번째로는 참여자들이 평범한 날의 평범한 순간에 하는 실천적 활동 경험을 분석했다. 이들 연구자는 참여자들이 미디어와 에너지를 사용하면서 보이는 평범한 경험과 활동을 중시했는데, 사용자는 통상적으로 이를 다른 사람에게 보여주거나 이에 관해 이야기할 동기나 이유가 없는 것들이었다(Pink & Mackley, 2012).

타치와 루이스는 〈디지털 리듬〉 프로젝트에서 가정에서의 디지털 미디어 사용을 실천으로 개념화했지만, '실천'이라는 개념은 에너지 감축 노력을 연구하는 데 필수적인 일상생활의 흐름 이해에 별다른 도움을 주지 않았다. 사회학적 접근 방식은 가정에서의 에너지 수요를 조사하기 위해 실천을 핵심 분석단위로 사용하는 경향이 있다. 민족지 접근법은 가정에서의 일상적 활동과 경험을 다른 시각에서 분석하는데, 움직임(movement), 흐름(flow) 그리고 현존(presence) 등의 개념이 대표적이다. 핑크와 맥클리는 비디오 투어, 재연, 그리고 참여자 추적이라는 세 가지 디지털 비디오 방법으로 통상적인 일상 활동을 조사했다(Pink & Mackley, 2014).

비디오 투어의 핵심은 연구 참여자가 자기 집 주변을 연구자에게 보여주는 것이다(Pink, 2004). 핑크는 가정에 관한 다양한 프로젝트를 15년 동안 수행하면서 이 방법을 개발했는데, 2010~2014년 〈미디어와 에너지 연구 프로젝트〉에서 이를 약간 수정하여 활용했다. 핑크는 비디오 투어 방법으로 참여자들이 디지털 미디어와 에너지를 이용해 감각적이고 감성적인 체험환경, 집을 '쾌적하게(feel right)' 만드는 방법 등을 구체적으로 조사했다. 이들 연구자는 이 방법으로 참가자들이 집에서 경험하는 질감, 공기 흐름, 온도, 소리, 냄새의 '느낌들'을 공유할 수 있었다. 참여자들은 비디오 투어 중 연구자가 인지하지 못하는 가정에서의 냄새와 소리 등을 알려주거나, 미디어 사용 경험이 어떤 것인지 감성적으로 상상할 수 있게 했다. 연구 참여자인 앨런은 이들 연구자에게 미디어 장치를 끄는 행위와 연관된 감성적 경험을 설명해주면서 집이 '제대로 된' 느낌을 가지려면 미디어가 꺼졌음을 확인하는 것이 중요하다고 설명했다.

> "우리(핑크와 맥클리)가 도착했을 때 앨런이 첫 번째로 보여준 것 중 하나는 거실에 TV를 설치한 방법이었는데, 하나의 스위치로 관련 기기들을

모두 끌 수 있는 점이었다. 그가 집에 도착하기 전 (가족 중 한 명이) 매일 밤 TV 뒤의 스위치까지 닿는 나무 막대기로 그 일을 한다고 알려주었다."(Pink & Mackley, 2013: 679)

앨런은 미디어 장치를 끄는 경험과 정서적인 느낌을 연구자들에게 다음과 같이 이야기했다. "집에 같이 사는 다 큰 딸이 있어서, 이것은 전기이기 때문이다. (…) 그녀는 어디를 꺼야 하는지 뭔가 마음에 걸리는 것이 있는데, 그렇지 않으면 그녀는 편안함을 느끼지 못한다." 연구자들과 참여자들이 집에서 관련된 곳들을 둘러보는데, 참여자는 밤에 전기 끄는 이야기를 하면서 집을 제대로 만드는 다양한 테크놀로지를 소개했다. 앨런은 자신의 체화된 경험을 보여주기 위해 언어와 시각 그리고 물질적 단서들로 내러티브를 구성했다. 그는 또한 연구진에게 아들이 자기 방 플러그에 손이 닿지 않아 TV가 항상 대기 상태였는데, 그가 연장선을 연결하자 모든 미디어 기기들을 플러그 소켓에서 끌 수 있게 되었다고 이야기했다. 연구팀이 다시 아들 방을 둘러보자, 그는 TV, WiFi, Xbox 그리고 노트북 케이블 등이 연결된 플러그를 연구진에게 보여주려고 책상 바닥으로 내려가 어떻게 했는지 설명하고, 이를 실제로 재연해서 이 행동의 의미를 강조했다(Pink & Mackley, 2013: 680). 연구진은 이 모습을 비디오로 녹화했고, 나중에 참여자들의 경험과 앨런의 수행성을 검토하고 분석하는 자료로 활용했다. 연구자들은 이런 방식으로 비디오를 활용하면서 참여자들의 경험과 이들이 집에서 느끼는 것을 상상할 수 있었다.

참여자들은 디지털 비디오 투어 중 앨런처럼 연구자의 관심사를 행동으로 재연했다. 두 번째 방법인 비디오 재연은 참여자들이 일상 활동을 자세하게 재연하도록 하는 것이다. 연구진은 프로젝트의 조사항목에 취침 시간과 아침 일과도 포함했는데, 이 항목이 에너지와 미디어 사용과 밀접하게 관련되어 있기 때문이다. 연구자들이 이런 재연에서 발견한 핵심적 경험 중 하나는 취침 시 특정 감각적 · 감성적 환경을 만들기 위한 미디어 사용이었다. 참여관찰 연구를 수행하는 미디어 인류학자들은 보통 참여자들이 잠자리에 드는 순간까지 함께할 수는 없다. 연구자는 참여자들이 잠자리에 들기 전 또는 일기 쓰기 전에 현장을 떠나는 것이 일반적인데, 참여자들은 비디오 재연을 통해 잠자리에 드는 순간까지 모두 보여주었다. 연구자들은 재연 비디오를 통해 참여자들이 잠자는 과정에서 미디어를 어떻게 사용하는지 파악할 수 있었다. 일단 침실에 가면 텔레비전이나 다른 미디어 장치에 시간 설정을 하거나 잠들면 스스로 꺼지게 하는 방법을 사용했다.

> "비디오 투어에 대해 이야기하려고 방문했을 때, 잠잘 때 주로 켜는 프로그램이 경찰의 추격 장면이라는 이야기를 듣고는 놀랐다. 이런 프로그램이 잠자려고 할 때 불안하게 하지 않냐고 질문하자, 로라와 폴은 관심을 가지는 것은 그 내용이 아니라 '무엇이 존재한다'는 배경 소음이라고 설명했다."(Pink & Mackley, 2013: 685)

미디어 내용 분석이나 커뮤니케이션 연구 방식은 이런 주제나 내용에 관심을 가지지 않거나, 이를 후순위로 여기는 경향이 있다. 핑크 연구팀은 민족지 방법으로 미디어 사용과 감각적 · 감성적 경험과의 관계를 연구했고, 이는 에너지 대기 모드에 대한 사람들의 생각을 새롭게 이해할 수 있게 했다.

델리 슬럼에서의 휴대전화

타치와 찬도라는 민족지 방법으로 인도의 서로 다른 두 개의 빈민촌에서 커뮤니케이션 생태계 변화를 연구했다(Tacchi & Chandola, 2015). 이 연구는 인도, 자메이카, 가나 및 남아프리카공화국 등의 4개국에서 뉴미디어 및 커뮤니케이션을 탐구하는 연구 프로젝트 일부였다(Miller et al., 2005). 타치와 찬도라는 이 연구에서 다양한 방법을 사용했는데, 처음에는 커뮤니케이션 생태계 연구 결과를 활용했다(Slater, 2013). 이들은 집과 거리, 인터넷 카페, 공중전화 부스 그리고 휴대전화와 CD, 라디오와 비디오 판매 상점 등에서 커뮤니케이션이 어떻게 그리고 왜 이루어지는지를 인터뷰했고, 빈민가의 공중전화 근처에서 당시 널리 사용하던 출구조사도 병행했다. 또한, 이들 연구자는 빈민가에서 활동하는 단체들과도 교류했다. 18개월 동안의 초기 연구는 젠더 구조 저변에 있는 것을 가시적으로 드러냈다. 당시 인도 빈민촌에서의 휴대전화 보급률이 높지 않아서 사람들은 주로 유선전화를 이용했는데, 이는 다른 연구 현지인 자메이카나 가나와의 차이점이었다(Horst & Miller, 2006; Slater, 2013).

타치와 찬도라의 연구성과는 이후 인도에서 수행된 민족지 연구의 토대가 되었는데, 현재 인류학자들은 현지조사 항목에 스마트폰과 기타 디지털 테크놀로지 경험 등을 포함하고 있다. 이런 조사 방식으로 '테크놀로지가 무엇을 변화시키고', '권력의 근본구조 등을 어떻게 유지시키는지' 등을 이해할 수 있다. 타치와 찬도라는 2004년 사비타라는 여성을 알게 되었는데, 당시 그녀는 남편과 네 명의 아들과 함께 살았다. 연구진이 남편이 운영하는 찻집 겸 음식점에서 그녀를 만났을 때 아들 둘의 결혼 준비가 한창이었는데, 결혼식을 두 달 앞두고 남편 라즈비어가 갑자기 사망했다. 사비타는 졸지에 가장이 되었고, 그녀의 가족 내 지위도 극적으로 변화했다. 연구자들은 남편이 죽기 전 그녀가 근처에 사는 시부모와 따뜻하고, 사랑스럽고, 지지하는 관계를 맺고 있다고 느꼈다. 남편이 사망하자 결혼식 일정 문제로 집 안에서 논쟁이 벌어졌는데, 사비타는 시댁 식구들의 기대와 달리 결혼식 연기에 반대했다. 이 행동은 그녀가 시댁 식구들에게 보인 첫 번째 반항이면서 공개적인 인정 요구였다. 사비타는 이전에는 공간적, 사회적 그리고 경제적 이동을 철저하게 제한받았고, 단지 아내와 며느리 역할만을 묵묵히 수행했다. 그러나 그녀가 일단 가장이 되자, 이동 가능성이 대폭 확대되었다. 그녀는 이제 사업을 통제하고, 가정 내 대소사를 결정하고, 결혼식을 준비하기 위해 휴대전화를 사용할 수 있게 되었다.

사비타는 남편이 죽기 전만 해도 전화가 와도 받을 수 없었고, 직접 통화를 할 수도 없었으며, 하지도 않았다. 친척이 전화로 그녀의 안부를 물어도 남편이나 아들들이 대화를 중계했다. 이러한 신문물이 여성들에게 이전보다 더 많은 자유와 이동성을 준다고 생각한 남편은 휴대전화 사용을 반대했다. 사비타와 달리, 장남은 당시 그 지역에서 휴대전화를 소유한 몇 안 되는 남성이었는데, 남편은 휴대전화가 장남의 일과 경력에 꼭 필요하다고 생각해서 사주었다. 남성들은 휴대전화의 통제권을 굳건하게 유지했지만, 남편이 죽은 후 상황은 크게 바뀌었다. 미망인이 된 사비타는 적어도 1년 이상 애도의 시간을 보내야 했지만, 남편 사망 후 바로 휴대전화로 사회관계를 구축하고 비즈니스를 시작했다. 아들들이 결혼한 후 그녀는 두 며느리와 같이 살았는데, 사비타는 — 남편이 죽기 전 자신을 통제했던 것처럼 — 며느리의 이동성과 휴대전화 사용을 엄격하게 통제했다. 이제 가족의 도덕성과 덕목을 지키는 것이 그녀의 책임이 되었고, 그녀는 다양한 제약과 제한을 통해 그 능력을 증명했다. 찬도라는 18개월 동안 휴대전화와 젠더 그리고 이동성 문제를 연구한 후 감각 민족지 연구를 이어나갔다.

찬도라가 연구한 장소에는 소리, 냄새, 풍경, 질감, 맛 등의 감각적 요소들이 풍부했는데, 이런 장소에 사는 사람들의 경험을 이해하기 위해서는 감각 접근법이 필요했다. 이 접근법은 빈민가와 도시 주민들 사이의 사회적 · 정치적 관계를 이해하는 데 도움을 주었다(Chandola, 2010). 여성들의 공공연한 정치적 '노이즈' 사례를 탐구함으로써 해당 지역 사람들의 젠더적 폭력을 이해할 수 있었다(Chandola, 2014).

찬도라와 타치는 이 연구 이후 연구주제를 스마트폰으로 이동했다(Tacchi, 2014; Tacchi & Chandola, 2015). 이들은 사운드 녹음, 모바일 핸드셋 사용, 연락처 목록, SMS와 WhatsApp 등의 메시지와 소셜미디어 사용 등을 인터뷰와 참여관찰 방법으로 조사했다. 이들은 이 연구에서 젠더적, 사회적, 문화적 그리고 도덕적 정경을 그려냈고, 이러한 정경은 스마트폰 경험과 사용을 결정하고 제한했다. 하지만 스마트폰은 여성들이 이러한 제약에 저항하거나 이를 거부하는 것을 돕기도 했는데, 민족지 연구 방법으로 휴대전화 경험을 연구하면서 억압과 저항 모두를 인식할 수 있었다.

타치와 찬도라는 경험 저변에 있는 구조들을 보여주었을 뿐만 아니라 경험 연구에서 스마트폰 등의 디지털 커뮤니케이션 장치를 이해하는 것이 얼마나 중요한지도 보여주었다. 이와 관련해 이들 연구자는 라니와 모니카라는 두 여성의 삶을 소개했다. 라니는 2012년 홀로된 시어머니와 남동생 그리고 자신의 아홉 살짜리 딸과 함께 살았다. 그녀에게는 결혼을 주선하고, 지참금도 책임지고 준비해야 할 두 명의 여동생도 있었다. 그녀의 아버지는 마약 중독자였고, 남편은 그녀를 학대했다. 그녀는 열여덟 살에 결혼했지만, 1년 만에 남편을 떠나 친정집으로 돌아왔다. 당시 라니의 어머니는 인근 중산층 가정에서 가정부로 일했다. 라니도 하녀로 일했는데, 그녀는 그 일을 참을 수 없는 굴욕으로 받아들였다. 그녀가 하녀로서 경험한 학대와 무시 그리고 통제는 이전에 성산업 노동자로서 겪었던 경험과 비교가 되지 않을 정도로 심했다. 그녀가 성산업 노동자였을 때 통제는 훨씬 강했지만 돈은 훨씬 많이 벌었고, 이전에는 누릴 수 없었던 경제적, 사회적 그리고 공간적 이동의 자유도 누렸다. 그녀는 가족의 생계를 개선할 수 있는 충분한 돈을 벌었지만, 이런 일에 종사한다는 것이 알려지면 당하게 될 후환을 두려워했다.

라니는 두 대의 휴대전화를 가지고 다니면서 세 개의 휴대전화 회선을 사용했다. 그녀는 실명으로는 하나의 회선만 사용했는데, 이 회선은 고객을 상대할 때는 사용하지 않았다. 그녀는 휴대전화로 모든 일을 조직하고 관리했다. 그녀는 문맹이었지만, 하루에도 여러 통의 문자메시지를 주고받았으며, 고객 관리와 이들과의 관계는 사적 영역과 엄격하게 분리했다. 사적 영역에서는 메시지로 많은 시와 감성적 메시지 등을 받았는데, 그녀의 오빠나 교육받은 이웃인 모니카가 라니에게 읽어주었다.

모니카의 어머니는 몇백 가구가 사는 동네에서 잡화점을 운영했는데, 유일한 상점이라 장사가 잘되었다. 그녀는 마을에서 '이모(khaala)'로 존중받았는데, 빈민가 주택인 '주기스 주기스(jhuggis jhuggis)' 4채와 중하위층 지역에 아파트 한 채를 소유하고 있었다. 그녀의 딸 모니카는 고등학교를 졸업하고 패션을 공부했는데, 그녀는 모니카를 주의 깊게 감시했다. 모니카는 공부를 마친 후 델리 외곽의 수출회사에서 일자리를 찾았지만, 어머니의 끊임없는 감시 때문에 5개월 만에 직장을 그만두었다. 어머니는 하루에도 여러 차례 딸의 휴대전화로 전화를 걸었고, 전화를 받지 않으면 사무실로 전화했다. 그녀의 어머니는 이런 감시와 통제를 자신의 의무로 생각했다. "젊은 소녀들은 보호받을 필요가 있습니다. 산만하게 만드는 것이 너무 많아서, 우리는 그녀가 길을 잘못 드는 것을 용납할 수 없습니다."

모니카는 어머니의 감시감독을 매우 힘들어했는데, 그녀의 스마트폰은 그녀가 미치지 않도록 외부세계와 연결하는 역할을 했다. 모니카는 스마트폰으로 페이스북, 트위터, 스카이프 그리고 오르컷 등의 다양한 소셜미디어 사이트를 끊임없이 이용했다. 그녀의 페이스북에는 400여 명의 팔로워가 있었는데, 이들 대부분은 실제로 그녀를 만나본 적이 없었고, 남자 한 명과는 가벼운 연애 관계를 유지하고 있었다. "물론 엄마는 내가 무슨 전화를 하고 있는지 알지 못합니다. 엄마는 내가 문자를 보낸다고 생각해 때때로 짜증을 내지만 그게 다입니다. 엄마는 인터넷이나 페이스북을 모릅니다." 어머니가 모니카의 행동을 알면 스마트폰 사용을 금지할 것이라는 사실을 잘 알고 있었는데, 모니카는 어머니에게 해가 되지 않는 방식으로 자신에게 가해지는 심각한 제한을 관리하거나 회피했다.

민족지 연구에서 휴대전화 사용에서의 권력, 성차별적 억압 그리고 폭력 구조 등은 중요한 주제다. 일부 사람의 휴대전화 접근과 사용을 제한하는 데 권력 구조가 동원되는데, 이를 제한받은 사람들은 휴대전화에서 이를 전복시키거나 회피할 기회를 찾는다. 민족지 방법으로 라니와 모니카의 휴대전화 사용을 조사하려면 삶의 더 넓고 복잡한 조건을 무시해서는 안 된다. 이들의 연구는 더 넓은 맥락과 일상생활의 경험을 분석함으로써 라니와 모니카 등 여성의 휴대전화 사용을 새롭게 인식하고 이해할 수 있었다. 또한, 이들의 휴대전화 사용은 더 넓은 맥락과 그 의미를 포착하는 데도 도움을 주었다.

호주 가정에서의 앰비언트 놀이

요르트와 리처드슨은 호주에서 모바일 게임 실천을 연구했다. 모바일 게임은 카메라폰 이미지 공유를 포함한 미디어 상호 실천의 집합체인데, 이들은 이를 '앰비언트 플레이(ambient play)'라고 정의했다(Hjorth & Richardson, 2014: 74). 모바일 게임은 햅틱(터치), 장소 기반 미디어, 사운드 등과 같은 다양한 감각적 양식을 포괄하면서 성장했다. 다양한 장르의 모바일 게임은 다감각성(multisensoriality)으로 새로운 형태의 분위기와 놀이를 제공한다. 컴퓨터와 과학 영역에서도 사용하는 앰비언스 개념은 종종 소리와 음악을 묘사하는 데 사용되는데, 앰비언스는 특히 전자적 질감과 일관되지 않은 비트로 만들어진 무드나 느낌을 가진 음악 스타일을 지칭한다. 즉 앰비언스는 맥락, 감정, 정동의 질감에 관한 것이다. 앰비언스는 오감을 넘어서는 감각적 · 정동적 범주인데, 서로 다른 감각적 · 정동적 범주를 하나의 느낌으로 결합한다. 다양한 앰비언트 게임들이 있는데, 사운드트랙들이 무드, 장르 그리고 감정적 느낌을 형성하는 데 중추적인 역할을 한다. 사운드스케이프가 없다면 많은 게임은 실패할 수밖에 없는데, 사운드도 앰비언스만큼이나 경험 형성과 체화에 중추적인 역할을 하지만 게임 연구에서는 상대적으로 이 점이 간과되고 있다.

모바일 게임은 서로 다른 물리적 현존감, 참여, 산만함, 온라인 그리고 오프라인 공간을 끊임없이 이동하는 맥락에서 수행되는데, 무엇이 앰비언스를 구성하는지를 이해하려면 좀 더 단단한 이해의 틀을 개발할 필요가 있다. 게임 경험에서의 햅틱 요소들은 종종 소리와 청각적 앰비언스를 증강한다. 따라서 우리는 청각적 경험뿐만 아니라 게임의 질감, 감정, 체화 등을 모두 고려해 앰비언스를 이해할 필요가 있다. 공현존감은 다른 것들과 함께 존재하는 방식을 지칭하는데, 이는 종종 앰비언스 질감 형성에 중요한 역할을 한다. 특정한 커뮤니케이션 테크놀로지를 통해 만들어지는 친밀감은 물리적 그리고/또는 심리적 거리를 횡단해 온라인 게임을 매력적으로 만드는 핵심적 특징이 되고 있다.

이런 맥락에서 민족지 연구과제 중 하나는 스크린과 온라인을 넘나들면서 생기는 산만함과 집중, 즉 끊임없이 반복하는 서로 다른 형태의 앰비언트 플레이를 포착할 기법을 개발하는 것이다. 즉, 게임 실천이 배경에서 전경으로 또는 그 반대로 왕복 운동하는 상황에서 '사람의 경험을 어떻게 알 수 있을까?' 요르트와 리처드슨은 앰비언스 플레이 연구 프로젝트에서 시나리오 사용, 일기, 비디오 인터뷰를 분석하고, 연구 참여자가 고프로 카메라를 부착하고 하루 생활을 비디오로 기록하는 방법을 사용했다. 이들은 2014년 3~9월까지 애들레이드(Adelaide)의 싱글맘, 무자녀 가정, 고소득과 저소득 가족, 다문화 커플, 동성 커플 등의 12가구를 조사했다. 연구자들은 다양한 사람이 모바일과 오프라인 기기에서 하는 다양한 방식의 게임을 발견했다. 어떤 커플은 온라인과 오프라인에서 함께 게임을 하면서 다른 커플과 같이 놀기도 했다. 어떤 커플은 한 사람만 게임을 했고, 몇몇 커플은 형제들과 게임을 했으며, 몇몇 가정에서는 애완동물도 게임에 참여했다.

일부 가족을 심층 조사하면서 디지털 게임, 스크린과 관련된 앰비언스가 이들 가족의 감각과 정동적 환경을 어떻게 형성하는지를 이해할 수 있었다. 제인은 세 명의 아들이 온라인과 오프라인 가족 활동을 균형 있게 하는 것을 중시하는 미혼모였다. 그녀의 여덟 살짜리 쌍둥이는 사회적 유대감 형성을 위해 다섯 살짜리 남동생이 지켜보는 가운데 마인크래프트 등의 게임을 함께했다. 아이들은 집과 학교에서 아이팟과 아이패드로 모바일 게임을 했는데, 아이패드는 모든 수업에서도 중요하게 사용되었다. 모든 학생은 교사와 학부모들이 항상 어디에 있는지 알 수 있도록 아이패드에 주간 일정표를 입력했다.

게임 선생님인 톰과 학교 선생님인 웬디의 가정에서는 〈월드 오브 워크래프트(WoW)〉 같은 온라인 멀티플레이어 게임이 일상생활에서 중요한 역할을 했고, 특히 저녁 일과에서 중요한 경험을 제공했다. 톰과 웬디는 퇴근 후 〈월드 오브 워크래프트〉를 1시간 동안 함께했으며, 취침 전 침대에서 모바일 게임으로 일과를 마쳤다. 그러나 이와 대조적으로, 편집자인 마거릿과 그녀의 남편 브라이언은 다른 방식으로 디지털 미디어를 사용했다. 마거릿은 책이나 이북인 킨들로 독서를 즐겼지만, 브라이언은 게임을 했다. 두 가족 모두 디지털 미디어는 가정에서 감각적이고 정서적인 경험을 제공했지만, 그 방식은 달랐다. 브라이언 부부에게는 자녀가 없었지만, 이웃 아이들이 자주 방문했다. 아이들은 브라이언의 게임을 보거나 같이했는데, 게임 경험이 풍부한 브라이언을 현자로 생각했다. 또 다른 가정의 8세와 10세 소녀는 게임을 사회화에 필수적인 것으로 생각했고, 학교 친구들과의 중요한 사회적 활동으로 여겼다. 이들 소녀는 어머니에게 '멋진' 게임을 전수했는데, 소녀들은 사진 부스에서 촬영하는 것도 재미있는 게임으로 생각했다.

디지털 게임, 그 안의 앰비언스 그리고 터치스크린이 가족 구성원 사이에서 체화되고, 정서와 관계하고 매개되는 방식은 인간관계를 넘어서는 것으로 나타났다. 엄마, 아빠, 10세 소녀 그리고 고양이 두 마리로 구성된 가족이 있었는데, 가족 중 고양이들이 가장 적극적으로 게임에 참여했다. 어맨다는 남편과 딸을 대하듯 두 고양이에게 사랑스러운 말투로 이야기했다. 이 집에는 여러 대의 게임 기기가 있었다. 엄마, 아빠 그리고 딸은 각자 한 대씩 아이폰을 가지고 있었고, 이 외에 아이패드와 컴퓨터 그리고 플레이스테이션도 각기 한 대씩 있었다. 아이폰은 개인 사용자 주변에 항상 있었지만, 아이패드는 소파에 있었고, 가족 공유 기기로 사용되었다. 아이패드에는 남편, 아내, 딸, 고양이 등을 위한 수백 개의 게임이 들어있었다. 어느 날 고양이가 딸의 아이패드 게임에 함께하려고 했고, 이를 본 어맨다는 고양이를 게임에 동참시켰다. 고양이가 게임하는 모습을 지켜본 가족은 한동안 이를 재미있게 이야기했다. 두 마리의 고양이가 계속해서 게임에 관심을 가지자 온라인에서 고양이 게임을 검색해 아이패드에 설치했다.

어맨다는 아이패드용 고양이 게임을 찾으면서 아이패드의 다감각 능력, 특히 기존 햅틱에 대해 의문을 제기했다. 고양이들이 스크린을 가지고 노는 역사는 TV에서 처음 접할 수 있지만, 아이패드의 햅틱한 참여형 게임은 더 재미있고 앰비언트한 가능성을 제공한다. 프리스키사는 〈CatFishing2〉, 〈Happy Wings〉, 〈Jitter Bug〉, 〈Call.A.Cat〉 그리고 〈You vs. Cat〉 등의 고양이 전용 게임들을 판매하고 있다. 고양이 낚시 게임은 마치 물고기가 어항 속에서 활동하는 내용으로 구성되어 있어 고양이가 많은 관심을 보였다. 이들 게임은 〈You vs. Cat〉처럼 인간과 고양이가 함께 플레이할 수 있는 방식으로 발전했는데, 터치스크린 테크놀로지가 인간과 동물의 감각적으로 체화된 상호작용의 중재나 형성에 어떻게 사용될 수 있는지를 생각하게 한다. 고양이가 아이패드로 게임하는 영상은 이미 하나의 인기 장르가 되었는데, 게임하는 모습을 촬영해 업로드하고, 이를 시청하는 현상들이 빈번하게 관찰된다. 이런 현상은 디지털 미디어가 인간과 동물 그리고 디지털 관계를 어떻게 소환하고, 어떻게 공감이 만들어지는지를 알려준다.

어맨다 가족 사례는 게임이 인간관계뿐만 아니라 생물 종들 사이의 관계도 새롭게 구성한다는 점을 보여준다. 모바일 게임에서 중요한 인기 요인은 앰비언스인데, 아이패드가 제공하는 햅틱 능력은 모바일 게임을 앰비언트 플레이로 이해할 수 있게 한다. 앰비언트 플레이는 내적 주관성을 드러내게 하고, 일상적인 주변 환경과 공명하게 하며, 다양한 형태의 참여, 기분전환 그리고 반영도 만들어낸다. 이런 앰비언트 플레이는 시각적 경험만큼이나 햅틱이나 청각 경험과 관련이 있다.

놀이를 '삶의 일부 배경'으로 인식하면, 다수의 플레이어가 동시에 참여하는 융합형 모바일 미디어 기기와 놀이 그리고 참여형 게임도 새롭게 이해할 수 있다. 연구자들은 앰비언트 플레이를 감각적 · 감성적으로 체화된 질감으로 접근하면서 앰비언스를 청각적 사운드트랙만이 아니라 주변 환경과 상호작용하는 햅틱 스크린 문화로 파악할 수 있었다. 모바일 게임 장르와 게임 플레이 기법 그리고 질감 등이 발전하고 있는데, 온라인과 오프라인에서의 새로운 참여 방식과 기분전환이라는 관점에서 앰비언스의 복잡한 구현 방식도 고찰할 필요가 있다.

4) 경험 연구 성찰

민족지 접근 방식은 인터넷, 소셜미디어, 디지털 세계, 플랫폼, 기기, 콘텐츠가 어떻게 경험되고, 이 경험이 어떻게 형성되는지에 주로 관심을 보였다. 디지털 미디어가 일부 경험 세계를 형성하는 것을 연구하기 위해 분석단위로는 실천, 물질문화, 관계성, 사물, 로컬리티, 사회 세계 또는 이벤트 등을 선택했다. 모든 디지털 민족지 프로젝트가 감각, 체화 또는 감성적 경험 영역을 중점적으로 연구하지는 않지만, 경험은 인간 행위에서 핵심적인 역할을 한다. 디지털 인류학자의 중요한 관심사 중 하나는 경험을 설명하는 것이고, 이는 다른 모든 민족지 연구에도 도움을 준다.

위에서 살펴본 세 가지 사례는 민족지가 경험 연구에 어떻게 다양하게 사용될 수 있는지, 그리고 감각과 디지털 민족지에 대한 다양한 접근법을 보여준다. 첫 번째 사례에서 핑크와 맥클리는 디지털 미디어를 가정에서의 유무형 감각과 정서적 구조 그리고 질감을 형성하는 것으로 설정하고, 이를 탐색하는 접근 방식을 취한다. 이들은 '미디어 현존감'이라는 측면에서 가정 내 미디어 경험에 연구초점을 맞추었는데, 사전에 무엇을 발견할 수 있을지 예측할 수 없어서 개방적 접근 방식을 취했다. 이들 연구자는 비디오 투어와 비디오 재연 방법으로 참여자에게 주도권을 주었다. 연구자는 이를 통해 일상적 과제와 감각적 경험을 이해하고 공유할 수 있었으며, '집중적 만남'은 현지조사에서 새로운 경험을 축적할 수 있게 했다.

기존 상당수 연구는 미디어를 콘텐츠나 커뮤니케이션 틀 내에서 분석했는데, 이들의 새로운 접근 방식은 변별적 결과를 제시했다. 이들은 디지털 미디어의 물성 또는 특성보다 경험에 초점을 두고 연구를 진행했는데, 특정한 시간대에는 콘텐츠나 테크놀로지 자체가 감각적 그리고 정동적 환경을 만드는 데 그다지 중요한 역할을 하지 않는다는 점을 보여주었다. 또한, 이 사례는 가정에서의 감각 경험 연구에 새로운 방법을 제시했는데, 이들 연구자는 감각 연구에서 시각, 후각, 촉각, 미각 그리고 청각 경험 중 일부 감각 경험을 자의적 판단으로 제외하거나 경시하지 않고 모두 종합적으로 관찰하고 분석해서 감각 경험을 이해하려고 했다. 인간은 실제 인식 과정에서 이들 감각을 융합해서 수용한다.

핑크와 맥클리는 참여자들이 가정 내 미디어 경험에서 어떤 느낌이 드는지를 연구했는데, 이를 위해 참여자들 스스로 사건이나 경험을 선택하고, 이에 대해 자유롭게 이야기하는 방식을 선택했다. 이들은 비디오 재연이나 언어 그리고 행동으로 가정 내 물질적 · 감각적 환경을 연구자에게 보여주고, 다양한 미디어 사용을 연행함으로써 가정에서의 경험을 스스로 드러냈다.

타치와 찬도라는 수년 동안 민족지 접근법으로 인도 빈민층의 미디어 사용을 연구했다. 처음에는 커뮤니케이션 생태계를 연구했고, 후에는 이 결과를 바탕으로 감각 경험으로 연구주제를 확대했다. 두 가지 접근 방식은 빈민가 일상생활에서의 젠더 경험에 대해 새로운 결과를 보여주었다. 이 연구는 여성과 휴대전화에 초점을 맞추었고, 광범위하게 내재한 구조들과 관계성을 중요하게 고려했다(Tacchi et al., 2012). 연구 결과는 휴대전화 사용과 제한을 통해 여성에게 억압적인 구조와 이의 작동 방식을 보여주었고, 여성들이 어떻게 이 구조와 작동 방식을 우회하는지도 제시했다. 이들의 민족지 연구는 여성 참여자들의 일상 경험을 참여관찰하고, 휴대전화의 의미와 역할을 조사함으로써 이런 구조와 억압 기제 그리고 우회 전략을 가시화했다.

이 사례는 디지털 테크놀로지와 소셜미디어 연구에도 새로운 가능성을 제시했다. 이들 연구자는 전통적 민족지 방법에서 금과옥조로 여기던 '현장에 있음'이라는 개념(Marcus, 2008)을 확장해 현지조사했다. 연구 참여자들은 거주하는 빈민가를 넘어 휴대전화로 통화하고, 메시지를 보냈으며, 온라인 채팅도 했다. 연구자들은 디지털 시대에 변화한 이런 상황을 고려해 연구 현지를 확대했는데, 연구자들은 이런 확대 덕분에 새로운 형태의 감각 및 정서적 표현, 대화 그리고 경험에 접근할 수 있었고, 이는 새로운 이해와 통찰로 이어졌다. 또한, 이들 연구자는 여성의 휴대전화 사용을 이해하기 위해 분석 범주를 특정 감각으로 제한하지 않았는데, 이는 빈민가 여성들의 다양한 감각적 경험과 감정을 종합적으로 포착하고 이해할 수 있게 했다. 이런 감정과 경험은 이들 여성의 삶을 형성하고 변화시키는 동인이다. 이런 연구대상 그리고 분석 범주의 확대와 융합은 디지털 환경에서 의미 있는 방법론적 시도였고, 이는 변별적 연구성과로 이어졌다.

요르트와 리처드슨의 세 번째 사례는 행위자인 인간과 고양이가 가정에서 모바일 게임을 어떻게 앰비언트한 것으로 수용하는지를 보여준다. 여기서 앰비언스는 소리로만 국한될 수 없는 다감각 경험이며, 촉감도 소리에 준하는 역할을 한다. 가정 내 일상적이고 혼란스러운 디지털 공간에서 모바일 게임에 접근하면, 가정 내 다양한 세대와 문화를 새로운 시각에서 탐구할 수 있으며, 체화된 디지털 경험이 모바일 스크린을 횡단해 어떻게 만들어지는지를 알 수 있다. 연구진은 모바일 게임에서 핵심 부분인 정동적 질감 측면에서 햅틱 스크린 문화를 탐구하고 이해했다. 가정 내 인간과 고양이의 행동에서 볼 수 있듯이, 게임에서의 햅틱 요소는 인간이 인식하고 경험하는 방식 그리고 고양이가 스크린에 참여하는 방식 모두에서 중요한 역할을 하고 있다.

민족지 연구자는 경험을 다양한 방식으로 연구할 수 있지만, 핵심 목표는 경험을 이해하고 설명하는 것이 되어야 한다. 즉, 사람들이 세상에 존재한다는 것은 무엇을 의미하고, 이들이 어떻게 언어 너머의 경험을 이해하고 배우는지에 대해 질문하며, 이에 대한 설명이나 해석을 찾으려고 시도하는 것이다. 민족지 연구자마다 정도에 차이는 있지만, 이런 문제 해결 과정에서 체화는 중요한 의미가 있다. 연구자도 다른 사람의 경험을 이해하기 위해 같은 환경에서 거의 같은 활동을 할 필요가 있다. 이때 연구자는 자신이 감각적으로 체화한 감각적 · 정서적 경험을 다른 사람의 경험과 동일시하거나, 자기 경험을 토대로 다른 사람의 감각 경험과 감정을 유추하거나 이해하려는 실수를 할 수 있다. 경험 연구자는 — 이런 실수를 피하고자 — 자기 경험과 지식 형성 과정 그리고 잠정적 연구 결과를 연구 참여자와 다른 학자 그리고 일반인과 공유해서 설명력을 높이고자 한다. 하지만 경험은 일상생활에서 언어로 정확하게 표현될 수 없거나, 잘 표현되지 않는 특성 때문에 이런 소통은 쉽지 않다. 앞서 소개한 사례처럼, 민족지 접근법은 경험의 이런 비가시적인 특성과 요소들을 가시적인 것으로 드러내는 장점이 있다.

8장
디지털 민족지와 사물 연구

이 장에서는 민족지 연구자가 미디어와 테크놀로지를 사물(things)로서 어떻게 연구했는지 살펴본다. 인류학자와 미디어 연구자 그리고 문화 연구자들은 사물의 생산, 소비, 유통 그리고 폐기를 연구했는데, 미디어와 테크놀로지를 사물로서 연구하면 미디어와 테크놀로지뿐만 아니라 사회 과정과 관계성을 좀 더 심층적으로 이해할 수 있다. 기존의 다수 문헌은 사람과 사물의 관계를 주로 연구했는데, 이 글에서는 별도의 분석 범주와 혼동이나 중복을 피하고, '미디어 객체(media objects)'라는 의미를 강조하기 위해 '사물'이라는 용어를 사용한다.

지난 30년 동안 사물 연구는 주로 소비의 다중적 의미를 분석했는데, 현재 민족지 연구는 생산 조건과 과정에 더 많은 관심을 보인다. 이들 연구자는 관찰하기 어려운 디지털 미디어 인프라를 조사하고, 소비자의 요구를 이해하며, 이를 반영한 플랫폼, 소프트웨어, 공간과 물체 등을 디자인하기 위해 실무자와 협동작업하고 있다. 이 글은 세 가지 사례를 통해 민족지와 사물 연구의 새로운 방향을 소개할 것이다. ① 가정환경에서의 라디오와 사운드 연구, ② 가정 내 테크놀로지의 이동성과 물질성,

③ 국경을 횡단하는 이주민과 모바일 테크놀로지.

1) 사물 개념과 접근법

인문학과 사회과학은 오랫동안 미디어 테크놀로지를 사물이나 물질 문화의 한 형태로 연구했다. 마르크스는 일찍이 노동과 생산 과정에 관심을 가졌는데, 생산 과정이 특정 사물이나 생산품의 의미를 결정한다고 주장했고, 그의 주장은 기술결정론 형성에 중요한 역할을 했다. 프랑크푸르트학파 연구자들은 문화산업이 대중문화 생산에서 담당하는 역할에 특히 관심을 보였는데, 이들은 — 미술이나 음악 등의 예술 형태처럼 — 대량 생산 문화도 자본주의에 복무하는 허위의식을 만든다고 주장했다. 이후 미디어 연구, 문화 연구, 인류학, 박물관 연구 그리고 물질문화 연구 등의 분과학문과 학제 간 연구도 사물 연구를 이어나갔는데, 이들은 — 프랑크푸르트학파와 달리 — 사물과 이의 함의를 실재적 측면에서 설명하려고 했다.

1960년대 영국에서 문화 연구가 발전하고, 사회과학과 인문학에서 자본주의와 제국주의 그리고 식민주의에 대한 비판적 담론이 활발하게 제기되면서, 사물과 물질문화에 대한 접근법과 이해에도 중요한 변화가 있었다(Ortner, 1984; Williams, 1974). 당시 문화 연구를 주도하던 연구자는 비엘리트 계층의 실천과 이들이 미디어, 물질 그리고 소비문화에 부여하는 의미를 권력과 지배의 측면에서 밝히고자 했다. 또한, 이들은 계급, 인종, 젠더 그리고 다양한 형태의 정체성이 구성되는 방식에도 관심을 가졌으며(Hall, 1973, 1980; Willis, 1977), 청년 하위문화와 음악, 패션 그리고 다양한 형태의 소비를 통한 종족과 인종 정체성도 연구했다(Gilroy, 1993; Hebdige, 1987). 이들 연구자는 사회 또는 문화를 '행위력의 소재지(locus of agency)'로 간주했고, 생산 과정보다 사회가 사물에 더 강하게 의미를 부여한다고 생각했다. 사물은 사회 내의 권력, 지배 그리고 불평등을 반영하는 인공물(artefacts)로 간주될 수 있다.

문화 연구 접근법을 활용해 미디어 테크놀로지를 연구한 핵심 사례는 1997년 출간된 《문화 연구하기: 소니 워크맨 이야기》(du Gay et al., 1997)다. 이 책은 사물 연구에 새로운 획을 그은 연구성과로 평가받았는데, 연구자들은 '문화 회로(circuits of culture)'라는 개념을 사용했다. 이들 연구자는 이 개념에 따라 생산, 소비, 재현, 정체성 그리고 규제의 순간을 구분해서 분석했고, 문화는 이 회로를 통해 미디어 테크놀로지의 의미를 정의하고 형성한다고 주장했다.

인류학은 초기에 박물관을 기반으로 발전했는데, 특히 서구 문명과 접촉이 (거의) 없다고 믿어지는 오지의 문화 유물을 수집 · 분석해 인류의 기원과 발전을 밝히고자 했다. 이런 흔적은 유럽 대도시들에 존재하는 민족학박물관에서 발견할 수 있다. 1980년대에 들어서자 인류학에서는 이런 박물관 유물에 관한 관심이 시들해졌지만, 당대의 물질문화와 대량소비에 관한 관심은 커졌다(Miller, 1988). 새로운 물질문화 연구자들은 사물을 사회의 반영이나 산물로 간주하는 시각에서 벗어나 물체나 사물을 구성하는 재료와 이의 속성이 문화와 사회관계를 이해하는 핵심이라고 생각했다. 인간이 물체를 창조하는 것만큼이나 물체도 인간 삶의 조건을 만들어낸다. 이들은 인간과 사물의 상호 구성적 역할을 인정하면서도 특정 사물이 어떻게 가치를 획득하는지에 관심을 가졌다.

1986년에 출간된 아르준 아파두라이의 공저 《사물의 사회적 역사: 문화적 시각에서의 상품》은 사물 자체뿐만 아니라 우리가 사물을 어떻게 생각하고 있는지를 논하고 있다. 아파두라이는 도입부에서 "인간과 마찬가지로 물체와 물품도 서로 다른 '가치 체제들(regimes of value)'과 연루된 삶들을 가지고 있고, 이들은 서로 다른 손과 맥락 그리고 사용 사이를 이동하면서 다른 의미를 갖는다"고 주장했다(Appadurai, 1986: 34). 코피토프는 이 책에서 가치 체제들과 의미 변화를 이해하기 위해 '문화 전기(cultural biography)'라는 방법을 제시했다.

> "사람에게 던지는 질문과 유사한 질문을 하는 것이 사물의 전기다. (…) 사물은 어디서 유래하는가, 그리고 누가 만들었는가? 그동안의 경력은 무엇이고, 사람들은 무엇을 사물의 이상적인 경력이라고 생각하는가? 사물의 삶에 무엇을 시기 또는 나이로 인정할 수 있으며, 이들에게 문화적 표식(marker)은 무엇인가? 사물의 나이에 따라 사용이 어떻게 변하고, 사물의 쓸모가 다하면 무슨 일이 벌어지는가?"(Kopytoff, 1986: 66-67)

코피토프의 접근법은 사물을 일련의 존재 상태가 아니라 '됨(becoming)'의 과정, 즉 사물의 운동 속 과정으로 보았다. 사물은 팔리고, 교환되고 또는 브랜딩 되는, 자기 삶의 주기를 가진 상품이다. 후속 연구들은 이런 점에 착안해 예술시장(Myers, 2001; Geismar, 2013), 사람, 화폐, 테크놀로지 그리고 미디어의 글로벌 흐름(Appadurai, 1996; Marcus & Myers, 1995) 등이 특정 가치 체제를 어떻게 변화시키는지를 연구했다.

미디어 연구와 사물 개념

실버스톤과 허시는 1992년 미디어 테크놀로지를 사물로 보고 이들 간의 관계성을 연구한《테크놀로지의 소비: 가정 공간에서의 미디어와 정보》를 발표했다(Silverstone & Hirsch, 1992). 이 책은 미디어와 사물 연구에 중요한 전기를 마련했다. 미디어와 문화 연구는 텍스트와 내러티브, 사회인류학은 사회적 관계성, 물질 연구는 사물들의 맥락적 관계성을 주로 연구했는데, 이 책은 사물 연구를 통학문적 대화의 장인 소비 연구로 끌어냈다. 실버스톤과 허쉬는 미디어 테크놀로지를 본질적으로 큰 상징적 의미, 투자 그리고 의미를 지닌 물질적 대상으로 보았다. 이들은 더 나아가 현대 소비문화의 역동성과 구조 속에 가정용 테크놀로지가 내재되어 있다고 주장했다(Silverstone & Hirsch, 1992: 20). 이들의 접근법에서 특히 중요한 개념은 '이중 접합(double articulation)'인데, 미디어 테크놀로지는 사적 영역을 공적 영역과 연결하고, 가정환경과 사용 맥락 안에서 그 의미가 타협되는 것을 가능하게 한다.

사람이 사물, 사람, 장소 그리고 활동에 의미를 부여하는 과정에서 미디어 테크놀로지는 가정 나름의 가치와 관심사에 일치하는 다양한 용어로 통합되고 재정의된다. 미디어 테크놀로지와의 관계, 이를 사용하는 개인, 가정 그리고 다른 실체에 따라 모든 미디어의 의미와 중요성은 다양한 방식으로 정의된다. 실버스톤과 허시는 '길들이기(domestication)'라는 개념을 전유(appropriation), 대상화(objectification), 통합(incorporation) 그리고 변환(conversion) 등의 네 단계로 나누었다. 전유는 테크놀로지가 상품 세계를 떠나 개인 또는 가정의 취득물 또는 소유물이 되는 것을 의미하는데, 여기에는 소비의 전 과정과 공적 경제와 도덕 경제 사이의 문턱을 횡단하는 순간도 포함된다(Miller, 1988). 대상화는 사용으로 나타나는데, 부르디외는 이를 가정 공간과 환경 내 물체의 배치라고 했다. 모든 테크놀로지는 심미적 환경에서 전유될 가능성이 있다. 통합은 물체, 특히 테크놀로지가 사용되는 방식을 주로 의미하는데, 다분히 기능적 속성이다. 사람들은 물건의 특성을 염두에 두고 구입하지만, 이들 물건은 전유 과정에서 다른 문화적 목적에 복무하기도 하고, 디자이너나 마케팅 담당자의 의도와 동떨어지게 기능하기도 한다. 변환은 가정과 외부세계가 접합하면서 만들어지는 관계성의 실제 과정이다. 가정에 존재하는 테크놀로지는 광의의 사회적 맥락 안에서 가정과 구성원을 정의하고 주장하는 데 도움을 주고, 가정 내 도덕 경제와 사회적 가치에 따른 테크놀로지 평가 방식과도 종종 연관된다. 실버스톤, 허시 그리고 몰리(Morley, 1992: 20)는 미디어 테크놀로지를 대단히 중요한 상징과 투자 그리고 의미를 만드는 것으로 간주해야 하고, 이는 현대 소비문화의 역동성과 구조에 내재되어 있다고 주장했다.

해든(Haddon, 2002)은 '길들이기 이론'으로 가정 내 홈컴퓨터 도입, 컴퓨터 사용과 전유 그리고 이와 관련된 활동 등을 살펴보았다. 서구사회에서 자기구성과 투사는 종종 인격의 핵심 특징으로 간주되는데, 사물이 여기서 어떤 역할을 어떻게 하는지를 연구했다. 해든은 '상상 가능한 자아(imagined possible self)'가 개인화, 자기변형 그리고 물질적 투사 등의 행위로 만들어낸 자아의 연장으로 컴퓨터와 다른 사물을 생각했다(Haddon, 2002: 214). 해든은 길들이기 이론이 자아와 환경을 구별했던 점을 비판하면서, "컴퓨터와 다른 연관 물건이 일상생활에서 어떻게 '탈소외화'되는지를 밝혔다. 자기변형에서 이 물건의 역할은 본질적으로 하나의 과정을 재현하는 것인데, 이 과정은 예전에 의문시되었던 자아의 일부를 안정화하고, 물건에서 얻은 경험과 축적된 지식은 우리를 집처럼 느끼게 만든다"고 했다(Haddon, 2002: 216). 호르스트와 밀러는 이 과정을 '규범성'이라고 지칭했다(Horst & Miller, 2012a).

미디어 생태계가 변화하면서 가정용 사물의 본질에 대한 일부 가정이 도전받고 있다. 예를 들어, 요르트의 휴대전화를 이용한 개인화와 맞춤화의 형태 연구(Hjorth, 2009; Ito & Okabe, 2005)와 호르스트의 가정에서의 분산적 특성 연구(Horst, 2010)는 길들이기의 미시적 과정, 특히 비서구권 사회에서 1차적 규범과 질서를 생산하는 (단일) 가구들을 동일시한 것에 의문을 제기했다(Lim, 2005). 요르트와 호르스트는 다양한 미디어 기기들의 짧은 삶의 주기와 통신회사들이 시행하는 노후기기 보상정책을 들어 랠리의 길들이기 주장에 의문을 제기했다(Horst & Hjorth, 2013). 휴대전화, 태블릿, 노트북, 프로필 이미지, 아바타, 앱 그리고 다른 플랫폼 등에 관한 후속 연구들도 길들이기 이론에 반론을 제기하고 있다. 이들 반론에 의하면, 미디어 테크놀로지를 둘러싼 관계의 타협 그리고 도덕과 가치가 주로 형성되는 거실에서의 기기 이동성과 개인화는 기존 공간의 역할과 영향력을 변화시키고 있다.

2) 사물의 관계 변화

민족지 접근법을 이용해 아날로그 매체를 연구함으로써 전유, 길들이기, 이중 접합 그리고 사물의 물질화 과정 등에 대한 이론이 만들어졌다. 민족지 접근법으로 일상생활에서 디지털 미디어의 용도와 사용의 다양성을 이해하려는 연구들이 증가했는데, 이 연구들은 종종 특정 테크놀로지를 중심으로 했다. 밀러와 슬레이터는 2000년 《인터넷: 민족지 접근》을 출간했는데, 트리니다드토바고에서의 디지털과 사물의 의미와 해석을 소개하고 있다. 이후 다양한 연구자가 디지털 미디어 테크놀로지의 등장과 사용을 탐구했는데, 휴대전화(Hjorth, 2009; Horst & Miller, 2006; Ito et al., 2005; Wallis, 2013), 비디오 레코더(Buckingham et al., 2011; Pertierra, 2009), 웹캠(Miller & Sinanan, 2014), 비디오 게임(Taylor, 2006; Witkowski, 2012), 가상 세계(Boellstorff, 2008; Nardi, 2010), 소셜네트워크 사이트(Boyd, 2008; Miller, 2011) 그리고 인터넷 커뮤니티와 네트워크 관계성(Coleman, 2012; Hjorth & Arnold, 2013; Kendall, 2002; Latour, 2005; Postill, 2011) 등이 있다. 연구자들은 디지털 미디어를 객체와 구조로 이해했고, 객체와 이들 사용 사이의 관계성을 이해하기 위해 기존 연구성과를 비판 · 수정했다.

다양한 디지털 미디어 테크놀로지의 사용이 증가하고, 미디어 테크놀로지와 일상적 업무와 실천의 통합이 가속화되면서 휴대전화 등의 개인용 플랫폼이나 테크놀로지만을 독립적으로 연구하는 이점이 감소하고 있다. 모바일 미디어, 소셜미디어, 애플리케이션(앱) 등은 휴대전화와 거의 하나가 되었고, 이런 디지털 기기는 특정한 행동을 유발한다(Boyd, 2014; Goggin & Hjorth, 2006a). 다양한 연구자는 미디어 생태계(Horst et al., 2010), 소통적 생태계(Hearn & Marcus, 2009; Lennie & Tacchi, 2013; Slater, 2014) 그리고 폴리미디어(Madianou & Miller, 2012) 등의 분석 틀로 디지털 사물의 맥락과 실천을 조사했다. 이 외에도 비디오, 네트워크 게임과 사진 등에 관한 연구는 점차 장르별 참여적 관계(Ito et al., 2010), 시나리오 사용(Hjorth & Arnold, 2013) 그리고 생태계와 레퍼토리(Baptiste et al., 2010; Kendall et al., 2012; Maurer, 2012) 등으로 다변화되었다.

2010년 이후 일상생활에서의 디지털 미디어 테크놀로지 통합에 관한 연구가 증가했는데, 청소년의 우정 분석(Boyd, 2014; Ito et al., 2010), 게임 속 씨족과 아바타 분석(Nardi, 2010) 그리고 소셜네트워크 분석(Miller, 2011, 2012)이 대표적이다. 또 다른 연구자들은 '우리가 누구인가?', '다른 사람과 연결되고 관계를 맺는다는 것이 무엇을 뜻하는가?' 그리고 '신체와 다른 형태의 물성을 어떻게 이해할 수 있는가?' 등에 대한 해답을 찾고 있다(Boellstorff et al., 2012; Ginsburg, 2012; Horst, 2009; Humphrey, 2009; Miller & Sinanan, 2014).

3) 사물 연구

사물에는 생산과 소비 그리고 유통이라는 특성이 있다. 사물이라는 창을 통해 미디어 테크놀로지를 연구하는 것이 가진 함의와 많은 사람이 가정 내 일상생활에서 사용하는 디지털 미디어 테크놀로지 연구 사례를 소개한다. 각 사례는 연구자들이 어떻게 디자인에 참여하는지를 보여주는데, 몇몇 연구성과는 사물의 관계성을 정의하고 연구하는 데 도움을 준다.

가정의 사운드스케이프 질감

가정에서 물질문화는 시간적 · 형태적 측면에서 다양하게 구성되어 있다. 가구나 테크놀로지 제품처럼 내구성이 있는 사물은 내구성이 낮은 식품, 의류, 조화, 커튼, 장식품 등과는 다른 특성을 보인다. 가정에는 다양한 미디어와 테크놀로지 제품들이 있는데, 이들의 콘텐츠는 시시각각 변하고, 환경의 일부로 간주된다. 텔레비전은 이른 저녁 시간에 통속적인 드라마를 방영하고, 라디오는 주말에 일상적인 삶 이야기를 방송하고, 휴대전화는 알람으로 잠을 깨우고 날씨도 알려주며, 사람들은 이메일로 할 일을 점검하고, 페이스북은 새로운 게시물을 알람으로 알려준다. 타치는 시간 기반 무형의 미디어 콘텐츠가 가정환경에서 어떤 역할을 수행하는지 연구했다. 그는 민족지 방법으로 사운드스케이프를 조사했는데, 1990년대 중반 영국 가정이 라디오 사운드를 어떻게 물질문화 일부로 수용하고 생각하는지를 조사했다(Tacchi, 2000; Waterman, 1990).

그로부터 10년이 지난 후, 타치는 라디오 사운드와 관련된 기존의 실천과 의미가 디지털 가정환경에서도 지속하는지 추가 연구했다. 그의 연구에는 두 가지 중요한 논점이 있다. 첫째, 사운드를 물질문화 측면에서 연구하는 것인데, 소리를 전달하는 다른 물건들에 비해 덜 '고정된(fixed)' 특성을 가진 것으로 간주했다. 두 번째는 시간에 따라 변화하는 라디오 콘텐츠와 경험에 따라 변화하는 사물의 의미에 관한 연구 방법이다. 디지털과 인터넷 테크놀로지는 라디오의 기존 의미와 역할을 변화시켰는데, 팟캐스트, MP3, 스트리밍 오디오 및 디지털 라디오 수신기 등은 라디오를 상당히 대체했다.

현재 사람들은 다양한 채널을 통해 시청각 미디어 콘텐츠를 수신하고 유통할 수 있는 세상에서 살고 있다. 타치는 라디오 사운드를 행위 유도성 또는 물질적 가능성 측면에서 접근했다. 왜 사람들은 라디오를 '친구'나 '동반자'라고 이야기하고, 집에서 일할 때 라디오를 왜 이상적인 동반자로 여기는가? 사운드스케이프는 가정에서 정서적 리듬을 만드는 데 어떻게 도움을 주는가? 친밀하고 비가시적인 미디어인 라디오는 어떤 역할을 하고, 어떻게 작동할까? 타치는 영국 남서부의 브리스톨에서 여성과 가족을 대상으로 이를 연구했고, 가정에서의 사운드스케이프는 세상에 존재감을 불어넣을 뿐만 아니라 이를 구현한다는 사실을 밝혀냈다(Tacchi, 2009). 물질문화 연구의 관점에서 보면, 사운드스케이프 자체에는 본래의 가치나 의미가 없다. 개인이 가정에서 해당 기기를 사용하면 사운드스케이프는 끊임없이 만들어지는데, 타치는 이 의미를 밝히고자 한다. 라디오 사운드를 질감 측면에서 바라보면, 사람들이 어떻게 사운드에서 감각을 인지하는지 이해할 수 있다.

사람들은 가정 내 일상생활 중 의미 있는 방식으로 사운드스케이프를 만들고, 매개된 사운드를 소비한다. 민족지 방법으로 이를 이해하려면 참여자들이 사운드를 이해하는 범주와 이를 통해 의미가 만들어지는 과정에 관심을 가질 필요가 있다. 타치는 참여관찰, 심층 인터뷰, 미디어 일기 그리고 가정환경에서의 사운드 매핑(sound mapping) 등으로 현대 가정생활을 시간별로 조사했다. 그는 '문화 회로' 개념에 따라 라디오회사와 방송국이 청취자를 어떻게 이해하고, 이들이 청취자와 어떻게 관계를 맺고 인식하는지를 연구한 다음 그 결과를 라디오 생산 연구와 통합했다. 그는 18개월 이상 두 개의 상업 라디오방송국의 청취자 그룹 모임, 청취자의 목소리 그리고 BBC와 관련된 청취자 이벤트 등을 참여관찰하고, 청취자와 프로듀서가 만나는 이벤트와 모임에도 참가했다. 그는 또한 상업 방송국과 BBC 라디오의 매니저와 프로듀서 그리고 조직 내에서 청취자를 연구했거나 이러한 연구 결과를 사용한 적이 있는 사람들도 인터뷰했다.

사람들은 주로 혼자서 라디오 청취를 하므로 전통적인 방식대로 사운드스케이프를 참여관찰하거나 가정을 방문해 인터뷰하면 그다지 도움이 되지 않는다. 타치는 연구 참여자들의 집에서 대화를 나누고, 실재 사회적 환경에서 이들을 파악하고자 했다. 그는 사회성 문제에 관심이 많아서 매개된 사운드가 존재의 심연, 세상에서의 자기 자리 그리고 공적인 감각과 어떻게 서로 연결되는지를 알고 싶었다. 매개된 사운드는 외부에서 오기 때문에 몇몇 참여자의 사회적 환경에 대해서도 조사했다. 타치는 브리스톨의 싱글맘 모임에 참여했고, 가정에서 인터뷰했으며, 몇몇 정보제공자와는 정기적으로 공개적인 환경에서 만났다. 그는 이런 방식으로 라포를 형성했고, 참여자들의 소셜네트워크에 접근할 수 있었다. 타치는 회원과 비회원이 모두 모인 집에서 시간을 같이 보냈다. 그는 집에서 개별 또는 집단 인터뷰를 했고, 참여자들이 이야기하는 친구나 친척도 추적 조사했다. 타치의 변별적인 조사기법은 사운드 매핑이다. 그는 가정 내의 공간을 다니면서 지도를 그리고, 참여자들이 이야기한 주요한 사운드를 거기에 적어 넣었다. 그는 다양한 가전제품과 미디어 기기로부터 흘러나온 소리뿐만 아니라 외부의 사운드를 기록했다. 타치는 이런 방식으로 연구 참여자들과 토론을 통해 얻은 사운드뿐만 아니라 언급되지 않았던 사운드 흐름도 포착했다.

타치는 라디오 사운드와 가정 내 사운드스케이프가 감정의 균형을 만들고 유지하는 데 중요한 역할을 한다는 점을 발견했다. 또한, 이 연구는 시간과 공간의 연결을 이해하는 데도 도움을 주었다. 아침에 라디오를 들으면서 면도하던 아버지에 대한 기억은 미래의 상상된 낭만적 애착을 보여주고, 이는 미래의 기억이나 감정적 균형을 유지하기 위한 현재적 노력이다. 사람들은 멀리 떨어진 청취자를 위해 곡을 신청하며, 심야에 다른 청취자의 전화 통화에서 안도감을 느낀다. 사람들은 이처럼 친밀한 공적 관계와 매개 덕분에 가정 밖의 장소와 관계를 맺을 수 있다. 사람들은 라디오 사운드에 어떤 특성과 행위 유도성이 내재하고 있어서 일상적인 감정 관리에 적합하다고 주장한다. 타치는 라디오 사운드가 '사회적 침묵(social silence)'을 가능하게 한다는 사실을 제시해서 자신의 주장이 타당함을 증명했는데(Tacchi, 1998), 라디오 청취는 경우에 따라 사회 세계와 사회성을 차단하는 역할을 한다.

타치는 이후 '침묵'이라는 주제로 오디오 청취를 연구했는데, 그는 매개된 오디오도 라디오와 유사한 방식으로 기능한다고 주장했다(Tacchi, 2012). '라디오'를 구성하는 것들은 변화하고 있지만, 매개된 오디오가 가정 공간에 계속 침투하고 있는데, 이는 1990년대의 라디오 역할을 대신하고 있다. 타치는 라디오 자체의 정의를 수정할 필요가 있다고 주장했다(Tacchi, 2000). 2000년대 말 어떤 연구 참여자는 어린 시절 들었던 라디오에 대한 향수에 젖어 사람들이 인터넷에서 맞춤형 오디오를 청취하면서 라디오의 역할이 미미해졌다고 이야기했다. 그는 인터넷으로 팟캐스트나 다른 스트리밍 오디오를 청취하지 않았는데, 이를 라디오라고 전혀 생각하지 않았기 때문이다. 타치의 연구 참여자 상당수는 향수에 젖어 지나간 라디오 황금시대와 어린 시절의 사운드스케이프 이야기를 했다(Tacchi,

2003). 연구 참여자 두 명의 나이는 거의 스무 살 차이가 났는데, 이들 모두에게 라디오를 기억한다는 것은 자신의 어린 시절과 청춘 그리고 부모를 기억한다는 의미였다.

사회는 아날로그에서 디지털로 큰 변화를 겪었지만. 가정에서 매개된 오디오 사용과 역할은 상당히 일관적이다. 아날로그와 디지털 라디오, 스트리밍 MP3와 팟캐스트를 포함한 현재의 매개된 오디오는 예전에 라디오가 보여주었던 행위 유도성을 다시 보여주고 있다. 타치의 연구는 시간과 장소에 따라 라디오로 이해되는 것의 변화와 라디오의 행위 유도성과 제약이 아직도 어떤 방식으로 남아있는지 보여주었다.

테크놀로지 이해와 디지털 비디오 재연

핑크 연구진은 영국의 디지털 미디어와 에너지 소비에 관한 연구에서 디지털 미디어가 어떻게 가정을 구성하고, 미디어가 집에서 어떻게 이동하는지를 조사했다(Pink & Mackley, 2013; Pink et al., 2013). 가정에서 미디어가 여행하는 방식은 다음 두 가지다. 하나는 사람이 테크놀로지 기기와 함께 이동하는 방식이고, 다른 하나는 테크놀로지 기기가 특정 위치에 고정되어 있고 사람이 이를 사용하기 위해 공간을 이동하는 방식이다. 핑크는 가정에서의 디지털 미디어 사용 방식을 조사하기 위해 다음 두 가지 방법을 주로 사용했다. 비디오 투어 방법에서는 연구자와 참여자가 함께 각 공간을 다니면서 디지털 미디어를 사용해 각 공간의 감각적 아름다움이 어떻게 만들어지는지를 조사했다(Pink & Mackley, 2012). 또한, 연구자는 참여자의 일상생활 모습을 비디오로 촬영해 이들에게 다시 보여주었다. 여기서는 일상적인 디지털 미디어 사용과 비디오 재연을 통해 이를 효과적으로 연구할 수 있을지를 살펴본다.

핑크 연구팀은 사람들이 인생의 중요한 전환점에서 디지털 미디어를 어떻게 사용했는지를 이해하기 위해 20가구를 조사했는데, 연구진은 특히 '아침의 일상'에 초점을 맞추었다. 이들은 현지조사 장소로 참여자의 집을 선택했고, 참여자들에게 평일 아침 일어나서 집을 떠나 직장까지 가는 모습을 보여달라고 요청했다. 연구진은 이를 탐구하기 위해 재연 방법을 사용했다. 핑크는 예술치료와 신경인류학에서 이 방법을 빌려와 일련의 연구 프로젝트에서 발전시켰다(Pink & Mackley, 2014).

참여자들은 가족이 사는 공간들을 다니면서 연구자에게 디지털 미디어를 출근과 등교 준비, 아침 식사 준비 등에서 어떻게 그리고 언제 이용하는지를 설명했고, 아이들은 이런 모습을 보고 좋아했다. 연구대상 가정들은 가족 숫자와 나이가 각기 달랐지만. 모든 가정에 자녀가 있어서 공통된 주제가 있었다. 핑크와 맥클리는 가족들이 아침에 방과 디지털 미디어 사이를 어떻게 이동하는지를 포착하기 위해 미디어 테크놀로지가 가족의 움직임에 따라 어떻게 활성화되는지를 조사했다. 연구팀은 세 명의 자녀를 둔 로라와 폴의 집에서 참여관찰했다.

> "로라가 설명하기를, 아침은 아이들이 아직 어두운 큰방을 침입하는 것으로 시작한다. 가장 먼저 텔레비전이 켜진다. 아침에 아이들이 우리한테 오는데, 진짜 너무 일찍 와서 우리는 텔레비전을 10분 동안 켜두어 모두 적절하게 깬 상태가 되도록 한다. (…) 아이들은 여섯 시에 일어나기 때문에 로라는 그다음에 아이들을 욕실을 거쳐 거실로 데려가는데, 강한 천장 불빛을 피하고자 벽에 있는 등을 켜고 텔레비전을 켠다. 조명과 미디어는 방에 특별한 느낌을 만들어낸다. 그녀는 집 아래층을 돌아다니면서 일련의 일들을 동시에 한다. (…) 비록 아이들은 텔레비전에 더 몰입하고 있지만, 그녀에게는 이 또한 환경 일부다. 로라가 2층으로

올라가서 모든 침구를 정돈하고, 침실 창문을 열고, 옷을 입는 동안 아이들은 대개 텔레비전과 놀이방 사이를 왔다 갔다 하고, 큰애는 2층에서 엑스박스 게임을 한다."(Pink & Mackley, 2013: 686)

핑크 프로젝트에 참가한 가족들은 모두 다른 방식으로 미디어를 접하고 있었지만, 모든 가정에서 공통되는 점은 아침에 이 방 저 방 다니는 것과 방마다 다른 텔레비전 채널을 보는 것이었다. 핑크는 2014년 호주 멜버른에서 〈스탠바이〉 프로젝트를 수행했는데, 여기서도 식구들이 미디어 사이를 이동하는 현상이 발견되었다. 로라와 폴의 집에서는 미디어 테크놀로지 기기가 대부분 특정 장소에 고정되어 있어서 아침에 이들 기기가 이동하지는 않았다. 다른 가정에서는 참여자가 아침에 기기를 가지고 이 방에서 저 방으로 이동하는 경향을 보였다. 예를 들면, 아이폰을 침대 옆에서 충전하면서 알람시계로 이용하고, 일어나면 이것을 가지고 아침 식사하러 계단을 내려갔다. 모바일 미디어 테크놀로지는 이제 일상생활의 동반자가 되었고, 공현존감을 형성하며, 새로운 유형의 친밀성을 만들고 있다. 핑크 연구팀은 기기와 테크놀로지의 본질 그리고 행위 유도성에 연구 초점을 맞추었는데, 모바일 미디어 테크놀로지 기기는 단순한 커뮤니케이션이나 엔터테인먼트 수단이 아니라 그 이상의 무엇이다.

디지털 미디어 테크놀로지를 사물 또는 물질적 대상으로 이해하고, 이들 기기를 사람과 함께 추적하면 가정에서 일상 활동과 어떻게 서로 얽혀있는지를 이해할 수 있다. 사람들이 이 기기를 휴대하고 이동하면 새로운 특성과 가능성 그리고 행위 유도성과 함께하는 것이다. 이와 마찬가지로, 집에서 이들 기기 사이를 이동하면 행위 유도성 사이를 이동하는 것이 되며, 여기서 경험과 의미들이 생성된다. 미디어와의 관계에서 수행되는 일상적 활동 방식을 재사유할 필요가 있는데, 만일 디지털 테크놀로지를 사람과 함께하는 사물로 인식한다면 평범한 인간 활동도 다르게 생각할 수 있다. 텔레비전이나 아이폰의 물질적 · 감각적 행위 유도성을 고려하지 않고 아침 식사 준비를 이해하려고 한다면, 충분하지 않을 것이다.

사물의 초국가적 이동성

휴대전화는 소셜네트워크에서 관계를 만들고, 유지하고, 사람 · 상품 · 돈의 흐름을 촉진하고, 가정과 돈을 관리하는 중요한 물건이 되었다(Horst & Miller, 2006; Ling & Horst, 2011; Wallis, 2013). 2010~2012년 호르스트와 테일러는 아이티의 앙세 아 피트레(Anse-à-Pitres)와 도미니카공화국의 페데르날레스(Pedernales) 지역에서 현지조사했는데, 두 지역은 모두 국경과 인접해 있다. 이 프로젝트는 국경의 물질성과 수송 측면에서 사물을 탐구했다. 이들은 휴대전화 같은 개인적 물건들이 다른 사물과 어떻게 관계를 맺으며, 국경을 횡단하는 경제적 · 사회적 거래에서 이 사물로 인해 생겨나는 실천과 의미를 연구했다.

우선 이들은 이 지역의 삶을 광범위하게 연구했다(Horst & Taylor, 2014). 이후 이들은 다양한 통화, 시민권 상태, 언어들, 통신 인프라, 경제적 기회 그리고 권력관계 등이 어떻게 이동성과 이동 가능성을 변별적으로 만드는지를 조사했다. 이들의 최종적인 연구 목적은 이런 요소들이 이동성을 어떻게 전략화하는지를 이해하는 것이었다.

호르스트와 테일러는 국경에서의 이동성과 휴대전화를 더욱 깊이 이해하려고 국경 지역에 사는 주민 40명을 인터뷰했고, 이 외에도 국경 주변 시장에서 일하는 200명을 설문조사 했다(Horst & Taylor, 2014). 이들 연구자는 디자인과 인류학 분야에서 활동하는 12명으로 소규모 팀을 구성해 국경 주민이 생활하고 일할 때 항상 가지고 다닐 수 있는 휴대용 키트를 개발했다(Ito & Okabe, 2009). 호르스트와 테일러는 휴대용 키트가 개인의 신상정보와 동선을 노출할 가능성이 있어서 초기 인터뷰와 설문조사 참여자 중에서 이 조사에 참여할 사람들을 따로 모집했다. 이들 참여자는 연구팀이 지갑과 가방 그리고 배낭 등을 개방하는 것에 반대하지 않았다. 연구팀은 조사 초기 단계에 참여자들에게 가방이나 주머니, 지갑에서 일상적으로 가지고 다니는 것을 모두 꺼내 바닥에 늘어놓을 것을 요청했다. 연구팀은 이 방법이 가진 문제점을 바로 파악했다. 연구팀은 참여자들과 함께 일상적으로 가지고 다니는 것과 자주 가지고 다니지 않는 물건들을 구분했고, 이후 참여자들에게 가장 중요한 것부터 덜 중요한 것 순으로 정렬해달라고 요청했다.

당시 아이티와 도미니카공화국 국경에서는 긴장이 조성되어 있었는데(Taylor, 2013), 양국의 통신 인프라 차이 때문에 휴대전화는 신분증을 대신했다. 휴대전화가 있다는 사실은 국경 간 이동을 가능케 하는 충분한 돈이 있음을 상징적으로 의미했다. 참여자들은 비상시를 대비해 항상 휴대전화 충전 상태를 점검했는데, 두 대의 휴대전화를 사용하는 사람은 유지비 마련에 어려움을 토로했다. 오후 6시 이후에는 월경이 금지되었기 때문에 휴대전화를 제대로 사용하기 위해서는 각별한 조정과 계획이 필요했다. 연구팀은 국경에서의 이동 규제가 지닌 실용적이고 상징적인 측면을 이해하기 위해 연구 참여자의 소지품을 포켓, 신발, 모자, 보석, 의류, 손수건과 오토바이로도 확장했다. 연구 참여자들은 자신이 가장 가치 있다고 생각하는 물건을 휴대하고 다녔다. 집은 범죄로부터 안전한 공간이 아니어서 연구 참여자들은 중요한 물건을 항상 몸에 휴대했다.

휴대전화는 아이티 이민자들이 매일 가지고 다니는 상위 5개의 물건 목록에 항상 들어있었다. 당시 디지셀(Digicel) 이동통신회사는 아이티의 앙세 아 피트레 마을에서 막 휴대전화 서비스를 시작했다. 아이티인이 도미니카의 페데르날레스 마을에서 휴대전화를 사용하려면 도미니카 모바일 서비스 업체인 클라로(Claro)나 오렌지 회사의 서비스를 이용해야 했다. 페데르날레스에 사는 아이티 주민 대부분은 생활을 조직하거나 직장 동료, 친구 그리고 도미니카공화국에 사는 친척들과 연락하기 위해 클라로나 오렌지 이동통신을 사용할 수 있는 휴대전화를 소유했다.

브론테는 두 자녀를 둔 30대 초반 여성이었는데, 자신의 휴대용 키트에서 작은 검정 지갑을 가장 중요한 물품으로 선택했다. 그다음으로는 도미니카 신분증(cédula), 사회보장카드, 손수건, 휴대전화(Claro/Digicel) 그리고 집 열쇠를 꼽았다. 그녀는 신분증이 이동성 측면에서 가장 중요하다고 이야기했는데, 신분증만 있으면 사회보장카드와 휴대전화도 문제없이 구할 수 있었다. 가족들은 페데르날레스, 산토도밍고(도미니카공화국의 수도), 포르토프랭스(아이티의 수도) 등지에 흩어져 살고 있었고, 브론테는 2011년 구입한 아이티의 디지셀 핸드폰과 클라로 핸드폰 두 대를 항상 들고 다녔다. 그녀는 40km 떨어진 곳에 사는 어머니와 페데르날레스에 있는 아버지와 여동생 그리고 산토도밍고에 있는 친구들과 통화했다. 그녀는 국경을 넘을 필요가 있거나, 자신의 신용도가 낮아지면 남편과 아이티 휴대전화를 공유했다. 이론적으로는 국경 양쪽에서 모두 휴대전화로 통화할 수 있지만, 실제로는 국경 1km 안에서만 통화가 가능했다. 브론테 같은 아이티 이주민은 휴대전화로 완전히 다른 두 개의 국가 통신시스템을 결합했고, 이동성을 제한하는 다수의 규제를 회피하면서 국가들을 횡단하는 네트워크를 유지했다.

휴대전화를 사물이나 이동성을 가진 물건으로 이해하면(Horst & Taylor, 2014), 이 물건이 의미와 가치를 획득하는 여러 가지 방법을 알 수 있다. 이 사례에서 휴대전화는 가족 구성원, 고용주, 배우자, 친구들의 저장소다. 휴대전화는 이들과의 관계를 강화하고, 활력을 얻을 수 있는 커뮤니케이션 통로다. 휴대전화는 아이티 집들의 클러스터를 의미하는 라큐(lakou) 맥락에서 가족들을 결합한다. 라큐는 플랜테이션 노예제 시기 아이티 시골에 형성된 확대가족으로 구성원들은 자원, 육아, 보살핌, 종교적 실천을 공유한다. 아이티 가족 구성원은 이주 때문에 흩어져 살고 있는데, 휴대전화는 이들을 다시 하나로 연결해주고, 가족을 유지하는 데 중요한 역할을 한다. 또한, 휴대전화는 두 국가 사이의 차이를 재현하고, 재확인시켜주며, 동시에 두 국가의 경계를 넘어설 수 있게 해주는 물건이다. 이런 맥락에서 휴대전화는 이주민들의 일상적 이동에 필요한 돈, 열쇠, 신분증, 지갑 등의 물건과 동등한 지위를 가진 물건이다. 일련의 이런 물건 중에서 휴대전화의 의미는 고정되지 않고 관계적인데, 사람이나 사물의 순환 맥락에 따라 의미가 달라진다.

4) 사물 연구 성찰

앞에서 살펴본 세 가지 사례는 사물로 미디어 테크놀로지에 접근한 연구다. 이들 연구는 특정한 문화 맥락에서 미디어 테크놀로지의 의미를 이해한다. 이들은 일상, 사물의 다양한 상태와 행위 유도성 그리고 사람과 이동하는 사물 사이의 관계에 초점을 맞추면서 연구 영역을 인류학, 물질문화 연구 그리고 미디어 연구로도 확장했다. 이 사례들은 새로운 탐구 통로를 보여주는데, 특히 사물의 물질적 특성을 포착하기 위해 '길들이기' 같은 개념과 가정의 맥락을 이해하는 것이 얼마나 중요한지를 보여준다. 핑크와 동료 연구자들은 사람들이 일어나서 출근과 등교를 준비하고, 귀가 후 침실까지 가는 일상적 활동에서 사람들과 미디어 테크놀로지와의 관계를 발전시켜나가는 방식을 중시했다. 예전의 가정 연구에서는 안정적이고 지속적인 환경을 전제로 했지만, 이들 연구 사례는 이들의 삶이 일련의 다양한 디지털 미디어 테크놀로지와 함께 일과가 구성된다는 점을 보여준다.

호르스트와 테일러의 아이티와 도미니카공화국 국경에서의 연구는 미디어 테크놀로지, 특히 휴대전화에 관심을 가졌다. 국경 근처에 사는 이주민들은 휴대전화를 일상생활에서 항상 휴대했는데, 휴대전화는 이들에게 신분증, 지갑, 열쇠 그리고 화폐 등 일련의 이동성을 보장하는 물건과 같은 지위를 갖는다. 이 물건들은 모두 아이티 이주민에게 중요한데, 이주민들은 이를 가지고 물리적, 물질적 그리고 구조적 차이점들을 헤쳐나갈 수 있다. 타치의 라디오와 가정의 질감 연구는 '길들이기' 접근법의 고전적 사례인데, 그는 미디어 테크놀로지의 '경성 물성(hard materiality)'보다는 가정 공간 안에 퍼져있는 사운드의 무형적 특성에 관심을 가졌다. 사람들은 라디오를 다양하게 청취함으로써 집 안에서도 정서적 평형과 외부세계와 연결되어 있다는 감각을 확보할 수 있다. 이 세 가지 사례는 사람들이 디지털 미디어 테크놀로지와 관계 맺고 개입하는 방식이 역동적이고, 가변적이며, 심지어 일시적이라는 점을 보여주었다.

이 사례들이 보여준 또 다른 중요한 함의는 미디어가 사회성을 촉진하고 창조하는 역할을 드러낸 것이다. 아이티 이민자 브론테는 국적이 다른 두 개의 통신사 서비스를 이용하는 휴대전화를 소유하고 있다. 이 사례는 아이티와 도미니카공화국에 헤어져 사는 그녀 가족의 삶에서 휴대전화가 차지하는 의미를 보여주는데, 휴대전화는 친인척 모두를 연결해주는 상징이자 회로다. 전기와 크레딧으로 충전된 휴대전화는 물리적 거리와 법적 장애에도 불구하고 브론테가 이들과 관계를 맺고, 살아 숨 쉬게 한다. 가정 사운드스케이프 맥락에서 라디오 스피커에서 흘러나오는 목소리와 전화 청취자는 일과에서 친한 벗이 된다. 싱글맘이 바쁜 일과를 마치고 나면 혼자라는 사실을 절실하게 깨닫는데, 라디오는 특히 이때 큰 역할을 한다. 핑크와 연구팀은 다양한 가족을 조사했는데, 이들은 종종 집에서 다양한 디지털 미디어 테크놀로지 기기들을 동시에 사용했다. 참여자들은 게임 플랫폼, TV, 휴대전화, 태블릿 등의 디지털 미디어 테크놀로지 기기들로 채워진 집의 여러 공간을 돌아다니면서 '정교한 춤'을 추었다.

세 가지 사례는 디지털 민족지를 어떻게 연구 접근법과 연구틀로 개념화할 수 있는지를 보여주지만, 인류학과 인접 분과학문에서 사용하는 참여관찰의 한계도 드러낸다. 예를 들어, 타치는 라디오와 가정 내 사운드스케이프를 연구하면서 참여자들이 사운드에 참여하는 장면이 나타날 때까지 집에 머무는 것이 종종 불가능했다고 이야기한다. 타치는 다양한 맥락에서 관계를 발전시켜나감으로써 이 문제를 해결했다. 사운드 매핑 같은 기법은 사운드스케이프와 이것의 의미를 발견할 길을 제시했다. 타치가 이런 관계를 발전시키기 위해 투입한 시간과 에너지에서 알 수 있듯이, 영국 가정에서 민족지를 연구하는 것은 매우 어렵다(Miller, 2001).

핑크와 연구팀은 가정 내 일일 에너지 사용량을 파악하기 위해 에너지 소비 프로젝트를 수행했다. 에너지 사용을 실천적 범주로 이해하려면 사용자의 행동을 추적할 수밖에 없다. 핑크 연구팀은 재연 기법을 이용해 어떻게 그리고 왜 사물에 대한 내러티브 또는 사물에 의한 대화들이 만들어지는지를 조사했다. 사람들이 매일 현장에 있을 필요 없이, 사람들의 행동을 가시적으로 만드는 방법으로 이 재연 기법을 이용했다. 호르스트와 테일러도 아이티와 도미니카 국경에서 휴대용 키트로 아이티 이민자들을 연구했는데, 이들 연구자는 참여자들과 국경을 넘어야 하는 문제에 봉착했다. 참여자는 항상 취약한 사회적 위치에 놓여 있었는데, 연구자와 참여자가 국경을 같이 드나들면 국경 감시원은 이들에게 과도한 관심이나 주의를 기울일 것이다. 연구팀은 또한 휴대용 키트에 있는 특정 물건의 한계도 인식했다. 참여자들은 지갑이나 배낭에 있는 모든 물건과 마찬가지로 키트 내의 물건을 사용하거나 중요하게 여기지 않았다. 참여자들 스스로 휴대품을 구성하게 하자 이들은 비로소 자신들이 평범하게 생각하는 실천과 의례를 명시적으로 재현했다. 이들 사례는 민족지가 참여자와 디지털 미디어 테크놀로지 기기 사이의 암묵적 관계를 다른 방식으로도 드러낼 수 있음을 보여준다.

사물은 사회적 삶을 가지고 있으며, 문화 속에서 순환하고, 시간이 지나면서 변화의 과정을 겪는다. 디지털 맥락에서의 민족지 연구와 분석은 디지털 미디어 테크놀로지를 사물로 보면서 큰 이점을 누렸다. 디지털 기기와 환경들이 특정 장소나 맥락에서 일상적 실천과 어떤 방식으로 얽혀있으며, 다양한 이해당사자가 이를 어떻게 이용해 환경을 디자인하고, 일상생활에서 사물의 특이점이 어떻게 만들어지는지에 주목할 필요가 있다. 현재 사물에 대한 다양한 연구 방식은 학계의 논의와 연구 방향의 변화를 보여준다. 특히 지난 30여 년 동안 사물 연구는 소비의 다중적 의미와 과정을 이해하는 데 중점을 두었지만, 현대 민족지 사물 연구는 생산 과정과 디자인으로 쏠리고 있다. 생산, 유통 그리고 소비의 글로벌 네트워크나 디지털 미디어 테크놀로지의 비물질적 특성에 대한 논의는 종종 생산 과정과 디자인을 신비화하는 경향을 보인다. 하지만 민족지 연구 방법은 소비자의 요구와 기분을 이해하는 것을 중시하므로 플랫폼, 소프트웨어 그리고 다른 사물을 디자인하는 사람들과의 협업을 가능하게 한다. 호르스트는 이동통신사의 개입에 많은 관심을 가졌고, 디지털 미디어 테크놀로지만 조사해서는 발견하기 어려운 테크놀로지 판매와 브랜딩, 규제 당국와의 교섭 그리고 모바일 시그널 등을 연구했다(Horst & Hjorth, 2013).

디지털 미디어 테크놀로지의 한시성, 상호작용성, 복제 가능성, 지속성, 저장성, 검색성, 이동성 그리고 확장성으로 새로운 행위 유도성이 나타나는데(Baym, 2010), 디지털 인류학자는 디지털 미디어 테크놀로지와 이들의 관계를 이해하기 위해 인프라스트럭처(Bell & Dourish, 2012; Star, 1999), 행위자 네트워크 이론 그리고 디자인과 다른 접근법의 시각을 활용하기도 했다. 이처럼 디지털 민족지 접근법이 가진 장점은 디지털 세계를 역동적으로 이해하기 위해 일련의 적용 가능한 틀을 꾸준히 활용한다는 것이다.

Ⅳ 시각 인류학 사례 연구

9장

소셜미디어 문화비교 연구

1) 인류학의 시각성

디지털 인류학도 사진 이미지를 다루기 때문에 시각 이미지 분석과 해석을 둘러싼 논의들을 폭넓게 살펴보는 것이 필요하다. 발터 벤야민, 롤랑 바르트, 수전 손택 등의 전문 연구자들은 기억, 역사, 재현 그리고 진실 같은 주제로 사진의 역사적 영향을 연구했다(Barthes, 1981; Sontag, 1978). 인류학자들은 1930년대 베이트슨과 미드(Bateson & Mead, 1962) 이후 인류학 재현에서 사진과 문자텍스트의 상호작용을 실험하고, 이 문제점을 논의했다(Chaplin, 1994; Mitchell, 2005). 사진 이미지가 주를 이루는 책들도 있지만(Danforth & Tsiaras, 1982; Daniels, 2010), 사진 관련 책자라면 소셜미디어에 게시된 이미지, 특히 밈이나 개인적 사진 등에 관심을 보일 것이다.

인류학에서 시각 이미지를 연구한다면 어떻게 다를까? 인류학은 소셜미디어 이미지들이 사진학에서 다루던 사진들과 그 종류와 성격에서 상당히 다르다고 가정한다. 전통적인 아날로그 사진과 디지털 시대의 이미지 사이에 급격한 단절이 있다고 가정하기는 어렵지만, 아날로그 사진 전통은 온라인 디지털 이미지와 종종 무관하거나 잘 들어맞지 않는 경향을 보인다.

사진 역사는 항상 역동적이었고, 지난 100년 이상 다양한 시도를 거치면서 끊임없이 발전했는데, 이 과정에는 당연히 중단과 연속성이 혼재했다. 이 과정에서 확립된 일부 논의는 실험적 시도와 관련이 있지만, 소셜미디어의 사진들은 이들 '고급' 또는 엘리트 사진들과는 상당히 다르다. 소셜미디어를 사용하는 사용자는 지적 또는 예술적 엘리트와는 사뭇 다른 아비투스를 가지고 있다. 오늘날 플리커나 인스타그램에 게시물을 올리거나 이를 구경하는 일부 사람은 사진에 대해 진지한 관심을 보이고 공부한다.

아날로그와 디지털 사진의 관계에 대해 많은 논의가 있다. 사르바스와 프로리히는《스냅샷부터 소셜미디어까지》에서 매개된 가족사진의 역사와 미래를 설명했다. 가족사진은 일반인이 사진을 촬영 · 공유 · 이용하는 문화를 일컫는 말로, 사진이 디지털화되면서 이 장르는 특히 유동적인 상태에 있다. 이들 연구자는 180여 년의 사진 역사에서 디지털 시대는 세 번째 주요한 장으로, 이전의 두 장은 초상화와 코닥 시대라고 주장했다. 사진 역사를 살펴보면, 사진 테크놀로지와 판매 방식에 큰 변화가 있었지만, 사람들은 사진을 기억력 향상, 커뮤니케이션 지원 그리고 정체성 강화를 위해 계속 이용했다. 미래에는 이러한 핵심 활동에 변화가 있을 것인데, 다양한 멀티미디어 아카이브가 개인, 가족, 커뮤니티 등을 담은 사진앨범을 대체하리라 전망했다. 콘텐츠의 저작권과 사생활 보호, 멀티미디어 표준, 가정용 정보통신 테크놀로지 인프라 그리고 청년과 노년층의 이미지 사용 등에서 문제가 발생할 전망인데, 새로운 테크놀로지와 비즈니스 서비스를 설계할 때 이 점들을 중요하게 고려해야 한다고 주장했다 (Sarvas & Frohlich, 2011: 133).

이들의 주장은 연속성을 중시하는 케이틀리와 피커링에 의해 반박되었다(Keightley & Pickering, 2014). 이들은 연속성에 반하는 변화 그리고 변화에 반하는 연속성을 항상 같이 고려해야 한다고 주장했다. 이들은 아날로그 사진에서 디지털 사진으로 이동하면서 무슨 일이 일어났는지 탐구하면서, 이런 이동이 개인사진의 의미 그리고 이 사진들이 기억 실천에 어떤 영향을 끼쳤는지를 조사했다. 뉴미디어 관련 연구에서 기술 결정론적 시각이 두드러지게 나타나지만, 이들은 연상기억 실천 측면에서 특정 집단의 사진을 탐구했는데, 이를 위해 사진 실천에 담긴 장기적인 사회적 사용과 문화적 가치에 주목했다. 이들은 디지털 사진 실천을 촬영, 저장, 보기 그리고 공유의 네 가지 범주에서 연구했다. 이들 범주는 디지털 테크놀로지가 등장하면서 다양하게 변화하고 있다. 이들 연구자는 아직도 사람들이 아날로그와 디지털 사진을 비교 평가하고, 디지털 사진을 이해하는 창으로 아날로그 사진을 사용하면서 생기는 문제점을 지적했다. 대중이 촬영한 아날로그 사진들은 사진 역사에서 상당 기간 미학적으로 조롱당했고, 사진 연구자들은 이런 사진들을 사회적 · 문화적 · 역사적 가치를 거의 가지지 못한 것으로 평가했다. 이를 반박하는 몇몇 중요한 연구성과가 발표되었지만, 이런 연구성과의 숫자는 예술 사진이나 사진 예술가에 관한 연구 숫자보다 훨씬 적다. 하지만 대중의 사진을 연구하면, 사람들이 사회에서 어떻게 방향감각을 잡고, 다양한 일상생활을 어떻게 평가하는지를 이해하는 데 도움이 된다.

사람들은 가족사진을 찍고, 저장하고, 보고, 공유하는 행동을 하는데, 이런 행위는 이데올로기적 지위를 재생산하는 순진한 공범이 아닐 수도 있다. 실제로 연구자는 이들의 말과 행동에서 사진 실천에 내재한 다양한 의미를 밝혔다. 사진이 기억의 수단으로 사용된 것을 조사하면 이런 점들을 종종 발견할 수 있다. 사람들이 이런 네 가지 범주와 관련된 테크놀로지에 적응하면서 점차 그 용도도 변화하고 있는데, 이런 변화가 모든 영역에서 똑같이 나타나는 것은 아니다. 개인과 집단에서의 디지털 사진 사용은 오프라인과 온라인을 기점으로 명확하게 나뉘지 않고, 시각적 실천들은 상호작용한다. 이는 새로운 기회를 활용해 현재의 생생한 기억을 장기적 패턴으로 유지하려는 필요성에 영향을 받는다. 과거와 현재의 사진 실천들은 끊임없이 상호작용하므로 역사적인 변화의 순간에도 단일하고 독립적인 모습으로 이를 명확하게 식별할 수 없다. 디지털카메라 등의 새로운 첨단제품이 광범위하게 사용되더라도 모든 것이 갑자기 만들어지는 것은 아니다. 이런 맥락에서 보면, 아날로그와 디지털 사이의 단절과 변화를 중시하는 기술 중심적 이분법은 재고되어야 한다.

뉴미디어에 대한 상당수 학술 연구나 저널리즘 글은 이런 변화를 과장하고 있는데, 코블리와 해프너는 이를 다음과 같이 이야기했다.

> "특정 매체와 새로운 매체에 대한 모든 조사에서 (…) 다른 매체와 비교해 새로운 모습을 식별하는 경향이 있고, 종종 이러한 모습을 매체 불변의 특성이라고 상상하는 경향이 있다."(Cobley & Haeffner, 2009: 141)

호르스트와 밀러도 자메이카에서 휴대전화를 연구하면서 이런 기술 본질주의에 반대하는 결과를 제시했다. 이들은 "가장 폭넓게 맥락을 고려한 텍스트는 — 테크놀로지 자체의 내재적 특성을 가정하고 연구한 텍스트보다 — 휴대전화 사용과 결과를 이해하는 데 훨씬 더 효과적이다"라고 주장했다(Horst & Miller, 2006: 166). 테크놀로지 중심적 분석보다는 관습, 실천, 혁신 그리고 출현 사이의 상호작용을 고찰하는 것이 더 바람직할 수 있다.

인류학에서의 시각 이미지 연구는 디지털카메라 테크놀로지의 혁신적 잠재성이 광범위한 영향을 끼치지 않는다는 시각에서 출발했다. 일부 시각 전문가는 디지털 시대에 사진은 죽었다고 주장하지만, 이는 너무 과장된 것이다. 이런 논평은 주로 전문 사진작가나 비평가들 사이에서 회자하고 있는데, 디지털 테크놀로지의 쉬운 조작 가능성 때문에 사진은 실재의 재현이나 사회 기록으로서의 가치를 잃을 것이라고 한다. 이런 주장은 광고, 사진 저널리즘, 다큐멘터리 보도, 또는 다른 형태의 이미지 미디어에서 재현의 정치 측면에서는 어느 정도 설득력이 있지만, 이미지 조작에 대한 우려는 분명히 과하다. 특히 철학에서의 이미지 존재론은 일반인의 사진 촬영에서 그다지 중요하지 않을 수도 있다. 판 하우스 연구팀은 미국에서 몇 년 동안 일상 사진을 연구했는데, "사진은 순간을 포착하며, 이미지들은 취약한 인간의 기억을 교정하고, 지속적으로 만든다는 대중적 인식이 존재한다"는 점을 확인했다(van House, 2011: 130). 사변적 이론 논의보다 실증적 연구가 더 활발하게 진행되었다면, 일반인 사진에 대한 논의는 훨씬 더 일찍 궤도에 올랐을 것이다.

일반인의 디지털 사진 사용에 대한 대표적 논의는 '혁신적인 테크놀로지와 이의 역량이 디지털 이미지로 재현되는 일상적 문화 세계에 통합될 수 있는지'와 '사람들이 가정용품으로서 디지털 기기와 사진에 정서적 투자를 할 것인지'가 대표적이다. 테크놀로지 변화는 초기에 사회문화적 실천과 의례 사이에 긴장 관계를 형성했는데, 현재도 다양한 환경에서 양식과 용도, 목적 그리고 실천 등이 어색하게 공존하고 있다. 반 다이크는 이런 맥락에서 "디지털 테크놀로지로 인해 개인적 사진은 변하지 않았고, 사진의 기능 변화는 복잡한 기술적, 사회적 그리고 문화적 변형의 일부"라고 주장했다(van Dijck, 2007: 59-60). 그는 5년 동안의 현지조사에서 어떤 연구 참여자도 이미지 왜곡이나 조작에 관심을 보이지 않았다고 주장했는데, 많은 시각인류학자도 그의 주장에 동의했다.

일상생활에서 이러한 기능 변화, 특히 기억 내용과 과정의 관계를 이해하려면, 아날로그와 디지털 사진을 확연하게 다른 것으로 받아들이기보다는 디지털 이미지가 아날로그 실천과 함께 연속적으로 사용되는 것에 주목할 필요가 있다. 일반인 사진만을 본다면, 의미는 변화와 연속성의 상호작용에서 만들어지거나 유지되는데, '변화에 반하는 연속성' 그리고 '연속성에 반하는 변화'를 이해해야 이들의 사진을 심층적으로 이해할 수 있다.

아날로그 사진은 사회적 기억을 저장하기 위해 자주 사용되었는데, 일부 연구자는 디지털 사진이 어떻게 그리고 얼마나 이 형태를 유지하고 있는지를 연구했다(van Dijck, 2007). 하지만 세상에는 항상 다양한 종류의 사진이 존재하는데, 인류학자들은 새로운 디지털 사진에서 이처럼 다양한 양상을 연구했다(Gomez-Cruz & Lehmuskallio, 2016). 밀러와 시나난은 트리니다드토바고 중년 여성의 카니발 디지털 사진을 아날로그 카니발 사진들과 동일선상에서 보았다. 이들은 글레이즈 사람들의 페이스북 휴일 사진들을 아날로그 시절 휴일 모습과 관련이 있다고 추정했다. 글레이즈에서는 이미 1880년대에 결혼사진 장르가 등장했는데, 이런 역사적 전통이 소셜미디어 게시물에 여전히 영향을 끼친다고 주장했다. 사진의 일반적 역사는 문화적, 계층적 그리고 연령적 차이를 연구할 때 그다지 중요한 맥락이 아니고, 이보다는 특정 지역에서의 기존 결혼과 휴일 사진 또는 학교 졸업식 사진 등과 같은 특수한 사진 역사가 더 중요하다.

로즈는 풀레의 '시각 경제(visual economy)' 개념으로 가족사진을 설명했는데(Rose, 2012; Poole, 1997), 주로 가정 차원에서 이미지의 유통이 이루어진다. 슬레이터는 대중 사진의 가장 좋은 사례로 가정의 연속성을 담고 있는 가족사진을 꼽았다(Slater, 1995; Chalfen, 1987). 부르디외는 자기 이론을 바탕으로 프랑스의 가족사진을 분석했는데(Bourdieu & Bourdieu, 2004), 소셜미디어 이전에도 결혼식, 명절, 졸업식 스냅처럼 사회적 공유와 연관된 하위 장르가 존재했다. 하지만 이런 사진들은 가족과 매우 가까운 사람들 사이에서만 주로 공유되었는데, 소셜미디어 사진은 이보다 더 폭넓은 공유를 전제로 생산된다. 밀러 연구팀은 서로 다른 민족지 환경에서 디지털 플랫폼 내의 시각 이미지들을 비교했는데, 인류학은 문화비교를 중시하지만 이 같은 시도는 흔하지 않다. 고프만의 광고에서의 젠더 연구는 밀러 팀의 연구 수행 방식과 유사함을 보이지만(Goffman, 1979), 밀러 연구팀은 고프만보다 좀 더 체계적이고, 좀 더 정량적인 방법으로 연구했다.

오늘날 소셜미디어는 사실상 사진 실천과 거의 동일시되고 있다(Larsen, 2008). 2014년에도 매일 페이스북에 약 3억 5천만 장, 인스타그램에 5,500만 장, 왓츠앱에 6억 장 그리고 스냅챗에는 매일 7억 5천만 장의 사진이 업로드되었다. 여기에 게시되는 사진들 대부분은 이전에는 찍지 않았던 내용과 주제를 담고 있다. 사람들은 분명히 소셜미디어에 게시된 것보다 더 많은 사진을 촬영했을 것이고, 이들 중 적지 않은 사진은 여러 가지 이유에서 게시되지 않았는데, 이런 점들도 분석할 필요가 있다. 앞서 소개한 사르바스와 프로리히 그리고 반 다이크 등은 아날로그에서 디지털 사진으로의 전환에 대해 많은 시사점을 제시했지만, 이들의 연구성과만으로 현재 소셜미디어 사진을 이해하는 데는 한계가 있다(Murray, 2008).

밀러 연구팀은 페이스북 이미지에 초점을 맞추었지만, 사진만 조사하지는 않았다. 페이스북에서 개인 사진들은 두 번째로 중요한 시각 게시물인 밈과 거의 이질감 없이 섞여 있는데(Murray, 2008), 인류학 시각에서 밈을 이해하려는 연구성과는 매우 적다. 이전의 시각 이미지 연구에서 밈을 이해하기 위한 단서를 찾을 수도 있지만, 밈과 디지털 사진 사이에는 많은 부분에서 차이가 있다. 쿨카니는 소셜미디어의 밈과 그 기원을 연구했는데(Kulkarni, 2017; Murray, 2008), 그는 거의 모든 정보제공자가 재미있어하면서도 짧은 텍스트와 인상적인 시각 이미지가 섞인 것을 '밈'이라고 정의했다. 만약 이전의 연구성과에 지나치게 의존하면, 밈을 새로운 시각 형태로 간주할 가능성이 크다. 많은 문헌은 사진을 진정한 예술품으로 생각하고 그 기준에 따라 사진의 질을 판단하는 경향이 강하다. 하지만 인류학자는 정보제공자들이 업로드하는 게시물을 그것이 무엇이든지 간에 동등하게 다룬다. 인류학자는 사진과 밈을 온라인상에서 자신과 자기의 가치 그리고 자신의 관계를 표현하는 구성요소로 간주한다.

2) 소셜미디어와 문화비교

다니엘 밀러는 런던대학교 인류학과 교수이고, 전공 분야는 물질문화 연구다. 그는 물질문화와 소비를 연구했는데, 2000년대에 들어서서 디지털 시대의 시장과 소비 그리고 문화에 관심을 가졌다. 밀러는 2011년 '유럽연구위원회'로부터 5년간 연구비를 지원받아 소셜미디어 비교연구 프로젝트를 수행했다. 전 세계 9개국 출신 인류학자로 구성된 밀러 연구팀은 서로 다른 문화를 가진 9곳의 연구지역을 선정하고, 15개월 동안 민족지 방법으로 현지조사했다. 이들은 이주, 가족, 정치, 교육, 상업 등의 영역에서 일상적인 소셜미디어 사용뿐만 아니라 특정한 장르가 다양한 플랫폼에서 어떻게 유통되는지를 연구했다. 이들 연구는《어떻게 세상은 소셜미디어를 변화시켰나(*How the World Changed Social Media*)》와《페이스북 시각화(*Visualizing Facebook*)》 그리고 소셜미디어에 대한 9개 지역에서 9편의 민족지로 발표되었고, 11권의 책자는 웹사이트에서 무료로 접근할 수 있다(www.ucl.ac.uk/why-we-post). 유튜브에도 이에 관한 영상물을 게시했고, 온라인 교육 과정도 운영하고 있다.

대부분의 소셜미디어 연구는 페이스북 또는 트위터처럼 특정 플랫폼에 집중하지만, 일부 연구자는 플랫폼의 본질과 '행위 유도성' 간의 관계를 찾는다. 하지만 밀러 연구팀은 이런 시각을 넘어 새로운 접근 방식을 취했다. 페이스북이나 트위터에서 많은 행위나 사건들이 벌어지지만, 플랫폼 자체와 그것의 행위 유도성으로 이들 현상을 설명할 수 없는데, 이 연구팀은 서로 다른 플랫폼 사이를 활발하게 이동하는 콘텐츠 장르가 존재한다는 점을 발견했다.

밀러 연구팀은 소셜미디어에서의 콘텐츠 장르에 집중했는데, 이들은 대체로 소셜미디어 이전에도 존재했다. 예를 들어, 소셜미디어 등장 이전에도 학생들은 학교 운동장이나 교실 등에서 가벼운 농담을 주고받았다. 온라인 테크놀로지가 발전하면서, 영국에서는 이런 콘텐츠가 처음에는 블랙베리의 개인용 메신저 서비스인 BBM(Black Berry Messenger)으로 이동했다. 블랙베리사는 정부 보조금을 받아 자사 폰을 저렴하게 유통시켰는데, 돈이 넉넉지 않은 영국 학생들이 살 수 있는 거의 유일한 핸드폰이었다. 이들 학생은 BBM을 부모 등 대하기 어려운 사람들에게서 벗어날 수 있는 사적 서비스로 받아들였다. 예를 들어, 이들은 마음에 들지 않는 친구들을 피해 자신만의 즐거움을 누릴 수 있는 수단으로 이를 사용했다. BBM은 사적일 뿐만 아니라 숨길 수도 있었다. 학생이 수업 중 BBM을 하다가 들키면 변명을 지어낼 수도 있는데, 예전에 미디어와 커뮤니케이션 연구는 이를 행위 유도성 측면에서 연구했다.

밀러는 이런 콘텐츠 장르가 학교에서 예전에도 존재했고, 디지털 시대에도 BBM과 다른 플랫폼들에서 일어난다는 점에 착안했다. 트리니다드토바고의 페이스북에서는 이런 일이 일어나지만, 영국에서는 처음에는 BBM, 나중에는 트위터에서 이런 일이 벌어졌다. 대부분의 영국 학생은 자신의 트위터를 공개로 설정하고 있어서 학생들은 트위터에서 하는 행동을 서로 볼 수 있다. 이는 BBM과 다른 특성이다. 하지만 학생들이 트위터와 BBM에서 서로 주고받는 콘텐츠 장르, 대화의 종류 그리고 가벼운 농담이나 유머 등은 거의 변하지 않았다. 밀러는 플랫폼의 특성과 이의 행위 유도성 사이에는 별다른 인과관계가 없다고 주장했다. 밀러는 커뮤니케이션 장르가 가장 '견고하다(robust)'고 주장하는데, 이는 선술집이나 식당에서 이야기하는 방식일 수도 있고, 젊은 엄마들이 자기 아이 이야기를 퍼뜨리는 방식일 수도 있다.

커뮤니케이션 장르는 문맥에 따라 어느 정도 변화하지만, 소셜미디어는 장르의 견고함 때문에 개발자들이 전혀 예측하지 못한 방식으로 변형되기도 한다. 이런 장르 중 상당수는 지역마다 차이가 있는데, 중국에서 '지지 네트워크(supportive network)'는 개인의 삶에서 중요한 역할을 하지만, 영국에서 이런 유대는 그다지 강하지 않다. 이런 경향이 소셜미디어에서도 거의 동일하게 나타난다. 또한, 영국에서는 기념일에 선물을 직접 주고받지만, 중국에서는 위챗(WeChat) 같은 소셜미디어에서 붉은 봉투에 송금하는 것을 적절한 행동이라고 생각한다. 중국에서 주요 플랫폼은 위챗이지만 영국에서는 왓츠앱이며, 영국 사람은 기념일에 왓츠앱으로 송금하는 행동을 매우 부적절하다고 생각한다. 이런 차이는 사회성이 작동하는 방식과 커뮤니케이션 공유 방식의 장르가 달라서 발생한다.

밀러 연구팀은 몇몇 문화에서 사회성을 조사하면서, 기존 사회성 형태에 맞도록 미디어도 변화하는 것을 발견했다. 이 팀은 소셜미디어 콘텐츠를 연구하는 데 9곳만을 대상으로 했기 때문에 그 결과를 일반화할 수는 없다. 몇몇 현지에서는 소셜미디어가 기존에 있던 콘텐츠를 확장하거나 극단적으로 변화시켰다. 터키와 시리아 국경에 있는 터키 연구 현지는 쿠르드족으로 구성된 상당히 보수적인 모슬렘 사회였다. 페이스북 등의 소셜미디어만을 본다면 이 사회는 훨씬 더 보수적으로 보이지만, 사람들을 카페나 공공 공간 등과 같은 오프라인에서 만나면 온라인에서보다 훨씬 더 개방적이다. 사람들이 온라인에서 더 보수적인 모습을 보이는 이유는 친인척이나 지인이 소셜미디어에 게시한 자신의 콘텐츠를 볼 수 있어서 자기검열을 하기 때문이다. 결혼식 사진을 보면, 사람들은 웨딩드레스를 입은 신부 사진보다 아무에게도 해가 되지 않는 피로연 음식 사진을 주로 게시한다. 이곳에서 현지조사를 한 리사 코스타는 페이스북 이미지 중에서 머리카락이 보이는 사진을 발견하지 못했다. 페이스북만을 놓고 본다면, 이 사회는 오프라인보다 훨씬 더 보수적으로 재현되는데, 이는 페이스북이 사회를 보수적으로 만드는 경향이 있어서가 아니다.

소셜미디어가 사람들에게 위협이 되지 않는 전통적인 가치를 유지·증진하는 것만은 아니다. 다른 오프라인 미디어와 마찬가지로 소셜미디어에도 정치적으로 논란이 되는 영역이 있다. 이곳 사람들은 친척이나 친구들을 불쾌하게 만들 그 어떤 것도 게시하지 않는데, 이는 정치 영역에서도 마찬가지다. 사람들은 자유롭고 개방적인 공간이 아니면 정치적 콘텐츠를 게시하지 않는 경향을 보인다. 특히 사회에서 정치가 중요해질수록 소셜미디어에서 이에 관한 게시글들은 역설적으로 줄어든다. 일부 연구성과는 사람들이 소셜미디어에서 더 적극적으로 정치 발언을 한다고 주장했는데, 밀러 팀은 이는 과장된 주장이라고 반박했다. 사람들이 일상적으로 사용하는 소셜미디어의 전체 게시물을 분석하면, 정치적 게시글이 차지하는 비중은 상당히 적다. 소셜미디어 사용자는 정치 이야기를 논란의 여지가 많은 공간에서 하는 것은 현명하지 않은 행동이라고 생각한다.

사람들은 같은 시공간에서도 소셜미디어에서는 전혀 다른 행동을 하므로 밀러 연구팀은 책 제목처럼 '소셜미디어가 세상을 변화시킨 것'

을 충분히 보여주지 못했다. 메타는 왓츠앱, 페이스북 그리고 인스타그램을 모두 소유하고 있는데, 터키에서 왓츠앱은 페이스북보다 상당히 사적인 플랫폼이다. 젠더 측면에서 본다면, 페이스북은 보수적인 성향을 보이지만, 왓츠앱에서는 상대적으로 개방적인 성향을 보인다. 이는 이슬람 문화의 젊은 여성들이 왓츠앱에서 청년들과 더 쉽게 접촉할 수 있기 때문인데, 어떤 사람은 하루 동안 왓츠앱에 700차례 접속했지만, 다른 사람들은 이 사실을 알 수 없다. 특히 수치심과 명예가 중요한 사회에서 이런 익명성은 중요하다. 온라인상에서는 청춘남녀가 같이 있어도 알려지지 않고, 이들 만남이 파국적인 결과로 이어지지 않을 수도 있다.

이런 맥락에서 본다면, 세상이 소셜미디어를 완전히 다르게 변화시켰다거나, 소셜미디어가 세상을 완전히 바꾸지는 않았다. 세상과 소셜미디어가 변증법적 과정을 거쳐 함께 변화를 만들어내는데, 이 경우 소셜미디어는 장르가 차지할 새로운 공간을 제공하지만, 장르는 여기서 거의 변화하지 않는다. 연구팀은 소셜미디어에서 이슬람 사회의 대립적인 요소를 발견했는데, 보수적 요소는 더 보수적이 되었고, 개방적 또는 리버럴한 요소는 더 개방적 또는 리버럴하게 되었다. 소셜미디어의 잠재성은 이 두 요소 모두를 강화하고 있다.

영국에는 — 터키와는 다른 — 소셜미디어의 역사가 존재하므로 다른 양상을 보인다. 이 연구팀이 현지조사할 당시 소셜미디어는 정립 단계에 있었고, 이용자는 자신에게 맞도록 이를 어떻게 길들일 것인지 그리고 어떻게 영국적인 것으로 만들 것인지를 모색하는 과정에 있었다. 밀러는 영국 사례를 다룬 책의 부제를 '사람들과 적당한 거리 두기'라고 명명했는데, 영국 사람은 소셜미디어에서 다른 사람을 너무 따뜻하게 그렇다고 너무 차갑게 대하지 않는 '골디락스 전략'을 추구했다.

사람들은 소셜미디어를 주로 사람을 사귀는 수단으로 생각하지만,

사람과 거리를 두는 방법으로도 이를 사용했다. 사용자는 소셜미디어에서 사촌이나 우연히 알게 된 사람과 접촉하면 이들과 너무 많은 시간을 보내거나, 이들과 껄끄럽거나 어려운 일을 만들고 싶어 하지 않았다. 사용자는 이들을 단지 소셜미디어 친구로만 여겼고, 그것으로 충분하다고 생각했다. 하지만 페이스북 초기 사용자는 모든 사용자와 다 친한 친구처럼 잘 지내야 한다는 강박감을 느꼈고, 매일 페이스북을 하지 않으면 생일을 놓칠까 봐 조바심을 느꼈으며, 생일 알림 메시지가 뜨면 생일 축하를 해줘야 할 책임감을 강하게 느꼈다. 하지만 사람들은 점차 페이스북을 영국식으로 사회성을 수행하는 곳으로 받아들였고, 이에 걸맞은 행동을 하기 시작했다. 현재 영국에서 소셜미디어는 너무 가깝지도 않고 너무 멀지도 않은 관계, 즉 적절한 거리를 유지하는 곳이 되었다.

사람들은 소셜미디어에서 각자 많고 적은 집단과 관계를 맺으며 매우 공적 또는 사적인 관계를 맺고, 자신의 욕구나 필요에 따라 언제든지 사회성에 적극 참여하거나, '루킹(looking)'만 하든지 아니면 아예 참여하지 않을 수도 있다. 밀러는 이 점에 착안해서 '확장 가능한 사회성(scalable sociality)' 개념을 제시했는데, 이 개념은 자신이 이전에 제시한 '폴리미디어' 개념을 발전시킨 것이다. 밀러가 폴리미디어 시각에서 소셜미디어를 연구한 이유는 디지털 시대에는 일련의 뉴미디어와 생태계가 서로 긴밀하게 얽혀있어서 각각의 미디어를 개별적으로 연구하기보다 일련의 미디어들을 종합적으로 분석할 필요가 있다고 생각했기 때문이다. 하지만 폴리미디어 개념을 수용하면, 이런 일련의 미디어 중에서 무엇을 시발점으로 삼아야 하는지가 문제가 된다. 어떤 연구자는 이메일을 시발점으로 연구하지만, 밀러는 스카이프를 출발점으로 삼았다.

사람들은 부모님과 한동안 연락하지 않았다면 관계가 더 불편해지기 전에 부모에게 안부를 전해야 한다는 사회적 압력을 느끼게 되는데,

여기서 사람들은 고민에 빠진다. 스카이프 화상통화를 한다면, 부모님이 앞에서 무안을 주거나 섭섭함을 토로할 것이고, 이메일을 보내면 부모님의 꾸지람을 직접 들을 일은 없지만, 너무 성의 없다고 생각할 것이다. 이 사례처럼 사람들은 여러 미디어 중에서 자신의 목적과 필요에 따라 하나의 적절한 가능성을 선택적으로 사용하는데, 이것이 폴리미디어 개념의 내용이다. 밀러는 5년 동안 유럽연합의 〈폴리미디어〉 프로젝트를 연구하면서 이 개념이 가진 한계를 느꼈다. 이 개념으로 소셜미디어 등의 미디어가 실제로 무엇인지를 설명하기는 어려웠다. 소셜미디어 이전에도 의사소통이나 사회적 관계가 있었고, 거기에는 대체로 두 종류의 미디어가 공존했다.

하나는 일대일 관계를 기반으로 하는 양방향(dyadic) 개인 미디어인데, 전화, 편지 그리고 전보 등이 이에 해당한다. 또 다른 미디어는 라디오, 텔레비전, 신문 등과 같은 공중 방송(public broadcast)인데, 이는 불특정 수신자를 대상으로 하고, 수신인은 이들 미디어를 통제할 수 없다. 페이스북, 마이스페이스 같은 소셜미디어는 공중 방송의 축소판이지만, 수백 또는 수천 명에게 메시지를 전송할 수 있으면서도 콘텐츠를 통제할 수 있다. 이들보다 나중에 개발된 위챗이나 왓츠앱은 메시지 서비스로 출발해서 스냅챗처럼 규모를 키운 경우다. 사람들은 이들 소셜미디어에서 신뢰와 친숙함을 느끼는 20~30명 정도의 규모에서 일대일 관계보다는 집단적 관계를 맺는다. 웰먼은 이를 '자기중심적인 네트워크'라고 했지만(Wellman, 2001), 실제로는 집단 네트워크다. 예를 들어 왓츠앱 메시지는 해당 집단 내 사람에게만 전달될 수 있으며, 가족, 친구 또는 기타 사람들로 구성된 집단은 이를 통해 소통한다.

이 두 가지 경향이 합쳐져서 새로운 플랫폼이 탄생하고 발전했는데, 새로운 미디어는 다양한 틈새시장을 차지했다. 예전의 양방향 개인 미디어와 공중 방송 사이의 틈새를 메우는 소셜미디어가 등장했다. 예를 들어, 스냅챗 같은 소셜미디어에는 약 12명, 왓츠앱에는 약 25명, 페이스북에는 수백 명 그리고 트위터에는 수천 명의 지인이 모인다. 사람들은 특정 메시지를 발신할 때 집단의 규모와 개인정보 보호 정책 등을 고려해 소셜미디어를 선택하는데, 사용자는 사회성 규모에 맞는 커뮤니케이션 장르를 선택할 수 있다. 밀러는 이와 같은 점에 착안해 폴리미디어 개념을 '확장 가능한 사회성' 개념으로 조정했다.

현재 소셜미디어는 기존 미디어와 달리 커뮤니케이션 수단만이 아니라 우리가 사는 세상 자체가 되었다. 사람들은 여기서 이성 친구와 데이트할 수 있고, 직장 동료나 학생 또는 지인들과 폭넓게 친교를 맺을 수 있다. 소셜미디어를 사는 공간 또는 커뮤니케이션의 수단으로 생각하면서 인간의 사회성은 두 가지 측면에서 크게 변화했다. 하나는 '확장 가능한 사회성'이고 또 다른 하나는 커뮤니케이션 방식이 언어나 문자텍스트에서 시각적인 것으로 대폭 교체된 것이다. 소셜미디어에서는 — 이전 커뮤니케이션 미디어보다 — 시각적인 것이 중요하고, 강력한 구성요소가 되었다. 예전에는 사람들이 문자텍스트나 언어로만 소통할 수 있었다면, 이제는 동영상을 업로드할 수 있고, 훨씬 더 많은 사람과 공유할 수 있게 되었다.

소셜미디어에서 밈은 새로운 시각적 현상이다. 어느 사회에나 수줍음을 많이 타고 특정 사안에 대해 자기 입장이나 의견을 표현하지 않는 사람이 존재하는데, 이 경우 밈은 유용하게 사용될 수 있다. 다른 의사 표현과 마찬가지로, 밈에도 도덕적인 메시지가 상당히 포함되어 있다. 상당수 밈은 자기가 동의하지 않는 것에는 부정적 메시지, 찬성하는 행동에는 긍정적 메시지를 담고 있는데, 이런 의미에서 일부 밈은 인터넷에서 도덕 경찰 구실을 한다. 현재 인터넷에서는 상당히 많은 고양이 밈을 발견할 수 있는데, 어떤 연구자는 고양이 밈으로 학술 정보를 전달하며, 사람들은 이를 이상하게 받아들이지 않는다. 밀러도 자신의 웹사이트에서 고양이 밈으로 연구성과를 요약 설명하고, 현재 중요한 정보 습득 장소인 유튜브에도 이를 게시하고 있다. 연구팀은 현지조사 중 비디오카메라로 소셜미디어 사용 모습을 수백 편 촬영했는데, 이들 영상물을 5분 내외로 편집하고, 강의와 토론 내용을 담은 영상물을 추가해 영국 개방대학의 일부인 퓨처런(FutureLearn) 플랫폼에 게시했다.

밀러 연구팀의 〈왜 우리는 게시하나〉

연구 과정

〈왜 우리는 게시하나〉 프로젝트 연구 결과는 총 11권의 단행본으로 발간되었다. 이 중 9권은 브라질, 칠레, 중국, 영국, 인도, 이탈리아, 트리니다드토바고 그리고 터키 등의 소셜미디어 사용을 연구한 민족지다. 나머지 한 권은 이들 민족지에서 발견한 결과를 상호 비교하는 내용, 마지막 책자는 영국과 트리니다드토바고의 페이스북 게시물들에서 나타나는 시각적 측면을 비교 연구하는 내용을 담고 있다. 많은 연구 프로젝트는 다양한 문화집단을 횡단해서 인터넷과 소셜미디어를 연구하고, 그 결과를 일반화할 수 있다는 가정에서 출발한다. 예를 들어, 한 문화집단에서 소셜미디어에서의 우정을 연구하여 그 결과를 다른 집단에 적용해서 차이점이나 유사성을 발견하고, 이를 토대로 일반화를 시도하는 경향이 있다. 하지만 밀러 연구팀은 우정 같은 개념은 문화집단마다 의미와 역할이 서로 다르다고 생각해서 이런 비교 방식을 택하지 않았다. 각 연구 현지의 문화 현상을 자세하게 기술함으로써 어떤 종류의 일반화가 가능한지 아니면 불가능한지를 독자 스스로 판단하는 방법을 선택했다.

이 연구팀은 소셜미디어를 긍정적 또는 부정적으로 평가하는 태도를 지양한다. 소셜미디어가 각 연구 현지에서 무엇을 의미하고, 지역에서의 평가는 어떠한지 등에 대한 정보를 자세하게 제공해서 이를 교육적으로 활용할 수 있도록 하고 있다. 이들 연구팀은 9권의 민족지를 작성하기 위해 15개월 동안 연구 현지에 거주하면서 해당 지역어로 지역민들과 소통하고, 참여관찰했다. 각 연구팀은 현지조사 전에 연구 현지에 대한 특정 가설을 가지고 시작했는데, 연구 조사 과정에서 이 중 일부를 변경하거나 완전히 폐기했다. 이들은 각각의 현지에서 무엇이 가장 중요한지를 다시 발견하고, 이에 다시 초점을 맞추었다. 이들은 각 지역에서 나이와 교육 수준, 경제적 수준이 다른 다양한 사람과 접촉했고, 연구 참여자들이 사용하는 왓츠앱 등의 사적 영역을 참여관찰하기 위해 신뢰 관계를 형성했다. 사람들이 특정 행동을 하거나 사람을 만나는 일 등의 모든 행위는 서로 연관되어 있어서 이들의 경험을 총체적으로 살펴볼 필요가 있다. 인류학에서 중시하는 것은 공감인데, 이는 사용자 관점에서 소셜미디어를 이해하려는 시도다. 기존의 전통적인 민족지 연구와 달리, 이 프로젝트는 개념 설정에서 실행 그리고 연구성과 발표에 이르기까지 항상 문화비교라는 지향점을 추구했다.

이 프로젝트는 9개 현지에서 1,199명의 제보자를 대상으로 26개 주제를 설문조사했는데, 조사 내용은 비밀번호 공유하는 사람, 팔로워의 다양한 범주, 광고에 대한 반응, 소셜미디어의 정치적 활동 관여 정도 등이다. 일반적으로 연구자 또는 조사자는 개인적 또는 문화적 요인 때문에 응답 결과를 본래 뜻과는 다르게 해석할 가능성이 커서 세심한 분석이 필요하다. 이렇게 수집한 자료는 정성적 조사로 획득한 배경지식과 함께 해석해야 적절하게 이해할 수 있다. 이들 단행본이 제시하는 연구 결과는 기존 연구와 상당히 다른데, 이는 기존 연구성과가 사용한 시각과 접근법을 별로 참고하지 않았기 때문이다. 밀러 연구팀은 소셜미디어에 대한 기존 연구성과나 이론을 토대로 하면 자신들의 연구 결과물도 같은 결론에 도달할 것을 우려했다. 소셜미디어를 어떻게 이해하는지에 따라 연구 설계와 방법 그리고 그 결과가 다를 수밖에 없는데, 문화인류학자로 구성된 밀러 연구팀은 소셜미디어를 플랫폼이 아니라 이러한 플랫폼에 게시하는 콘텐츠로 설정하고 연구했다. 지역마다 내용과 의미가 상당히 다른 콘텐츠가 게시되는 소셜미디어를 비교 연구하려면 우선 연구자들이 해당 지역 사례를 자세하게 연구하고, 이를 다른 연구지역의 사례와 비교할 필요가 있다.

오늘날 소셜미디어는 단순한 의사소통 수단이 아니라 사회화가 이루어지는 장소다. 다른 디지털 인류학자들처럼 밀러 연구팀도 가상세계를 완전히 다른 세상으로 간주하지 않았다. 즉, 예전에 사람들이 전화 통화하던 행동과 소셜미디어에서 상호작용하는 행위를 질적으로 완전히 다른 현상으로 파악하지 않았다. 온라인 소셜미디어 세계는 가상공간이라는 별도의 영역이 아니라, 전화 통화처럼 이해할 필요가 있다고 가정했다. 또한, 다수의 온라인과 커뮤니케이션 연구자는 새로운 디지털 테크놀로지 때문에 인간이 본질적 요소를 상실하고 있다거나 새로운 종류의 인간이 등장하고 있다고 주장했는데, 밀러 연구진은 이런 견해에 동의하지 않았다. 밀러 연구팀은 운전이나 자전거 타기를 배우는 것처럼 사람들은 다양한 테크놀로지를 쉽고 빠르게 습득할 능력을 갖추고 있으며, 소셜미디어 사용자는 단지 새로운 종류의 능력을 획득한 것으로 가정했다.

교육과 청년

많은 사람은 소셜미디어가 청년들의 정신을 산만하게 하고, 교육의 질을 떨어뜨리고, '사회성 기술(social skill)'을 저하한다고 걱정하지만, 이런 주장을 반박하는 선행 연구성과도 적지 않다. 몇몇 연구대상 현지에서 관찰한 바로는 저소득 가정에서는 종종 소셜미디어를 문해력(literacy)을 강화하고, 대안적 그리고 비공식적 교육 기회를 제공하는 통로로 인식했다. 고소득 가정에서는 소셜미디어가 공식 교육을 위협하는 것으로 받아들이는 경향이 두드러졌지만, 연구팀은 이와 다른 경향도 제시했다. 연구팀은 중국 농촌과 대도시에서 현지조사하여 그 결과를 두 편의 민족지로 발간했는데, 이들 민족지는 중국을 일반화하는 것이 얼마나 어렵고 위험한지를 보여준다. 중국 공교육 수준은 농촌에서는 낮고, 산업도시에서는 매우 높아서 소셜미디어의 영향을 이해하는 가장 좋은 방법은 일련의 특정 관계에 집중하는 것이다. 연구팀은 학생들 사이의 관계, 선생님들과 학생들 사이의 관계 그리고 이 두 집단과 부모들 사이의 관계를 차례대로 살펴보았다.

노동과 상업

이 연구주제는 대중 저널리즘에 대한 공포를 중심으로 기업의 감시, 새로운 형태의 상품화, 이윤 대상으로서의 소셜미디어 등을 다룬다. 민간기업이 소셜미디어 플랫폼을 소유하고 있지만, 소셜미디어는 반드시 이윤 추구를 가장 중시하지는 않는다. 이메일의 전례를 살펴보면, 많은 사용자는 노동 세계와 가정 세계를 분리하려는 상업적 시도에 강한 거부감을 보였다. 인도 남부에서 소셜미디어는 가족 내 일자리를 유지하는 데 도움을 주지만, 이 외의 연구 현지들에서 많은 사람은 일자리보다 감시에 대해 더 큰 우려를 표했다. 남동부 터키 현지 사람들은 국가의 감시를 걱정하지만, 영국 현지인은 타깃형 광고 증가에 우려를 표명했는데, 이는 소셜미디어 회사에 대한 부정적인 태도와 인식으로 이어졌다.

연구대상 현지들에만 국한한다면, 소셜미디어는 대기업의 이익을 대변한다기보다 소규모 기업을 육성하는 데 중요한 역할을 했다. 트리니다드토바고의 지역 술집이나 칠레의 중고의류상점처럼 소셜미디어도 사람들의 사적 연결에 중요한 역할을 했다. 또한, 이 주제는 — 사람들이 돈을 어떻게 인식하고 있는지에 따라 — 다양한 양상을 보였다. 아마존 지역민들은 소셜미디어를 인간미가 없는 것으로 인식하지만, 중국인은 타오바오(Taobao)를 상업적이지만 개인적 의사소통을 증진하는 곳으로 받아들이는 경향이 있다.

온라인과 오프라인의 관계성

연구팀은 이 주제에서 많은 사람이 걱정하는 것처럼 피상적이고 진실하지 않은 온라인 관계가 진실한 오프라인 관계를 대체하는지를 조사했다. 연구팀의 결과에 의하면, 온라인의 상호작용은 사실상 오프라인 관계의 또 다른 측면이다. 소셜미디어는 사회성의 매개된 성격을 이해하는 데 도움을 준다.

중국 농촌 마을에서 이주한 사람들이 산업도시에 많이 살았는데, 이들은 소외감을 느끼는 공장보다 소셜미디어 같은 온라인 공간에서 더 강한 친밀감을 느꼈고, 농촌에서 욕망하던 현대 생활을 하고 있다는 느낌을 받았다. 트리니다드토바고 사회에서 소셜미디어는 사람들의 가시성(visibility)을 높여주는 역할을 했는데, 사용자는 주변 사람의 오프라인 모습보다 소셜미디어 모습을 더 진실한 것으로 여기는 경향이 있었다. 브라질이나 트리니다드토바고 등의 일부 사회에서 소셜미디어는 친척이나 친구 또는 지인의 친구가 되는 것을 도와주었다. 소셜미디어는 시골에서 낯선 사람들과 우정을 쌓는 것을 도와주고, 완전히 새로운 관계를 만들어내기도 했다. 대체로 본다면, 소셜미디어 사용은 다른 형태의 사회화를 반영한다기보다 이를 보완하는 역할을 한다. 예를 들어, 남부 이탈리아 현지에서 사람들은 이미 충분하게 사회 참여를 한다고 느꼈고, 소셜미디어 사용 빈도는 현저하게 떨어지는 경향을 보였다.

젠더

터키 남동부 연구 현장은 대중의 자유로운 접근이 가능한 페이스북 같은 소셜미디어가 보수주의 출현을 촉진하거나 극우의 놀이터가 될 수 있음을 보여주었다. 사람들은 친척이나 지인의 감시 때문에 오프라인에서는 삶의 변화를 공공연하게 잘 드러내지 않는 경향을 보였다. 실제로 인도 남부와 중국 농촌 그리고 칠레 연구 현지에서는 젠더에 대한 보수적인 재연이 더 장려되었다. 주로 무슬림이 사는 남동부 터키 연구 현지에서 사용자가 사적으로 대면할 수 있는 왓츠앱 같은 소셜미디어는 특히 젊은 여성의 삶을 자유화하는 데 기여했다. 소셜미디어는 여기에서 이전에는 거의 불가능했던 남녀 간 만남과 낭만적인 연애 욕구를 충족하는 데 기여했다. 남부 이탈리아 연구 현지에서 여성들은 결혼 후 아내나 어머니임을 드러낼 소지가 있는 콘텐츠를 거의 게시하지 않았다. 트리니다드토바고 여성들도 결혼하고 자녀가 있어도 자신이 얼마나 섹시한지 그리고 섹시함을 얼마나 잘 유지하고 있는지를 보여주려고 했다.

소셜미디어는 종종 젠더 차이와 스트레오타입이 어떻게 시각화되고 묘사되는지를 파악할 수 있는 통로다. 영국 현지에서 남성은 맥주, 여성은 와인으로 자신의 젠더 정체성을 드러내는 반면, 칠레 현지에서 남성은 수작업, 여성은 돌봄노동 등에 관한 이미지들로 젠더 정체성을 표현했다. 브라질 연구 현지에서 소셜미디어가 젠더 간 평등을 향상시킨다는 몇몇 증거를 발견할 수 있었지만, 다른 몇몇 현지에서는 온라인상에서 비규범적 섹슈얼리티가 더 두드러지게 나타났다.

불평등

연구팀은 비교 연구를 통해 소셜미디어와 스마트폰이 불평등이 심한 사회에서 커뮤니케이션과 사회화 능력을 향상한다는 증거를 발견했지만, 이것이 오프라인 불평등 해소로 거의 이어지지는 않는다는 결론에 도달했다.

사람들이 온라인에서 욕구와 욕망을 드러내는 방식은 매우 다양하다. 중국 공장노동자들은 소셜미디어에서 미래 삶에 대한 환상을 재현하는 데 관심을 보였지만, 복음주의 기독교 성향이 강한 브라질 사람들은 자신이 얼마나 더 훌륭해졌는지를 드러내는 데 많은 관심을 보였다. 일반적으로 본다면, 사람들은 소셜미디어에서 유머와 아이러니를 이용해 부와 교육에서의 가식적인 모습을 풍자하기도 하고, 부와 교육 정도를 과시하기도 했다. 특히 칠레 현지에서 소셜미디어는 소득 차이를 드러내는 표현을 억누르는 수단으로 사용되는 경향이 있다. 또한, 소셜미디어는 토착성(indigeneity)이나 종족성 등과 같은 변별적 정체성을 주장하는 장소이며, 사람들은 여기서 대도시에 대항하는 커뮤니티 연대감을 표현하기도 했다. 농촌 주민은 대도시 지역과 사람들로부터 착취당하고 있다는 느낌과 대도시 주민은 진정성이 없는 피상적인 사람이라는 생각을 소셜미디어에서 표현했다. 연구팀은 인도 남부에서 소셜미디어가 카스트와는 다른 차원의 사회적 차이를 어떻게 새롭게 만드는지를 조사했다.

정치

소셜미디어에 대한 대부분의 기존 연구는 트위터나 페이스북 등에서의 토론이나 행동주의처럼 쉽게 관찰할 수 있는 정치적 행동에 초점을 맞추고, 소셜미디어가 정치에 미치는 영향을 과장하는 경향이 있다. 밀러 연구팀은 이들 연구성과와는 대조적으로 정치적 게시물들을 소셜미디어 이용자가 일상적으로 사용하는 범위 내에서 조사했다.

터키 쿠르드 연구지역에는 많은 정치적 현안이 산적해 있고 위험한 일이 상대적으로 많이 발생했는데, 소셜미디어에서는 정치 관련 게시물의 숫자가 상대적으로 적었다. 여기에 주로 게시되는 글은 — 남인도와 마찬가지로 — 신중하고 보수적인 경향을 보였다. 연구팀의 주된 관심사는 사용자의 게시물이 자신들의 사회적 관계에 어떤 영향을 미치는지였다. 예를 들어, 영국과 트리니다드토바고 연구 현지의 소셜미디어에서 정치는 주로 오락거리 역할을 했다. 소셜미디어에서 지역 정치 현안에 대해 언급하는 것에는 한계가 있지만, 이탈리아나 중국에서 사람들은 부패 같은 국가적 현안에 대한 부정적인 게시물을 소셜미디어에 업로드해서 지역 연대를 만드는 데 일조했다. 중국에서는 엄격한 검열이 농촌지역 사회 차원까지 이루어지지 않았지만, 소셜미디어 회사는 게시글을 자체 검열했고, 터키 남동부에서는 반정부 내용을 게시하면 개인적 불이익을 감수해야 했다.

시각 이미지들

소셜미디어의 특징 중 하나는 의사소통에서 구두 및 텍스트 형식의 의사소통은 약화되고, 시각적 형태의 콘텐츠는 강화되는 현상이다. 인터넷에서 밈은 사회의 도덕을 수호하는 역할을 하고 있다. 사람들은 밈을 이용해 자신의 가치를 표현할 수 있고, 덜 직접적이면서도 쉽게 수용할 수 있는 방식으로 다른 사람의 가치를 비판할 수도 있다. 셀피 같은 새로운 시각 형태에 관한 연구가 충분하게 축적되지 않아서 일반화하기 어렵지만 다양한 방식의 셀피가 있으며, 이들은 종종 개인적 나르시시즘보다 집단적 감정을 표현하는 데 사용되었다. 소셜미디어로 인해 가시성이 증가하면서 사회적 순응도(conformity)도 강화되는 양상을 보인다. 사회적 ·

정치적 갈등이 잠재한 터키 남동부 지역에서 사람들은 음식처럼 '안전한' 내용을 사진 주제로 선호하는 경향을 보였다. 이와 대조적으로, 트리니다드토바고 사람들은 소셜미디어를 — 가십과 스토킹처럼 — 즐거움을 주는 것으로 받아들였는데, 이 사례는 사람들이 시각 자료와 진실을 연관 짓는 방식이 문화마다 차이가 난다는 점을 보여준다.

시각적 형태의 의사소통 능력은 문해력이 떨어지는 사람에게 특히 중요하다. 하지만 브라질의 저소득 노년층 사용자, 인스타그램이나 스냅챗 등의 플랫폼을 사용하는 청소년 사용자 그리고 중국 공장노동자들이 불안정한 사회관계를 보여주고, 문자텍스트 문해력도 떨어지는 경향을 보였다.

개인주의

적지 않은 사람은 다른 테크놀로지 혁신과 마찬가지로 소셜미디어도 사회적 삶을 희생하면서 개인주의를 강화할 것이라는 불안감을 가지고 있다. 밀러 팀의 연구 결과에 의하면, 사람들은 인터넷 초기에 자아(ego) 기반 네트워킹을 선호했지만, 현재 다수의 소셜미디어에서는 가족이나 동호인 모임 등과 같은 예전의 집단으로 사회화하는 경향을 보인다. 특히 가족을 중시하는 중국 농촌, 터키의 쿠르드족 커뮤니티 그리고 인도 카스트 사회에서 이런 경향이 더 두드러졌다. 전통적인 맥락에서 사는 사람들에게도 개인화된 네트워킹 가능성과 기회가 증가하고 있다. 연구팀은 소셜미디어가 두 가지 반대되는 추세를 동시에 향상하는 현상을 보여주었다. '확장 가능한 사회성'에 의하면, 전통적 형태의 오프라인 그룹과 왓츠앱처럼 소규모의 일시적인 온라인 그룹 모두가 강화되고 있다.

소셜미디어는 단순히 친목 장소로만 기능하는 것은 아니다. '골디락스 전략'처럼 소셜미디어는 다른 사람들과 가장 적당한 거리를 만드는 데 이용되기도 한다. 사람들은 플랫폼의 '확장 가능한 사회성'의 잠재력을 이용해 소셜미디어를 더 사적 또는 공적 장소로 만들고, 이를 이용하기도 했다. 프라이버시와 소셜미디어의 관계에 대해서는 많은 논의가 있었지만, 밀러 팀은 이들 논의와는 다른 점을 제시했다. 많은 나라에서 소셜미디어를 프라이버시를 침해하는 것으로 간주하는 경향이 있지만, 인도나 중국 연구 현지에서는 소셜미디어가 많은 사람에게 진정한 사적 공간을 경험할 수 있는 첫 번째 기회를 제공했다. 사람들은 소셜미디어가 주로 개성을 표현하는 수단으로 이용되는 곳에서도 소셜미디어의 향상된 가시성 때문에 개인적인 문화 스타일을 수용하는 경향을 보였다.

소셜미디어와 행복

사람들은 행복의 의미를 자기 방식으로 받아들이거나 과도하게 일반화하는 경향이 있는데, 소셜미디어를 연구하면 행복에 대한 개념을 재사유할 기회를 가지게 된다. 저널리스트들은 종종 소셜미디어가 사람들을 덜 행복하게 만든다거나 덜 만족스럽게 만든다고 주장했는데, 연구팀은 다양한 연구 현지를 조사하면서 이를 뒷받침할 충분한 증거를 찾지 못했다.

일부 연구지역 사람들은 콘텐츠를 게시할 때 스트레스를 받았는데, 이는 공적인 모임에 참석하기 위해 옷을 고를 때 종종 나타나는 현상이다. 또한, 사람들은 소셜미디어에서는 적어도 행복하게 보여야 한다는 사회적 압박을 받기도 했다. 브라질 연구 현지의 신흥 중류 계층과 칠레의 사회적으로 성공한 가족은 행복한 삶을 강하게 열망했는데, 이런 욕망은 소셜미디어에 게시된 콘텐츠에 그대로 반영되고 있다. 이와 대조적으로, 소셜미디어는 전통적인 가치에 대한 집착과 만족을 표현하는 장이 되기도 했다. 중국과 인도 남부의 농촌 마을, 공동체가 건재한 이탈리아 외곽

지역, 트리니다드토바고의 소도시 커뮤니티, 터키 남동부의 이슬람 마을에서는 친척과 지인들에 대한 전통적 가치와 관계가 소셜미디어에서 더 두드러지게 나타났다.

미래

밀러 연구팀은 소셜미디어를 일상생활의 일부로 간주했고, 소셜미디어는 스마트폰의 새로운 편재성(ubiquity)과 분리해서 분석하는 것이 불가능하다고 생각했다. 이런 두 가지 양상은 특히 최저 소득층과 노인 인구에서 두드러졌는데, 이들은 예전에 소셜미디어를 거의 사용하지 않았던 집단이다. 새로운 플랫폼이 끊임없이 만들어지면서 사적 · 공적 틈새가 메꾸어지고 있다. 현재 소셜미디어는 엘리트 집단의 전유물이 아니다. 소셜미디어가 핸드폰과 통합되면서 사회성의 스케일이 더 확장될 것으로 전망된다. 연구팀은 사회가 보수적일수록 소셜미디어의 영향력이 더 크다는 점도 밝혀냈다. 비록 그 효과가 순응성과 보수성의 강화로 이어질 수 있지만, 사람들은 전례 없는 자유를 누릴 기회도 확대되고 있다.

대부분의 디지털 테크놀로지와 마찬가지로, 소셜미디어도 대개 상반된 추세를 동시에 강화한다. 대표적인 사례는 상품화와 탈상품화, 정치적 자유와 정치적 억압, 지역화와 글로벌화 등에서 찾을 수 있다. 다른 디지털 테크놀로지와 마찬가지로 소셜미디어도 미래를 재현하는 데 사용될 수 있지만, 점차 이러한 역할은 줄어들 것이다. 미래에도 세계는 소셜미디어를 계속 변화시킬 것이며, 소셜미디어가 무엇인지를 이해하기 위해서는 사용자의 관점에서 이를 계속 연구할 필요가 있다. 정성적 민족지 연구는 공감과 상호작용을 기반으로 사용자와 소셜미디어를 조사 · 분석하므로 이를 이해하는 데 중요한 기여를 할 수 있다.

3) 트리니다드토바고와 글레이즈의 시각성

밀러는 2011년《페이스북에서 온 이야기》를 출판했다(Miller, 2011). 책 제목에서 알 수 있듯이, 이 책은 트리니다드토바고 사람들의 페이스북 사용 방식과 페이스북이 이들 삶에 끼친 영향을 소개하고 있지만, 미진한 부분이 있다. 트리니다드토바고 페이스북 게시물 중 시각 이미지는 중요한 역할을 하지만, 이 책에는 시각 이미지 자료가 없다. 이 책이 출간된 당시 소셜미디어나 인터넷에 관한 대부분의 연구 논문이나 책은 문자텍스트만으로 내용을 구성했다. 시각 자료를 삽입하려면 저작권이나 초상권 문제를 해결해야 했고, 출판비도 대폭 상승했다. 하지만 디지털 시대에는 커뮤니케이션에서 시각 이미지가 차지하는 비중이 대폭 늘었고, 이런 추세는 특히 페이스북에서 더 두드러졌다(Miller et al., 2016: 155-177). 밀러가 이 책에서 놓친 또 다른 부분은 왜 트리니다드토바고여야 하는 점이다. 그는 왜 트리니다드토바고가 다른 곳에 비해 더 의미 있거나 중요한지 또는 흥미로운지를 설명하지 않았다. 그의 책에서 트리니다드토바고는 단지 문화적으로 특수한 현상을 보여주려고 호출된 느낌이 든다. 적지 않은 인문학 또는 사회과학 논문은 — 자연과학 연구처럼 — 특정 사례 연구를 토대로 일반적인 설명 모델을 도출하려는 경향을 보이는데, 이런 노력은 종종 문화적 다양성을 경시하는 결과로 이어진다. 하지만 밀러는 사람이 어디에 살든지 간에 페이스북을 같은 방식으로 사용한다는 가정을 반박하는 결과를 제시했다.

밀러는 트리니다드토바고의 소셜미디어를 연구하면서 다양한 문화에서의 디지털 플랫폼을 비교 연구한다면 디지털 시대에도 문화적 다양성이 존재한다는 점을 제시할 수 있다고 생각했다. 페이스북의 시각 게시물을 분석해 민족지를 쓰려면 기존의 참여관찰 방식을 수정 · 보완할 필요가 있다. 적지 않은 연구자는 온라인 문화를 연구할 때 기존 연구성과와 방법을 토대로 자신이 축적한 자료들을 재해석하려는 경향을 보였지만, 밀러는 기존의 참여관찰 기반 민족지 방법론과는 다른 새로운 방법이 어떤 결과를 제시할 수 있을지에 관심을 보였다.

시나난은 트리니다드토바고의 엘 미라도르(El Mirador: 가명)에서 현지조사했고(Miller, 1994a; Miller & Sinanan, 2014), 〈왜 우리는 게시하나〉 시리즈에 포함될 소셜미디어에 관한 민족지를 발표했다(Sinanan, 2017). 밀러는 시나난의 현지조사 결과를 토대로 트리니다드토바고에 관한 일반 민족지를 작성했고, 이후 두 연구자는 트리니다드토바고에서의 《웹캠》을 출간했다(Miller & Sinanan, 2014; Miller, 1994). 밀러는 이후 영국의 글레이즈(Glades: 가명)에서 연구조사를 해서 《영국 마을에서의 소셜미디어》를 출간했다(Miller, 2016). 이 책은 일반적인 민족지라기보다는 소셜미디어에 관한 민족지다. 밀러의 책이 발간되기 전에 '영국인다움'을 다룬 민족지는 케이트 폭스의 《영국인 관찰》이 있었는데(Fox, 2004), 그는 영국 남동부의 옥스퍼드셔(Oxfordshire) 등지에서 현지조사하고 이 책을 저술했다.

밀러와 시나난의 소셜미디어 연구는 일반 독자도 충분히 흥미를 느낄 내용을 담고 있다. 커뮤니케이션에서 이미지 사용이 급격하게 증가하고 있는데, 이들의 연구는 이로 인한 결과는 무엇이고, 이것이 문화 또는 문화적 다양성에 어떤 함의를 가지는지를 새로운 시각에서 제시했다. 다양한 분과 학문들이 시각 이미지 연구를 했지만, 소셜미디어의 시각 이미지는 기존 연구대상과는 다른 특성을 가지고 있다. 중요한 차이점은 비교할 수 없을 정도로 많은 양의 이미지들이다. 또한, 예전에는 주로 소수 엘리트가 이미지들을 생산했다면, 소셜미디어에서는 일반인 사용자가 대량으로 이미지를 생산하고 있다. 밀러는 연구 참여자의 페이스북에서 이미지 2만여 점을 선택해 정성적 · 정량적 방법으로 분석했다.

글레이즈와 엘 미라도르

밀러와 시나난은 책에서 글레이즈와 엘 미라도르의 소셜미디어에서 수집한 다수의 이미지를 제시했다. 영국 남동부와 트리니다드토바고 동부에 있는 글레이즈와 엘 미라도르는 모두 연구 윤리를 위해 사용한 가명이다. 시나난은 2012~2014년 소셜미디어 연구를 위해 트리니다드토바고의 엘 미라도르에서 15개월 동안 참여관찰했고, 밀러는 18개월 동안 글레이즈에서 현지조사했다. 시나난과 밀러는《웹캠》을 공동저술하기 위해 몇 개월 동안 추가 공동조사도 했다.

글레이즈 지역은 약 1만 1천 명의 주민이 사는 저지(低地) 글레이즈와 6,500명이 사는 고지(高地) 글레이즈로 이루어져 있다 이 두 마을은 완전한 시골이었지만, 런던과 인접한 지리적 이점 때문에 19세기에 산업이 발전했다. 하지만 현재 산업시설은 대부분 사라지고, 소규모 상업용 부동산이 그 자리를 차지하고 있다. 현재 주민 중 일부는 런던으로 출퇴근하는데, 통근자들은 기차로 쉽고 빠르게 런던 중심부로 갈 수 있다. 주민 중에는 배관공이나 전기공처럼 건축에 종사하는 사람들이 있는데, 이들에게도 좋은 교통연결망은 매우 중요하다. 많은 영국인은 글레이즈를 런던과 접근성이 좋은, 들판으로 둘러싸인 이상적인 교외 지역으로 생각하지만, 이곳 주민 상당수는 이 지역을 시골이라고 생각했다.

저지 글레이즈와 고지 글레이즈에는 주로 백인 영국인이 살고, 주민 대부분은 중산층에 속한다. 이 지역에서 아프리카와 카리브 출신, 아프리카계 혼혈과 아시아 출신 인구는 전체 주민의 2%에 불과하며, 동유럽 이주자는 거의 없다. 고지 글레이즈는 특히 경제적으로 상당히 부유한 편이고, 범죄는 거의 발생하지 않았는데, 영국인은 이런 특성을 '홈 카운티(home county)'라고 부른다. 밀러는 이런 특성을 모르고 이 지역을 연구대상

지역으로 선택했다. 밀러는 이 지역을 조사하면서 '영국다움'의 상징적 측면을 밝힐 기회라고 생각했다. 글레이즈는 매우 특별한 종류의 영국 사회인데, 런던과 가까운 이 마을에는 실제로 런던 광역권과는 거의 공통점이 없었다. 따라서 밀러의 연구 결과를 런던이나 영국 북부와 서부의 시골 등에 그대로 확대 적용하기는 어렵다.

트리니다드토바고는 베네수엘라 북동부 해안에 있는 카리브해 국가이며, 인구는 약 120만 명이다. 인구 중 1/3 이상이 아프리카 출신의 후손이며, 동인도 출신 인구도 이와 비슷한 숫자이고, 나머지 주민은 혼혈이나 다른 국가 출신이다. 트리니다드토바고의 어떤 섬에 있는 작은 마을이 엘 미라도르다. 엘 미라도르에는 약 1만 8천 명의 주민이 살고 있는데, 미등록 거주자를 포함하면 주민 숫자는 2만 5천 명 정도로 늘어난다. 이 마을은 트리니다드토바고에서도 가장 가난하다.

시나난이 현지조사를 할 당시 엘 미라도르에는 병원, 학교 그리고 정부 시설 등이 있었지만, 대부분의 트리니다드토바고 사람들은 여전히 이곳을 시골로 생각했다. 이곳 주민은 수도인 '포트오브스페인'을 중심 대도시라고 생각했는데, 몇 시간이면 이 마을에서 수도까지 갈 수 있다. 이에 반해, 엘 미라도르의 주변 마을 사람들은 엘 미라도르를 부도심으로 생각했다. 주변 지역 사람들은 유흥을 즐기기 위해 엘 미라도르로 갔는데, 거기에는 북적거리는 시장과 쇼핑거리 그리고 바 등이 있었다. 이들이 엘 미라도르를 부도심으로 생각하는 중요한 요인은 '켄터키 프라이드 치킨(KFC)'인데, 이 치킨점의 존재 여부는 도시와 농촌을 가르는 중요한 표식이다.

방법론과 윤리

밀러 연구팀은 소셜미디어의 이미지를 분석하기 위해 민족지 연구 방법을 사용했다. 어떤 사람들은 질적 연구를 단지 '일화'를 연구하는 것으로 생각하고, 몇 주 안에 연구에 충분한 일화를 수집할 수 있다고 생각한다. 하지만 시나난은 엘 미라도르에서 15개월, 밀러는 글레이즈에서 18개월 동안 참여관찰했고, 소셜미디어 사용과 이들 사회를 다룬 책들을 출판했다(Miller, 2016; Sinanan, 2017). 이들은 온라인과 오프라인에서 획득한 지식을 결합해 소셜미디어의 복잡한 의미를 밝히고 있다.

소셜미디어 사용자의 친구, 믿음, 가족 그리고 다른 관심사 등에 대한 정보는 이들이 왜 특정한 이미지를 게시하는지를 이해하는 데 필요하다. 또한, 연구팀은 게시된 이미지들에서 특정한 패턴을 찾으려고 이들 게시물에서 나타나는 이미지들의 반복과 장르를 구분했다. 이때 게시된 모든 이미지는 예외적인 것으로 판단되지 않는 한 특정 전형성을 보여주는 것으로 간주했다. 연구팀은 이 이미지들의 대표성을 증명하기 위해 책의 부록에서 세부 사항과 결과를 도출한 정량적 분석 자료를 제시했다. 부록에는 100명의 정보제공자가 올린 마지막 300개의 이미지에 대한 설문조사, 각 사이트에서의 50개 대표적인 게시물과 가장 최근의 20개 게시물 그리고 이에 대한 분석, 정보제공자의 프로필 사진과 셀카에 대한 더욱 심층적인 분석 등이 담겨있다. 엘 미라도르와 글레이즈의 소셜미디어 게시글과 아미지들은 내용과 양에서 비슷한 경향을 보이기도 하지만, 연구팀은 어떤 점에서 차이를 보이는지 밝히고 있다.

밀러와 시나난은 연구대상을 페이스북으로 한정했는데, 문화비교 관점에서 본다면 적절한 선택이다. 시나난이 현지조사할 당시 페이스북에서 271명의 정보제공자를 팔로우하고 있었는데, 이들은 트위터를 거의 사용하지 않았고, 인스타그램은 막 시작 단계였다. 이에 반해 글레이즈의 청년 사용자는 다양한 소셜미디어 플랫폼을 사용했다. 밀러는 페이스북에서 130명, 트위터에서 80명 그리고 인스타그램에서 55명의 정보제공자를 팔로우했다. 이 두 연구자는 문화가 다른 두 연구 현지에서의 소셜미디어 사용을 직접 비교하고 싶어서 연구대상을 페이스북으로 제한했다. 밀러는 트위터와 인스타그램상의 게시물에 대해서는 다른 책에서 소개하고 있다(Miller, 2016: 45-91). 엘 미라도르의 사용자가 페이스북에서 하는 행동과 글레이즈의 사용자가 인스타그램과 트위터에서 하는 행동에는 차이가 있는데, 이는 연구 결과에도 영향을 미치고 있다. 밀러가 글레이즈에서 현지조사할 당시 청년들은 페이스북을 '쿨'하지 않은 장소로 생각하기 시작했는데, 밀러는 이 점을 보완하기 위해 페이스북 초기에 게시된 이미지들을 주로 연구했다.

인류학을 비롯한 사회과학 연구에서 '정성적'과 '정량적'이라는 용어에는 구별 이상의 의미가 담겨있다. 인류학자들은 정성적 판단이 선행되어야 정량적 분석이 가능하다고 주장한다. 예를 들어, 연구자가 어떤 시각 이미지를 보고 '사람이 웃고 있는지', '섹시하게 보이려고 하는지' 또는 심지어 '이것이 셀카인지'를 구분하기란 매우 어렵다. 이런 문제를 극복하려면 이미지 분석 범주를 만들고, 이를 기반으로 이미지들을 분석하고, 이를 다시 재배치하는 작업이 필요하다. 셀카의 경우, 직접 얼굴을 찍은 것인지 아니면 거울에 비친 자기 모습을 찍은 것인지 구별하기 불가능할 때도 있다. 이런 맥락에서 본다면, 연구팀은 객관적이고 엄밀하게 이미지를 해석했다고 주장하기 어려운 부분이 있다. 연구팀은 촬영자의 의도를 중시해서 사진을 분석했는데, 이를 보는 사람도 이미지의 결과를 결정하므로 이 점을 분석에서 보완할 필요가 있다.

연구팀은 같은 사진을 그 지역에 사는 10명의 연구 참여자에게 보여주고, 그 반응을 토대로 사진을 분석했다. 이를 통해 보는 사람이 촬영자의 의도와 어떻게 다르게 받아들이고, 얼마나 쉽게 자기의 생각을 바꾸는지를 파악할 수 있다. 연구 방법에서 문제가 된 또 다른 지점은 지역민의 정체성이었다. 다른 사회와 마찬가지로, 엘 미라도르에서도 주민을 하나로 통칭할 수 있는 동질적인 집단이 존재하지 않으며, 이미지들은 성이나 계급 등에 따라 다르게 해석된다. 이런 맥락에서 보면, 글레이즈는 영국이 아니고 엘 미라도르는 트리니다드토바고가 아니다. 이 두 사회의 비교 연구는 태생적으로 이와 같은 한계와 위험성을 가지고 진행되었다.

밀러와 시나난의 책에는 가공하지 않은 이미지부터 다소 흐릿하게 처리된 이미지까지 다양한 사진이 실려 있다. 이는 인류학 또는 인문학과 사회과학에서의 연구 윤리 때문이다. 사진을 출판할 때는 무조건 사진의 촬영 의도와 활용 그리고 예상되는 결과들을 설명하고, 이에 동의한 사람들의 사진들만 사용할 수 있다. 모두 이런 동의를 받아 책에 사진을 실었지만, 사진 안에 예상하지 못한 인물이 포함될 수 있는데, 이들 얼굴은 식별할 수 없도록 처리되었다. 연구 윤리에 의하면, 이미지가 공개되고 나서 사진 속 인물이 비판이나 위협받을 가능성이 있다면, 사진을 게재해서는 안 된다. 밀러와 시나난은 이런 경우 삽화로 대체했는데, 이 삽화는 사진 같은 자세를 취하고, 대체적인 얼굴 특징을 인식할 수 있게 제작되었다. 흐릿하게 처리하는 것에도 문화 차이가 있는데, 영국인은 특정 종류의 프라이버시를 중시하지만, 트리니다드토바고 사람에게 프라이버시는 그 결이 사뭇 다르다. 이런 상황에서 정보제공자의 다양한 감수성을 손상하지 않고, 익명성을 보장하는 방법을 찾기란 쉽지 않다.

연구내용

예전의 시각 미디어에 관한 대부분의 연구서는 시각적인 것보다 텍스트를 강조했는데, 이는 기술적 · 경제적 요인과 관련이 있다. 다수의 컬러 이미지를 구입하여 이를 책이나 논문에 담아서 인쇄하려면 적지 않은 제작비가 필요했다. 대중서가 아닌 전문 연구서는 판매량이 적어서 많은 제작비를 감당하기 어렵다. 하지만 시각 관련 도서에서 시각 이미지 없이 소셜미디어에서 중요한 사진과 밈의 의미를 전달하기 어렵다. '인류학이 시각 미디어 연구에서 어떤 성과를 보일 수 있는가?' 하는 점도 흥미롭다. 문화비교 연구에 많은 장점이 있는 인류학이 다양한 문화의 소셜미디어의 시각 게시물을 이해하는 데 어떤 능력과 잠재력을 보여줄 수 있는지도 관심 대상이다(Empson, 2011).

시각 게시물은 문화마다 상당히 다르게 나타난다. 밀러 연구팀은 정성적 · 정량적 방법을 모두 이용해 시각 이미지를 비교 분석해 이들 시각 게시물에서 어떤 차이점들이 나타나는지를 밝혔다. 기존의 민족지 방법은 정량적 자료 분석과 비교를 상대적으로 소홀하게 여기는 경향을 보였다. 또 다른 관심사는 이런 차이들을 어떻게 설명할 것인지였다. 인류학에는 민족지 연구 방법론이 잘 정립되어 있지만, 소셜미디어의 시각 게시물에서 문화와 가치를 분석하고 이해하기 위해서는 새로운 방법론이 필요할 수도 있다.

민족지 연구는 개인보다 패턴과 경향에 더 많은 관심을 보인다. 인류학은 선정적이거나 예외적인 현상보다 전형적이고 일반적인 것을 주로 연구하는데, 이는 저널리즘과 다른 부분이다. 서로 다른 연구 현지 그리고 같은 연구 현지 내에서도 상당한 정도로 정성적 그리고 정량적 차이가 존재하므로 조심스럽게 '전형성'을 이해해야 한다. 밀러가 연구한 글레이즈는 영국, 시나난이 연구한 엘 미라도르는 트리니다드토바고를 대표하지 않는다. 계급이나 종족성 등의 사회적 매개변수뿐만 아니라 개인의 선호도에서도 편차가 있다. 또한, 글레이즈와 엘 미라도르 사람들은 자기 문화와 행동의 본질적 특성을 지속적으로 조정하고 타협한다.

사람들은 성장하면서 특정한 기대와 규범 등에 따라 사회화되는데,

밀러는《모더니티: 민족지 접근법》에서 트리니다드토바고의 사례를 설명했다. 밀러는 이 섬의 특수한 역사로부터 형성된 '이중적' 양식에서 트리니다드토바고의 가치가 발전했다고 주장했다. 트리니다드토바고 인구는 주로 아프리카 출신 노예와 동인도 출신 사람들의 후손으로 구성되어 있다. 이들이 출신지로부터 급격하게 단절되면서 두 가지 반대되는 프로젝트가 만들어졌다. 한편으로는 자유를 구현하려는 상당히 체계적인 노력이 있는데, 이는 일시적이고 개인적인 차원에서 카니발 등의 이벤트나 섹슈얼리티와 관련된 관용어(idiom)를 통해 표현된다. 사물에서는 제도화보다 표면화가 더 중요한데, 사물은 표면으로 부상하면서 위계질서와 억압의 대상이 될 수 있기 때문이다. 또 다른 프로젝트는 뿌리 찾기다. 트리니다드토바고에는 잃어버린 뿌리 또는 근원에 대한 상실감이 존재하는데, 이는 확대가족이나 장기적인 지향점으로 표현된다. 이런 가치는 교육으로 실속을 차리고, 가정과 전통을 중시하고, 종교에 대한 강한 헌신으로 표현된다. 이런 역사적 요인들이 소셜미디어 시각 게시물에도 상당히 영향을 끼친다(Miller, 1994a: 257-290).

연구팀은 시각 게시물을 조사하면서 젠더, 종족성, 계급 구별 사이에 유사성이 있다는 점을 발견했다. 한시적인 자유 표현은 남성뿐만 아니라 아프리카계 트리니다드토바고 사람 그리고 저소득 계층에게 부담이 될 수 있고, 뿌리를 재구성하고 장기적인 것에 초점을 맞추는 것은 여성뿐만 아니라 인도계 트리니다드토바고인 그리고 고소득층 국민에게 부담이 될 수 있다. 트리니다드토바고인의 이중적 가치를 사람의 범주에 투영하고, 사회 집단 간의 젠더, 종족성 그리고 계급의 차이를 드러내기 위해 이 요인들을 반복적으로 적용해서 가치의 이중성을 드러냈다.

인류학은 문화들을 일반화하는 경향이 있는데, 이는 고정관념과 혼동될 수도 있다. 문화적 일반화와 고정관념의 차이는 본질주의 여부다.

본질주의는 특정 문화집단의 속성이나 특징을 생물학적 또는 심리적 요인 등의 몇몇 본질적인 특성과 관련 있다고 주장한다. 이에 반해 인류학은 문화는 규범적이고, 사람의 행동을 '전형적인' 것으로 묘사할 수 있다는 점을 인정한다. 인류학은 어떤 행동의 이면에 있는 주된 이유를 역사와 문화에서 찾는다. 따라서 인류학자는 사람들의 가치와 행동이 상황에 따라 어떻게 완전히 다를 수 있었는지를 제시한다. 계급, 젠더, 종족은 문화적 가치에 복무하고, 이것이 인간에게 투영되면서 구별이 만들어지는데, 이런 점들은 여성, 인도계 트리니다드토바고인 또는 고소득자들에게만 적용되는 것은 아니다.

이런 관점에서 보면, 인간은 자신의 가치를 결정하는 자유로운 행위자가 아니라 오히려 문화의 가치를 운반하는 사물에 가까울 수도 있다. 스스로 독실한 기독교인 또는 힙합을 사랑하는 사람이 됨으로써 인간은 기독교나 힙합 문화를 체화하고 표현하고 공유한다. 남성이나 여성 등의 범주에만 현저한 차이가 존재하는 것은 아니다. 자유를 축하하는 카니발과 전통을 축하하는 크리스마스 사이에도 현저한 차이가 있을 수 있다. 이미 살펴본 대로 엘 미라도르에서 현저한 차이, 즉 대조는 상이한 사람들 사이에만 존재하지 않고, 한시성과 초월성이라는 핵심 이원론도 같은 개인의 게시물 내에서 공존한다. 동일한 사람들은 종교적 · 도덕적 · 민족주의적인 시각 자료를 게시하여 행복해하면서도 동시에 매우 성적이고 반사회적인 게시물도 게시한다. 역사적 관점에서 본다면, 트리니다드토바고에서의 이런 이중적 가치는 노예제와 노예 노동에 기인하는데, 이는 영국 역사와는 상당히 다르다. 고양이와 개에 관한 영국 소셜미디어 사진은 아이와 동반동물의 연관성을 상당히 정확하게 보여준다. 역사학자 키스 토머스는 동반동물과 어린이 사이의 이런 관계는 최소한 16세기에 정착되었다고 주장했는데(Thomas, 1983), 인류학자 앨런 맥팔레인 역시 영국의 아동 개인주의에 대한 초기 인식에 대한 다양한 증거를 제시했다 (Macfarlane, 1978).

글레이즈 사람들은 엘 미라도르 사람들의 게시물들에서 지배적으로 나타나는 일시성과 초월성을 대부분 자제하는 경향을 보였다. 글레이즈 사람들은 노골적인 성적 대상화를 피하지만 개인의 외모 가꾸는 것을 중시했다. 또한, 이들 소셜미디어에는 종교와 민족주의에 대한 게시물 숫자가 상대적으로 훨씬 적었고, 타인의 전통과 사회적 정체성에 대한 언급도 적었다. 글레이즈 사람들은 온건과 자기겸손 등을 추구하는 경향이 강했고, 이런 성향은 교외 중산층에서의 중간자 위치를 점하는 데 도움을 준다. 특정 영역에서 내부적인 대립도 있는데, 특히 남성과 여성 게시물 사이에는 강한 대립이 존재하고, 이런 대립은 사회의 지배적 파벌에 단호하게 맞서는 노동계급의 가치문화에서도 발견할 수 있다. 영국인의 가치는 트리니다드토바고의 가치만큼이나 나름대로 강한 표현력을 드러내는데, 유머 같은 특정 기제는 경계를 통제하고 순찰하며, 경계를 위협할 수 있는 가식적인 사람들을 폄하하는 데 사용된다.

연구팀이 기여한 또 다른 점은 규범 문제다. 사람들은 자신이 보고 싶어서 하는 것에 부합하는 '적절한' 이미지만 취하고, 부적절하다고 간주하는 것을 회피하는 경향이 있다. 사람들은 이런 규범성 또는 도덕적 질서 때문에 대체로 시각 이미지를 이에 일치하도록 조정하고, 이를 재현한다. 연구팀은 트리니다드토바고 연구 참여자들에게 자신이 모르는 사람들이 게시한 시각 이미지에 대해 논평하도록 요청했는데, 정보제공자들은 종종 규범의 선을 넘었다고 느끼는 이미지를 직접 비난하고, 풍자적인 요소들을 이야기했다. 연구팀은 글레이즈 사람에게 이런 실험을 반복하지 않았는데, 영국인은 이런 종류의 이미지에 대해 신중한 태도를 보여서 제대로 밝히기가 쉽지 않았기 때문이다. 글레이즈 사람들은 엘 미라도르 사람들보다 더 신중하고 일관적이었는데, 글레이즈인의 일관성과 신중함에 대한 증거는 문화적 규범 통제 정도에 대해 많은 것을 말해준다.

연구팀 공동연구 결과의 구조와 일반화 수준은 엘 미라도르와 글레이즈 사회 구성원들을 균질화하는 경향이 있다. 글레이즈와 엘 미라도르 집단 모두에는 상당히 창의적이고, 집단의 압력과 관습을 거부하는 것을 즐기는 예외적인 사람들이 존재한다. 또한 개개인이 상당히 다를 뿐만 아니라 같은 사진을 보고 매우 다른 해석을 하기도 했다. 거의 모든 이미지에는 모든 사람이 동의할 수 있는 단일한 의미 또는 해석이 존재하지 않는데, 어떻게 균형을 가지고 이를 다룰 수 있는지가 문제가 된다. 트리니다드토바고 사람들은 각자 독특한 개성을 가지고 있는데, 트리니다드토바고 사람이라는 용어가 이런 개인적 성향을 배제해서는 안 되지만, 이런 개인적 차이에만 초점을 맞추다 보면 일반화와 전형성을 놓치게 된다.

연구팀은 가설에 맞는 이미지만 선택했다는 비판을 피하고자 각 연구 현지에서 50장의 프로필 사진을 체계적으로 분석하려고 최대 3만 장의 사진을 조사했다. 차이를 드러내기 위해 정량적 분석을 사용했지만, 이러한 주장을 뒷받침하고 보완하기 위해 정성적 분석도 사용했다. 엘 미라도르와 글레이즈를 비교하면, 엘 미라도르 여성들은 1,006장, 글레이즈 여성들은 415장의 시각 이미지를 소셜미디어에 게시했는데, 엘 미라도르 여성이 글레이즈 여성보다 약 두 배 이상의 시각 콘텐츠를 게시했다. 이 중 '핫(hot)'한 것으로 평가되는 사진은 엘 미라도르에서는 354장, 글레이즈에서는 52장으로, 거의 7배 차이가 났다. 이런 차이는 엘 미라도르 여성이 글레이즈 여성보다 더 핫하게 보이고 싶어 한다는 가설에 부합한다.

각 연구 현지 안의 특정 집단들을 여러 가지로 일반화할 수 있지만, 이런 일반화는 모든 집단 구성원에 해당하지 않는다. 예를 들어, 글레이즈에서 중년이나 노년 인구는 환경이나 기후변화에 관한 게시물을 더 많이 업로드하지만, 엘 미라도르에서는 청년들이 중년과 노년 인구보다 이런 게시물을 더 많이 업로드했다. 글레이즈에서 여성들은 남성들만큼이나 과학이나 IT에 관한 게시글을 게시할 가능성이 크지만, 엘 미라도르에서는 남성들이 대부분 이런 게시물을 업로드했다. 글레이즈 여성들은 대부분 자기 아이 사진들을 게시하지만, 엘 미라도르에서는 어머니가 아니라 자신의 정체성이 잘 드러나는 게시물을 상대적으로 더 많이 업로드했다.

문화비교는 다양한 매개변수가 존재하기 때문에 복잡하다. 예를 들어, 나이는 젠더와 지역 요인 모두를 복잡하게 만들 수 있다. 때로는 젠더 구분이 중요할 수 있는데, 젊거나 나이 든 여성 모두 남성보다 프로필 사진을 더 많이 업로드하고, 이들 여성 안에서도 나이에 따라 게시하는 양이 사뭇 다르다. 연구팀은 잘못된 객관성을 줄 우려가 있어서 조사 수행, 범주 또는 사진의 게시율 비교 등에서 '샘플' 또는 '상관관계'라는 말을 사용하지 않았다. 연구팀이 제시한 자료는 다른 마을에서 발견한 자료와는 다를 수도 있기 때문이다. 인류학의 정성적 조사 방법은 대량의 자료를 해석하는 데 취약성을 보이며, 인류학자 대부분은 이런 자료를 제대로 처리한 경험이 없다.

문화비교를 하다 보면, 대조적인 결과나 양상이 나타나지 않는 경우를 종종 접한다. 글레이즈와 엘 미라도르의 경우, 많은 정량적 자료에서 상당히 많은 유사점이 나타나지만, 큰 차이가 나는 영역도 존재한다. 인류학자는 인간사회를 조사하면서 차이보다는 유사점이 많다는 점에 종종 놀란다. 글레이즈와 엘 미라도르 사람들은 밈 공유를 거의 유사하게 받아들였는데, 이들은 자주 동일한 농담, 비디오, 선정적인 뉴스를 공유했다. 'Keep Calm' 같은 일련의 밈이나 'Harlem Shake' 같은 바이럴 현상은 두 지역 모두에서 나타났는데, 이는 세계적인 현상이다. 많은 트리니다드토바고인은 영국에 친척이 있는데, 밀러도 교회에서 자원봉사를 하던 중 다른 자원봉사자가 엘 미라도르에서 태어나 현재 글레이즈에 살고 있다는 사실을 알고 놀랐다. 글레이즈와 엘 미라도르 사람은 수 세기 동안의 식민 지배와 교육 그리고 최근의 글로벌 미디어 때문에 비욘세와 〈왕좌의 게임〉에 이르기까지 많은 부분을 문화적으로 공유하고 있다.

많은 사람은 공통의 사물을 들어 세계가 상당히 동질화되어간다고 주장하는데, 이는 다르게 볼 수도 있다. 인류학자들은 소셜미디어가 문화 동질화에 기여한다는 생각이나 모든 현대적 발전이 개별 문화의 상실로 귀결된다는 주장에 적지 않은 비판을 했는데, 밀러 연구팀도 같은 입장을 견지했다. 현재의 엘 미라도르 사람들은 이전의 수 세기 전 조상 또는 글레이즈 사람처럼 고유한 문화를 가지고 있으며, 현재의 청년들도 노인 세대만큼이나 자신들의 문화를 공유하고 있다. 사람들은 분명히 별생각 없이 별다른 의미가 없는 게시물로 소셜미디어를 어지럽히고, 이는 셀카에 대한 비판이나 '쓰레기' 같은 게시물의 삭제로 이어졌다. 향수에 젖어 과거를 이상화하는 사람들은 이 현상들을 가지고 현재 사람들이 과거보다 피상적인 삶을 산다는 증거로 제시한다. 하지만 소셜미디어가 등장하기 전에도 엘 미라도르나 글레이즈의 사람들은 자신들의 친구들을 험담하고, 철학이 아니라 진부한 일상 또는 날씨 이야기를 했다.

연구팀은 시각적 게시물을 분석함으로써 이것이 무엇을 의미하고, 무슨 역할을 하는지를 보여주었다(Miller, 2015). 글레이즈에 있는 모든 시각적 게시물은 페이스북의 시각적 게시물을 대표하지 않는다. 엘 미라도르와 달리, 글레이즈에서는 2014년 청년들 사이에서 트위터, 인스타그램, 그리고 스냅챗 같은 플랫폼들이 페이스북만큼 중요한 이미지 게시 장소가 되었다. 사진은 오래전부터 존재해왔으나, 저렴하고 간편한 카메라폰 덕분에 소셜미디어에 쉽고 빠르게 게시할 수 있게 되었다. 현재 세상의 많은 사람은 새로운 시각 언어를 가지고 있으며, 밈이나 개인이 촬영한 방대한 시각 이미지에 의존해서 살아간다. 밀러 연구팀은 세계가 새로운 시대에 접어들 당시 이런 시각 이미지의 잠재력을 탐구해서 역사적인 계몽의 순간을 보여주었다.

시각 이미지 분석 결과

안젤라는 23세이고 트리니다드토바고 연구 현지에서 살고 있다. 아버지는 사무용품 가게를 운영했는데, 그녀는 거기서 거의 매일 일했다. 가게 일이 한가하면 그녀는 블랙베리 핸드폰으로 페이스북 타임라인을 훑어본다. 그녀는 "좋은 아침, 핍스" 같은 아침 인사로 일과를 시작해 하루에 2~3차례 포스팅을 한다. 그녀는 종종 자기 삶에서 일어나는 일을 새삼스럽게 깨닫고는 "아직도 웃기는 하지만, 얼마나 그들이 당신을 상처받게 하는지 알지 못한다"라는 게시글을 올렸다. 하지만 게시글 중에서 가장 많은 20개의 '좋아요'와 댓글을 기록한 것은 밈 장르인데, 멋진 풍경 또는 애니메이션 배경에 종교적 경구나 동기부여 어록을 담고 있다. 시나난은 이를 '감화를 주는(inspirational)' 것이라고 불렀다. 안젤라가 지루해서 머리와 화장을 손질하고, 셀피를 올리면 100여 개 이상의 '좋아요'를 기록했다. 그녀 친구의 관점에서 보면, 안젤라의 시각 게시물은 부럽게도 인기 게시물이다.

연구 현지 9곳 모두에서 소셜미디어 게시물 중 압도적으로 많은 양을 차지하는 것은 시각 이미지다. 핵심 콘텐츠가 영상이고, 텍스트는 상대적으로 주변부 역할을 하는 인스타그램이나 스냅챗 같은 플랫폼이 인기가 있었다. 스냅챗은 이름에서 이런 경향이 잘 드러나는데, 예전 사람들의 대화가 현재는 상당히 시각적인 것으로 대체되고 있다(Hjorth & Hendry, 2015; Gibbs et. al., 2015; Cruz & Meyer, 2012).

소셜미디어가 젠더와 정치 부문에서 어떤 정치적 특성을 보이는지도 흥미롭다. 브라질과 트리니다드토바고 연구 현지에서 사회 계급 범주는 통상 브랜드 상품과 연결된다. 청년은 자기 신체와 고급술 그리고 명품 선글라스가 함께 담긴 사진을 게시하는데, 이를 본 사람은 이 사진을 실제 부와 지위를 증명하는 것으로 받아들이지 않을 수도 있다. 연구진은 사람들이 일반적으로 동료에게 가장 대중적인 플랫폼에서 가장 좋거나 이상화된 자기 모습을 보여줄 것이라고 가정했다. 연구팀은 이 이미지들을 몇몇 단계를 거쳐 분석했다. 어떤 사람이 시각적 이미지로 다른 사람들에게 어떻게 영향을 끼치려고 하는지에 관심을 가졌다. 이를 좀 더 구체적으로 이야기하면, 본래의 자신보다 어떻게 사회적으로 고급스럽게 보이려고 하는지를 출발점으로 삼았다.

다음으로는 다른 사람들이 이에 어떻게 반응하는지 그리고 이런 행동이 그 사회의 규범과 어떻게 관련되어 있으며 그리고 무엇이 자신들이 드러내기에 적절한 또는 부적절한 방식인지를 파악하고자 했다. 이런 문화비교 분석 연구는 한 사회에서 규범으로 받아들여지는 것이 다른 사회에서는 어떻게 받아들여지는지를 이해하는 토대가 된다. 소셜미디어 출현 이전에도 시각 분석 영역에서 이런 시도가 있었지만, 디지털 시대에는 이전과 다른 변화들이 있고, 전례 없는 요소들이 추가되었다. 예를 들어, 특히 밈은 무엇이 규범적인 것이고, 온라인 세상에서 규범을 통제하기 위해 어떤 노력이 있는지를 이해하는 단서가 된다.

이 프로젝트에서 마주친 상황은 전통적인 시각인류학의 영역과는 상당히 달랐다. 과거에는 연구 참여자들이 자신의 문화를 어떻게 그리는지를 알기 위해 인류학자들이 이들에게 카메라를 주고 촬영하게 하기도 했다. 하지만 이제는 오지의 연구 참여자들도 카메라폰을 거의 사용하고, 이들은 사진을 찍고 이 중 의미 있거나 중요하다고 생각하는 것을 다른 사람들에게 보여주는 것에 익숙하다. 또한, 사람들은 카메라폰으로 이전에는 하찮다고 생각해 촬영하지 않던 것을 소셜미디어에 게시하기도 한다. 이런 의미에서 소셜미디어는 단순히 자신의 사진을 게시하는 것 이상의 장소다. 사람들은 이제 인스타그램 필터로 사진을 보정하고, 여기에 텍스트를 쓰고, 이런 이미지들을 공유하는데, 이 과정은 상당히 쉬워졌다.

소셜미디어는 일상생활에서 사진을 중요한 일부로 만들었다. 예전에 사진 촬영은 하나의 작은 사건이었지만, 이제는 대화 중에도 몇 분 안에 이에 관한 수십 개의 이미지를 생산하고 유통한다. 스마트폰이 전 세계로 확산하자, 특히 저소득층 사람들도 매일 사진작가가 되었다. 하지만 여기에는 두 가지 주목할 만한 지점이 있다. 첫 번째, 오늘날 많은 사진은 소셜미디어를 염두에 두고 촬영된 것이다. 두 번째, 인간과 시각 이미지의 관계는 이전에 볼 수 없을 정도도 긴밀해졌고, 최근 왓츠앱이나 유튜브 게시물에서 아직은 사진과 긴 동영상이 주를 이루지만, 짧은 동영상도 빠르게 늘고 있다.

인류학에도 시각 이미지와 사진을 분석하는 다양한 접근법이 있지만, 많은 시각인류학자들은 시각 이미지 재현에 관심이 있다. 사진을 연구한 대표적인 인류학자로는 긴즈버그, 맥두걸, 스프래그 등이 있으며, 에드워즈와 피니는 시각인류학에 대한 개괄서를 썼다(Ginsburg, 1995; MacDougall, 2005; Sprague, 1978; Edwards, 1992). 시각인류학은 오랫동안 특정 사회의 시각 시스템을 연구하기도 했지만, 시각인류학의 핵심은 민족지 방법을 통해 문화 재현을 이해하는 것이다(Pink, 2001; Banks, & Morphy, 1997). 밀러 연구팀은 연구 현지 9곳의 문화 차이와 이미지의 사회적 관계에도 관심을 가졌지만, 연구 초점은 소셜미디어에서의 시각적 구성요소를 밝히는 것이다. 특히,

이 팀은 자기표현과 도덕적 커뮤니케이션 그리고 확장 가능한 사회성 측면에서 소셜미디어 이미지들을 분석하려고 했다. 이들은 영국과 트리니다드토바고에서의 시각 게시물 비교 연구에서도 이를 다루었다(Miller & Sinanan, 2017). 이 책들은 만일 연구대상을 소셜미디어 시각 게시물로 국한한다면 어떤 종류의 민족지가 만들어질 수 있는지 그 가능성을 보여준다. 현재 연구자들도 현지조사에서 연구 참여자들의 일상생활에 관한 수천가지 이미지를 접하고 있고, 이들에게도 시각 자료 분석은 민족지 조사에서 매우 중요하게 되었다.

자기표현

자기표현이 온라인에서 증가하자, 사람들은 자기표현이 너무 인위적이라거나 지나치게 구성적이라고 생각하고 있다. 하지만 터클은 인간은 항상 역할과 틀 안에서 살고 있다는 점을 지적했다(Turkle, 1997). 많은 온라인 게시물은 큐레이션된 또는 다른 이를 위해 연행된 것으로 간주할 수 있다. 적어도 고프만의 연구 이후, 연구자들은 개인들이 특정한 방식으로 항상 자신을 구성하고, 연행하고, 의식적으로 자신을 표현하고 있다는 점을 인식하고 있다. 이런 점은 의상 연구에서도 잘 드러난다. 적지 않은 사람들은 오프라인에서 자신과 관계있는 사람을 만나면 상당히 '의식적'으로 상호작용하지만, 온라인에서는 좀 더 '자연스럽게' 상호작용한다고 주장한다.

셀피는 종종 자아도취의 한 형태로 비판받고 있는데, 실제로 셀피는 정체성, 열망, 사회적 기대 등을 이해하는 중요한 통로일 수 있다. 사람들은 셀카를 찍을 때 자신이 전달하고 싶은 인상을 적극적으로 구성하는데, 이런 이미지는 자기표현의 중요한 요소들을 담고 있다. 나르시시즘 또는 자아도취라는 말은 자신을 향한다는 의미를 담고 있지만, 셀피는 대부분 특정 사람이나 사회관계 유지를 향한다(David, 2010; Okabe & Ito, 2006). 영국 연구 현지의 청년들은 개인 이미지보다 그룹 셀카를 다섯 배나 더 많이 페이스북에 게시했지만, 다른 사진과 마찬가지로 셀피도 자주 공유되고 유통된다. 일반적 주장과는 반대로, 셀피는 아날로그 시절의 전통적인 사진보다 더 사회화되고 덜 개인화된 활동을 보여주며(Hjorth, 2007; Pink, 2011), 이들의 이미지 순환은 기억과 현재 경험을 공유하고 강화한다(van Dijck, 2008: 57-76).

밀러 연구팀이 제시한 자료를 비교하면, 사람들은 자신의 '이상화된' 버전을 담은 이미지로 만들고 싶어 한다고 할 수 있는데, 이런 현상들은 특정한 사회적 · 역사적 맥락에서 이해할 필요가 있다(Costa, 2016; Venkatraman, 2017). 연구 현지마다 특히 '열망'과 '이상화된 자아'에는 서로 다른 의미가 있다. 중국의 산업화된 연구 현지 게시물에서는 주로 소비가 미래의 열망으로 나타나는데, 이주 공장노동자에게 일은 부를 얻기 위한 단계이고, 그 결과가 소비이기 때문에 소비는 그다지 이상한 것이 아니다. 젊은 남성들은 소비에 대한 환상을 가시화하기 위해 자동차, 아름다운 여인 그리고 고급 의류 이미지들을 게시하지만, 젊은 여성들은 공주 스타일로 꾸민 침실 사진을 자주 게시한다. 청년들에게 이런 시각 게시물은 시간 대부분을 공장에서 보내는 자기의 실제 삶과 대비를 이루는데, 이들은 낮은 자존감 또는 문자나 말로 전달하기 어려운 감정을 시각 이미지로 표현했다.

이에 반해 중국 농촌 현지의 경제적 열망은 보수적인 전통과 교차한다. 여기 게시물 중에서 주도적인 장르는 도시의 중요한 랜드마크와 함께 촬영한 아기 사진이다. 중국의 부모는 큰돈을 들여 스튜디오에서 아이 사진을 촬영하는데, 이런 사진들은 대부분 소셜미디어에 게시된다. 주로 백일에 스튜디오에서 사진을 촬영하는데, 이 사진은 부모에 대한 아이의 부채 그리고 성인이 된 후 부모에 대한 의무를 지시하기도 한다. 아이 게시물처럼 사랑과 결혼에 관한 게시물도 가족생활의 토대가 되는 관계의 지속성을 강조하지만, 일부 게시물은 부모에 대한 애정과 감사의 표현을 담고 있다. 이 지역에서의 소셜미디어 이미지들은 전통적인 가치에 초점을 두지만, 커플의 로맨스나 부모로부터 독립한 모습처럼 개인적인 열망을 표현하기도 했다.

브라질과 트리니다드토바고에서는 높은 사회적 가시성을 성취하는 것 자체가 열망인데, 이는 주로 페이스북에서 드러난다. 브라질 연구 현지에서 소셜미디어는 — 성당이나 교회와 마찬가지로 — 새로운 부나 이에 관한 열망을 보여줄 수 있는 공간이다. 복음주의 기독교인들은 열심히 노력해서 얻은 부는 한 개인의 미덕을 드러낸다고 믿는다. 이들은 겉으로는 드러내지 않지만, 신실한 믿음의 징표가 물질주의로 재현된다. 트리니다드토바고 사람들은 외모 가꾸는 것을 '진정한' 자아의 왜곡이 아니라, 실제 분만 능력을 드러내는 증거로 간주했다. 사람들은 자신을 아름답게 치장하고, 이를 재현하는 이미지를 만드는 데 많은 시간과 노력을 들였는데, 이는 외모를 중시하는 이들의 생각을 반영한다.

이탈리아 남부 연구 현지에서는 공공 소셜미디어에서의 가시성이 사회적 지위와 강하게 연결되어 있다. 사회적 계층이 높다고 평가받는 사람들은 더 낮게 평가받는 사람들보다 자기 사진을 더 많이 게시한다. 이런 현상은 오래전의 이탈리아 상류층 전통과 관련 있는데, 청소년이 페이스북에 셀카를 올리면서 이런 전통은 도전받고 있다. 젊은 여성들은 '좋은' 셀피를 찍기 위해 하루에 몇 시간을 소비한다. 이들은 자신이 찍은 여러 사진 중에서 '잘 나온' 사진을 선택하고, 이를 온라인상에서 편집한 다음 업로드한다. 온라인상에서의 자기표현 열정은 결혼하면서 감소했다. 이탈리아 기혼 여성은 셀피보다 가족사진을 더 많이 게시했는데, 여기에는 아이들이 이룬 성취나 다른 가족과의 모임 장면들이 주로 담겨있다.

페이스북에서 어떻게 보일지 연출하는 행동은 인도 남부 연구 현지에서도 중요했다. 이런 행동은 개인의 정체성을 확립하는 것으로 간주되었고, 종종 자신의 업무와 관련된 지위를 주장하는 것으로도 보였다. 몇몇 사람은 작업복 차림이나 한눈에 작업 환경임을 알 수 있는 곳에서 촬영한 셀피들을 게시했다. 하지만 게시한 사진 속 모습과 작업 환경은 실제 모습과 종종 달랐다. 이곳 사람들은 자신의 열망을 표현하기 위해 시각적 이미지를 사용한다고 할 수 있다. 열망의 성격은 상당히 구체적이지만, 지역과 계급에 따라 달랐다.

자기표현에서 규범적 규칙은 자신의 최고 모습을 보여주는 것이 아니라 단지 사회적 기대와 일치하는 자기 모습을 제시하는 것일 수도 있는데, 칠레 북부와 영국 연구 현지는 이를 분명하게 보여준다. 여기서 게시되는 가장 많은 사진은 단순한 평범함을 담은 것이다. 칠레 북부 청년들 사이에서 전형적인 셀피는 자기 또는 친구 집 아니면 직장이나 잠깐 외출 중 촬영한 모습을 담고 있다. 이 사진은 전혀 화려하거나 특이한 느낌을 주지 않는다. 청소년들은 하루에도 여러 장의 사진을 게시하는데, 새로 산 운동화, 아침, 세차한 사진, 학교나 직장에서 촬영한 셀피, 앱을 이용해 만든 사진 콜라주처럼 일상적 아이템을 주로 담고 있다. 이런 사진들은 일상생활의 단조로운 느낌을 전달하기도 하는데, 종종 '지루한(bored)', '따분한(aburrido)' 또는 '권태로운(fome)' 등의 해시태그가 달린다. 가장 극단적으로 지루함을 표현하는 사진은 심부름하는 동안 줄 서서 기다리는 모습이다. 흔한 셀피 장르는 발만 찍은 사진인 '풋티(footie)'인데, 대부분 텔레비전을 보거나 비디오 게임 할 때의 편안한 자세에서 촬영한 발 사진이다. 이런 사진은 자신의 자연스럽고 평범한 삶의 모습을 보여주는데, 촬영자는 '풋티' 사진을 촬영하기 위해 따로 적당한 자세를 취할 필요가 없어서 인기가 높다.

이탈리아 남부 연구 현지에도 같은 장르가 있는데, 발은 거의 해안가나 바다를 향했다. 이곳의 '풋티' 사진은 자연의 아름다움과 스펙터클 안에 존재하는 한 개인을 상징한다. 영국 연구 현지에서 성인이 올린 대부분의 게시물에는 사진 촬영을 위해 따로 옷을 차려입거나 단장한 흔적이 거의 보이지 않는다. 적지 않은 젊은 사용자는 화장하고 촬영한 사진을 소셜미디어에 게시하는데, 이와 달리 청바지와 티셔츠 등의 캐주얼한 의상은 가식 없는 겸손함을 드러내는 상징으로 널리 이해된다. 많은 사람은 셀피가 나르시시즘과 관계있다고 주장하지만, 글레이즈 사람들은 '화장 안 한 셀피'를 주로 게시했다.

아날로그 사진과 소셜미디어의 디지털 사진 사이에는 연속성과 불연속성이 공존한다. 부르디외는 1960년대 프랑스 농민 사진을 연구하면서 가장 흔한 사진 주제로 결혼과 마을 축제를 들었다. 이런 사진들은 주로 상자에 보관되었고, 집에서는 몇 장의 공식적인 결혼사진만 전시했다 (Bourdieu & Whiteside, 1996). 그는 이런 종류의 사진을 사회적 역할과 관계를 시각적으로 재현하는 '소시오그램(sociogram)'[7]으로 이해했다. 이런 종류의 의식 또는 의례는 반복적인 일상 활동과는 다른 사회적 이벤트여서 촬영할 가치가 충분하다. 이들 사진은 '사회생활 중 분위기 있는 순간'을 엄숙하게 드러내며, 개인과 집단의 통합을 증명하고 재확인하는 역할도 한다 (Bourdieu & Bourdieu, 2004: 603).

이런 아날로그 사진들과 대조적으로, 대부분의 소셜미디어 사진은 주로 평범한 일상을 찍은 것이다. 아날로그 사진이 기억과 관련이 있었다면, 왓츠앱의 사진은 한시성 또는 초월성과 더 관련 있는데, 아날로그 사

7 심리 사회 집단에서 개인 사이의 관계를 나타낸 도표. 미국의 심리학자 모레노가 만든 것으로, 집단의 구성원이 서로 가지고 있는 감정이나 태도를 바탕으로 하여 구성원 상호 간의 선택, 거부, 무관심 따위의 관계를 나타낸다.

진과의 연속성도 발견할 수 있다. 오늘날 페이스북은 종종 특별한 또는 축하할만한 사건이나 이벤트를 기록하고 저장하는 장소로 이용되고 있다. 사진은 이제 아날로그 시절의 인사장 역할을 하는데, 사람들은 사진이나 인사장 스타일의 밈을 전송하고 공유함으로써 관계를 확인하고 인정한다. 특히 트리니다드토바고와 인도 남부 연구 현지에서 이런 현상이 두드러졌다. 트리니다드토바고에서 사람들은 디왈리(Diwali), 크리스마스, 신년 연휴, 생일, 그리고 졸업 등의 이벤트에 전통적으로 카드를 보냈는데, 페이스북에서 유포되는 이미지가 이제는 이를 대체하는 역할을 하기도 했다.

남인도 연구 현지에서는 특별한 날을 제외하면, 거의 매일 인사말이 의례처럼 소셜미디어에 게시되었다. 이 인사말은 힌두교의 카르마 내용을 담고 있는데, 이런 인사말은 긍정적 힘으로 자기 주변의 부정을 억제하기 위해 주변 사람들의 사회적 네트워크에서 공유될 필요가 있다. 이들 게시물은 통상 평범한 배경 또는 멋진 경치에 '좋은 아침' 같은 인사말을 담고 있다.

이전에 외부 공개가 엄격하게 금지되었던 사진들이 소셜미디어에 게시되기도 하는데, 이 사진들은 개인과 사람들의 사회관계를 새롭게 이해할 단서를 제시한다. 터키 남동부 연구 현지에서는 공식적인 개인 사진이나 결혼사진을 제외하면, 다른 사진들은 사적이고 은밀한 것으로 간주되어 집에서 친한 사람들 사이에서만 공개되었고, 사진들도 앨범에 보관했다. 사람들은 사진들이 외부에 공개되지 않는다는 사실을 잘 알고 있어서 좀 더 캐주얼한 옷을 입고 사진을 찍었다. 하지만 페이스북이 등장하면서, 결혼이나 축제 같은 특별 이벤트보다 점심이나 저녁 식사 등의 평범한 가족 행사가 더 중요해졌다. 이곳 사람들은 아직도 다른 사람들에게 사진 공개하는 것을 부담스럽게 느끼는데, 페이스북 사용자는 다른 사람에 대한 애정 그리고 함께한 즐거운 시간 등을 표현할 수 있는 새로운 방법을 꾸준히 찾고 있다. 사람들은 더 이상 인물사진에 너무 집중하지 않게 되었다. 가족 모임을 담은 사진은 주로 저녁 식사에 사용한 다양한 식기, 테이블세팅이 끝난 식탁 모습 등이 새로운 장르로 등장했다. 사람들은 다양한 방법으로 사진 유포에 대비하는데, 사생활 보호를 위해 인물사진에서 얼굴은 아래로 향한 채 음식을 쳐다본다.

증가하는 접속과 도덕적 커뮤니케이션

온라인 커뮤니케이션이 시각적 형태로 변화하면서 낮은 수준의 문해력을 가진 사람들도 더 쉽게 커뮤니케이션에 동참할 수 있게 되었다. 만화책 덕분에 문해력이 낮은 사람들도 더 많은 독서를 할 수 있게 되었듯이, 이들은 소셜미디어의 시각적 측면 덕분에 더 적극적으로 디지털 테크놀로지에 관심을 가졌다(Bitz, 2010). 브라질 연구 현지에서 중장년층은 청년처럼 소셜미디어에서 적극적으로 활동하고 싶어 하는데, 이런 현상은 꼭 청년들의 유행을 따라잡고 싶어서가 아니다. 이보다는 소셜미디어를 사용한다는 것이 스마트폰을 살 수 있을 만큼 충분한 수입이 있으며, '현대성'을 상징하는 새로운 테크놀로지도 잘 사용할 수 있는 능력자임을 다른 사람 또는 세상에 보여주는 방법이기 때문이다. 지난 20년 동안 가난한 브라질 사람들의 문해력은 빠르게 높아졌다. 50세 이상 인구 중 1/3은 문맹이지만, 십대에서는 2%밖에 되지 않는다(Spyer, 2017). 청년들은 어른의 눈길을 피해 자신만의 이미지를 구성하는 공간으로 소셜미디어를 생각했는데, 점차 더 많은 중장년도 소셜미디어에 자신만의 연배집단을 만들고, 여기에서 자신만의 사회화를 하고 있다.

문해력이 낮은 성인들도 페이스북을 이용하는데, 이들은 스스로 만든 게시물이 아니라 유통 중인 기존 콘텐츠를 게시한다. 이들이 하는 가장 흔한 활동은 '좋아요'를 누르는 것이며, 큰 웃음을 뜻하는 'lol'나 'kkkk'

를 많이 사용한다. 비록 이 집단은 자신의 개인적 상태를 알리는 게시글을 많이 올리지는 않지만, 밈, 이미지, 동영상을 공유함으로써 자신의 의견, 가치 그리고 취향을 표현한다. 자기 의견을 공적 공간에서 표현하는데 서툴거나 자신 없는 사람에게 밈은 상당히 중요한 표현 양식이 되고 있다. 남인도 연구 현지에서도 '좋아요'와 '공유'를 뜻하는 기호들 덕분에 낮은 수준의 문해력을 가진 청년들도 소셜미디어에 참여할 수 있게 되었다. 브라질 연구 현지처럼 인도 연구 현지에서도 주로 공유하는 것은 이미지, 밈 그리고 비디오 클립이다. 사용자는 다른 사람들의 게시물에 '좋아요'를 누르는 행위만으로도 소셜미디어에 참여할 수 있게 되면서 다른 사회적 참여에도 자신감을 얻게 되었다.

일반적으로 중국 대도시 연구 현장에서 일반인의 문해력은 높은 편이었지만, 일부 교육 수준이 낮은 사람은 소셜미디어에서 시각 자료로 자신을 표현했다. 공장 지역의 농촌 이주민 중 청년들은 다른 사람들이 제작 또는 편집한 아름다운 풍경이 담긴 이미지를 배경으로 자기발전이나 감성적 메시지가 담긴 콘텐츠를 공유했다. 이들은 이 콘텐츠를 공유하면서 몇몇 단어를 추가하기도 했는데, 예를 들어 나를 뜻하는 '워(我)'를 덧붙여 자신이 무엇을 생각하고, 어떤 느낌인지를 암시적으로 드러냈다. 교육을 상대적으로 많이 받은 집단에서는 의사소통 주제와 경험의 범위를 확장하는 데 이미지가 이용된다.

이탈리아 남부에서 가장 인기 있는 밈 장르 주제는 추상적인 아이디어와 이상인데, 밈은 정치 상황 비판처럼 텍스트로 표현하고 싶지 않거나 하지 않아도 될 때 이용된다. 일반적으로 이야기하면, 말이나 글로 게시하면 사회적 규범이나 가치와 직접 마주하는 상황이 벌어질 수 있지만, 간접적 방식으로 사회를 반추하면 이런 규범과 가치로부터 약간 비켜날 수 있다. 밈은 사회적 규범을 강화하는 한 방법인데, 도덕화와 유머 형식으로 유통된다. 칠레 북부 연구 현지에서 밈은 종종 평범한 삶을 수용했다는 것 또는 이에 대한 자부심을 표현하는 데도 사용된다. 주요 사례로 개구리 커밋(Kermit)을 들 수 있는데, '종종 나는 정말 큰 집을 갖고 싶다. 근데 나는 청소를 별로 좋아하지 않고, 이것을 극복하려던 기억이 있다'라는 감정을 이를 통해 표현했다.

많은 사람은 '예상대로' 태닝한 탄탄한 몸매와 번쩍이는 신차 또는 미식을 즐기는 사진과 대비되는 과체중 몸매, 녹슨 트럭 그리고 타버린 저녁 음식 사진을 게시했다. 농담은 사람들이 자기가 불편함을 느끼거나 선호하지 않는 라이프스타일 또는 밉살스러운 사람을 안전하게 비판하는 흔한 방식이다(Ritchie, 2005: 288). 트리니다드토바고 연구 현지 사람들은 텔레비전 립톤 티 광고의 커밋 밈을 나름대로 전유했다. 광고에서 커밋은 뉴욕 카페에 앉아 혼란한 거리를 보면서, 차분하게 차를 마시면서 "그건 내가 상관할 일이 아니야"라는 말을 한다. 트리니다드토바고 연구 현지에서 밈의 광고 문구는 다른 사람이나 그룹이 하는 일을 '지적질'하는 데 자주 사용되었다. 상당히 심각한 비판적 논평도 유머를 가장하여 유포될 수 있다. 이런 식의 밈 사용을 다양한 문화에서 분석하면 밈의 '인터넷 경찰' 역할, 즉 밈이 소셜미디어에서 어떻게 도덕적 통제에 기여하는지를 파악할 수 있다.

확장 가능한 사회성

일반적으로 카메라폰과 디지털 이미지 테크놀로지가 발전하면서 소셜미디어에서의 시각 이미지의 게시와 확산도 가능하게 되자, 인간과 컴퓨터 상호작용(HCI)과 과학기술학(STS)이 이를 집중적으로 연구했다. 이토는 일본에서의 카메라폰 사용을 연구했는데, 광범위한 사진 공유를 새로운 형태의 인식과 시각의 교환으로 설명하면서, 이를 '친밀한 시각적 공현존(intimate visual copresence)'이라고 개념화했다(Ito, 2005; Ito & Okabe, 2005). 카메라폰과 사진 공유 현상을 좀 더 일반적인 차원에서 설명한 연구도 있으며(Lasén & Gómez-Cruz, 2009), 이것이 사회관계 유지에 어떻게 사용되는지를 분석한 글도 있다(Lindtner et al., 2011; Ito & Okabe, 2005; Boellstorff, 2008).

린트너 연구팀은 시각 이미지가 다양한 종류의 '대중'에게 공유된다는 점에 주목했다. 어떤 사람이 친구의 친구 게시물을 접하면, 이 사람은 원래 친구 관계를 넘어 다른 사람들도 이 게시물을 볼 것으로 예측하고 게시했다고 생각한다. 예전 사람들은 친구, 가족, 직장 동료처럼 다수의 별개 네트워크 속에서 살았지만, 현재 이들은 페이스북처럼 개방적으로 설계된 공간에서 서로를 만난다(Lindtner et al., 2011; Warner, 2002). 이런 시각적 게시물에는 몇몇 사용자만이 이해할 수 있는 단서가 숨겨져 있어서 다른 사람들은 '맥락 붕괴' 때문에 이를 이해할 수 없다(Marwick, 2011).

이들 연구는 상이한 사회 집단에서의 네트워크를 매핑하는 것에 중점을 두었지만, '확장 가능한 사회성' 개념은 주어진 플랫폼 내에서 이를 구성하는 것을 목적으로 한다. 플랫폼 사용자 중에는 우리 집단을 확인하는 것이 목적인 사람이 있고, 게시한 콘텐츠를 보긴 하지만 이에 상호작용을 하지 않는 단순 구경꾼도 존재한다(Bubel, 2008). 사람들이 다중 플랫폼에 참여하면서 이들 중 일부는 종종 게시된 이미지가 해당 플랫폼에서 적절한 것인지 아닌지를 문제 삼는다. 트리니다드토바고 사례처럼 일부 사용자는 이해하기 어려운 콘텐츠를 게시함으로써 확장 가능한 사회성을 이용할 수도 있다. 이탈리아 남부 연구 현지의 일부 사람은 왓츠앱 같은 친밀한 플랫폼에 부적절하다고 판단되는 것을 게시하기도 한다. 확장 가능한 사회성 대신에 다른 방식을 사용하기도 하는데, 터키 남동부에서는 행사 사진을 올릴 때 사람보다 음식이 들어간 사진을 올리는 경향이 더 자주 나타나는데, 이런 사진은 어느 사람도 배제당한다는 느낌이 들지 않게 한다.

의도한 사용자만 게시물을 소비하도록 하는 전략이 종종 실패하기도 한다. 의도하지 않은 노출의 가장 분명한 사례는 성적 이미지 게시물인데, 이는 원래 친밀한 관계에서의 사적 메시지이고, 이들 사이에서만 공유되어야 하는 것이다. 인도 남부 연구 현지 사례는 이를 잘 보여준다. 누군가의 휴대전화에서 은밀한 여성 사진이 유출되면, 여성들은 이런 이미지들을 거의 재게시하지 않는다. 어떤 남성이 이런 사진을 다른 사람에게 보내면, 그는 보낸 사람과의 신뢰를 깨고 이를 온라인상에 게시할 수 있다. 그러면 여성들은 점점 더 경계심을 갖게 되고, 자기 휴대전화가 잘 잠겨 있는지, 항상 가까운 거리에 있는지를 자주 확인하게 된다. 또한, 여성들은 자기 파트너에게도 핸드폰을 안전하게 보관할 것을 요구한다. 이제 여성들은 자기 사진을 거의 게시하지 않고, 대신에 공개적인 단체 사진만 업로드한다. 또한, 이들은 점차 소셜미디어에 자기 사진 대신에 영화나 다른 대중문화 아이콘 여주인공과 유사한 느낌이나 상징적 의미가 있는 이미지를 게시한다.

트리니다드토바고에서 '복수 포르노'라는 용어가 알려지기 전에 성관계를 담은 은밀한 자료가 고의로 유출되는 현상이 발생했다. 스냅챗 초기 시절, 영국 학생들은 이 민감한 이미지들이 손쉽게 저장당할 수 있다는 사실을 한동안 알지 못했다. 몇몇 여학생은 나중에 후회할 이미지들을 플랫폼에서 공유했는데, 이러한 부주의한 이미지 유출은 성적 내용과 나체 사진에만 국한되지 않는다. 어떤 사람이 직장 동료를 비난하는 영상을 게시하고, 직장 동료가 이를 보았을 때도 비슷한 문제가 발생했다. 이성친구를 형상화한 게시물만으로도 결혼생활에 문제가 될 수 있는데, 문제는 게시한 사진이 문맥에서 이탈할 때 주로 발생한다. 직장이나 가족 행사와 대규모 파티나 축하 행사는 성격이 다르고 다른 사회적 행동이 기대된다. 하지만 이런 행사에서 만취한 상태에서 일탈적 행동을 하는 일이 종종 벌어지는데, 이런 게시물도 큰 문제가 될 소지가 다분하다. 사람들은 대부분 자기 게시물이 어떤 사람에게 어떻게 수용될지를 사전에 충분히 알지 못한다.

유출이 항상 우발적인 것은 아니고, 어떤 것이 유출인지 정확하게 경계 짓기도 어렵다. 한 학생이 해안에 있는 돼지 사진을 올리면서 이름을 적시하지는 않았지만 이 돼지가 학급의 누구를 지칭하는지 쉽게 연상할 수 있기도 하다. 트리니다드토바고 연구 현지 사람들은 가십과 스캔들을 자신과 관련된 것으로 받아들이는 경향이 있다. 이런 이유에서 사람들은 시각 이미지의 '증거'에 관심이 많은데, 증거에 대한 증거들이 계속 이어지면서 끝없는 재해석이 만들어진다(Miller, 2011). 때때로 모호한 시각적 게시물은 대중적 오락과 빈정거림의 한 형태로 인기가 있고, 장려되기도 한다. 반면에, 누가 사진을 찍어서 소셜미디어에 게시할지 모른다는 불안감 때문에 트리니다드토바고에서는 부정 행위, 중국에서는 부패가 줄어들었다. 이런 변화는 예상치 못한 결과로 이어지기도 하는데, 중국 고위관리들은 비싼 양주를 마시는 사진이 소셜미디어에 등장할까 봐 고급 양주 소비를 자제했고, 이는 고급 양주회사의 경영난으로 이어졌다.

나가며

소셜미디어는 음성이나 문자텍스트 없이 어느 정도 대화에 참여할 수 있었는데, 이 때문에 게시물에서 시각적인 것이 더 중요하게 되었다. 영국 연구 현지에서 스냅챗은 십대가 선호하는 소셜미디어 플랫폼인데, 시각 이미지는 대화에서 중요하다. 사람들은 자기 심리 상태를 전하기 위해 얼굴 사진을 올리기도 하는데, 이런 사진은 이미지의 발전에 영향을 끼친다. 매일 이 플랫폼에서만 약 7억 5천만 장의 사진이 게시되고 있다.

낮은 수준의 문해력을 가진 사람도 디지털 이미지의 확장된 잠재력 덕분에 소셜미디어 대화에 참여할 수 있다. 자신감 또는 자존감이 낮은 사람들도 밈을 통해 자신의 감정을 간접적으로 표현하고 있다. 또한, 밈은 인터넷 공간에서 '도덕성'을 감시하는 도덕 경찰 노릇을 하는데, 소셜미디어의 이런 모습이 완전히 새로운 것만은 아니다. 소셜미디어에 의해 가시성이 증가하면서, 보수적 성향도 강화되는 경향을 보인다. 특히 정치적으로 불안정한 터키 남동부 연구 현지에서 이런 경향이 두드러진다. 중국 농촌 연구 현지에서 사진은 전통적인 가족의 가치를 강화하는 양상을 보인다. 중국 산업도시에서는 시각 장르가 다른데, 현재와 전통보다는 미래와 판타지가 더 중시된다(Barthes, 1977). 시각적 게시물은 사람들이 전통과 가치 그리고 규범성을 어떻게 이해하고 재발명하는지를 보여준다. 이런 이유에서 사람들이 무엇을 선택하여 어떻게 게시하는지를 정확한 맥락에서 이해할 필요가 있다.

사용자가 소셜미디어 네트워크 내에서 어떻게 활동하는지를 이해하는 것도 중요한데, '확장 가능한 사회성' 개념은 여러 플랫폼을 횡단하거나 같은 플랫폼 내의 다중 사용자 행동을 이해하는 데 도움을 준다. 소셜미디어는 특정한 거대 집단을 소규모 집단들로 분리하는 데 주제나 영역이 이용될 수 있다. 또한, 이 플랫폼은 핵심적인 도덕이나 윤리 문제에 대해 광범위한 사회적 합의를 만드는 데 기여한다. 소셜미디어는 인도 남부에서처럼 일상적인 안부 표현, 영국 성인 셀카에서의 과도한 자기 매력 호소 행위에 대한 반감 표시 그리고 칠레의 '풋티' 셀카처럼 일상적 실천으로도 이용된다. 이 모든 것은 소셜미디어 사진이 '일상적 미학'으로 탈바꿈하는 데 기여한다(Hjorth, 2007; Koskinen, 2006). 오늘날 재현과 커뮤니케이션은 매우 복잡한 양상을 보이는데, 사진 한 장이 확실한 증거로 인정받으면서 신뢰와 진실성 측면에서 많은 문제가 발생하고 있다(Gunning, 2004).

인류학은 민족지 방법으로 연구 참여자의 문화적 역동성을 추적하려고 노력한다. 특정 지역의 소셜미디어 이미지에서 남성은 육체노동자, 여성은 간병인으로 일관되게 재현되고 있는데, 이런 현상은 해당 지역의 젠더 표상을 이해하는 데 도움을 준다. 엄청난 수의 사진과 도덕성을 지시하는 밈 등의 시각 이미지는 시각인류학 연구자에게 흥미로운 도전 과제다. 사람과 문화를 좀 더 심층적으로 이해하려면, 매일 게시되는 수많은 시각 이미지를 조사할 필요가 있다. 시각 이미지가 언어와 문자메시지와 융합하면서 중요해지고 있지만, 이에 대한 분석과 이해는 아직 초보 단계에 머물고 있다(Miller, 2016).

4) 브라질 소셜미디어의 시각성

인류학은 오래전부터 시각 이미지를 적극적으로 사용했고, 시각 이미지를 이해하는 방식은 변화를 거듭하고 있다(Edwards, 2015). 1960년대까지 인류학자들만이 현지에서 카메라를 사용했고, 주로 이들만이 무엇을 촬영할지를 선택했다. 하지만 점차 인류학자들은 정보제공자들에게 무엇이 시각적으로 의미 있는지 알려달라고 요청했다. 이후 연구 참여자들도 스스로 이미지를 제작해서 장소와 시간에 거의 구애받지 않고 다양한 플랫폼에서 이미지를 게시하기 시작하자, 인류학에서의 시각 이미지 활용은 새로운 단계에 접어들었다. 인류학에서 이 마지막 단계가 중요한 이유는 연구자의 중재에 의존하지 않고도 촬영과 공유가 이루어질 수 있기 때문이다. 스파이어는 이런 상황 변화를 반영해서 브라질의 발두이노(Balduino) 주민의 소셜미디어 시각 게시물을 분석했다(Spyer, 2017). 그는 주민들이 게시한 이미지들이 개인적 · 사회적 필요성과 어떻게 관계를 맺고, 의사소통을 증진하는지를 고찰했다. 스파이어는 발두이노 사람들이 온라인상에서 순환시키는 시각적 게시물을 '점등(lights on)'과 '소등(lights off)' 개념으로 분석했다.

인류학은 시각 이미지 연구 초기부터 사진을 '교환' 측면에서 분석했다(Edwards, 2015: 235-252). 발두이노의 결혼과 생일 파티에 관한 다양한 사진은 이런 측면에서 귀중한 정보를 제공한다. 스파이어는 수학여행에 동행했는데, 학생들은 쉬는 시간에 멋진 장소에서 사진 찍으려고 긴 줄을 서서 기다렸다. 다수의 발두이노 주민은 인터넷 접속이 불가능한 곳에 살고 있었지만, 오직 사진 촬영을 위해 스마트폰을 샀다. 거의 모든 주민은 주로 스마트폰으로 음악, 비디오 클립, 사진 등을 교환했다. 이곳의 휴대전화 상점들은 대용량 디지털 이미지 자료를 새로운 스마트폰으로 전송해주거나, 촬영한 사진을 편집하고 인화해주는 대가로 비용을 받았다. 사람들은 종종 온라인 대화 중 스마트폰 사진을 보여주면서 이에 관해 이야기했다. 시각인류학, 사진인류학, 인류학 그리고 영화 분야는 지난 수십 년 동안 특히 기억, 재현, 감성, 현존 그리고 역사 측면에서 많은 양의 연구성과를 제시했지만(Gomez-Cruz & Lehmuskallio, 2016), 이 연구는 소셜미디어의 시각 콘텐츠를 분석하지 않았다. 소셜미디어 연구에서 게시물의 장르와 현지인의 자료 해석 내용을 비교 연구하는 것도 중요하다.

특히 문해도가 낮은 사람들에게 이미지와 비디오는 상당히 유용한 커뮤니케이션 수단이지만, 이것이 시각 자료를 많이 사용하는 유일한 이유는 아니다(Miller et al., 2016). 이 지역 주민은 전에는 언어로 사회관계를 만들고 유지했지만, 디지털 시대에는 시각 자료 교환이 사회관계 형성과 유지에 중요하게 되었다(Gibbs et al., 2015; David, 2010; Okabe, 2006). 일상 경험을 주고받는 데 사진이 점차 문자텍스트로 대체되고 있는데, 비디오와 밈의 공유는 특정 사건에 대한 의견 표명이나 해설 행위로 이해할 수도 있다. 현재 문맹이라도 시각 이미지를 사용하면 온라인에서 지인들과 한담을 나눌 수 있다. 이들은 이미지와 비디오 공유로 가벼운 농담을 주고받을 수 있고, 정치와 종교 등에 대한 자신의 도덕적 가치를 표현할 수도 있다.

월터 옹(Walter Ong)은 문자와 구술문화 관계를 선구적으로 연구했는데, 폰세카는 그의 연구성과를 토대로 저소득 브라질인의 구술성과 구술문화를 연구했다(Fonseca, 2000). 그는 정보제공자가 문맹이더라도 구술로 지역 정보 유통에서 핵심적인 역할을 할 수 있다고 주장했다. 그가 1980년대 브라질에서 현지조사를 할 당시 휴대전화 통신망은 존재하지 않았고, 중산층 가정이나 부유한 개인이 주로 사용하던 유선전화 통화요금은 상당히 비쌌다. 이후 30년이 지나자 브라질 노동계급에서도 휴대전화는 필수 통신장비가 되었다. 문맹인 사람도 가족의 도움을 받아 휴대전화를 사용할 수 있게 되었고, 소셜미디어의 시청각 자료들도 활용하고 있다. 아직도 컴퓨터 활용 능력은 현대성 또는 진보와 연결되는 경향이 있어서 문맹일지라도 핸드폰으로 예전보다 쉽게 사회적 위신과 인정을 얻을 수 있게 되었다.

스파이어는 페이스북 타임라인과 채팅에서 주고받은 이미지를 대조하면서 '점등'과 '소등' 개념을 도출하고, 발두이노 지역의 소셜미디어 이미지들을 분석했다. 사람들이 소셜미디어에 게시한 이미지들을 살펴보면, 정보를 과도하게 드러내거나 숨기는 양상이 나타난다. 이런 시각적 현상은 이곳에서 벌어지는 긴장과 사회적 관계를 이해하게 해준다. 스파이어는 '이웃'을 사회적 관계의 특정 범주를 뜻하는 용어로 사용하고 있다. 여기서 이웃은 어떤 커뮤니티 안에서 알고는 지내지만, 집으로 초대할 만큼 가까운 사이가 아닌 사람을 뜻한다. 사람들은 이웃과 어쩌다가 길에서 만나면 서로 아는 척하고 이야기도 자연스럽게 주고받는다.

이런 이웃 주민도 볼 수 있는 '점등' 모드에서 게시물은 항상 세심하게 관찰되고 모니터링된다. 사용자가 '점등' 상태로 존재하는 것만으로도 페이스북 사용 방식은 영향을 받는데, 페이스북 타임라인은 도덕적 가치와 사회경제적 개선을 드러내는 창이 된다. 이에 반해 온라인의 '소등' 상태에서는 주로 험담과 섹스, 폭력, 대중적으로 인기 있는 유머 콘텐츠 그리고 정치적으로 부정확한 내용들이 다루어진다. 상반된 이 영역들 사이에 중간 또는 회색 영역이 존재하는데, 여기서는 익명의 숨겨진 긴장이 드러난다. 가장 흔한 경우는 간접 또는 완곡함을 뜻하는 '인디레타스(indiretas)'인데, 인디레타스는 밈 제작 전용 페이스북 페이지가 있을 정도로 인기가 많다.

스파이어는 지역 소셜미디어에 상당히 규칙적으로 등장하는 이미지를 분석 대상으로 선정했는데, 대부분의 이미지는 30여 명의 정보제공자가 페이스북에 공개적으로 게시한 것들이다. 그는 〈왜 우리는 게시하는가〉 프로젝트팀과 연구 보조를 맞추고, 이미지 샘플도 통일시키기 위해 2013년 전반기에 수집한 이미지만을 분석 대상으로 삼았다. 사례 연구대상자는 나이, 교육 수준, 종교 성향, 사회경제적 요소 그리고 지역의 인구분포 등을 고려해 선발되었다. 우선 페이스북 타임라인에서 시각적 요소가 포함된 최신 20개 게시물을 선별하고, 반복해서 등장하는 주제를 가려내기 위해 키워드로 이를 분류했다. 이후 동일한 방법으로 왓츠앱에 게시된 콘텐츠를 수집 · 분류했다. 그의 책에서 다룬 여러 가지 주제는 공개 및 비공개적으로 게시된 시각 콘텐츠 중 가장 빈번하게 반복되는 것으로 식별 과정을 통해 선별했다. 스파이어는 이 과정에서 연구 초기에 주목하지 못했던 것들을 발견했는데, 이 방법은 맥두걸의 민족지 분석 방법과 유사하다. 맥두걸은 "(이미지들은) 전체 이야기를 담고 있지 않을 수 있고, 모든 것을 이야기하지 않을 수도 있지만, 영화 이미지들의 특정한 색인/아이콘 특성은 민족지적 실재를 이해할 수 있는 형태를 제시할 수 있는데, 이는 감각적이고 간접적이며 즉각적일 뿐만 아니라 상상력이 풍부하고, 폭넓은 주장을 암시한다"고 주장했다(MacDougal, 1998: 92). 맥두걸의 영향을 받은 스파이어는 자신의 민족지에서 소셜미디어에서 공유되는 내용, 자신의 학술적 개입 그리고 발두이노 연구 참여자들과 시각 콘텐츠 및 이의 유통에 대해 나눈 생각을 제시했다.

'소등' 모드

소등 상태에서는 민감한 상호작용이 발생하는데, 그 내용이 위험하든, 도덕적이든, 법적으로 문제가 있는지와는 별개로 사람들이 무엇에 관심을 가졌는지를 알 수 있다. 사람들이 온라인에서 투자한 시간을 고려해본다면, 사회관계 영역에서 왓츠앱이나 페이스북 채팅은 더 선호되고, 유용하게 이용되고 있다. 청년 사용자는 하루에 두세 번 페이스북에 글을 올리고, 플랫폼에 머물면서 온라인 친구들이 무엇을 하는지 추적한다. '소등' 대화 모드에서는 비밀스럽고 조용한 교환이 가능한 다수의 텍스트가 주를 이룬다. 비밀스럽고, 눈에 띄지 않게 커뮤니케이션할 새로운 가능성은 바람직한 읽기와 쓰기 실천에 도움을 준다. 발두이노 사람들은 소셜미디어에서 대화를 끝없이 이어가면서 청각, 시각 그리고 비디오 클립을 주고받는다. 이들은 이런 행위에서 새로운 주제들을 연상해내고, 이러한 순환 과정에서 더 많은 콘텐츠가 생성된다.

'소등' 영역에서 공유되는 시각 자료들은 출처를 기반으로 분류될 수 있다. 이 지역에서 생산된 일부 시각 자료는 친지나 친척과 관련된 내용인데, 사람들은 이런 민감한 콘텐츠 유통에 조심스러운 태도를 보인다. 페이스북에는 이 지역에서 발생한 폭력 사례들을 발견할 수 있는데, 그중 하나는 주변 지역에서 발생한 경찰의 강간 사건 보고서였다. 이 지역 사람들은 강간범이 외지인이라 이에 대해 거의 알지 못했다. 지역에서 발생한 범죄 행위를 소셜미디어에서 공공연하게 공유하는 경우는 드물다. 주민들은 마을에서 발생한 사고나 희생자 사진 등과 같은 민감한 콘텐츠에 더 많은 관심을 보였지만, 이에 관한 사진들은 자신이 신뢰할 수 있는 친척이나 친한 친구 사이에서만 직접적인 방식으로 유통되었다.

발두이노 주민은 문제성 있는 자료를 신뢰하지 않는 사람과 거의 공유하지 않았고, 자기 스마트폰에서만 재생했으며, 공유할 경우 다른 사람이 이 사실을 인지하지 못하도록 블루투스를 사용했다. 하지만 지역 주민과 직접 관련이 없는 민감한 시각 이미지는 상대적으로 덜 조심스럽게 유통되었고, 공개적인 왓츠앱에서도 종종 공유되었다. 이를 일반화한다면, 발두이노 주민이 자료를 공유할 때 중시하는 것은 콘텐츠의 유형보다는 사람들 간의 관계다. 다른 장소에서 벌어진 폭력이나 성희롱 영상물은 포르노 동영상이나 유머 밈처럼 상당히 광범위하게 공유되고 시청되었는데, 피해자가 외지인인데다 다른 곳에서 벌어진 사건이기 때문이다. 하지만 지역 주민들은 내용이 그다지 민감하거나 자극적이지 않더라도 지역민과 관련된 영상이라면 더 많은 관심을 보이고, 자신과 특별한 유대관계를 맺은 사람과 이 자료를 은밀하게 공유했다.

스파이어는 마을 주민들 사이에서 사진이 유포되는 맥락을 다음과 같이 설명했다. 그는 복음주의 기독교 청년인 로베르토와 왓츠앱 사용과 폭력 사건에 관해 이야기를 나누었다. 로베르토에 의하면, 마을에서 폭력이 많이 발생하면 일주일에 2~3구의 시체가 발견되었다. 지역 주민은 이 상황을 두려움이나 스트레스로 받아들이지 않는 편이지만, 고인에 대해서는 많은 호기심을 보였다. 사람들은 이런 사건이 발생하면, 그 원인을 주로 경찰이나 외부 범죄자에게서 찾았다. 골드스테인은 브라질 빈민층에서의 일상적 유머로 이 현상을 다음과 같이 설명했다.

> "사람들은 망자를 성적 대상으로 만들고, 시체는 기괴하게 만들며, 불쌍한 육체의 죽음을 조롱한다."(Goldstein, 2013: 34)

일부 주민은 마을에서 무슨 일이 벌어졌는지를 알기 위해 자기가 항상 다니던 경로를 바꾸기도 하고, 휴대전화로 사진을 찍어 소셜미디어에 게시했다. 로베르토는 스파이어와 이야기를 나누면서 며칠 전 살해된 주민 사진을 보여주었는데, 그는 형제에게서 이를 받았다고 주장했다. 그는 살해된 남자가 최근에 사우바도르에서 이사 온 불량배이고, '빈집 점거(squatting)' 지역의 판잣집에서 살았다는 이야기를 형제에게서 들었다고 했다. 하지만 마을에 널리 퍼진 소문에 의하면, 고인이 문제를 일으켜 난동이 벌어졌고, 경찰이 출동해 진압하는 과정에서 살해되었다고 한다. 또 다른 소문에 의하면, 한 여성이 성관계로 그를 유인해서 무장을 해제시켰고, 다른 사람들이 나체 상태인 이 남자를 쉽게 공격해 죽였다고 했다. 로베르토는 이 이야기를 하면서 자신은 이런 종류의 자료를 보관하지 않는다는 말을 덧붙였다. 그는 스파이어에게 사진들을 보여주고는 휴대전화에서 바로 삭제했는데, 그는 이 행동으로 이 사진들이 초래할 문제를 원천적으로 차단했다. 로베르토는 아마 신뢰할 수 없는 사람에게는 이런 살인 사건을 모른다거나, 사진을 본 적이 없다고 이야기했을 것이다.

'소등' 채널을 통해 유통되는 일부 자료는 충격적이고 종종 불법적 내용을 담고 있지만, 모든 콘텐츠가 꼭 그런 것은 아니다. 소등 모드의 자료는 매우 충격적인 콘텐츠에서 '정치적으로 올바르지 않은' 콘텐츠 등 다양한데, 사람들에게 관심 또는 흥미가 있는 주제가 무엇인지 알려준다. 또한, 어떤 종류의 자료가 얼마나 광범위하게 공유되고 있는지를 살펴봄으로써 사회적 네트워크를 어느 정도 파악하는 것도 가능하다. 예를 들어, 왓츠앱의 각종 영상물은 이 지역 가정에 내재한 긴장감을 드러낸다. 이들 영상물 대부분은 다른 장소에서 제작된 것이지만, 발두이노 주민은 왓츠앱에서 이를 집중적으로 공유했다. 스파이어는 십대들이 제작한 영상물들을 받았는데, 이들 영상은 소셜미디어 때문에 부모나 친척들이 청년들과 소통하는 일이 더 어려워졌다고 불평하는 내용을 담고 있었다. 브라질의 취약 계층도 이제는 소셜미디어에서 비디오 클립과 이미지들로 다른 지역 사람들과 연결하고 소통할 수 있게 되었다. 이런 집단적 소통은 파일 교환 형태로 이루어지는데, 이들 연구 참여자가 제작한 파일은 연구자에게 새로운 유형의 민족지 기초자료가 될 수 있다(Spyer, 2011: 30-35).

보여주고 싶지 않은 것들

'소등' 대화를 통해 주로 공유되는 주제는 섹스, 폭력, 기이한 것들, 유머, 종교, 춤 그리고 스파이어가 '대중 영역의 재현들'이라고 이름 붙인 것이다. 선거를 몇 달 앞둔 브라질에서는 정치가 중요한 주제였지만, 지역 소셜미디어에서 유통되는 가장 대중적인 주제는 섹스와 포르노 그리고 불륜이었다. 이 지역에서는 여성도 섹스 동영상과 이미지를 공유했는데, 스파이어도 현지조사 중 여성들로부터 이런 영상물을 받았다. 사람들이 이런 동영상 클립을 보는 주된 이유는 개인적 즐거움이지만, 특정 성행위 자세나 기술 그리고 마사지를 배우기 위해서도 이를 시청했다. 일부 포르노 영상물은 성적 흥분이 아니라 특정 생각이나 관점을 드러내거나 특정 대화를 촉발하기 위해 제작되었다. 성인 여성들이 많이 공유한 동영상 내용은 성기 성형이나 트랜스젠더 수술, 남자의 큰 성기 등이었는데, 이런 콘텐츠는 '남성다움(machismo)'과 남성에 대한 관심 사항 등을 알려준다. 이 지역 여성들은 점차 남성의 경제력과 보호에 덜 의존적이 되면서 성역할도 변하고 있는데, 여성들의 대화 내용과 공유 콘텐츠는 이런 경향을 반영한다.

'소등' 모드에서의 콘텐츠는 브라질 순회 서커스 공연 내용과 유사함을 보인다. 브라질에서는 서커스가 아직도 활발하게 활동하고 있는데, 발두이노 사람들은 섹스, 저주하는 유머, 죽음을 무릅쓴 위험, 이국적인 댄서와의 섹스 등에 특히 강한 매력을 느꼈다. 이 공연을 하는 사람이나 보는 사람 중 상당수는 18세 미만으로 아직 성에 서툰 나이다. '소등' 모드에서는 기이함과 유머도 중요한 주제인데, 왓츠앱 현지 사용자가 유통하는 모든 종류의 콘텐츠들을 융합하면 서커스의 주제와 내용이 된다. 기이한 동영상으로는 자해와 사도마조히즘, 수간, 음경 확대와 치질 수술 장면 등이 있다. 익살스러우며 기이한 콘텐츠로는 거리에서의 배변, 여성 난쟁이의 나체춤 그리고 장애인의 다양한 일탈 행위 등이 있다.

보여주는 것

스파이어가 '대중 영역의 재현'이라고 범주화한 콘텐츠는 기이한 영상물과 가장 유사하다. 이런 영상물은 특히 십대와 청년들이 무엇을 후진성이라고 생각하는지를 보여준다. 또한, 이 범주는 자신의 아름다움과 분위기를 표현하는 셀피 게시물을 보완하기도 한다. 이 범주의 비디오는 주로 스마트폰으로 제작되는데, 장년층은 앞니 빠진 얼굴처럼 흉한 자신의 신체나 만취한 모습 등을 담고 있다. 이들은 자발적으로 촬영에 참여하고 촬영 사실도 인지하고 있지만, 다른 사람들이 이런 영상을 보고 조롱할지도 모른다는 사실을 잘 알고 있었는지는 불확실하다. 웃기는 영상에는 추하고 퇴폐적인 요소뿐만 아니라 자발성, 개방적 성, 유머 그리고 삶의 즐거움 등도 자주 등장한다. 이런 영상들이 인기를 끄는 이유는 함께 웃거나 보고 비웃을 수 있기 때문이다.

모든 춤에는 고유한 흥취와 특징이 존재하는데, 어른과 아이 모두 춤으로 신체적 조화, 에너지, 강렬함 그리고 창조성을 보여준다. 이런 영상물은 대개 집에서 제작되는데, 부모와 일가친척은 성인 춤을 흉내 내는 아이들 모습을 보고 즐거워한다. 댄스 동영상은 관능미와 성적 매력을 간접적으로 표현하지만, 일부 동영상은 성행위를 직접적으로 재연하기도 한다. 사람들이 춤에서 표현하는 주된 관심사는 아름다움과 자아 성취 혹은 미래에 대한 열망이다. 중산층은 '점등' 모드에서는 삶에서 이상적으로 추구하는 온화하고 친절한 모습을 보여주지만, '소등' 모드에서는 빈곤과 관련된 경험을 주로 표현한다. '소등' 모드 게시물도 가끔 즐거움이나 유머를 보여주지만, 본질적으로는 슬프고 두려운 내용이 주를 이룬다. 이 게시물들은 삶의 어두운 측면을 자신과 다른 사람들에게 끊임없이 환기시키는 역할을 한다.

'점등' 모드

'점등' 모드의 이미지들은 디지털 시대 이전의 사진들과 유사한 양상을 보인다. 스파이어는 현지조사 중 가정에서 조부모와 부모 그리고 친척들의 오래된 초상사진을 발견하고, 부르디외의 시각을 토대로 이들의 역할과 관계를 분석했다(Bourdieu, 2004: 601-616). 이 사진들은 가족 구성원 사이의 위계질서를 존중하면서 도덕적 관습도 재현하므로 '점등' 모드로 분류될 수 있다(Bahia, 2005). 하지만 이런 종류의 사진은 그다지 많이 남아있지 않다. 대부분 가정은 사진을 촬영할 만큼 경제적으로 부유하지 않았고, 마을에 사진 관련 인프라가 존재하지도 않았다. 이곳 주민은 결혼처럼 매우 특별한 이벤트에만 사진사를 초청해 사진을 찍었다.

이 연구지역에 괜찮은 일자리가 늘어나자 취업 서류 등에 필요한 사진 수요가 증가했다. 저소득 가정도 소득이 늘고 교통도 좋아지자 여행이나 방문 수요가 증가했고, 일부 주민은 즉석카메라를 구입했다. 이들은 이 카메라로 가족 여행이나 축하 모임 등의 특별 행사뿐만 아니라 아이들의 성장 과정 등의 일상생활도 영상으로 기록했다. 인화된 사진은 대부분 앨범이나 상자에 넣어 벽장이나 서랍에 보관했는데, 복음주의 기독교 가정에서는 일부 사진을 액자에 넣어서 보관했다. 이들 사진은 당시 잡지 사진과 유사한 옷과 배경 그리고 포즈로 가족의 유대와 염원을 시각적으로 재현했다. 최근에는 스마트폰으로 사진을 촬영하고 지역 현상소에서 사진을 인화하는데, 이런 가족사진들도 셀피와 유사하게 촬영된다. 디지털 사진이 인기를 끌자 상대적으로 빈곤한 이 지역에도 인화와 액자 산업이 생겨났다. 사적 환경에서 현대적이고 풍요한 모습을 담은 사진들이 일가친척과 친한 지인들 사이에서 널리 교환되고 있다.

자기 초상, 아름다움과 소비

브라질 사람들의 사회경제적 환경은 상당히 다양한데, 발두이노 주민은 다른 지역 사람들보다 많은 사진을 가지고 있지 않다. 발두이노 주민은 상대적으로 많은 시간을 사진 촬영에 투자하고, 사진 속 특정 요소들을 상대적으로 더 많이 자기검열한다. 청소년들은 게시글을 업로드하기 전에 반드시 맞춤법 검사기를 사용해 가난과 무지의 흔적을 지운다. 이 사회에서 아이들이 철자를 틀리면 다른 사람들은 부모가 교육에 무관심하다거나, 아이들을 학교에 보낼 경제적 여력이 없는 것으로 받아들인다. 청소년은 부모나 친척이 교육의 가치를 모르면 이를 수치로 받아들이는 경향이 있다(Bartlett, 2007). 이들 청소년은 소셜미디어 알림을 지속적으로 모니터링해 나이 든 친척이 남긴 댓글에서 틀린 철자를 수정하거나, 마음에 들지 않는 내용을 지운다. 발두이노 사람들은 미완성 벽돌 담장을 배경으로 사진을 촬영하지 않는데, 이런 담장은 자신의 경제적 낙후함을 상징하기 때문이다. 만일 사진에 이런 미완성 벽돌 담장이 등장하면, 현재 벽을 석고로 마감 중이거나 아직 경제적으로 부유하지 않다는 점을 보여주기 위함이다. 이런 의도가 아니라면 사람들은 내벽처럼 중립적인 배경에서 사진을 찍는다.

많은 아프리카 출신 사람들이 발두이노에 정착한 영향 때문에 주민 대부분은 헤어스타일에 관심이 많다(Baran, 2007). 이 마을에는 노예무역 당시의 식민 서사가 아직도 건재해 일반적으로 곱슬머리보다는 직모가 청결함과 진보를 상징한다(Caldwell, 2003). 이 지역에서 직모와 곱슬머리에는 단순한 취향 이상의 의미가 있는데, 주민들은 보수가 좋고 일도 편한 행정직 일자리를 구하는 데 아프리카 헤어스타일의 젊은 여자는 어려움이나 불이익을 받는다고 생각했다.

셀카도 의류와 액세서리처럼 종종 성공의 상징으로 여겨지는데, 이들 세 가지가 결합하면 그 효과는 증폭된다. 브라질의 저소득 근린지구에서 고가의 명품 소비는 자존감 표현과 시민권 주장과 관련 있다(Pinheiro-Machado & Scalco, 2012). 자신의 성공을 드러내는 여성 셀카 사진에는 공들인 화장, 새 옷, 멋진 액세서리 그리고 패션잡지의 특정 포즈 등이 담겨있다. 청년들은 이런 셀피를 주로 거울 앞에서 촬영하는데, 거울 덕분에 자기의 '고급' 스마트폰도 자연스럽게 사진에 같이 담긴다. 많은 사람은 체육관에서 셀피를 촬영하는데, 체육관은 신분 상승을 의미하는 장소이고, 셀피 촬영에 유리한 큰 거울도 있다. 거울을 이용하면 자기 모습뿐만 아니라 테니스화, 시계 그리고 스마트폰 등도 함께 담을 수 있다.

밀러의 문화비교 프로젝트는 다양한 지역에서 열망들의 차이를 보여준다. 이들 지역에서 소비는 개인 차이를 드러내고, 지배 집단의 가치를 반영하는데, 나타나는 양상은 문화마다 다르다. 중국 대도시의 이주노동자들은 부에 대한 성취 욕망을 소비에 대한 환상을 연출해 드러내지만, 농촌 출신 노동자는 전통적으로 경제적 열망을 드러낸다. 온라인에서 사람들의 관심과 인정을 나타내는 중요한 지표는 '좋아요'와 '댓글'인데, 셀피 게시도 관심 끌기와 인정욕구를 기대하는 대표적 행위다.

성인들도 소셜미디어에 자신의 성공이나 업적을 보여주려고 사진을 게시하는데, 이 경우 특정 의상이 주로 등장한다. 이들의 셀피는 촬영과 게시를 반복하면서 초반의 미숙함을 벗어나 질과 내용이 많이 좋아진다. 소셜미디어에 다른 사람들이 촬영해준 사진도 종종 게시되는데, 사람들은 이때 예전 가족사진이나 신분증 사진과 유사한 포즈를 취한다. 중장년층이 촬영한 사진들은 청소년들의 사진보다 예술적으로 덜 세련되고, 중립적인 배경을 선호하는 경향이 있다.

'쿨'하지 않은 것

아름다움과 완벽에 대한 열망이 불가능해지면 깔끔하고 단정하게 보여야 한다는 사회적 압력이 부상한다. 패트리샤는 13세 소녀이고 부모와 두 명의 자매와 함께 살고 있다. 이들 자매의 나이는 11세와 17세이고, 세 자매는 성격이 다르다. 패트리샤는 친구들과 함께 외출하고 모험을 즐기는데, 장래 꿈은 지역 음악을 연주하는 파고다오(Pagodão) 밴드와 함께 공연하는 것이다. 패트리샤는 어느 날 언니가 소파에서 낮잠 자는 모습을 촬영해 페이스북에 게시했다. 사진 속 언니의 머리, 화장, 의상 종류 그리고 포즈 등은 발두이노의 십대가 상상하는 쿨한 모습과는 거리가 멀었다. 잠에서 깬 언니는 친구, 친척 그리고 익명의 사람들이 자기 페이스북 사진을 보고 남긴 메시지를 읽고는 매우 놀랐다. 언니는 복수 기회를 엿보다가 며칠 후 비슷한 모습의 패트리샤를 촬영했다. 언니는 이 사진을 페이스북에 게시하는 대신 사진을 보여주면서 여동생을 괴롭혔다. 어머니와 언니 그리고 패트리샤는 이 사진이 페이스북에 공개됨으로써 예상되는 굴욕적인 상황을 두고 논쟁을 벌였고, 최종적으로 어머니는 언니에게 사진을 지우라고 명령했다.

즐거움 재현

성인들의 게시물을 추적하면, 매력과 성공에 대한 욕망이 어떻게 구체적으로 재현되는지를 알 수 있다. 즐거움을 드러내는 시각 게시물들은 주로 기본 생계 이상으로 소비할 수 있는 경제력을 암시한다. 기념사진 공유는 종종 부의 의미를 둘러싼 긴장을 유발하기도 하는데, 이런 이미지들은 삶에서 무엇이 더 중요한지에 대한 논쟁으로 이어진다. 정규직으로 취직해 돈 버는 것과 그 대신에 자기자율성을 지키는 것 중 무엇이 바람직한지에 대한 논쟁이 대표적이다. 이런 논쟁은 특히 이주민과 복음주의 기독교인, 원주민과 비복음주의 기독교인 사이에서 더 두드러지게 나타난다. 이런 대립적인 시선은 정규직을 선호하는 청년과 정규직의 노예화에 저항하는 일부 성인 사이에서도 존재한다. 많은 사람은 성공하려면 엄격한 노동규율에 순응해야 하고, 가정생활과 자유를 희생해야 성공이 가능하다고 생각한다.

스파이어가 현지조사할 당시 다수의 이주민이 이 지역에 막 개장한 관광리조트에서 일자리를 찾아 정착했다. 이 리조트가 연중무휴로 개장했고, 이들 노동자는 안정적인 월급 이외에 정부의 실업수당을 받을 수 있는 자격도 획득했다. 하지만 이들 노동자는 이 대가로 가족이나 친인척과 함께 보내는 시간을 대폭 줄여야 했다. 리조트 수요는 주말이나 공휴일보다 여름방학 기간에 최고에 이른다. 특히 전통적인 가정생활에 익숙하고, 이를 중시하는 사람들에게 리조트 노동은 심각한 심리적 불만을 야기했다. 남성보다는 여성들이 이런 심리적 압박을 더 강하게 느꼈는데,

여성들은 장시간의 외부 활동에 익숙해져야 했고, 남편과 친인척이 기대하는 육아와 가사일 등의 전통적 역할도 어느 정도 충족시켜야 했다. 이들이 소셜미디어에 게시하는 시각 이미지들은 표면적으로 즐거움이나 행복을 재연하지만, 실제로는 이와 같은 어려움을 암시적으로 드러내고, 대처하는 방식도 보여준다.

수영장, 모래사장 그리고 술

수영장 사진은 경제적 성공과 이에 대한 즐거움을 재현하는 흔한 방법이다. 발두이노에는 공공 수영장과 개인 수영장이 없어서 특히 수영장 사진은 자신의 사회적 네트워크와 경제적 성공을 상징한다. 발두이노 사람들은 수영장이 있는 고급주택에서 일하는 가정부와 매우 친하거나, 고급주택에 사는 직장 상사가 초대해야만 수영장에서 사진을 촬영할 수 있다. 수영장 사진이 수영장을 소유하고 있다는 것을 의미하지는 않지만, 노동자들은 순응적이고, 가식이 없고, 가난하다는 고정관념에 반하는 모습을 보여준다. 발두이노에서 음주 사진은 즐거운 기억이나 경험을 표현하는 것일 수도 있지만, 자신은 복음주의 기독교인이 아니라는 간접적인 표현일 수 있다. 또한 이 사진은 자신을 복음주의자에 대한 부정적 함의와 분리하는 역할도 한다. 내륙 마을인 발두이노에서 바다 또는 해변은 관광 또는 여행을 연상시키는데, 해변 사진은 사회적 신분 상승에 대한 열망의 표현이기도 하다.

음식 먹기

발두이노에서 음식은 삶의 즐거움과 성취를 동시에 드러낸다. 고기는 특히 부의 상징물인데, 과거에 이 지역 사람들은 생고기가 비싸서 소금에 절이거나 말린 고기를 주로 먹었다. 주로 경제적으로 발전한 남부 브라질에서 바비큐를 해 먹었는데, 이때 주로 시끄러운 음악이 동반된다. 이웃 주민들은 큰 음악 소리와 냄새 때문에 자연스럽게 바비큐 행사를 알게 된다. 바비큐는 복음주의 기독교인이나 비기독교인 모두 좋아하는 이벤트여서 두 집단 구성원 모두 소셜미디어에 바비큐 사진을 즐겨 게시한다. 이들 사진이 바비큐 장면을 어떻게 재현하고 있는지도 흥미롭다.

복음주의 기독교인들과 청년들은 통상 패스트푸드와 관련된 시각 이미지를 게시하는데, 이들에게 패스트푸드는 현대적 도시 세계와 삶을 상징한다. 이 이미지들은 게시자가 상대적으로 비싼 패스트푸드 음식점에 갈 경제적 능력을 갖추고 있고, 이 상품들을 실제로 소비하고 있다는 점을 보여준다. 어린이 생일 파티 사진도 이와 유사한 역할을 하는데, 사진에서 매우 다채로운 사탕과 음료수 그리고 다과가 두드러진다. 얼마 전까지만 해도 발두이노 주민들은 이를 소비할 경제적 능력이 없었는데, 이런 품목들은 현대성을 상징하고, 새로운 소비를 축하하는 의미도 갖는다.

유대 표현

브라질 사람들은 일반적으로 사회성이 좋다고 평가받는데, 페이스북 게시물도 이런 경향을 반영한다. 발두이노의 동년배 집단에서는 위험 감수와 모험 그리고 재미에 관한 게시물이 자주 등장하며, 이런 주제는 '게토' 정신이라고 불리는 섹슈얼리티, 힙합 미학, 갱스터 삶의 방식 등에서도 분명하게 나타난다. 브랜드 의류는 그 사람에게 패션 감각이 있다는 것 이외에 고가의 옷을 입을 만한 경제적 여력이 있다는 점을 의미한다. 하지만 지역 주민은 이런 종류의 고급 의상을 범죄와 연관 짓기도 하는데, 이 지역 저소득 육체노동자는 이런 유명 브랜드 옷을 사 입을 능력이 없기 때문이다.

과시적인 힙합 스타일처럼 기독교인도 의상과 실천으로 자신의 정체성을 드러낸다. 복음주의 기독교는 우정을 중시하는데, 우정은 밈 같은 새로운 형태의 콘텐츠에서 주로 표현된다. 이 지역의 전통적 젠더 가치에 의하면, 남녀는 유별한 생활을 해야 하는데, 남녀가 포옹하는 이미지는 이런 가치와 종종 충돌한다. 복음주의 기독교는 특히 전통적 젠더 가치를 지지할 뿐만 아니라 남편과 아내 사이의 애정 그리고 교회 신도들 간의 폭넓은 교제도 중시하는데, 소셜미디어에는 이를 반영하는 사진들이 주로 게시된다. 대부분의 복음주의 신도는 낯선 남성과 여성이 함께 사진 찍는 것을 꺼리는 경향이 있는데, 복음주의 청년들은 이에 대해 상대적으로 개방적이다. 이들 청년은 낭만적이거나 친밀한 파트너가 아닐지라도 남녀가 함께 찍은 사진을 현대적 가치를 상징하는 것으로 받아들인다.

커플, 연애, 결혼

발두이노 지역에서 청년들이 커플 사진을 게시하는 양은 상대적으로 적은데, 공식적인 커플 사진은 세속적 · 종교적 가치를 기반으로 한 이상적 삶을 재연한다. 복음주의 신도는 충실한 결혼생활을 신에 대한 헌신으로 믿는데, 일부 커플은 소셜미디어에 결혼사진을 게시해 이를 표현한다. 사진에는 결혼에 투입된 비용을 암시하는 내용과 부를 상징하는 것들이 공존하는데, 이 또한 열망과 성취를 보여준다. 미혼 커플 사진이 소셜미디어에 게시되기도 하는데, 이는 교회가 중시하는 결혼의 가치를 따르겠다는 약속이면서 모더니티의 표현이다.

이 지역에서 복음주의 기독교회는 가장의 의무와 역할 그리고 가족 구성원의 바람직한 행동에 대해 지향점을 제시한다. 이에 따라 아버지는 자녀 양육에 직접 관여하지 않는데, 소셜미디어 사진도 이를 반영한다. 비기독교 커플은 결혼사진에서 자신들을 현대적이고 진취적인 모습으로 재현해야 한다는 압박을 느낀다. 이런 가치들은 주로 풍족한 음식, 다양하고 화려한 과자와 장식으로 표현된다. 우정과 파트너십에 대한 새로운 생각도 시각적으로 드러나는데, 연구자는 정보제공자들의 이미지 생산과 선택 과정을 참여관찰해 관계성에 대한 사회 규범을 이해할 수 있다.

신앙 표현

복음주의 기독교인에게 엄격한 복장 규정은 신앙심을 드러내는 중요한 표식이다. 발두이노 복음주의 가정에서 볼 수 있는 공식적인 관심사들이 페이스북에서도 동일하게 나타난다. 이 지역 복음주의 기독교에는 변별적인 특징이 있다. 복음주의는 영성과 도덕성을 지속적으로 사회에 노출하는 것을 중시하는데, 특히 의상이 중요하다. 옷은 사회경제적 구별짓기와 도덕적 성장의 표식으로 기능하는데, 신도들은 매춘이나 불륜을 연상시키는 의상을 입어서는 안 된다. 이들은 고급문화와 취향 그리고 기독교 가치를 담고 있는 의상이 적절하다고 생각한다. 이들은 교회에 대한 자신의 헌신과 신심을 의상으로 보여준다. 복음주의 기독교에는 복장 규정이 있어서 신도들은 온라인과 오프라인 모두에서 이 옷으로 서로를 쉽게 알아볼 수 있다. 발두이노의 복음주의 기독교인은 자선활동보다는 복음 전도를 더 중시하는데, 신의 역사를 개인적으로 간증하고 공유하는 행위가 기독교를 증진하는 행위라고 생각한다. 이런 실천은 교회 예배와 일상생활에서 끊이지 않고 이루어진다. 오프라인에서 자신의 신앙을 시각적으로 표현하는 현상이 소셜미디어에서도 마찬가지로 나타난다. 복음주의 기독교인들은 플랫폼에 종교적 밈을 게시해 개인적 · 신앙적 성취와 도덕적 우월감을 표현한다.

점등 모드에서는 소셜미디어를 사용하는 모든 사람이 게시된 콘텐츠에 접근할 수 있고, 시각 게시물을 통해 게시자의 사적인 삶의 면모를 쉽게 알 수 있다. '점등'은 시각 이미지들이 상호연결되면서 나타나는 패턴을 지시하는 광의의 개념이고, 특정 플랫폼이 아니라 소셜미디어 사용 성향을 지시한다. 점등 모드에서의 주된 이미지 사용 동기는 개인이나 가족의 발전과 성취 그리고 가치를 과시하는 것이다. 이런 유형의 게시물은 왓츠앱 등의 좀 더 사적인 플랫폼보다는 공개적인 페이스북 타임라인에서 더 많이 발견된다.

인디레타스

도덕적 자아를 광고하는 '점등' 모드 그리고 이미지들이 도덕적으로 수용하기 어렵거나, 삶의 후진적 측면을 담고 있다고 생각해 은밀하게 교환하는 행위인 '소등' 모드를 살펴보았다. 인디레타스는 이 둘의 융합 모드인데, 이 모드는 사람들 사이의 갈등을 교섭할 수 있는 방식을 제시한다. 인디레타스 시각 게시물은 문제와 관련된 다른 사람을 직접 지목하지 않으면서 갈등을 공개적으로 드러내는 커뮤니케이션 실천이다. 주민들은 복수가 두려워 이해관계가 상충하는 사람들과 직접 충돌하는 것을 자제하는데, 이전에는 자신과 갈등을 빚고 있는 사람 근처로 가서 큰 소리로 불만을 떠들었다. 길세난은 갈등 상황을 피하는 방법들을 조사했는데, 대표적인 사례는 시장 등의 공공장소에서 서로 마주치지 않기로 암묵적으로 동의하는 것이다. 만일 이들이 직접 마주한다면 서로 싸워야 한다는 도덕적 의무감이 형성되기 때문에 이런 방식으로 직접 대면과 갈등을 회피했다(Gilsenan, 1982).

소셜미디어에서의 전형적인 인디레타스 상황은 한 남자를 두고 두 여성이 다투는 것인데, 경제적 성취를 자랑하는 행동도 험담의 단골 소재다. 이곳 사람들은 경제적 성공을 거둔 사람을 범죄나 매춘과 연결해 험담하는 경향이 있는데, 이는 종종 간접적인 대결로 번질 수 있다. 어느 누가 '점등' 모드에서 자기의 성취를 자랑하는 게시물을 올리면, 다른 사람들은 뒷전에서 이들의 성취를 일축하거나 악담하는 일이 벌어지기도 한다. 공격당한 사람은 누가 질투에 눈멀어 자기 업적을 악담으로 깎아내린다는 글을 소셜미디어에 올린다. 거짓말로 자기성취를 공격한다는 주장이 가장 흔하게 발견되는데, 인디레타스는 이런 맥락에서 보면 자신의 개인적 성공에 더 많은 사람의 관심을 끌어내는 방법이다.

지역민에게 밈은 — 유머와 도덕적 내용처럼 — 삶의 긴장을 완화하는 방법이고, 사회적 규범을 강화하거나 증진하는 방식이기도 하다(Miller, 2016: 170-174). 밈 자체만 맥락에서 분리해본다면, 그 내용은 통속적 지혜의 염세적인 표현으로 이해될 수 있다. 하지만 이를 접한 지역 주민은 여기에 자기가 가지고 있는 심층 정보들을 결합해 게시자의 본래 의도대로 읽어낸다.

신뢰 상실

여기서 신뢰 상실은 친구라고 생각한 사람이 자기에 대해 나쁜 소문을 퍼뜨리거나, 거짓말을 하고 다닌다는 것을 알게 되거나 추정하는 상황을 의미한다. 신뢰 상실은 보통 험담으로 연결된다. 페이스북에서 누군가의 팔로워가 된다는 것에는 다양한 의미나 기대가 담겨있다. 만일 어느 누군가가 어떤 사람을 '친구'로 대했지만, 자기에게 먼저 말조차 걸지 않는 상황이 벌어질 수 있다. 마음이 상한 사람은 자신의 마음 상태를 표현하기 위해 밈을 사용하기도 한다. 페이스북은 관계를 형성하고 유지하고 강화하는 데 사용되는 것만큼이나 서로를 염탐하는 데도 이용된다.

종교 차이

다른 사회와 마찬가지로, 이 지역에서도 종교 차이는 종종 갈등으로 이어진다. 일부 주민은 복음주의 기독교인들에 대해 영성을 외치면서도 다른 사람보다 고상하거나 우월한 척하고, 탐욕스럽게 부를 축적한다고 비판했다. 교회에서 부적절한 행위가 발생하면 페이스북 게시물들에도 묘한 긴장감이 형성된다. 특히 어떤 소녀가 복음주의 신자로서 받아들이기 어려운 의상을 입고 공개된 장소나 예배에 나타나면, 누군가가 이 사진을 페이스북에 게시할 것이고, 청년들 사이에는 이를 둘러싸고 묘한 긴장감이 조성된다. 사람들은 밈이나 다른 이미지들로 이 행동을 간접적으로 비판했는데, 이때 도덕적 타락, 가정 파탄, 사회와 가정 문제 그리고 범죄를 암시하는 콘텐츠가 주로 사용된다.

나가며

스파이어의 소셜미디어 연구는 '발두이노'라는 작은 커뮤니티 주민에게 초점을 맞추었다. 주민과 그를 둘러싼 친척, 이웃, 직장 또는 학교 동료 등이 촬영한 사진을 보면 소셜미디어는 친밀한 사회성을 유지하는 도구다(Bourdieu & Bourdieu, 2004: 601-616). 부르디외는 농민 사진에서 단결과 통합을 재현하는 방식을 밝혀냈다. 엠슨은 몽골 유목 가족에서 집 안의 사진이 어떻게 혈연관계를 재현하는지 분석했다. 이들의 연구성과는 개방적인 소셜미디어에 사용자가 게시하기로 선택한 사진 분석에도 유용하다. 이들이 게시한 시각 이미지의 목적은 멋진 풍경이나 음식, 애완동물, 꽃 등의 매력적인 대상을 예술적으로 표현하는 것만이 아니다. 특히 소셜미디어의 '점등' 상태에서 카메라는 거의 전적으로 자신과 친한 사람들에게만 초점을 맞추는 경향이 있다. 휴대전화는 시각 이미지를 온라인 플랫폼에 쉽게 게시할 수 있게 해주었지만, 시각적 실천은 예전과 크게 변하지 않았다. 오늘날에는 누구나 핸드폰에 수백 장의 사진을 저장하고 있고, 사람들과 만나면 종종 이 사진들을 보여주기도 한다.

스파이어는 발두이노에서의 다양한 시각 자료가 사회적으로 교환되는 현상을 분석하기 위해 '점등'과 '소등'이라는 분석 틀을 사용했다. 하지만 그는 소셜미디어에서 빈번하게 공유되는 이미지들을 수집 · 분석하면서 '인디레타스'라는 융합적인 모드를 추가했다. 이 지역에서 공유되는 콘텐츠 유형을 좀 더 세밀하게 분석하면, 누구를 대상으로 하느냐에 따라 내용에 차이가 있다. 개인이나 작은 집단 구성원들에게만 보여주는 것을 전제로 생산된 일부 자료는 신뢰할 수 있는 직접 교환, 즉 '소등' 모드에서 주로 유통된다. '점등' 모드 콘텐츠는 개방적이고 공개적인 성격을 가지면서 게시자의 도덕적 가치와 열망 그리고 성취를 광고한다. 혼종적인 인디레타스 모드는 주로 페이스북이나 왓츠앱에서 나타난다. 인디레타스는 주로 갈등, 스캔들 그리고 험담 상황에 대응하는 데 사용된다. 이미지 형태는 밈인 경우가 많은데, 여기에는 높은 도덕적 기준과 성취에 대한 권리를 옹호하면서 신뢰와 연대 상실을 애석해하는 내용이 기저에 있다.

이런 세 가지 유형의 콘텐츠를 비교하면, 온라인 플랫폼에서의 시각 이미지 교환 실천이 가진 의미와 역할을 이해하는 데 도움이 된다. 지역 주민들은 계속 전통을 되돌아보면서 가족, 젠더, 직장, 종교, 섹슈얼리티, 계급 등에서 새로운 가능성을 모색하고, 이를 다른 사람들과 계속 비교한다. 이미지가 '소등'에서 '점등'으로 바뀌면, 이미지 유형도 변화한다. 이 경우 사람 사이에는 소속감과 정체성을 둘러싼 긴장이 표면으로 떠오르면서 확실해진다. 세 가지 유형의 콘텐츠가 실재의 동일한 측면을 어떻게 재현하고, 휴대전화와 컴퓨터 등을 통해 어떻게 순환하는지를 분석한다면, 신흥 브라질 사람의 정체성은 무엇이고, 소셜미디어가 이들에게 왜 그렇게 중요한지를 이해할 수 있다.

10장
민족지를 이용한 로컬리티 연구

디지털 시대에 들어와서 자본과 인구 그리고 정보의 흐름이 대폭 증가했고, 이는 공간과 장소의 정경 역시 크게 바꾸어놓았다. 이런 흐름은 지역 형성과 정체성뿐만 아니라 지역들의 배치에도 영향을 끼치고 있다. 이와 같은 디지털 시대에 온라인과 오프라인을 분리해서 로컬리티에 관한 이론화 작업과 연구를 수행하면 그 설명력은 제한적일 수밖에 없다.

이 글은 전통적인 민족지 연구 방식과 디지털 시대의 새로운 접근 방식을 융합해서 로컬리티를 연구한 두 가지 사례를 중심으로 구체적인 연구 방식과 이의 연구가 가진 함의를 살펴본다. 디지털 시대에 포스틸은 온라인과 통시적 방법을 이용해 로컬리티의 형성과 형상을 연구했고, 핑크는 참여관찰 방법과 디지털 이미지 아카이빙을 통해 로컬리티의 감각적 · 감성적 측면을 탐구했다. 두 가지 사례는 로컬리티의 인식론과 존재론의 의미뿐만 아니라 로컬리티 형성과 의미 구성에서의 디지털 미디어 역할과 의미를 보여준다. 디지털과 민족지 차원에서 연구할 때 '장소 만들기'는 중요한 함의를 가지며, 디지털 시대에 새로운 테크놀로지는 지역 지식의 형성과 진화가 장소 만들기와 분리될 수 없음을 보여준다. 이들 연구는 디지털 시대의 로컬리티에 대한 새로운 이해의 질과 깊이 그리고 범위를 확장해준다.

1) 들어가기

인류학은 20세기 내내 커뮤니티 연구에 많은 관심을 가졌다. 당시 이들 연구자는 주로 지리적으로 경계 또는 구획이 지어진 특정 지역 내에서 장기간 체류하면서 참여관찰하는 민족지 연구 방법을 사용했다. 1980년대를 전후해 실증적 연구 태도에 회의적인 담론인 '성찰적 전환'이 등장하면서 이런 기존의 민족지 실천을 비판적으로 보는 시선들이 늘어났다. 특히 이때 문제가 된 것은 본질주의적 시각과 남성 주도 내러티브 그리고 연구자와 연구 참여자들 사이의 불평등한 권력관계였다. 1995년 아파두라이는 이런 성찰적 전환을 반영해 〈로컬리티의 생산〉을 발표했는데(Appadurai, 1995: 204-225), 어떻게 로컬리티와 근린지구를 새롭게 이해할지에 관한 질문을 제기했다. 그는 로컬리티를 스케일이나 공간보다는 맥락적이고 관계적인 것으로 파악했다. 아파두라이는 로컬리티를 '사회적 즉시감(sense of social immediacy)', 상호작용 테크놀로지 그리고 맥락의 상대성들이 일련의 연결을 통해 구성되는 복잡한 현상학적 특성으로 파악했다. 그는 글로벌화와 정보통신기술 등의 발전과 확산으로 인해 "공간적 지역화, 일상적 상호작용 그리고 사회적 스케일이 더 이상 예전 같지 않은 세상에서 로컬리티란 무엇을 의미하는지"(Appadurai, 1995: 221)에 대해 재사유할 것을 기존 인류학자들에게 주문했다. 메이로비츠는 아파두라이의 주장을 이어받아 로컬리티 논의를 '글로컬리티'로 확대했다. 그는 우리가 더 이상 예전에 상상했던 로컬리티 속에서 살지 않고, 새로운 커뮤니케이션과 운송 테크놀로지 때문에 새로운 형식의 글로컬리티 속에서 산다고 주장했다. '상호연결성'이라는 글로벌 매트릭스는 로컬의 경험을 덮어씌우고 있는데, 각각의 '글로컬리티'는 아직도 나름대로 고유한 특징을 가지고는 있지만 모든 글로컬리티는 글로벌 트렌드와 글로벌 의식에 의해 그 형상이 만들어진다고 했다(Meyrowitz, 1985: 23).

> "미디어 네트워크로 연결된 글로컬리티는 또한 다중의, 다층의, 유동적이고, 무한하게 조정 가능한 정체성 감각을 가질 가능성을 제공한다. 우리는 지역적이며, 지역으로 정의된 정체성과 좀 더 먼 정체성 사이에서 선택할 필요 없이 빠른 순서뿐만 아니라 중첩된 경험으로 이 모든 것을 획득할 수 있다. 우리는 무선통신이 가능한 노트북으로 인터넷을 항해하면서 타자, 비지역적 정체성들을 연기하는 것처럼 지역과 관계된 시민 역할을 체험하면서 지역 소모임 회의에도 참석할 수 있다."(Meyrowitz, 1985: 28)

20세기 말 정보통신과 운송 테크놀로지의 비약적인 발전으로 인해 아파두라이와 메이로비츠가 주장한 맥락성과 관계성 그리고 글로컬리티는 더욱 중요해졌다. 이들의 연구성과를 확대하고 심화하는 연구들이 꾸준히 진행되었는데, 1990년 후반부터 다양한 학문 분야에서 정보통신기술과 도시 생활의 연관성에 대한 이론적 · 경험적 연구가 발표되었다(Graham & Dutton, 2014). 정보통신기술이 발전하고, 이의 사용이 증가하면서 글로벌 네트워크 및 정치 경제(Castells, 2014), 이동성(Sheller & Urry, 2006: 207-226), 대인 관계 커뮤니케이션(Ling, 2008: 334-341), 모바일 커뮤니케이션 테크놀로지(Ling & Campbell, 2009) 등에 관한 연구가 발표되었다. 미디어 및 커뮤니케이션 연구와 사회학 분야는 모더니티, 일상생활 그리고 도시성에 대해 많은 연구성과를 발표했다.

하지만 이 당시 일부 문화인류학 연구자는 공간 분석에서 운동 또는 이동성의 중요성을 경시해서 '반이동성(a-mobile)'이라는 비난을 받았다(Sheller & Urry, 2006: 215-222). 1990년대 후반 모더니티와 글로벌화의 영향으로 인류학이 연구하던 전통적 연구대상 지역과 사람들의 숫자가 대폭 줄어들자, 일부 인류학자는 디지털 미디어와 로컬리티의 관계로 관심을 돌렸다. 이들 연구의 특징은 인류학 민족지 연구 방법인 장기간 참여관찰과 내부자적 시각, 총체적 접근 방식을 계속 사용하면서, 인류학과 영상인류학이 디지털 시대 이전에 축적한 연구성과로 디지털 세계에서 새롭게 등장하는 로컬리티의 의미와 양상을 밝히고자 했다.

이들 인류학자는 지역 사람들이 다양한 환경과 맥락에서 특정한 것을 알고 행하고 경험하는 것이 무엇이며, 이것들이 가지고 있는 문화적 함의가 무엇인지에 관심을 가졌다. 특히 사람들이 무엇을 '로컬리티'라고 생각하고, 이를 어떻게 경험하고 인식하며, 이의 의미는 무엇을 뜻하는지를 중점적으로 탐색했다. 예를 들어, 실리토는 기어츠가 1973년 제시한 '지역 지식(local knowledge)' 개념을 확장해서 새로운 시각에서 연구했다. 기어츠와 달리, 그는 특정 지역에서의 집단적 '지역 지식'이 가진 본질을 밝히려고 하지 않았다. 그 대신에 지식들이 사회 내에 어떻게 개별적으로 존재하고, 특정 환경을 잘 아는 거주민들이 이 지식을 어떻게 형성하는지를 이해할 것을 제안했다(Sillitoe, 2007: 147-165).

특히 호주 멜버른대학교를 중심으로 활동하는 연구자들은 실리토의 제안을 이어받아 민족지 연구를 했다. 이들은 이러한 생각과 민족지 연구 방법을 토대로 고정적인 물리적 환경에서 사는 사람들과 끊임없이 이동하고, 파편화되고, 변화하는 디지털 세상 환경 속에서 사는 사람들 모두를 이해하고자 했다(Pink, 2008: 175-196). 현재 상당수 디지털 인류학자는 범위와 정도에서 차이는 있지만, 온라인과 오프라인 세계를 모두 아우르면서 로컬리티를 연구하고 있다. 여기서는 온라인과 오프라인 로컬리티 연구 가능성을 살펴보기 위해 두 가지 민족지 연구 사례를 살펴볼 것이다. 첫 번째 사례는 말레이시아 쿠알라룸푸르 교외인 수방자야(Subang Jaya)에서 지역 이슈와 로컬리티가 어떻게 관계를 맺고, 생산되고, 관리되는지를 살펴본다. 정보통신기술이 막 확산하던 2000년대 초반 수방자야에는 로컬리티와 관련한 오프라인 활동과 이슈들이 온라인 서비스와 캠페인 그리고 행동주의와 연계되는 양상을 보였다. 두 번째 사례에서는 영국과 호주의 슬로시티 활동가들이 디지털과 아날로그 활동을 결합해서 이들 지역을 기억하고, 인지하며, 이를 기반으로 로컬리티를 형성했다. 이 사례들은 디지털 시대의 새로운 로컬리티 양상을 연구할 가능성을 제시한다.

2) 수방자야 로컬리티 연구

수방자야는 1997년 말레이시아 쿠알라룸푸르 외곽에 건설된 신흥 주거단지인데, 이 지역 입주 시기는 우연하게도 말레이시아 외환위기와 일치했다. 1997년의 아시아 금융위기는 동아시아와 동남아시아에서 광범위한 정치적 · 경제적 혼란을 초래했다. 말레이시아는 고정환율제와 자본통제라는 '반시장적' 정책을 취함으로써 독자적인 방식으로 이 위기를 해결하고자 했고, 다음 해 개혁(reformasi) 운동이 촉발되었다. 외환위기 당시 말레이시아의 인터넷 보급률은 낮았지만, 인터넷은 엘리트와 도시 중산층을 중심으로 개혁운동에 대한 정보나 사상의 확산과 동원의 수단으로서 중요한 역할을 했다(Postill, 2014: 78-103).

1999년 지방세율이 하루아침에 240%나 인상되자 수방자야 주민은 인터넷을 이용해 이에 반대하는 운동을 펼쳤다. 오프라인과 온라인이 결합한 이 운동은 지방의회의 결정을 뒤집는 데 결정적인 역할을 했다. 이에 고무된 주민들은 온라인 활동을 더욱 강화했는데, 주민의 메일링리스트를 작성하고, 웹사이트 게시판과 포럼도 개설했다. 주민들은 이 게시판과 포럼에서 지역 이슈와 레저 활동, 국내와 국제 문제 등에 관한 정보를 편하고 즐거운 마음으로 교환했다. 수방자야의 온라인 포럼은 곧 말레이시아에서 가장 활발한 지역 게시판으로 급부상했다. 수방자야 활동가는 인터넷 항의운동을 펼쳤고, 이것이 시의회의 결정 번복으로 이어진 사건에 대해 다음과 같이 이야기했다.

> "우리는 분노했다. 하지만 우리가 이 문제를 의회로 가지고 가기 전에 보충 증거를 수집하고, 정리할 필요가 있었다. 우리는 인터넷을 이용해 주택 유형과 주민이 납부할 평가율, 연락처 등의 자료를 정리하고, 주택 데이터베이스를 구축했다. 지역민의 50%가 2주 내에 응답했고, 집단적 노력 덕분에 평균 20%나 감축할 수 있었다. 이는 인터넷이 얼마나 효과적인지를 말해주는 사례다."(Postill, 2011: 56)

2000년대 초반 맨체스터대학교 인류학자들은 6개국 다민족 지역의 전자 거버넌스 이니셔티브를 비교 연구하는 프로젝트를 수행했는데, 이 연구의 목적은 인터넷이 지역 거버넌스 정책과 실천에 유의미한 차이를 만들어내는지를 밝히는 것이었다. 포스틸은 이 연구 프로젝트에서 수방자야 지역을 담당했고, 이 지역에서 2003~2004년까지 현지조사했다. 그는 현지조사하면서 몇 년 전 이 지역에서 벌어졌던 저항운동을 알게 되었다. 그는 이 부분을 연구에 포함해 시 당국과 지역 주민 사이에서 온라인 또는 인터넷이 차지하는 의미와 역할을 분석했다.

수방자야에는 공공부문, 민간부문 그리고 지역 주민을 하나로 묶어주는 공적인 '스마트 타운십' 프로젝트가 있었지만, 지방정부와 시민사회는 각자 서로 다른 디지털 이니셔티브들을 운영했다. 포스틸은 디지털 시대의 로컬리티 연구에서도 맥락성과 과정이 모두 중요하다고 생각하고, 동시적 · 통시적 시각에서 국가와 지역 차원의 역사를 모두 살펴보았다. 말레이시아는 1960년대 중국 소수민족을 억압하면서 종족 폭동이 발생했고, 이후 집권한 말레이 다수당이 지방선거를 금지하면서 민주주의는 위기를 겪고 있었다. 그 결과 '스마트 타운십' 같은 공적 프로젝트는 별다른 호응을 얻지 못했지만, 인터넷 행동주의와 온건한 민주개혁 운동은 성장하는 경향을 보였다(Postill & John, 2011: 53). 포스틸은 수방자야에서 정치적 현안들을 해결하는 데 디지털 이니셔티브가 중요한 역할을 한다고 추정했고, 종족 또는 민족 정체성과 온라인 행동주의 사이의 관계에도 관심을 가졌지만, 수방자야 주민에게 종족 문제는 별다른 관심사가 아니었다.

수방자야의 활동가 대부분은 중산층 출신이었는데, 이들은 과밀한 인구에 비해 생활 서비스가 현저하게 부족한 교외 지역에서 더 나은 지역 거버넌스를 쟁취하기 위해 싸웠다. 이들 활동가가 흔히 외치는 구호는 "우리는 지역 주민이며 세금납부자다"였는데, 관심사는 종족성이 아니라 거주성이었다. 이들 활동가는 또한 지방선거 실시나 자치 확대 같은 민주주의 담론에도 거의 관심을 보이지 않았는데, 이런 주장을 하는 소수의 활동가는 지역에서 거의 영향력이 없었다. 활동가 대부분은 지방정부의 임무는 주민의 세금을 현명하고 효율적으로 사용해서 교통, 폐기물 처리, 녹지 등과 같은 일상적인 문제를 해결하는 것으로 생각했다. 포스틸은 주민이나 활동가의 집단행동과 이런 요구를 "진부한 행동주의(banal activism)"

라고 불렀고, 이를 수방자야 로컬리티 중 일부분으로 간주했다(Postill, 2011: 18). 포스틸은 1년 동안 현지조사 후 영국으로 귀국해서도 수방자야의 네트워크들을 계속 분석했다. 그의 관찰에 의하면, 이들 네트워크 스펙트럼의 한쪽 끝에는 공공 프로젝트가, 다른 반대편 끝에는 활동가 네트워크가 자리하고 있었다. 이런 관찰만으로는 현장의 유동적이고 혼종적인 조건과 상황들을 제대로 파악할 수 없었고, 새로운 분석 개념이 필요했다.

맨체스터 인류학자들은 이전에 중앙과 남부 아프리카에서 도시화와 사회변동을 연구하면서 '장(field)', 네트워크 또는 '사회적 드라마(social drama)' 등의 새로운 개념을 만들어냈다. 포스틸은 이에 영감을 받아 "주거 문제의 장(field of residential affairs)"이라는 개념을 만들어서 커뮤니티와 네트워크를 분석하고자 했다(Postill, 2008). 전 세계적으로 지역 정치에서 디지털 미디어 테크놀로지의 역할이 점점 중요해지고 있는데(Coleman, 2005), 일부 인류학자들은 미디어 연구와 이론화 작업에서 축적한 실천이론이 가진 잠재적 설명력을 활용했다. 포스틸은 이들 연구자 중의 한 명이었는데, 이메일, 페이스북, 아이팟, 블로그 그리고 모바일 기기 등이 지역에서 개인 리더십에 끼치는 영향과 의미에 주목했다. 그는 수방자야 인터넷 활동가를 대상으로 한 현지조사에서 지역 리더십과 개인 미디어에 대한 실천이론 모델을 구축하기 위해 앤서니 기든스, 피에르 부르디외, 빅터 터너 등의 실천개념을 주요하게 참조했다. 하지만 그는 웰먼의 '네트워크화된 개인주의(networked individualism)'와 카스텔스의 '네트워크 사회' 개념이 디지털 현실을 실제 이상으로 과장했다고 판단했고, 그 대신에 '주거 문제의 장'이라는 개념을 사용했다.

'주거 문제의 장'은 "정치인, 의원, 활동가, 저널리스트, 종교 지도자 같은 다양한 종류의 사회 행위자와 정당, 로비스트, 파벌, 거주민 집단, 종교시설 등과 같은 사회적 형성이 존재하는 — 갈등이 잘 드러나는 — 행동 영역으로, 일상적 로컬리티에서 발견되는 실천 영역이다. 이 장은 지역민의 관심사를 둘러싸고 다양한 실천과 테크놀로지를 통해 경쟁하고 협력하는 것"(Postill, 2011: xii)을 의미한다. 포스틸은 '주거 문제의 장'을 통해 실천과 이론 측면에서 선도적인 실천가를 개념화할 필요가 있으며, 개인 미디어는 이런 장에서 집단주의와의 관계 속에서 이해해야 한다고 생각했다. 즉, 리더의 블로그, 메시지 그리고 이메일 같은 개인 미디어 실천은 개인의 사리사욕이 아니라 커뮤니티의 더 큰 이익에 기여하는 것처럼 보일 필요가 있다. 따라서 이 장 내에서 "무관심에 대한 관심(interest in disinterestedness)"을 준수하는 것이 리더의 개인 미디어 실천을 형성한다고 주장했다(Bourdieu, 1993). '이런 조건 때문에 집단이 아닌 개인 중심의 사회관계를 재구성하는 "네트워크화된 개인주의"는 성장에 한계를 가질 수밖에 없다'고 가정했고, 이와 같은 모델로 수집한 민족지 자료를 재점검했다.

그는 세 명의 지역 리더(두 명의 인터넷 활동가와 한 명의 정치인)의 개인 미디어 사용을 '주거 문제의 장'과 그 너머에서 추적했다. 분석 결과 '주거 문제의 장' 특성 때문에 개인적 미디어 사용에 있어 개인 네트워킹 가능성뿐만 아니라 네트워크화된 개인주의가 강하게 억제되고 있다는 점이 드러났다. 지역 웹 포럼에서는 가볍고 즐거운 커뮤니케이션이 이루어지는데, 이런 평화로운 장인 '스테이션(stations)'에서 지역 갈등이 어떻게 리더의 평소 활동에 드러나는지도 흥미로운 지점이다(Giddens, 2006). 리더는 이 스테이션에서 다양한 개인과 집단 미디어를 사용해 자신의 리더십 지위를 유지하거나 강화하므로 스테이션은 갈등 장소나 '각축의 무대'로 변모할 수 있다. 포스틸은 민족지 작업을 통해 리더의 개인 미디어 사용을 새로운 측면에서 분석했고, 이로부터 개인 미디어에 대한 새로운 논의의 장이 열렸다. 이런 성과는 그의 독특하고 새로운 연구 과정과 관련이 있다.

포스틸은 2004년 수방자야에서 현지조사를 마친 후 귀국해서도

2009년까지 온라인을 이용해 추가 조사를 했다. 그는 영국에서 수방자야에 관한 아카이브를 온라인상에서 1999년까지 거슬러 올라가 조사했고, 이로부터 10년간의 통시적 민족지가 작성되었다. 비록 온라인 현지조사가 몇 차례 잠시 중단되었지만, 그는 수방자야에 체류하면서 현지조사할 때보다 더 많은 현지인과 접촉하여 이들과 폭넓고 친밀한 관계를 만들고, 유지할 수 있었다. 포스틸이 수방자야에서 현지조사할 당시에는 참여자들과 끊임없이 인터뷰를 했기 때문에 시간적 · 정신적 여유가 별로 없었고, 지역 이벤트를 참여관찰하더라도 그가 접촉할 수 있는 사람의 숫자는 제한적이었다. 하지만 그가 온라인에서 현지조사하면서 이 같은 제약은 상당 부분 해결되었다

말리노프스키가 1930년대 남태평양의 트로브리안드제도에서 본격적인 인류학 현지조사를 시작한 후 인류학에서는 현장에 장기간 체류하면서 하는 현지조사가 하나의 표준적인 연구 방식으로 굳어졌다. 하지만 디지털 정보통신기술이 발전하면서 연구자가 현장에 있지 않더라도 원격으로 참여관찰이 어느 정도 가능하게 되자, 몇 가지 새롭게 생각할 문제들이 생겨났다. 새로운 방식의 '원격 민족지'도 전통적인 공현존 민족지 연구만큼이나 효과적인 조사 방식이 될 수 있는가? 민족지 현지조사에서 '거기(현장)에 있음(being there)'이 계속 필수적인가(Geertz, 1988)? 연구자와 연구 참여자가 모두 원격 커뮤니케이션 수단을 이용할 수 있을 때 '거기(현장)에 있음'은 무슨 의미를 가질까? 무엇보다 이런 '폴리미디어' 상태는 전통적인 민족지 현지조사의 유용성과 가능성을 근본부터 뒤흔들 수도 있다(Madianou & Miller, 2012). 포스틸처럼 영국에서 인터넷으로 수방자야 연구 참여자들과 인터뷰한다면, 포스틸이 실재하는 장소는 어디일까? 〈세컨드 라이프〉 같은 가상의 '제3의 공간'인가, 아니면 이들이 실재하는 두 개의 물리적 장소에 동시에 존재하는 것인가? 이와 같은 존재론과 인식론 질

문에 대한 해답은 연구 상황과 연구 참여자들과의 관계, 연구주제의 내용과 성격에 따라 다를 수 있고, 어느 하나의 정답만 존재하지는 않는다. 하지만 이는 디지털 시대의 로컬리티 연구자들이 실제로 직면하는 현실이기 때문에 '거기(현장)에 있음' 개념은 새로운 조정이 필요하다.

디지털 미디어가 널리 사용되면서 연구자가 현지조사할 경우 적어도 네 가지 형태의 연구 방식과 대면하게 된다. 첫 번째는 연구자가 현장에 물리적으로 존재하면서 연구 참여자와 대면 상호작용을 하는 전통 방식이다. 두 번째는 연구자가 현장에 물리적으로 존재하지 않으면서 스카이프, 채팅, 스트리밍, 또는 텔레매틱 등의 온라인 미디어를 이용해 원격으로 접촉하는 것이다. 세 번째는 연구자나 연구 참여자 모두 물리적으로 존재하지 않는 가상 현장인 제3의 장소에서 조사하는 것인데, 메일링리스트, 웹 포럼, 3D 실시간 게임 등이 이에 해당한다. 네 번째는 연구자가 블로그, 소셜미디어, 동영상 공유 사이트 등에서 발견할 수 있는 디지털 스토리나 이미지를 연구하는 것인데, 이때 연구자와 연구 참여자 모두 가상의 장소에 존재한다. 이 네 가지 연구 방식 외에도 온라인과 오프라인을 결합하거나, 온라인상에서 더 많은 조사 방식이 가능할 수 있다. 예를 들어, 오늘날 서로 각기 다른 장소에 존재하는 연구자와 참여자가 디지털 모바일 기기 등을 사용해서 대화를 나눌 수도 있고, 실시간 연결을 통해 다른 곳에 있는 사람을 대화에 초대할 수도 있으며, 연구자가 연구 참여자와 대화하면서 제3의 장소에 저장된 이미지나 동영상을 불러와 조사에 활용할 수도 있다.

현재 연구자들은 민족지 연구에서 다양한 조사 방식을 절충해서 사용하는데, 여러 가지 방식을 동시에 혼합해서 사용하기도 하고, 어떤 경우에는 한 방식에서 다른 방식으로 전환해서 사용하기도 한다. 하지만 이런 복잡한 절충 방식은 종종 어려움을 초래하기도 하는데, 순식간에 수집된 정보의 양이 너무 많아지면서, 이를 정리하고 목록화 작업을 할 수 있는 여유를 갖기가 어려워질 수 있다. 이런 문제에도 불구하고, 기존의 직접적인 참여관찰 방법이 다른 융합적 조사 방식보다 우월하거나 효율적이라고 주장하기는 어렵다. 오히려 연구자와 참여자 모두 현장에 물리적으로 동시에 존재하면서 대면 상호작용을 통해 지역을 조사하는 것보다 온라인에서 더 효과적으로 현지조사를 할 수도 있다. 예를 들어, 지역을 이해하는 데 이벤트는 중요한 사건인데, 트위터 자료나 실시간 스트리밍 이미지 또는 페이스북 등을 통해 지역 현안이나 다양한 네트워크 그리고 주민들의 다양한 생각을 접할 수 있다. 종종 이렇게 획득한 자료는 기존의 대면 참여관찰보다 더 폭넓고 다양하며 심층적인 정보를 제공하기도 한다. 민족지 연구에서 중요한 덕목은 무엇보다 자신이 제기한 질문에 부응하는 다양하고 풍부한 1차와 2차 자료를 수집하는 것인데, '거기(현장)에 있음' 방식은 현장에 있음으로써 얻을 수 있는 지식과 감각을 획득할 수 있는 장점이 있다. 하지만 현재 변화된 미디어 환경과 상호작용 방식 때문에 오프라인 현지조사로 기대에 부응하는 정보를 얻기 어렵게 되었는데, 포스틸의 연구 사례는 민족지 연구의 새로운 가능성과 구체적인 방법을 제시한다는 점에서 중요한 의미가 있다.

3) 로컬리티와 슬로시티 연구

이탈리아를 기반으로 하는 슬로시티 운동은 환경 지속가능성에 광범위한 관심이 있으며, 이 운동 구성원들이 이런 원칙을 지키는 도시를 '슬로시티'로 인정하고 있다. 2020년 현재 30개국의 272개 도시가 이 운동에 참여하고 있다. 이 운동에 가입한 한국 도시는 청송(파천면), 담양(창평면), 김해(봉하마을), 하동(악양면), 제천(수산면), 전주(전주 한옥마을), 목포(외달섬 등), 남양주(조안면), 상주(함창읍), 서천(한산면), 신안(증도), 태안(소원면), 완도(청산도), 영월(김삿갓면), 영양(석보면), 예산(대흥면) 등이다.

핑크는 2005년부터 영국에서는 단독으로, 스페인에서는 세르봉과 공동으로, 호주에서는 시일과 루이스와 함께 슬로시티 운동을 연구했다. 핑크는 1990년대부터 시각인류학을 연구했고, 이 운동을 연구할 당시 디지털 테크놀로지 사용에 관심을 가졌다. 핑크와 연구팀은 슬로시티에서의 일상과 활동가의 사회성 생산(Pink, 2008: 175-179), 감각적 · 경험적 요소들과 이런 프레임워크의 글로벌 이행성(Pink, 2013), 로컬리티 기반의 새로운 형태의 회복력 생산(Pink & Lewis, 2014)을 연구했다. 핑크는 이 외에도 슬로시티의 디지털 요소들 그리고 운동과 지역 이벤트에서 참여자들의 디지털과 아날로그 실천 사이의 관계성을 분석했다(Pink, 2012: 45-53).

슬로시티 운동은 포스틸의 수방자야나 '자유 문화 운동' 또는 '인디그나도스(Indignados)' 등 디지털 지향 문화집단들처럼 디지털 미디어를 적극적으로 사용하지 않았다. 하지만 디지털 미디어가 슬로시티 운동의 확산과 홍보에 중요해지자 이 운동도 점차 디지털 테크놀로지 실천과 더 깊은 관계를 맺었다. 디지털 민족지 연구는 슬로시티 행동주의가 물질적 · 감각적 특성과 물리적 행동을 어떻게 유발하고 전개하고 성장시키는지를 밝힐 수 있는데, 이런 맥락에서 두 가지 슬로시티 연구 사례를 살펴본다. 이들 사례는 디지털 민족지 접근법을 사용했지만, 포스틸과 마찬가지로 이에만 국한해서 연구하지는 않았다. 핑크는 슬로시티에 관한 카니발 사진과 디지털 미디어 그리고 문서 자료 등도 주요한 분석 대상으로 삼았다.

핑크는 영국에서 슬로시티 운동을 연구할 때, 영국 동부 노퍽주 브로드랜드에 있는 인구 6,800명의 작은 타운인 에일셤(Aylsham)에서 민족지 현지조사도 병행했다. 에일셤은 2004년 11월 영국에서 두 번째로 슬로시티에 선정되었는데, 2010년 연간 10여만 명의 관광객이 방문했고, 이후 매년 10~15%의 성장세를 보였다. 이 타운은 다양한 지역 이벤트를 개최했는데, 음악 페스티벌(5월), 카니발(7월), 농산물 쇼(8월 마지막 월요일), 음식 페스티벌(10월 첫 주말) 등이 있다. 핑크는 이 중 카니발에 주목했는데, 이 타운이 슬로시티 지위를 획득하자 카니발이 새로운 위상과 목적에 부합되도록 변화했기 때문이다. 그는 슬로시티 위원회 업무와 과거 카니발 관련 사진들과 내러티브를 수집해서 이를 디지털화하는 아카이브 프로젝트에도 관심을 가졌다. 슬로시티에 선정된 다음 해 이 프로젝트는 카니발 행사에 통합되었는데, 아카이빙 성과는 시청과 주변 건물에서 열린 전시회, 슬라이드 쇼 등의 형태로 공개되었다.

핑크는 다양한 방식으로 이 이벤트를 참여관찰했다. 그는 주민과 이벤트 집행부 사람들을 대상으로 아카이브에 대한 인터뷰를 진행했는데, 이미 에일셤 카니발뿐만 아니라 다른 지역 슬로시티의 행사와 활동 그리고 카니발 계획위원회에도 참가한 적이 있었다. 핑크는 사전에 수집한 카니발에 관한 사진, 비디오, 오디오 녹취록, 필기 노트, 오디오와 비디오 녹취록, 슬로시티 이벤트 등의 자료, 다른 나라의 슬로시티 이벤트를 기록한 디지털 사진 그리고 전시 오브제를 독해하여 이를 인터뷰에서 활용했다. 핑크는 2005년 당사자들의 허가를 받고 카니발에서 비디오카메라로 전시회를 꼼꼼히 촬영했고, 행사 참가자들의 활동, 이미지, 대화도 녹화했다. 그는 전시회 자료를 통해 사진의 촬영 일시와 맥락 그리고 내용에 관한 정보를 얻을 수 있었고, 인터뷰를 통해서는 카니발의 의미와 역할에 대한 내부자의 의견을 파악할 수 있었다. 핑크는 이 전시회를 활동가들이 장소와 로컬리티를 만들고, 이를 다시 슬로시티 운동과 연결하는 작업의 목적으로 이해했다(Pink, 2011: 92-101).

전시회에서 디지털과 아날로그 관계가 중요한 역할을 했는데, 관계자들은 아카이빙된 필름과 사진을 디지털 아카이브에 저장하기 위해 후보정하고, 이를 A4 인화지에 흑백 인쇄했다. 핑크는 이때 지역 사람들에게 사진 속에 등장하는 사람들을 식별해서 문서로 만드는 작업을 요청했고, 이를 통해 사진 속 등장인물과 로컬리티를 재연결했다. 이 사례에서 볼 수 있듯이, 디지털 테크놀로지가 사람들의 시각적 실천에 나타나는 방식은 범위와 가시성 측면에서 상당히 다양하다. 디지털 형식은 종종 촬영 과정에서 아날로그 형식을 모방하는 경향이 있는데, 디지털 형식으로 전환된 시각 이미지가 아날로그 실천을 충분히 반영한다는 생각이 들지 않으면 관계자들은 후보정 과정에서 디지털 이미지들을 이에 상응하게 자주 보완했다. 핑크는 전시회 관계자들이 사진을 디지털화하고, 후보정 과정을 거쳐 흑백으로 인화하는 과정을 참여관찰하면서 물적 요소가 어떻게 장소 만들기와 관계 맺는지를 알 수 있었다. 전시 관계자들은 지역 역사와 현재 이미지 그리고 지역의 내러티브와 기억을 미래를 위해 아카이빙했다. 하지만 이들은 디지털화와 보정 그리고 인화에 이르는 일련의 과정에서 테크놀로지를 이용해 자신만의 해석과 분위기를 디지털 이미지에 가미했고, 자신들만의 중요성 기준에 따라 이들을 재배치했다. 이 사례는 주민이 역사 자료를 가지고 어떻게 로컬리티를 만들고 정립하는지, 그리고 슬로시티 운동의 원칙에 부응하는 미래 비전을 어떤 방식으로 구성해 나가는지를 보여준다.

핑크는 스페인 북부 슬로시티에 소재하는 '해양유산센터'에서 디지털 이미지와 로컬리티 재현도 연구했다(Pink, 2013). 동료 연구자들과 공동 수행한 이 민족지 연구는 디지털과 물적 재료들이 합쳐져서 장소가 구성된다는 점에 착안해 '작곡'이라는 은유 개념을 사용했다. 해양유산센터에는 바다를 환기하는 오디오와 바다 이야기를 담은 이미지들 그리고 실물

보트가 전시되어 있는데, 이들은 다시 바다를 항해하는 디지털 영상과 결합해 이 지역 해양 로컬리티를 완성했다. 이들에서의 서로 다른 미디어와 테크놀로지 그리고 물질적, 감각적 또는 감성적 요소들은 서로 얽혀 지역에 관한 일련의 언술이나 감정선을 만들어냈는데, 이런 통합적 언술로부터 지역 로컬리티의 작곡이 완성된다. 디지털 인류학자는 이런 곡의 구성 요소들을 분해해서 각 의미와 역할을 분석하고, 여기에 자신의 해석적 견해와 틀이 되는 아이디어를 삽입해 재작곡한다.

슬로시티들을 비교 연구하면, 모든 도시가 디지털 미디어를 다른 정도와 범위에서 사용한다는 점을 알 수 있다. 핑크와 루이스는 호주 멜버른 외곽의 '단데농 공원'을 현지조사했는데(Pink & Lewis, 2014: 452-453), 당시 이 작은 지역에 드라이브 스루 글로벌 패스트푸드점인 맥도널드가 건설되고 있었다. 일부 주민은 이에 반대하는 캠페인을 벌이면서 슬로시티 추진 그룹이 결성되었다. 핑크와 루이스는 디지털과 기억 그리고 상상력을 결합해서 주민들이 가진 다양한 로컬리티 감각을 이해할 수 있었다. 연구 참여자들은 대부분 디지털과 기억 그리고 상상력으로 자신의 내러티브를 구성하는데, 종종 언술이나 행동에서 이것들이 드러난다. 이를 기반으로 지역의 의미를 분석하면, 특정 로컬리티의 다른 지식이나 형상을 밝혀낼 수 있다.

이들 연구자는 처음에 슬로시티 운동이 지역에서 어떤 종류의 회복력을 만들어내는지에 관심을 가졌다(Pink & Lewis, 2014: 670-683). 이를 위해 두 가지 주제를 선택했는데, 하나는 주민들이 단데농 공원에서 경험하는 자연환경 홍보 방식이고, 다른 하나는 이들이 이 자연환경에서 느끼는 경험이었다. 처음부터 이들이 이런 주제에 관심을 가진 것은 아니었다. 이들은 연구의 출발점으로 자연환경을 선택했고, 디지털에는 전혀 관심을 두지 않았다. 이들은 첫 번째 주제인 주민의 자연환경 홍보 방식을 조사하기 위해 패스트푸드점 건립 반대 항의 집회와 이후 이어진 거리 행진에 참석했다. 이들은 이 참여관찰에서 디지털 세상과 물적 세계를 분리하면 지역의 의미를 이해하기 어렵다는 사실을 바로 깨달았다.

이들 연구자는 이 항의 시위에 참여하기 전 온라인에서 사전 자료조사를 했는데, 유튜브에서 '테코마 그놈(Tecoma Gnomes)'의 〈*Call to March*〉 비디오를 발견했다. 마을의 한 주민이 이 비디오를 제작했는데, 항의 운동하는 사람들 사이에서 입소문으로 빠르게 알려졌다. 이 비디오에서 '정원 요정들(garden gnomes)'은 자신들이 거주하는 숲에 널린 쓰레기, 특히 패스트푸드점에서 나온 쓰레기를 수거하고, 지역 환경의 핵심인 산림을 보호하는 활동을 하며, 인간과 함께 반맥도널드 항의 집회에 동참하는 내용이 담겨 있다. 이 비디오가 주민들 사이에서 인기를 끌자, 항의 활동에 필요한 경비를 조달하기 위해 이 요정들을 경매에 부쳤다. 핑크와 루이스는 이 비디오 내용이 주민들이 생각하는 로컬리티의 중요한 부분을 전면에 내세웠을 뿐만 아니라 어떻게 해야 지역민이 보호받고, 안전한 느낌을 받는지를 보여준다고 생각했다. 이들 연구자는 몇 주 후 앱 개발 그룹의 기획 회의에 참석했고, 여기서 숲에 대한 주민들의 기억과 회상 그리고 감각 경험과 다시 만났다.

"로컬리티와 기준의 적합성을 모색하던 중, 토론 내용은 집단이 지역에서 일상적으로 경험하는 감각에서 체험 그리고 정동(affection)으로 넘어갔다. 참여자들은 단데농에 도착하면 가장 먼저 숲을 보고, 냄새를 맡았으며, 밤에는 여기서 차창 너머로 별을 볼 수 있다는 점을 회상했다. 어떤 사람은 자신이 어렸을 때 유칼립투스 나무 냄새를 언제 그리고 어떻게 맡을 수 있었는지 기억해냈고, 다른 참여자는 자신의 어머니가 숲에 도착했을 때 이를 기대해서 항상 어떻게 차창을 내리라고 말했는지를 떠올렸다. 하지만 이제는 벌목이 심해지면서 이런 경험을 하기가 점차 어려워지고 있다. 이들은 단데농에 사는 *느낌*의 중요성, 이것이 '자신의 핏속으로 들어가는' 방식, 자신들이 살기에 독특한 장소라는 것을 알고 있다는 점, 이것이 자신들에게 의미하는 바를 표현할 수 있다는 점, 그 느낌을 기리고 '자신들이 가진 것'을 '보존하고 보호할 수' 있다는 것의 중요성을 강조했다."(Pink & Lewis, 2014: 699)

핑크와 루이스는 디지털과 경험적 차원의 지역성을 결합해 특정 로컬리티의 의미를 보여주었다. 바이럴 디지털 비디오는 특수한 로컬리티에 초점을 맞추어서 지역을 재현했고, 이런 로컬리티가 얼마나 위협을 받고 있는지를 강조했다. 또한, 이 비디오는 숲과 향기에 대한 기억으로 전 세계 관객에게 개발의 부당함을 호소했다. 이 연구 사례는 로컬리티 감각을 생산하는 데 디지털 미디어와 플랫폼이 물질적 · 감각적 환경의 측면에서 어떻게 사용되고 있는지를 보여준다.

4) 디지털 민족지와 로컬리티

민족지를 이용한 로컬리티 연구에는 많은 장점이 있고, 다양한 분과 학문에서도 이를 활용하고 있다. 처음 이 방식을 본격적인 연구 방법으로 이용한 인류학은 지역과 로컬리티 연구성과를 축적했다. 민족지 연구 방법은 특히 현지인의 시각에서 이들이 일상생활에서 느끼는 로컬리티의 구성과 그 의미를 미시적으로 관찰할 수 있는 장점이 있다. 하지만 디지털 테크놀로지가 확산하면서 인류학자들은 기존의 전통적 민족지 연구 방법을 확대하고 조정할 필요성이 생겼고, 핑크와 포스틸은 로컬리티 연구에 디지털 미디어 테크놀로지 영역을 융합해 새로운 연구의 장을 열었다. 이들의 연구 과정과 여기서 부딪친 문제와 이를 극복하고 이해를 끌어내는 방식을 살펴봄으로써 새로운 양상으로 드러나는 로컬리티를 창조적이고 심층적으로 분석하는 데 도움을 얻을 수 있다.

이와 같은 맥락에서 디지털 민족지를 이용해 로컬리티를 연구한 두 가지 사례를 살펴보았는데, 첫 번째 사례는 존재론, 두 번째 사례는 인식론 주제를 담고 있다. 이들 지역 모두 다양한 종류의 외적 충격을 경험했는데, 디지털 매개 과정이 장소 형성에 영향을 끼치므로 '형성적(formative)' 충격으로 지칭할 수 있다(Fligstein & McAdam, 2011). 말레이시아 정부는 1996년부터 미국의 실리콘밸리에 필적하는 '멀티미디어 대회랑' 건설 프로젝트를 야심 차게 밀어붙였는데, 1997년의 금융위기는 이 프로젝트뿐만 아니라 지역 주민의 삶에 큰 영향을 끼쳤다. 당시 다수의 수방자야 주민은 당시 이 지역에서 번창하던 정보통신산업에 의존해 살았는데, 자신들에게 닥친 문제를 인터넷을 통해 창의적으로 해결했다. 수방자야 주민과 마찬가지로 멜버른의 단데농 공원 주민도 인터넷을 창의적으로 사용했는데, 작은 타운에 들어서는 맥도널드를 반대하기 위해 재기 넘치는 비디오를 제작하고, '틈새 입소문'으로 이를 확산시켰다.

존재론적 주제는 디지털성과 물질성 사이의 복잡한 관계를 다루고 있다. 포스틸의 수방자야와 핑크의 슬로시티 연구가 이 점에 천착했지만, 핑크가 상대적으로 이 문제를 중시했다. 핑크는 맥도널드 항의 시위를 조사하면서 처음에는 디지털 매개에 대해 별달리 주목하지 않았다. 항의 시위와 기획 회의를 참여관찰하면서 디지털, 감각 그리고 물적 요소들이 유기적으로 연결되어 있음을 깨달았다. 수방자야는 단데농 공원과는 다른 로컬리티 물성을 보여준다. 말레이시아 중산층 신도시 수방자야에서는

— 횡단보도의 부재, 쓰레기 처리 문제 또는 손상된 놀이터처럼 — 사회 인프라 개선을 목표로 하는 '진부한 행동주의' 형태로 나타났다. 이런 행동주의는 반드시 디지털 형태로 표현되지는 않지만, 수방자야 주민은 디지털 사진, 블로그 게시물, 지역 언론에 이메일 발송 등을 활용해 시의회가 수치심을 느끼도록 했다. 활동가들은 이를 통해 자신들의 항의운동을 정치적 작품으로 변모시켰다.

아파두라이는 로컬리티의 생산을 이해하는 데 디지털 민족지 작업이 가진 인식론적 함의는 "결코 완결될 수 없으며, 항상 위태로운 성과"라고 주장했다(Postill, 2014b: 50-68). 포스틸은 디지털화가 가속화되고 있는 상황에서 로컬리티 연구에서 '거기(현장)에 있음'이 무엇을 의미하는지 재사유할 것을 촉구했다. 포스틸은 디지털 시대의 '거기 있음' 문제를 공현존, 원격, 가상 그리고 상상의 네 가지 존재 양상으로 제시했지만, 핑크는 이런 존재 양상들이 다양하고 풍부할 수 있음을 보여준다. 연구 참여자의 경험에서 드러나는 감각과 디지털 차원이 로컬리티 형성과 구성요소로 중요하다는 점을 단데농 공원의 사례가 보여준다. 참여자들은 어린 시절 이 지역을 거닐면서 맡았던 유칼립투스 나무 냄새를 떠올리면서 향수와 고통을 함께 느낀다. 이들 연구 참여자는 자신들이 느끼는 감정과 생각 그리고 행동의 의미를 아날로그와 온라인 디지털 자료를 통해 연구자에 전해준다. 특히 맥도널드 유치 반대 메시지를 담은 바이럴 비디오와 다른 디지털 시각 이미지들은 디지털의 역할이 장소 만들기에도 중요하다는 점을 보여준다.

로컬리티의 생산을 디지털과 민족지 차원에서 연구할 때 '장소 만들기'는 중요한 함의를 가지며, 지역 지식의 형성과 변화는 장소 만들기와 분리될 수 없다. 디지털 시대에 온라인과 오프라인을 분리해 로컬리티를 이론화하고 연구하면 그 설명력은 제한적일 수밖에 없다. 현재 연구자들은 다양한 디지털 테크놀로지와 커뮤니케이션 방식들을 융합해 연구 참여자들과 상호작용하고 있으며, 이는 로컬리티 연구의 질과 깊이 그리고 범위를 심화하고 확대해준다. 하지만 앞서 살펴본 것처럼, 물리적 장소와 디지털의 교차점에서만 로컬리티가 생산되는 것은 아니다. 〈세컨드라이프〉, 메타버스 또는 대규모 멀티플레이어 게임 등의 가상환경에서도 로컬리티가 형성되고 있는데, 이는 새로운 도전 과제다. 이런 종류의 로컬리티 생산에서 알고리즘이 차지하는 비중이 커지고 있지만, 개인의 통제권은 약화되고 있는 것 같다. 연구자는 디지털과 비디지털 연구 툴을 능수능란하게 조합할 때만 현재 진행 중인 로컬리티 (재)생산에서의 변화를 종합적으로 추적하고 분석할 수 있을 것이다.

11장
후기 식민 시기 '원시'의 영상 재현

1) 들어가기

필자는 1989년 가을 독일 프라이부르크 민족지영화제에서 데니스 오루크(Dennis O'Rourke, 1945~2013) 감독의 〈카니발 투어즈(Cannibal Tours)〉(1988)[8]를 보았다. 구매한 팸플릿에서 감독과 영화에 대한 간략한 정보를 처음 접했는데, 호주 출신 감독이 파푸아뉴기니의 관광과 문화를 어떻게 그려낼지 호기심이 일었지만, 당시 민족지영화 경향을 고려해서 그다지 큰 기대는 하지 않았다. 영화가 시작되고 얼마 되지 않아 형식과 내용 그리고 시각이 매우 새로워서 놀랐다. 영화가 끝난 후의 모임에서 다른 사람도 이 영화에 강한 인상을 받았음을 알 수 있었다. 영화에 대한 사람들의 전체적인 인상은 비슷했지만, 각론에서는 다른 부분이 많았다. 영화를 분석

8 영화의 제목 〈카니발 투어즈(Cannibal Tours)〉는 '식인 관광'으로 번역될 수 있지만, 이 글에서는 단어의 미묘한 의미를 살리기 위해 〈카니발 투어즈〉라고 표기한다. 감독, 제작, 촬영: Dennis O'Rourke, 편집: Tim Litchfield, 협력 프로듀서: L. J. Henderson & Chris Owen, 35mm, 컬러, 72분.

하고 싶은 마음은 있었지만, 구하기 어려워 포기했다. 다른 고전 영화들처럼, 이 영화 내용도 상당히 복잡해 치밀하게 분석하지 않으면 인상비평에 머물 가능성이 컸다. 하지만 유튜브 시대가 열리면서 이 영화를 구할 수 있었고, 차분하게 다시 볼 수 있었다.

필자는 이 영화가 상영되기 전인 1988년 1년 동안 쾰른 민족학박물관에서 〈멜라네시아 예술〉 전시기획 수업을 들었는데, 다음 해 이 박물관에서 〈멜라네시아의 원시 예술〉 전시회가 열렸다. 필자는 이 전시회를 준비하면서 세픽(Sepik)강 주변의 아벨람(Abelam)과 야트물(Iatmul)의 '원시 예술(primitive art)'에 관한 다양한 글을 읽을 수 있었고, 소개 패널을 제작했다. 당시 다수 서구인은 세픽강 주변의 원시 미술품에 관심을 가졌고, 유럽과 미국의 상당수 민족학박물관은 아벨람이나 야트물의 '예술품'들을 거의 소장 · 전시하고 있었다. 필자가 읽었던 글의 내용과 〈카니발 투어즈〉가 재현하고 있는 내용 사이에는 커다란 간극이 있었다. 읽었던 글들이 세픽강 주변의 다양한 종족 문화를 '전통적'이고 고정적인 측면에서 접근했지만, 이 영화는 현재적, 혼종적 그리고 복합적 입장에서 담아냈다. 1980년대 중반 문화적 전환 이후 문화를 정적이고, 통일적이며, 단선적으로 재현하는 것에 대한 비판이 있었지만(Jameson, 1998), 이를 반영한 영상물을 찾기란 쉽지 않았다. 이런 의미에서 〈카니발 투어즈〉는 문화영상물 제작자에게 많은 영감을 주었고, 아직도 문화변동, 관광, 탈식민주의 등의 영역에서 교재로 자주 활용되고 있다.

한국에서도 해외여행 자유화 이후 해외 관광객 숫자가 급증하고 있는데, 이들 중 상당수는 이제는 익숙하고 널리 알려진 서구의 볼거리에 등을 돌리고, '진짜' 원주민 문화를 경험하려고 오지로 향하고 있다. 이들 중 일부는 힘든 여행을 마친 후에 자신의 오지 경험을 소셜네트워크에 올리고 있다. 많은 텔레비전 방송국들도 이런 경향을 반영해 오지 원주민의 삶과 문화를 탐사하는 프로그램을 제작 · 방영하고 있다. 하지만 오지 원주민의 삶과 문화를 다룬 이런 영상 콘텐츠에서는 비판적 접근이 거의 없다. 〈카니발 투어즈〉는 원시 원주민과 이들의 삶을 경험하기 위해 떠난 서구 관광객과 현지인 사이의 상호작용을 담고 있다. 이 작품은 한국에서의 원시적 타자에 대한 욕망과 소비 형태를 성찰할 수 있는 단서를 제공한다. 이 글은 〈카니발 투어즈〉에서 재현된 관광객과 현지인 사이의 관계와 방식을 텍스트 분석 방법론과 민족지 방법론을 통해 분석할 것이다.

2) 오루크의 작품세계

생애

오루크는 호주 브리즈번의 작은 시골 마을에서 태어나 어린 시절을 보냈다. 부모가 사업에 실패하자, 그는 가톨릭 기숙학교에 입학해서 중등교육을 받았다. 그의 작품들에 기독교적 가치와 시각이 종종 드러나는데, 이때의 영향과 관련이 있다. 대학에서 2년 정도 인류학을 공부했는데, 학업에 회의를 느끼고 자퇴했다. 그는 1960년대 말 호주와 동남아시아 일대를 여행했는데, 생계를 위해 농부, 세일즈맨, 카우보이, 선원 등의 일을 했다. 그는 저널리스트가 되기로 마음을 먹고, 독학으로 사진 공부를 했다. 하지만 동남아시아를 여행하면서 다큐멘터리영화 제작자가 되기로 마음을 바꾸고, 시드니의 방송국을 무작정 찾아갔다. 그는 정식 교육을 받은 적이 없어서 보조 정원사 자리를 제안받았고, 거기서 일하는 동안 틈틈이 촬영기술을 익혀 촬영기사로 방송국에 정식 취직했다(Lutkehaus,

1989).

오루크는 1974~1979년 파푸아뉴기니에서 다큐멘터리를 제작하면서 원주민에게 영상 촬영기술을 교육했다. 1975년 9월 16일 파푸아뉴기니가 호주로부터 독립하자, 탈식민과 근대 국가의 탄생 과정을 직접 경험했다. 그는 새로운 국가가 탄생하는 과정을 담은 두 편의 영화 〈유미 옛(Yumi Yet)〉, 〈선거(Ileksen)〉를 제작했다. 그는 마셜제도 주민이 미국의 수소폭탄 실험에 실험용 쥐 역할을 했다는 소문을 들고는 피폭 주민을 만나 〈반쪽 인생(Half Life)〉(1985)을 제작했다. 오루크는 이 영화로 국제적인 인사가 되었다. 그의 작품 중에서 〈카니발 투어즈〉(1988)가 학술적으로 가장 높은 평가를 받고 있는데, 이 영화는 다양한 학문 분야에서 부교재로 이용되고 있다.

오루크는 호주 영화산업 발전에 기여한 공로를 인정받아 2005년 돈 더스탄(Don Dustan)상을 받았고, 베를린과 선댄스영화제 등에서도 수상했다. 그가 2013년 갑자기 사망하자, 암스테르담 국제다큐멘터리영화제, 베를린영화제, 런던 현대미술연구소, 샌프란시스코 태평양영화아카이브, 프라이부르크, 로스앤젤레스, 마르세유, 멜버른, 뉴델리, 뉴욕, 싱가포르, 대만 그리고 웁살라 등에서 그의 회고전을 열었는데, 한국에서는 아직 그의 영화들이 제대로 소개되지 않고 있다.

영화 내용

오루크의 〈카니발 투어즈〉는 서구 방문객에 의해 벌어지는 관광의 부정적 모습을 그리고 있다. 이 영화는 부유한 미국과 유럽의 관광객이 '멜라네시아 익스플로러' 크루즈를 타고 세픽강을 여행하는 과정을 추적하고 있다. 서구 관광객은 배 위에서 비키니를 입고 일광욕을 즐기며, 작은 모터보트를 타고 굉음을 내면서 세픽강 주변 마을들을 방문한다. 이들은 끊임없이 마을 사람들을 촬영하고, 주민에게 담배와 향수를 선물하기도 하고, 서로 바보스러운 말을 주고받기도 하며, 현지인의 춤에 환호를 보내고, 현지 관광 수공예품을 구매한다. 카메라는 몇몇 서구 관광객의 말에 초점을 맞춘다. 세 명의 이탈리아 출신 관광객은 파푸아뉴기니의 원시인과 서구 현대인 사이의 차이점을 이야기하는데, 이들 '원시인'은 자연과 조화를 이루는 자기 삶에 만족하면서 산다고 이야기한다. 서구 선교사들은 이들에게 현대적 삶의 방식을 가르칠 필요가 있다고 주장한다. 미국 중년 여자 관광객은 관광으로 인해 진정한 원시미술이 사라지고 있는 것을 애석해하며, 전 세계 곳곳을 여행 중인 중년의 독일 남자는 머리 사냥(headhunting)과 식인풍습에 매료되어 있다. 그는 독일의 식민통치 시기 형성된 스트레오타입으로 서구 문명과 '원시적 타자(primitive Others)'를 비교하면서 서구인이 이들에게 가르칠 것이 많지만, 이들로부터 배울 것도 많다고 이야기한다.

관광객의 카메라 렌즈는 지역 주민들을 계속 촬영하면서 또 다른 차원의 이야기를 만들어낸다. 마을의 한 중년 남자는 서구인 때문에 신성한 전통이 사라진 것을 애석해하고, 자기 조부가 서구인을 처음 만났을 때 이들을 죽은 조상의 환생으로 생각했다는 이야기를 한다. 어떤 중년 여성은 돈이 없어서 비참한 생활을 할 수밖에 없다는 불만을 털어놓으며, 두 명의 소년은 선교사들이 가르쳐준 노래를 하고, 중년 남자는 방문객이 물건은 사지 않고 공짜로 사진만 찍는다고 불만을 토로한다. 전체적으로 본다면, 지역 주민은 관광 때문에 혼란한 삶을 살고 있다.

왜 백인은 이런 지역으로 여행하는가? 이들은 어떻게 여행 경비를 마련하는가? '원시인'인 현지 주민은 실질적 문제와 돈에 관심이 많은데, 서구인은 자신들만의 상상과 스트레오타입으로 이들을 판단하거나 대한다. 이런 의미에서 이 영화는 서구인의 '진짜 원시인'에 대한 욕망과 마을 주민의 모더니즘에 대한 욕망 그리고 부의 불평등으로 벌어지는 갈등을 다룬다. 관객은 몇 달러를 벌기 위해 자신의 문화를 상품으로 내다 팔 수 밖에 없다는 주민의 말에 공감하고, 서구 관광객이 '진짜 원시'를 소비하기 위해 벌이는 행동과 말에 대해서는 당혹감을 느끼게 된다.

〈카니발 투어즈〉는 서구 관광객이 태평양 군도에서 벌이는 행태를 가장 신랄하게 꼬집은 영화로 인정받았는데, 많은 문화 연구자와 영화비평가 그리고 서구 매스미디어는 이 영화를 비중 있게 다루었다. 이 영화는 1988년 (마거릿) 미드영화제에서 처음 선보였으며, 시애틀영화제와 프라이부르크 민족지영화제 등에서도 상영되었다. 〈카니발 투어즈〉는 주로 남태평양 문화, 관광, 식민주의 역사, 후기 식민주의, 영상인류학, 문화변동, 전통과 종족성의 정치 그리고 레크리에이션 경영 등의 연구와 수업에서 활용되고 있다.

3) 〈카니발 투어즈〉 분석

오루크는 대학교에서 정식으로 훈련받은 학자가 아니다. 그는 동남아시아와 남태평양 지역을 여행하면서 다양한 현장경험을 했으며, 거의 독학으로 영상 언어와 제작 기술을 습득했다. 그가 자신의 영화들에 대해 몇 차례 견해를 밝힌 적이 있지만(Lutkehaus, 1989: 426), 제도권 연구자나 영상전문가에게 그의 말은 종종 추상적이고 포괄적이어서 정확히 이해하기 어렵다. 오루크의 말과 글을 토대로 서구 관광객과 세픽 마을 사람들의 재현을 〈카니발 투어즈〉에서 분석한다. 〈카니발 투어즈〉는 문학과 문화인류학으로부터 많은 영향을 받았는데, 《낯선 땅 이방인》과 《어둠의 심연》의 풍자와 우화 방식 그리고 문화인류학의 실증주의 또는 사실주의가 그의 작품 구성에 중요한 역할을 했다.

문학과 풍자

〈카니발 투어즈〉는 코미디영화가 아니지만, 상당히 당혹스러운 장면들을 종종 보여준다. 기본적인 내러티브는 크루즈 관광객과 세픽강 주변의 마을들에 사는 주민들 사이의 일련의 상호작용을 이리저리 추적하는 내용인데, 이 영화에는 발단-전개-위기-해결 같은 구조가 없는 영상 에세이 형식이다. 오루크는 이야기들을 말과 영상 이미지로 전달하는 이야기꾼(raconteur)이라고 자신을 소개했는데, 만일 자기가 한 세기 전에 태어났다면 아마도 수필가나 팸플릿 집필자 또는 소설가가 되었을 것이라고 했다(O'Rourke, 1987).

> "오루크가 하는 일을 지칭하는 데 에세이는 가장 적당한 단어다. 특정 주제를 이야기하기 위해 펜 대신에 카메라와 나그라 녹음기로, 사운드와 이미지들로 담화를 만들어낸다."(Roddick, 1987: 1)

그는 장편 극영화를 제작하는 일에도 관심이 있었지만, '실제 극영화(factual fiction film)' 제작만 했다. 그는 자신이 제작한 영화를 '다큐멘터리'라고 부르지 않고, '실제 극영화'라고 불렀다. 그는 이 형식으로 이야기할 수 있는 주제가 제한적이라고 생각했는데, 미국이 비키니섬에서 행한 수소폭탄 실험이 대표적인 주제다. 이 주제를 다룬 〈반쪽 인생〉의 부제는 '핵시대를 위한 우화(A Parable for the Nuclear Age)'인데, 이 영화는 우화 형식으로 사건의 교훈적이고 이야기적인 측면을 강조했다. 오루크는 〈카니발 투어즈〉에서도 우화와 에세이 형식을 이어가는데, 부유한 외지인이 오지의 원시 공동체에 사는 사람들을 방문하면서 만들어지는 상호 의심과 오해를 풍자적으로 묘사하고 있다. 오루크는 자신의 영화를 다음과 같이 소개하고 있다.

> "〈카니발 투어즈〉는 두 개의 여행이다. 첫 번째는 부자와 부르주아지 관광객이 호화 크루즈를 타고 파푸아뉴기니의 정글 안에 있는 신비로운 세픽강을 올라가는 … 《어둠의 심연(*Heart of Darkness*)》의 패키지 버전이다. (영화의 진짜 텍스트인) 두 번째 여행은 형이상학적인 것이다. 이는 인기 있는 상상 중에서 '타자'의 장소를 발견하려는 시도다. 왜 '문명화된' 사람이 '원시인'을 만나길 원하는지에 대한 진짜 (대부분 무의식적이거나 오해에서 비롯된) 이유를 깨닫게 한다. 상황은 '문명 종점의 이동(shifting terminus of civilization)'인데, 이곳에서 현대적 대중문화는 인간성의 본래적이고 본질적인 측면들에 반하는 것을 추진한다. 서구 문화에서 가치로 통하는 상당 부분이 황량한 믿음으로 드러나는데, 이는 시시하면서 거짓이다." (MacCannell, 1990: 14)

〈카니발 투어즈〉는 "이방인이 낯선 땅을 방문하는 것처럼 낯선 땅에서 이상한 것은 없다"라는 자막으로 시작한다. 오루크는 로버트 하인라인(1907~1988)의 소설 《낯선 땅 이방인》에서 글을 따 이 자막을 만들었다. 또한, 그는 자신의 글에서 밝히고 있듯이, 조지프 콘래드(Joseph Conrad)의 《어둠의 심연》에서도 영향을 받았다. 〈카니발 투어즈〉는 《낯선 땅 이방인》과 《어둠의 심연》에 대한 일종의 오마주다. 1962년 휴고문학상을 받은 《낯선 땅 이방인》은 미국의 대표적인 사이언스픽션 소설인데, 스미스가 화성에서 지구로 귀환한 후 겪는 이야기를 담고 있다. 이 책은 화성인의 눈으로 당대 서구사회의 위선을 풍자적으로 그렸는데, 오루크가 한창 정신적 방황을 하던 1960년대 반문화 운동의 상징이었다. 이 책은 특히 당대의 종교, 정치, 화폐경제, 일부일처제, 죽음에 대한 공포 등과 같은 사회적 제도를 풍자적으로 비판했다. 이 책은 1960년대 화성어 '그록(grok)'을 서구사회에 유행시켰는데, '그록'은 '물을 나누다'라는 뜻이지만, 비유적으로는 '이해하다', '사랑하다' 그리고 '누구와 하나가 되다'를 의미한다. 이 단어는 후에 "다른 사람과 공감함으로써 이해하다"라는 의미로 옥스퍼드 영어사전에도 등재되었다. 이 소설에서 공감은 중요한 개념인데, 하인라인은 소설에서 이를 다음과 같이 기술하고 있다.

> "'공감'은 '완전히 동등하다'라는 뜻입니다. 인간의 상투적인 표현을 사용하자면 그렇습니다. 화성어의 뉘앙스를 살리자면 '이것 때문에 당신보다 내가 마음이 더 아파' 정도가 될까요. 화성인은 우리가 현대 물리학을 통해 어렵사리 배운, 관찰자가 관찰 과정에서 관찰 대상과 서로 영향을 주고받는다는 사실을 본능적으로 아는 것 같습니다. '공감'은 관찰자가 대상을 속속들이 다 이해해서 그 대상의 일부가 된다는 뜻입니다. 완전히 하나가 되어 집단의 경험 속에서 정체성을 잃어버린다는 뜻이죠. 우리가 종교니 철학이니 과학이니 하는 말로 의미하는 거의 모든 것들을 의미합니다. 결국, 앞을 못 보는 사람한테 색깔이 무의미하듯 우리한테 공감이라는 말도 그렇게 무의미합니다."(Heinlein, 2008: 369)

《낯선 땅 이방인》과 마찬가지로 〈카니발 투어즈〉의 핵심 메시지도 서로 다른 문화권(또는 행성) 사람 간의 공감 부재다. 《낯선 땅 이방인》은 종교, 철학 그리고 과학 등과 같은 사회적 제도와 사상이 사람들의 공감 능력 배양에 방해가 되며, 너와 나를 구분하고 차별하는 데 이용되고 있음을 보여준다. 〈카니발 투어즈〉는 서구 관광객과 세픽 마을 주민 사이의 공감이 형성되지 못하는 원인을 서구인의 자민족중심주의에 기반한 스트레오타입에서 찾고 있다.

콘래드는 자신의 아프리카 여행 경험을 바탕으로 《어둠의 심연》을 썼다. 이 책 역시 1960년대 반제국주의 운동의 상징이었는데, 이후 영화 〈지옥의 묵시록〉의 원작으로 유명해졌다. 이 중편소설은 지금도 심리학, 페미니스트 운동 그리고 탈식민주의 비평 등에서 다양하게 이용되고 있다.

콘래드는 이 소설에서 문명과 야만의 구분이 가진 무의미함과 모든 인간에게 깃들어있는 어두운 측면을 집요하게 파헤쳤다. 주인공 말로는 프랑스 증기 여객선을 타고 아프리카 해안을 거쳐 내륙으로 들어가는데, 전설적인 상아 중개상인 커츠를 만나 야만적 관습에 탐닉하는 모습을 보고 혼란에 빠진다. 또한, 그는 프랑스 군함의 무차별 폭격과 흑인 노예에 대한 잔인한 처우, 상아로 한몫 잡으려는 백인 식민주의자들의 무자비한 탐욕도 목격한다. 서구의 도덕과 문명이 실제로는 얼마나 위태롭고 가식적이며, 이것이 사소한 것으로 유지되고 있으며, 인간의 가슴 속에 도사린 야만, 즉 '어둠의 심연'에 의해 얼마나 쉽게 인간 사회가 전복될 수 있는지를 보여준다.

콘래드는 문명인과 야만인(savage) 사이의 차이를 무효화시킴으로써 제국주의와 인종주의에 대한 근본적인 성찰을 요구했다. 《어둠의 심연》이 식민 시기 서구인에 의해 벌어진 서구 문명의 야만성을 고발했다면, 〈카니발 투어즈〉는 후기 식민 시기 서구 부자 여행객들이 벌이는 새로운 형식의 야만과 오만을 그리고 있다. 오루크는 이 두 편의 고전 소설에서 풍자와 우화 형식뿐만 아니라 서구 문화를 비판적으로 접근하고, 평가하는 시선을 전유했다. 하지만 식민 시기와 후기 식민 시기라는 시기적 차이가 존재하고, 문자텍스트와 영상 매체 사이에도 차이점도 존재하므로 오루크는 이 두 작품과는 다른 시선과 방법으로 자신의 영화를 만들었다.

〈카니발 투어즈〉에서 고가의 카메라 장비 가진 관광객이 풀로 엮어 만들거나 나무로 깎아 만든 공예품의 용도를 물어보거나 가격을 흥정하는데, 이들은 싼 가격에 놀라지만 곧 가격을 깎는다. 또한, 이들은 다른 관광객을 부추겨 값을 깎을 것을 조언한다. 미국 관광객은 가격을 깎아 물건을 사고는 거들먹거리며 원주민에게 담배를 권한다. 어떤 중년의 미국 여성은 원시미술에 대한 자신의 식견을 자랑하면서 진짜 전통 수공예품을 사야 한다고 주장하지만, 자신은 정작 동료 관광객처럼 상점에서 관광객용 수공예품을 구매하는 역설적인 행동을 한다. 오루크는 몇몇 마을 주민과 개별적으로 인터뷰하는데, 이들은 서구 관광객을 혼란과 절망이 섞인 감정으로 평가한다. 어떤 사람은 "나는 이들이 호들갑 떨지 않고 (물건 값 — 역주) 지불하기를 원한다"라고 하고, 또 다른 이는 "나는 도시의 대형 상점에서 흥정한 가격으로 물건을 살 수 없다. (…) 나는 처음 요구한 가격으로 셔츠나 바지를 사야 한다"는 말로 서구 관광객의 구매 행태를 비난한다. 마을 노인은 "관광객이 왜 마을로 오는지 이해할 수 없고, 관광객이 사소한 것까지 모두 사진을 찍으면 혼란스럽게 앉아 있다"고 이야기한다.

오루크는 카키색 사파리 옷을 입은 배 나온 중년의 독일 남자를 집중적으로 추적한다. 그는 마을 청년에게 머리 사냥과 식인풍습에 관해 집요하게 물어보는데, 한때 부족 전쟁에서 살해된 희생자를 먹었던 시설물 앞에서 자랑스럽게 증명사진을 찍는다. 그는 고급 카메라로 촬영하면서 틈틈이 소형 녹음기에 이 과정과 인상을 음성으로 기록한다. 그는 독일 식민 시기에 파푸아뉴기니 사람들이 얼마나 행복했는지도 이야기한다. 그는 오루크에게 자신이 '원주민 문화'를 경험하기 위해 지금까지 방문한 15개국을 자랑스럽게 나열하고는 "유럽 영향으로 현지인의 삶이 얼마나 심하게 훼손되었으며, 문화적 정체성을 잃어가고 있는지"를 설명한다. 이 독일 남자 관광객은 독일 식민 시기 통치자나 선교사 그리고 상인이 가졌던 원주민에 대한 부정적 편견이나 스트레오타입이 현재에도 존재하고 있음을 보여준다. 하지만 이 사람은 서구인이 이들과 자신의 부를 나누는 것이 필요하다고 주장하며, 돈을 깎지 않고 수공예품을 구매하고, 원주민과 끊임없이 대화를 나누는 마음씨 좋은 아저씨 모습도 보여준다. 이런 모습은 관객을 적지 않게 혼란스럽게 한다.

영화의 중심 주제 중 하나는 서구인이 현재 급격한 변화의 한 중심에 있는 세픽 마을을 어떻게 이해해야 하는지 전혀 모른다는 점이다. 세픽 사회는 서구문화의 영향으로 크게 변화했지만, 이들 서구인은 이 사회를 태고의 원시성을 간직한 사회로 간주하고 있다. 마을 사람들은 영화 속에서 과거와 현재를 실제적인 용어로 묘사하고 근대화에 강한 욕망을 보이지만, 관광객은 감상적이고 오래된 스트레오타입으로 세픽 사회와 사람들을 이해하려고 한다. 〈카니발 투어즈〉에서 이탈리아 가족 관광객은 세픽 사회에 대해 가장 경악스러운 설명을 한다. 아버지와 남매는 영화에서 세 차례 등장하는데, 이들은 각 장면에서 각기 다른 이야기를 한다. 이들이 세픽 사회에 대해 이야기할수록 자기모순에 더 깊게 빠져든다. 이들이 원주민의 이해관계와 입장을 어설프게 대변할수록 자신들의 우월의식은 더 분명하게 드러난다. 아버지는 "이들의 삶의 방식은 우리의 눈에는 원시적으로 보인다. 하지만 이들은 만족 이상이다. 이들은 기쁘게 산다. 자연은 이들에게 삶에 필요한 것을 제공하고, 이들은 내일을 생각하며 걱정할 필요가 없다"고 하지만 이들의 생각은 마을 주민과의 인터뷰를 통해 얼마나 피상적인지 바로 드러난다.

이 영화에서 마지막 두 번째 장면은 가장 인상적인 것으로 종종 언급된다. 여행이 끝나가는 시점에 모든 서구 관광객은 크루즈 선박에서 파티를 벌인다. 오루크는 모차르트의 현악사중주를 배경음악으로 사용하는데, 몇몇 남자 관광객은 영혼집(sprit house) 외벽에 있는 조상의 마스크를 자기 얼굴에 그리고, 자신들이 '상상한' 원시인의 무시무시한 전사 포즈를 취한 채 춤을 춘다. 영혼집은 세픽 지역에서 중요한 종교적, 사회적 그리고 문화적 기능을 담당한다. 현지인은 죽은 조상이 이곳에 거주한다고 믿으며, 이 안에는 마을의 중요한 종교적 물품들이 보관되어 있다. 건물 외벽은 우주관과 세계관 그리고 마을의 기원 신화 등에 관한 조각과 그림들로 장식되어 있다. 마을과 종족마다 영혼집의 모양과 장식이 다른데, 이 건물이 마을의 위세와 권위를 재현하므로 경쟁적으로 크고 높게 짓는다. 마을의 중요한 결정 사항은 신성한 장소인 이곳에서 결정되는데, 부정하거나 아직 미숙한 여성과 아이 그리고 외부인의 접근은 엄격하게 금지된다. 식민 시기 서구 선교사와 통치자는 우상숭배와 미신이라는 명분으로 대부분의 영혼집을 파괴하도록 강제했다.

크루즈에서의 파티 장면은 느린 동작으로 보이는데, 모차르트의 음악과 함께 묘한 불협화음을 만들어낸다. 이들 관광객의 얼굴은 서로 구분하기 어려운데, 이를 통해 이런 행동과 태도가 일부 서구 관광객의 행태만이 아님을 상징적으로 이야기한다. 이들은 세픽 마을을 방문하지만, 관광객을 위한 기념품 이외에 더 얻어가는 것은 없다. 이들은 마을 사람들과 피상적인 관계만을 유지하면서 자신의 기대치에 부합하는 것만 보고 경험한다. 관광객은 마을의 신성한 종교 전통을 희극화하는 것에 그 어떤 부채 의식이나 죄책감을 느끼지 않는데, 이들에게 '원시' 문화는 단지 유흥과 오락의 대상이다. 오루크는 이 장면에서 다른 문화에 대한 이해와 존경심이 없는 서구인이야말로 자신들이 찾아다닌 '야만인' 또는 얼간이라는 사실을 은유적으로 이야기한다. 하지만 이들 관광객은 식민 시기와 달리 다른 사람과 문화를 직접 억압하거나 착취하지는 않는다는 점에서 차이가 있다. 이런 은밀하고 간접적인 차이와 차별이 후기 식민 시기의 특징 중 하나인데, 이는 인간 사회의 공존과 평화에 위험하기는 마찬가지다.

세픽강 마을을 방문한 서구 관광객에게서만 '원시적 타자'에 대한 판타지가 나타나는 것은 아니다. 대부분 여행자는 변화의 한가운데 있는 원주민 사회를 복합적으로 이해하고, 이들과 소통하기 위해 집을 떠나지는 않는다. 이들은 자기 문화에서 더는 찾을 수 없거나 경험할 수 없는 것을 보려고 한다. 비유적으로 이야기한다면, 이들 관광객은 방문지에서 거칠고 울퉁불퉁하고, 서로 다른 결들이 혼잡하게 겹쳐있는 것을 보고자 하지 않는다. 이들은 대부분 이국적인 사람과 문화로부터 무엇인가 매끄럽고 단순한 결을 찾고자 한다. 관광객이 강박적으로 사진 촬영에 집착하는 것이 이제는 상투적인 행동이 되었으며, 이는 뷰파인더 안에서 세상의 복잡성을 몇몇 시각적인 단서들로 축약하는 것을 의미한다. 이는 매우 낯설고, 불안감을 주는 것으로부터 자기를 격리해서 안정감을 찾는 현대적 제의이기도 하다. 이들은 들쑥날쑥한 모서리를 제외하고, 매끈하게 낭만화된 '진정성'을 포착하려고 하는데, 이런 '진정성'은 우리의 상상 속에만 존재하는 것이다. 세픽강 사람들은 관광객을 위해 악어 춤을 연행하고, 관광객이 던지는 과거의 역사 질문에 답한다. 하지만 이들은 자신들의 진짜 이야기를 하는 것이 아니라 관광객의 기대에 부합하는 내러티브에 빈칸을 채워서 이야기하는 것이다.

오루크는 논픽션과 픽션 영화 사이의 차이를 인정하지 않았는데, 1980년대 중반 이런 생각을 하는 이는 영화계에서 소수였다. 문학의 풍자와 우화 형식에 영향을 받은 〈카니발 투어즈〉는 정통 다큐멘터리 형식을 포기하고, 후기 식민 시기 서구인의 원시적 타자에 대한 낭만적 생각 그리고 이로부터 발생한 소통과 공감 부재 현상을 에세이 풍으로 그려냈다. 이와 같은 독특한 형식은 다수의 문화전문가와 영화비평가의 주목을 받았는데, 이런 형식은 서구 문화를 또 다른 시각에서 바라볼 수 있게 했다. 오루크는 자신의 영화를 허구 영화나 다큐멘터리와 구분하기 위해 〈카니발 투어즈〉를 '실제 극영화'라고 불렀다.

당시 대부분의 비평가는 오루크의 영화들을 다큐멘터리로 간주했는데, 오루크는 자신의 영화가 CBS의 텔레비전 뉴스매거진인 〈60분(60 Minutes)〉나 BBC의 동물 프로그램 또는 교통안전 프로그램과 동일시되는 것을 원치 않았다. 극영화 제작자는 작품을 창작할 때 복합적 표현 형식을 활용하는데, 기존 다큐멘터리영화에서는 이런 영화적 감각을 찾을 수 없다고 오루크는 비판했다(O'Rourke, 1999: 12). 오루크는 복잡하고 미묘한 느낌과 경험을 표현하기 위해 복합적 표현 형식을 사용했는데,《낯선 땅 이방인》과《어둠의 심연》은 그에게 풍자와 문화(문명) 비판에 상상력을 제공했다. 오루크도 인간은 상황에 따라 언제든지 문명이라는 옷을 벗어버리고 폭력과 야만의 상태로 돌아갈 수 있음을 세픽강 마을에서 벌어진 관광을 통해 풍자적이고 종합적으로 담아냈고, 이와 같은 현상이 단지 현재 세픽강 주변에서만 벌어지고 있는 것만이 아님을 암시했다.

인류학과 자기현시

문화인류학자들이 오루크 영화들의 형식과 내용에 가장 많은 관심을 보였는데, 이는 그가 한때 인류학을 전공했기 때문만이 아니다. 그가 제작한 영화에는 기존 민족지가 간과한 부분들이 담겨있다(O'Rourke, 1997: 32-47). 오루크는 주로 동남아시아와 멜라네시아에 관한 영화들을 제작했는데, 그의 영화에는 후기 식민 시기를 살아가는 다양한 삶의 모습이 풍부하게 담겨있다. 그는 특히 후기 식민 시기에 문화 간 접촉 과정과 이로 인한 사회변화에 초점을 맞추었다. 코헨은 〈카니발 투어즈〉를 모더니티 민족지의 영화 버전이라고 불렀는데(Cohen, 1988a), 당시 대부분의 민족지는 원주민과 관광객 사이의 관계를 복합적이지만 완곡하게 표현했다. 이에 반해 오루크의 영화는 모더니티 시각에서 매우 직접적으로 관광을 공격하고 있는데, 이런 태도는 당시 인류학 흐름과는 다르다.

후기 식민 상황에서 관광이라는 주제는 문화 간의 접촉을 넘어서는 복합적인 사회 행위다. 상당수 학자는 〈카니발 투어즈〉 이전에 서구인이 가진 '원시적 타자' 또는 원주민 문화에 대한 표상을 연구했다. 왜 서구인은 이들 '원시적 타자'를 낭만화하고, 이상화하는지를 연구했다. 맥캐널은 이런 현상을 서구인이 자신의 문명 때문에 소외된 것을 극복하기 위한 해결책으로 해석하는데, 이는 원시적 타자가 되려는 서구인의 욕망을 억제하는 역할을 한다고 했다. 또한, 이런 종류의 관광은 서구인이 자신의 변별성과 우월함을 재확인하는 기회이며, 서구 문화의 주도권을 후기 식민주의 세계에서도 확인받는 기제라고도 했다(MacCannell, 1976). 다른 학자들은 이국적이고 원시적인 타자에 대한 학문 세계에서의 열정을 통시적으로 고찰했는데, 서구 관광객, 인류학자 또는 영화제작자들이 어떻게 '이국적' 사람들을 대상화하는 특권을 획득하고, 이를 누리는 과정 그리고 이것이 이들의 저작이나 영화 속에서 어떻게 나타나고 있는지를 보여주었다(Stam, 2009).

오루크는 이들과 약간 다른 결에서 '원시적 타자'에 대한 문제에 접근했다. 그는 영화를 제작하기에 앞서 오랜 기간 참여관찰을 한다는 점에서 인류학적이지만, 민족지 영화제작 방법론 대신에 논픽션 영화의 영상 문법을 이용해서 다양한 실험을 했다(Cohen, 1987). 그의 영화는 당시 민족지영화가 추구하던 신조(credo)에 도전했는데, 당시 '사실주의적' 또는 '실증주의적' 민족지에 대항하던 실험적 민족지와 그 궤를 같이한다. 오루크는 당시의 저널리즘에 대해서도 비판적인 태도를 견지했는데, 이는 대부분의 저널리즘이 사람을 추악하게 느끼게 하거나, 거북하게 만드는 진짜 진실과 직면하는 것을 피한다고 생각했기 때문이다. 그는 저널리즘이 유포하는 이야기를 '공식적 스토리텔링'이라고 했는데(O'Rourke, 1997: 44), 자신은 이와는 다른 결의 이야기를 하고자 했다.

영국 시인 콜리지(Samuel Taylor Coleridge, 1772~1834)는 "종합적인 진실의 빛을 보지 않는다면 단지 사실 자체만은 얼마나 비루한가"라는 말을 했는데, 오루크는 이 말을 토대로 저널리즘이나 인류학에서 한 걸음 더 나아간 재현을 주장했다. 오루크는 "어떤 진실인가?"에 초점을 맞추었는데, 그는 "나의 진실이 있고, 너의 진실이 있다. 누구나 자신만의 진실을 가지고 있다"는 말을 좋아했다. 오루크는 다수가 믿고 있는 진실이 아니라 각자가 가지고 있는 진실을 드러내어 사건의 복잡성을 보여주고, 각자의 사유를 촉발하고자 했는데, 이런 생각은 〈카니발 투어즈〉에서 중심축을 이루고 있다. 그는 〈콘투섬의 상어 호출꾼(The Shark Callers of Kontu)〉(1982)이나 〈반쪽 인생〉을 제작할 당시 인류학 방법론을 대폭 활용했다. 우선 장기간 현지조사하면 어떤 아이디어나 느낌 또는 개념이 떠오른다. 조명이 꺼지면서 영화가 시작되는 것처럼, 그의 머릿속에서는 다른 모든 것이 차단되면서 영화를 다음과 같은 과정을 거쳐 구상했다. '나에게 이 영화는 무엇을 의미하는가, 등장인물은 어떻게 할 것인가 그리고 관객은 이 영화를 어떻게 받아들일까?' 등을 자신에게 질문했다. 주제와 관련된 자료들을 다시 찾아보고, 이를 아이디어와 다시 연결하려고 했으며, 이런 추상적이고 포괄적인 질문에 어느 정도 해답이 떠오르면 그는 영화 제작에 돌입했다(Lutkehaus, & O'Rourke, 1989: 435).

하지만 오루크는 〈카니발 투어즈〉를 이런 방식으로 제작하지 않았다. 그는 1983년 세픽강의 안고람(Angoram) 마을을 방문했는데, 강에는 커다란 유람선이 떠 있고, 서구의 부유한 관광객이 여기저기 다니면서 공예품을 흥정하는 모습을 보았다. 그는 이 모습을 부유한 서구인과 가난한 파푸아뉴기니인 사이의 갈등을 보여주는 초현실적 순간이라고 생각했다. 그는 나중에 이 모습을 언젠가 사용할 수 있다고 생각하고는 무작정 촬영했다(Silverman, 2012). 그는 〈카니발 투어즈〉를 제작할 때 스크립트나 콘티 없이 단지 A4 한 장 정도의 메모를 가지고 촬영을 시작했다. 그는 영화에서 다룰 내용을 자신이 미리 알 수 있다면 그 영화는 죽은 것이라고 생각했다. 그는 〈카니발 투어즈〉에서 자신이 미리 알 수 있거나 상상할 수 있는 내용을 영화에서 제외했다. 하지만 그는 호주 정부가 위탁한 영화들을 제작했기 때문에 1987년까지 이 영화 제작 방식을 사용할 수 없었다.

〈카니발 투어즈〉에서의 새로운 시도는 서구인과 '원시적 타자'의 실제적 만남을 영화의 중심축으로 삼은 것인데, 이런 시선의 전환 덕분에 문화 간의 접촉을 새로운 시선에서 접근할 수 있었다. 또한, 그는 관객에게 전달하기 위해 새로운 내러티브를 사용했다. 이전의 영화에서 오루크는 거리를 두고 관찰하는 방식을 취했는데, 〈카니발 투어즈〉에서는 자신의 존재를 의식적으로 드러내어 자신도 영화 속의 등장인물 중 하나가 되었다. 이런 변화는 당시 변화한 민족지 기술 방법과 궤를 같이하는데, 인류학에서는 이를 '자기성찰성(self reflectivity)'이라고 불렀다(Ruby, 1980).

인류학자들은 1980년대 중반의 '문화적 전환' 이후 자신의 존재가 현장 상황을 변화시킨다는 사실을 심각하게 받아들이기 시작했으며, 지식의 구성적 측면에 대해서도 주목하기 시작했다. 이들 중 몇몇은 자신의 지식이 구성되는 과정과 맥락을 민족지에서 실제로 제시했다. 이후 인류학자들은 텍스트 안에서 지식의 구성적 측면을 부각하기 위해 성찰적 방법론을 사용했다. 이들 연구자는 당시 대부분의 사실주의적 민족지들에서 나타나는 전지전능하고 권위적인 목소리의 특징을 버렸다(Clifford, 1982). 〈카니발 투어즈〉를 제작할 당시, 오루크도 논증을 통해 서구 문화와 권력이 다른 사회에 어떤 영향을 끼치고 있는지를 보여주는 방식을 지양하고, 서구인과 원주민 사이에 벌어지는 담론을 더 자세하게 드러내는 것에 관심을 가졌는데, 이런 맥락에서 〈카니발 투어즈〉는 어느 정도 자기성찰적 영화라고 할 수 있다.

오루크는 자신의 영화적 실천 또는 양식을 '자기성찰성' 또는 '성찰성' 대신에 "자신의 현시(the revelation of the self)" 또는 "영화제작자의 공모(the complicity of the filmmaker)"라고 불렀다(Lutkehaus & O'Rourke, 1989: 427). 오루크는 자신을 무신론자라고 말하지만, 그의 세계관이나 작품세계에서 기독교는 중요한 역할을 했다. 그는 오직 신만이 자기성찰을 할 수 있으며, 인간은 자기성찰 능력이 없다고 생각했는데, 인간은 복잡하게 얽힌 사건을 신처럼 종합적이고 가치중립적으로 인식할 수 있는 능력을 갖추지 못하고 있기 때문이다. 따라서 그는 지식의 구성성과 복잡성을 제시함으로써 각자 나름대로 진실을 구축해나가도록 도와주는 것이 자신의 역할이라고 생각했다. 바로 이 지점에서 그는 당시 인류학과 궤를 달리한다. 당시 과학으로서의 인류학은 인간의 이성과 지식을 통해 문화들을 객관적으로 분석하고 이해할 수 있으며, 이를 모든 사람이 납득할 수 있게 재현할 수 있다는 자신감에 차 있었다(Jameson, 1998). 하지만 오루크는 이를 인간의 자기오만으로 생각했고, 그 대신에 인간의 약점과 한계를 극복할 수 있는 새로운 내러티브 구성에 관심을 가졌다.

오루크에 의하면 서구 관광객이 진짜로 세픽 지역에 사는 사람들의 문화를 이해하기 위해서는 우선 느긋해져야 하며, 명백하게 보이는 것 너머의 것을 보려고 해야 하며, 긴밀한 만남을 통해 이들의 다양한 이야기들을 실시간으로 들어야 한다(Lutkehaus & O'Rourke, 1989: 429). 관객이 〈카니발 투어즈〉에서 강한 힘을 느끼는 지점은 서구 관광객과 마을 주민의 '피상적인' 상호작용이 아니라 마을 주민들이 자신에 관해 이야기하는 부분이다. 서구인 대부분은 세픽 마을을 외부 문명(또는 문화)과 완전히 차단된 채 주어진 자연환경 속에서 조화롭게 살아가는 원시인으로 생각하고 있다. 많은 관광객은 이런 모습을 보기 위해 비싼 돈을 내고 크루즈 선박을 타고 오지로 여행을 온다. 하지만 그의 영화는 이곳에서도 라디오로 전 세계 뉴스를 들을 수 있다는 사실을 영화 초반에 보여주는데, 이는 이 외딴 세픽 지역도 서구 등의 외부 세계와 영향을 주고받으며, 이들 주민은 서구식 근대화에 대한 강한 욕망이 있다는 점을 암시한다.

또한, 세픽 주변 마을 사람들 사이에도 — 서구사회에서와 마찬가지로 — 세대 간 차이가 존재하며, 주민들에 따라 근대화에 대한 욕망도 각기 다르며, 이 사회에도 사람들 간에 다양성이 존재한다. 어느 남자는 왜 관광객이 사진 촬영에 그리 열광하는지 이해할 수 없다고 이야기하면서도 자기 아들이 도시에서 보낸 사진엽서 이야기를 한다. 이 아이는 도시에서 학교에 다니고 있다. "우리 아이들도 그들 마을에 산다. 아이들이 집에 보내기 위해 (사진엽서를 — 역주) 산다. 내 아이도 나에게 한 장을 보내왔다"고 이야기하는데, 관객은 그의 이중적인 태도에 적지 않은 혼란에 느끼게 된다. 마을 사람들의 복잡성은 베텔(betel)을 씹는 여인에서도 나타난다. 그녀는 서구 관광객이 얼마나 인색하게 구는지를 신랄하게 비판하는데, 이 모습을 본 다른 여자는 "목소리를 낮춰라", "공손해라", "말하기 전에 생각하라"는 조언을 한다. 이처럼 〈카니발 투어즈〉는 주민들의 이야기를 통해 중층성과 다양성 그리고 복잡성을 보여주고, 이는 우리가 가지고 있는 원시인에 대한 스트레오타입을 해체하고, 혼란으로 몰아간다.

인류학자들도 현지에서 원주민 문화를 조사할 때 행위자들의 다양성과 복잡성을 경험하고, 이에 대해 혼란을 느낀다. 하지만 이들은 이런 점들을 무시하거나 깎아내고, 이들과 다른 부분들을 자신이 생각하는 이론이나 사고 틀에 맞추어 민족지를 작성한다. 이 과정에서 연구대상이 된 사회는 매끈하고 통일적인 모습으로 탄생하는데, 오루크는 이 장면으로 이런 문화인류학자의 태도를 암시적으로 비판하고 있다. 이 점은 전 세계에서 제작되는 대부분의 텔레비전 프로그램에도 해당한다. 오루크는 자신의 영화가 민족지영화가 아니라고 분명하게 이야기했는데(O'Rourke, 1999: 19), 이는 저널리즘처럼 공식적 진실을 이야기하는 것으로 생각했기 때문이다.

민족지영화에서 성찰성 자체는 완전히 새로운 것은 아니지만, 오루크 영화에서 새로운 점은 질과 매너 또는 담화의 양식에 있다. 이런 특징은 그의 영화에서 영화제작자인 오루크의 존재를 통해 나타난다. 이 영화는 관광객과 주민들의 상호작용에 초점을 맞추고 있는데, 오루크는 여기에 개입한다. 서구 관광객과 마을 주민은 카메라 앞에서 서로 이야기를 주고받는데, 오루크는 종종 여기에 개입해 상황을 변화시킨다. 관광객이나 주민은 카메라를 향해 예상치 못한 대답 또는 반응을 보인다. 또한, 관객은 촬영하는 오루크의 손이나 팔뿐만 아니라 카메라를 어깨에 메고 촬영하는 모습도 창유리를 통해 볼 수 있다. 그는 피사체와 영화제작자 사이의 관계를 관객에게 보여줌으로써 이 영화는 구성된 이미지일 뿐만 아니라 영화제작자가 이런 과정에 통제권 또는 영향을 행사하고 있음을 알리고 있다.

〈카니발 투어즈〉와 당시 민족지영화들은 맥락정보 제공 측면에서 상당히 다른 결을 보여준다. 당시 민족지영화는 검증 가능성을 중시해 영화와 관련된 모든 정보를 관객에게 투명하게 제공하는 것을 원칙으로 삼았다. 영화 속 등장인물, 제작 환경과 조건, 제작 장비 그리고 정보제공자 등에 대한 정보를 모두 공개했으며, 이를 학자의 의무라고 생각했다. 하지만 오루크는 〈카니발 투어즈〉에서 상당 부분 이를 무시했는데, 이는 인류학과는 다른 인식론과 목적 때문이다. 오루크는 〈카니발 투어즈〉에서 자신의 형이상학적 문제의식을 드러내고, 관객과의 소통을 위해 또 다른 내러티브를 사용했다. 관객은 영화를 보는 동안 지구상의 어느 오지 마을에서 이 영화가 촬영된 것임을 추정할 수 있지만, 정확히 알 수는 없다. 영화가 끝나면서 엔딩 크레딧은 18개 마을에서 촬영되었다는 점을 알려주지만, 관객이 구체적으로 마을을 구분하기란 불가능하다. 또한, 등장인물의 이름과 직업 그리고 나이 등을 알려주는 정보도 없다. 관객은 단지 서구인이 익명의 마을 주민과 연속적으로 만나는 모습만 볼 수 있을 따름이다. 또한, 관객은 이런 짧은 만남 이외에 또 다른 어떤 일이 벌어졌는지 알 수 없으며, 영화 속 장면이 한 마을에서 일어난 일인지, 아니면 몇 년 동안 기록한 것을 이어붙인 것인지도 알 수 없다.

관객이 이 영화에서 혼란을 느끼는 또 다른 이유는 보이스오버 해설이 없기 때문이다. 오루크는 당시 저널리즘이나 다큐멘터리영화 제작에서 하나의 표준으로 정착된 보이스오버 해설에 비판적이었다. 그는 이런 해설이 영화 속 내용이 충분한 조사와 분석을 거쳐 만들어졌으며, 현재 다루고 있는 내용이 진실이라는 확신을 관객에게 준다고 생각했다. 그는 전지적 시점에서의 이해는 신의 영역이고, 인간은 이런 이해에 도달할 수 없다고 생각해서 보이스오버 해설을 포기했다(O'Rourke, 1987: 56). 오루크는 자신이 현장에서 본 것 그리고 이 상황들이 만들어지는 과정을 보여줌으로써 관객 스스로 오루크의 영화가 제한적인 진실만을 재현하고 있다는 사실을 깨닫길 원했다. 실제로 보이스오버 해설이 없어서 관객은 서구 관광객과 마을 주민들 사이에 벌어지는 행동을 어떻게 받아들여야 할지 어려워하는데, 이는 우리의 인식 능력의 한계와 무지를 일깨운다. 권위적 해설의 부재는 본 것을 어떻게 받아들여야 할지 고민하게 만들며, 관광객의 무례하고 과장된 행동에 집중하게 하며, 이들의 행동에 당혹감을 느끼게 한다.

대부분의 문화인류학자 또는 영화제작자는 현장에서 보고 경험한 것의 의미를 제대로 모두 파악할 수 없다. 하지만 여행작가, 다큐멘터리

영화제작자, 민족학자들은 여행의 상황에서 무엇을 기록하고 보고할 의무감을 가지고 있어서 무리하게 해석하고 이를 그럴듯하게 재현하는 경향이 있다. 이들 중 일부는 천천히 여행하면서 자신의 고유한 내러티브로 어렵게 얻은 내적 통찰력을 기반으로 얻은 진실을 이야기하려고 하지만, 이들의 숫자는 적다. 여행자 또는 관광객은 이들보다 더 피상적이고 방향감각 없이 사람이나 문화를 대하는 경향이 있는데, 이런 의미에서 이들은 단지 소비자이며, 애호가일 따름이다. 이들은 영원한 외부자로서 사진과 선물 모으는 일에 관심을 가지만, 진지하게 세상을 기록하고 해석하는 것에는 무심하다.

〈카니발 투어즈〉의 초반에 등장하는 눈 큰 소년은 담장 너머로 오루크의 카메라를 응시하는데, 모차르트 음악이 배경음악으로 들린다. 이 클로즈업 장면은 상당히 길게 이어지는데, 이 소년의 눈에는 호기심과 수줍음이 모두 담겨 있다. 서구 관광객이 마을 사람들에게 카메라를 무례하게 들이대는 것처럼, 오루크의 카메라도 이 소년과 공감대를 형성하지 않은 상태에서 촬영한다. 오루크는 이 장면에서 자신과 관광객의 카메라가 본질적으로 다르지 않으며, 자신의 시각 또는 해석도 서구의 스트레오타입으로부터 자유롭지 않다는 사실을 고백한다. 또한, 베텔을 씹으면서 서구 관광객에 대해 강한 불만을 토로하던 여인이 갑자기 오루크를 향해 “당신 백인! 당신들이 모든 돈을 가지고 있다”고 비난하는데, 오루크는 이 장면에서 자신과 서구 관광객 사이에 질적인 차이가 없음을 고백한다.

오루크는 기존의 문화인류학자들이 보여준 한계를 인식했지만, 스스로 대안적 해석을 제시하지 않았다. 그는 수많은 진실이 세상에 존재하고 있는데, 이 진실들을 종합하더라도 문화인류학이 추구하는 객관적이고 보편적인 인식에 도달할 수 있다고 생각하지 않았다. 이는 서구인이 상상하는 신의 영역이고, ‘원죄’를 가진 인간이 도달할 수 있는 영역이 아니기 때문이다. 한계를 가진 인간은 이를 어떻게 극복할 수 있을까? 차근차근 각자 가진 진실들을 드러내고, 이것이 어떻게 만들어졌으며, 이것이 가지고 있는 사회적 · 문화적 함의는 무엇이고, 실제로 이것이 어떻게 다양하게 발현되고 상호작용하는지를 다각적으로 관찰하고, 이에 대해 사유를 유도하는 것이 필요하다. 이를 통해 '제3의 진실'이 발견될 수 있는데, 이런 과정을 도와주는 것이 영화제작자인 오루크의 임무였다(O'Rourke, 1999: 21). 오루크는 이를 위해 느린 접근과 열린 마음 그리고 자아정체성의 한계를 인식하고 대상과 하나가 되는 공감을 주장했다. 그는 바로 이 지점에서 당시 과학적 학문이 되고자 했던 인류학과 다른 길을 걸었고, 오루크는 이런 결별을 통해 자신만의 독특한 영화 세계를 구축했다.

4) 나가며

신식민주의 시대에 서구 관광객에게 '원시적 타자'는 주술적 의미가 있다. '원시적 타자들'이나 원주민이 외떨어진 곳에서 고립되어 살 때 '순진한' 관광객은 이들의 이국적인 삶과 문화에 매료된다. 이들은 자민족 중심주의에 기초해 상대편을 이해하므로 서구 문화와 원주민 문화 사이에 긴장과 갈등이 형성된다. 이때 몇몇 사람은 현지인과의 소통과 대화를 통해 매력적으로 치장된 관광 상품을 탈신화화하려고 하지만, 다른 이들은 이런 경험을 디즈니랜드 공연처럼 스펙터클로 소비한다. 오루크는 서구의 관광객과 세픽 마을 주민 사이의 문화 관계를 소비주의, 식민주의, 모더니즘, 스트레오타입 그리고 문화의 세계화 측면에서 풍자하고 있다. "낯선 나라에 낯선 것이 없는데", 이방인들은 이를 보고 경험하기 위해 낯선 나라를 방문한다. 오루크의 영화에는 해설이 없는데, 이는 두 개의 문화가 상호작용하면서 형성되는 의미들을 더 잘 보여주기 위해서다. 서구 관광객과 마을 주민은 서로에 대해 거의 알지 못하고, 서로를 의심하기도 하는데, 이는 관광의 상업적 착취가 아니라 자민족중심주의 때문이다.

서구 관광객은 거친 수전노이며, 끊임없이 '원시 문화'와 '원시적 타자'를 카메라로 담는데, 이들의 분별력 없는 관음증은 종종 마을 사람을 불안하게 만든다. 이런 모습은 동물원의 매력과 유사한데, 스탬은 "동물원은 온정주의로 포장된 부르주아로부터 자양분을 공급받는다"라고 했다(Stam, 2009: 756). 오루크는 관광객의 거들먹거림, 무지한 소비주의와 관음증 그리고 진정한 대화의 부재를 계속 보여준다. 어떤 관광객은 사진 촬영하기 전에 원주민의 머리와 옷을 만지며, 다른 관광객은 어떤 감정적 교류도 없는 상태에서 나체의 아이들과 사진을 찍는다. 이 영화에서 세픽 주민에게 일말의 존경심을 가진 외부 침입자는 여러 언어를 말할 줄 아는 독일인인데, 관광객과 원주민 사이에서 가교역할을 하려고 한다. 그는 지역 토산품의 정교함 가치를 알아볼 줄 알며, 다른 관광객과는 달리 원주민이 부르는 가격을 흥정하지 않고 지불한다.

서구 문화는 세계 곳곳에 침투했지만, 이들 관광객은 서구 문화와 경제 시스템이 아주 외딴 세픽 마을을 크게 변화시켰고, 이곳 주민도 거대한 글로벌 상업 네트워크에서 한 역할을 담당한다는 사실을 애써 외면하고 있다. 원주민도 — 서구 자본가와 마찬가지로 — 관광객에게 자신이 만든 물건을 팔고, 신성한 영혼집을 관광객에게 개방해 돈을 번다. 지난 세기 초 서구 선교사들은 파푸아뉴기니의 종교를 미신으로 낙인찍고, 영혼집과 전통문화를 파괴하도록 강제했다. 관광객이 몰려들자 지역민은 영혼집을 새로 짓고 그 안에 새로 만든 신성한 물건들을 배치했는데, 관광객이 가장 선호하는 방문 장소는 영혼집이다. 관광객은 여기서 진짜

'원시'를 발견하고, 약간의 돈을 지불하고 사진을 찍는다. 이렇게 촬영된 사진은 '원시'를 포착한 귀중한 가치를 갖게 되지만, "서구인이 왜 사진을 찍는지 모르겠다"는 마을 주민의 말은 이런 사진의 가치를 전복한다.

서구인과 세픽 마을 사람들 사이에는 경제적 가치를 둘러싸고도 차이가 존재한다. 마을 사람들은 자신의 문화를 최대한 많이 팔아서 돈 버는 것에, 서구 관광객은 낯선 곳에 가서 이국적인 경험을 최대한 하는 것에 관심이 있다. 이런 차이는 이들의 행동과 목적에서도 나타난다. 서구 관광객은 자신이 경험한 낯선 것들을 고향 사람들 앞에서 사진으로 증명하고, 자랑하고 싶어 한다. 원주민은 생존하기 위해 서구인에게 자신과 문화를 팔기 위해 '쇼' 또는 스펙터클을 연기해야 하는데, 이 행위는 자신의 가난과 빈곤을 극복할 수 있는 거의 유일한 가능성이다. 서구 관광객과 마을 주민은 서로 다른 가치와 욕망을 품고 있지만, 공통적인 부분도 있다. 마을 주민도 돈 많이 벌어서 크루즈 선박을 타고 세상 구경을 하고 싶어 하고, 좋은 옷을 입고 싶어 하며, 자식에게 좋은 교육을 해주고 싶어 한다.

오루크가 영화에서 선보인 흥미로운 시각은 세픽 마을 주민들이 자발적으로 자신들의 집과 마을 그리고 신성한 장소를 '착취자'인 서구 관광객에게 개방했다는 점이다. 이런 사실은 이들 주민이 관광객과의 만남에서 어떤 역할을 수행해야 하는지 정확히 알고 있다는 사실을 알려준다. 관광객과 주민 모두 경제적 · 문화적 교환을 통해 서로 이득을 취할 수 있다는 사실을 잘 알고 있는데, 이는 관광이 그 어느 쪽의 일방적인 착취가 아니라 상당 부분 호혜적 관계라는 사실을 보여준다. 관광이 끝나자 서구 관광객은 다시 호화유람선으로 돌아가고, 원주민은 자신들의 빈곤을 더는 한탄하지 않는다. 관광은 서구 관광객과 마을 주민 모두에게 심각한 해를 남기지는 않지만, 소통과 이해는 이루어지지 않는다.

맥캐널은 원주민을 "과거 원시인들(ex-primitives)"이라고 불렀는데, 이는 모더니티의 보편적 드라마에서 원시인의 역할을 하는 사람과 현대 서구인 사이에 진정한 차이가 없기 때문이다(MacCannell, 1992: 34). 많은 서구 관광객이 과거 식인풍습이 행해졌던 마을로 모여들지만, 마을 노인은 "과거에 식인풍습이 있었지만, 서구인이 식민통치 시기와 제2차 세계대전 동안 벌인 대규모 학살 행위가 진짜 식인 행위"라고 이야기한다. 그의 말은 관객을 혼란 속으로 밀어 넣고, 식인풍습에 대해 재사유하도록 촉구한다. 리처드 C. 킹은 인간의 살점을 먹는 대신에 비대칭적 · 문화적 착취와 소비를 "신 식인풍습(neo-cannibalism)"이라고 불렀다(King, 2000: 113). 신 식인풍습은 권력과 통제를 기반으로 하는 자본주의로부터 추동력을 얻는데, 이는 문화적 차이를 무화시키고, 당사자들을 비인간화할 뿐만 아니라 우월감에 젖은 자민족중심주의를 강화한다.

스탬과 스펜서는 "종합적 다문화 방법론"의 필요성을 주장했는데, 이는 재현과 리얼리티 사이의 개입에 각별한 관심을 기울이는 것을 의미한다(Silverman, 2013: 223). 오루크의 〈카니발 투어즈〉는 "종합적 다문화 방법론"을 기반으로 제작되었는데, 이는 영화의 의미가 해석하는 행위와 분리될 수 없기 때문이다. 모든 관객의 해석은 영화제작자의 의도와 마찬가지로 객관화될 수 없고, 중립적이지 않으며, 편견은 존재할 수밖에 없다. 또한, 관광은 단지 소비 행위만이 아니라 자신을 내미는 행동인데, 이는 접촉을 의미하며, 접촉은 어떤 식으로든지 간의 대화를 수반할 수밖에 없다. 타자에 대해 윤리적으로 각성하려면 문화적 공손함 또는 존중이 수반되어야 한다. 우리는 '식인 충동'에 휩싸여서 타자를 소비하기에 앞서 장단기의 문화 간 대화 창구를 만들고, 다문화적 방언으로 이야기하는 방법을 배워야 한다. 〈카니발 투어즈〉는 문화 간의 커뮤니케이션과 공감의 부재를 드러내고 우리 안에 자리하고 있는 편견과 오해를 해체함으로써 이런 필요성을 다시 강조한다.

참고문헌

레나토 로살도.《문화와 진리》. 권숙인 옮김. 아카넷, 2000.

로버트 하인라인.《낯선 땅 이방인》. 장호연 옮김. 마티, 2008.

마빈 해리스.《문화의 수수께끼》. 박종렬 옮김. 한길사, 2017.

_____.《음식문화의 수수께끼》. 서진영 옮김. 한길사, 2018.

메리 더글러스.《순수와 위험》. 유제분 · 이훈상 옮김. 현대미학사, 1997.

미셸 푸코.《성의 역사》. 문경자 · 신은영 옮김. 나남출판, 1990.

에드워드 사이드.《오리엔탈리즘》, 박홍규 옮김. 교보문고, 2015.

조지프 콘래드.《어둠의 심연》, 이석구 옮김. 을유문화사, 2008.

클로드 레비스트로스.《야생의 사고》, 안정남 옮김. 한길사, 1996.

클리포드 기어츠.《문화의 해석》, 문옥표 옮김. 까치, 2009.

Akin, D. & Robbins, J. (1999). Money and Modernity: State and Local Currencies in Melanesia. *Association for Social Anthropology in Oceania Monograph,* 17, 255-272, Pittburgh: University of Pittsburgh Press.

Alexander, J. (1988). The New Theoretical Movement, In N. J. Smelser, *Handbook of Sociology,* 77-101, CA: Beverly Hills, Sage Publications.

Appadurai, A. (Ed.) (1986), *The Social Life of Things: Commodities in Cultural Perspective,* Cambridge: Cambridge University Press.

_____. (1991). Global Ethnoscapes, In Richard Fox (Ed.), *Recapturing Anthropology,* 191-210, Santa Fe: School of American Research Press.

_____. (1995). The Production of Locality, In R. Fardon (Ed.), *Counterworks: Managing the Diversity of Knowledge,* 204-225, London and New York: Routledge.

_____. (1996). *Modernity at Large: Cultural Dimensions of Globalization*. MN: University of Minnesota Press.

Ardévol, E. (2012). Virtual/Visual Ethnography. *Advances in Visual Methodology*, 74-94.

Asad, T. (Ed.) (1973). *Anthropology & the Colonial Encounter*. Vol. 6, London: Ithaca Press.

Bahia, J. (2005). O uso da fotografia na pesquisa de campo. *Revista Vivencia,* 29, 349-360.

Banks, M. (2001). *Visual Methods in Social Research*. London: Sage.

Banks, M. & Morphy, H. (Eds.) (1997). *Rethinking Visual Anthropology*. CT: Yale University Press.

Baran, M. D. (2007). "Girl, You Are Not Morena. We Are Negras!": Questioning the Concept of "Race" in Southern Bahia, Brazil. *Ethos,* 35(3), 383-409.

Barendregt, B. (2012). Diverse Digital Worlds. In H. A. Horst & D. Miller(Eds.), *Digital Anthropology,* 203-224, Oxford & New York: Berg.

Barthes, R. (1981). *Camera Lucida: Reflections on Photography*. New York: Macmillan.

Bartlett, L. (2007). Literacy, Speech and Shame: The Cultural Politics of Literacy and Language in Brazil. *International Journal of Qualitative Studies in Education,* 20(5), 547-563.

Bateson, G. & Mead, M. (1942). *Balinese Character: A Photographic Analysis*. New York: New York Academy of Sciences.

Bayerdörfer, H. P. & Dietz B. & Heidermann, F. & Hempel, P. (Eds.) (2007). *Bilder des Fremden. Mediale Inszenierung von Alterität in 19. Jahrhundert*. Berlin: Lit.

Baym, N. K. (1999). *Tune In, Log Out: Soaps, Fandom, and Online Community*. CA: Sage.

_____. (2010). *Personal Connections in the Digital Age*. Cambridge: Polity.

Bell, G. (2011). Unpacking Cars: Doing Anthropology at Intel. *AnthroNotes: Museum of Natural History Publication for Educators*, 32(2), 1-6.

Bell, G. & Dourish, P. (2012). *Divining a Digital Future*. MA: MIT Press.

Berger, J. (1977). *Ways of Seeing*. New York: Penguin.

Bijsterveld, K. (2008). *Mechanical sound: Technology, Culture, and Public Problems of Noise in the Twentieth Century*. MIT Press.

Boellstorff, T. (2008). *Coming of Age in Second Life: An Anthropologist Explores the Virtually Human*. NJ: Princeton University Press.

_____. (2012). Rethinking Digital Anthropology. In D. Miller & H. Horst (Eds.), *Digital Anthropology*. 39-60, Oxford: Berg.

Boellstorff, T. et al. (2012). *Ethnography and Virtual Worlds: A Handbook of Method*. NJ: Princeton University Press.

Boghossian, P. A. (1997, June). IX—What the Externalist Can Know A Priori. *Proceedings of the Aristotelian Society,* 97(1), 161-176, Oxford University Press.

Bonnell, V. E. & Hunt, L. (1999). *Beyond the Cultural Turn*. Berkeley: University of California Press.

Born, G. (Ed.) (2013). *Music, Sound and Space: Transformations of Public and Private Experience*. Cambridge University Press.

Bourdieu, P. (1993). *The Field of Cultural Production*. Cambridge: Polity Press.

Bourdieu, P. & Bourdieu, M. C. (2004). The peasant and photography. *Ethnography*, 5(4), 601-616.

Bourdieu, P. & Whiteside, S. (1996). *Photography: A Middle-brow Art*. CA: Stanford University Press.

Boyd, D. (2008). Why Youth (Heart) Social Network Sites: The Role of Networked Publics in Teenage Social Life. In D. Buckingham (Ed.), *Youth, Identity, and Digital Media*. 119-142, MA: MIT Press.

_____. (2014). *'It's Complicated': The Social Lives of Networked Teens*. Yale University Press.

Broadbent, S. (2012). Approaches to Personal Communication. In H. A. Horst & D. Miller (Eds.), *Digital Anthropology*. London: Berg Publications.

Brown, M. (2015). 'Fly-on-wall' TV Show Captures Family Life. Ethiopian Style. *The Observer*, 31.

Bubel, C. M. (2008). Film Audiences as Overhearers. *Journal of Pragmatics*, 40, 55-71.

Buckingham, D. & Willett, R. & Pini, E. (2011). *Home Truths? Video Production and Domestic Life*. University of Michigan Press.

Bull, M. (2008). *Sound Moves: iPod Culture and Urban Experience*. Routledge.

_____. (Ed.) (2018). *The Routledge Companion to Sound Studies*. Routledge.

Burns, P. & Lester, J. (2005). Using Visual Evidence: The Case of Cannibal Tours. In B. Ritchie & P. Burns & C. Palmer (Eds.) *Tourism Research Methods: Integrating Theory with Practice*. 49-61, Oxfordshire: CABI.

Burrell, J. O. & Fleming, L. & Fredericks, A. C. (2015). Domestic and International Student Matters: The College Experiences of Black Males Majoring in Engineering at an HBCU. *Journal of Negro Education*, 84(1), 40-55.

Caldwell, K. L. (2003). "Look at Her Hair": The Body Politics of Black Womanhood in Brazil. *Transforming Anthropology*, 11(2), 18-29.

Caplan, P. (2005). In Search of the Exotic: A Discussion of the BBC2 Series Tribe. *Anthropology Today*, 21(2), 3-7.

Castells, M. (2014). *Technopoles of the World: The Making of 21st Century Industrial Complexes*. Routledge.

Cefkin, M. (Ed.) (2009). *Ethnography and the Corporate Encounter: Reflections of Research in and of Corporations*. New York: Berghahn Books.

Chalfen, R. (1987). *Snapshot Versions of Life. Bowling Green*. OH: Bowling Green University Press.

Chandola, T. (2012). Listening into Others: Moralising the Soundscapes in Delhi. *International Development Planning Review*, 34(4).

_____. (2014). I wail, therefore I am. *The Acoustic City*. 212-217, Berlin: Jovis Verlag.

Chaplin, E. (1994). *Sociology and Visual Representations*. London: Routledge.

Classen, C. (1993). *Worlds of Sense: Exploring the Senses in History and Across Cultures*. London:

Routledge.

Clifford, J. (1983). On Ethnographic Authority. *Representation*, 2, 132-143.

Clifford, J. & Marcus, G. E. (1986). *Writing Culture: The Poetics and Politics of Ethnography.* A School of American Research Advanced Seminar. CA: University of California Press.

Cobley, P. & Haeffner, N. (2009). Digital Cameras and Domestic Photography: Communication, Agency and Structure. *Visual Communication*, 8(2), 123-146.

Cohen, H. (1988a). Swinging through the Jungle. Review of Cannibal Tours. *Filmnews*, 34-40.

_____. (1988b). Expeditions, Exorticism and Ethnography: Film and the Pacific. *Photofile*, 34-40.

Coleman, E. G. (2010). Ethnographic Approaches to Digital Media. *Annual Review of Anthropology*, 39, 487-505.

_____. (2011). Hacker Politics and Publics. *Public Culture*, 23(3), 511-516.

Coleman, S. (2005). *From The Ground Up: An Evaluation of Community-focused Approaches to E-democracy*. London, Office of the Deputy Prime Minister.

Costa, E. (2016). *Social Media in Southeast Turkey*. London: UCL Press.

Couldry, N. (2012). *Media, Society, World: Social Theory and Digital Media Practice*. MA: Polity Press.

Couldry, N. & Markham, T. (2007). Celebrity Culture and Public Connection: Bridge or Chasm?. *International Journal of Cultural Studies*, 10(4), 403-421.

Crapanzano, V. (1985). *Tuhami: Portrait of Moroccan*, The University of Chicago Press.

_____. (2004). *Imaginative Horizons: An Essay in Literary-Philosophical Anthropology*. University of Chicago Press.

Crawford, P. I. & Turton, D. (Eds.) (1992). *Film as Ethnography*. Manchester University Press.

Cruz, E. G. & Meyer, E. (2012). Creation and Control in the Photographic Process: iPhones and the Emerging Fifth Moment of Photography. *Photographies*, 5(2), 203-221.

Csordas, T. J. (Ed.) (1994). *Embodiment and Experience: The Existential Ground of Culture and Self.* Vol. 2, Cambridge University Press.

Danforth, L. & Tsiaras, A. (1982). *The Death Rituals of Rural Greece*. NJ: Princeton University Press.

Daniels, I. (2010). *The Japanese House*. Oxford: Berg.

Das, V. (2008). La antropología del dolor. *Veena Das: Sujetos del dolor, agentes de dignidad*, 409-436.

David, G. (2010). Camera Phone Images, Videos and Live Streaming: A Contemporary Visual Trend. *Visual Studies*, 25(1), 89-98.

Detmer, D. (2013). *Phenomenology Explained: From Experience to Insight*. Vol. 9, IL: Open Court.

Dicks, B. et al. (2005). *Qualitative Research and Hypermedia: Ethnography for the Digital Age*. London: Sage.

Dirks, N. B. (2001). *Castes of Mind: Colonialism and the Making of Modern India*. Princeton University Press.

Dourish, P. & Bell G. (2011). *Divining a Digital Future: Mess and Mythology in Ubiquitous Computing*. MA: MIT Press.

Drackle, Dorle (2005). Vergleichende Medienethnografie. In A. Hepp & F. Krotz & C. Winter (Eds.), *Globalisierung der Medienkommunikaion*, 187-204, Wiesbaden: Verlag für Sozialwissenschaft.

Drazin, A. (2012). Design Anthropology: Working on, with and for Digital Technologies. In D. Miller & H. Horst (Eds.), *Digital Anthropology*. 245-265, Oxford: Berg.

Du Gay, P. et al. (2013). *Doing cultural studies: The story of the Sony Walkman*. Sage.

Dumont, J. (1978). *The Headman and I: Ambiguity and Ambivalence in the Fieldworking Experience*. University of Texas Press.

Edwards, E. (1992). *Anthropology and Photography 1860-1929*. London: Royal Anthropological Institute.

_____. (2012). Objects of Affect: Photography Beyond the Image. *Annual Review of Anthropology*, 41, 221-234.

_____. (2015). Anthropology and Photography: A Long History of Knowledge and Affect. *Photographies*, 8(3), 235-252.

Ellis, K. & Kent, M. (2011). *Disability and New Media*. Vol. 7, Routledge.

Empson, R. (2011). *Harnessing Fortune: Personhood, Memory and Place in Mongolia*. Oxford: Oxford University Press.

Errington, Frederick & Gewertz, D. (1989). Review of Cannibal Tours. *American Anthropologist*, 91, 274-275.

Escobar, A. et al. (1994). Welcome to Cyberia: Notes on the Anthropology of Cyberculture [and comments and reply]. *Current Anthropology*, 35(3), 211-231.

Fabian, J. (1983). *Time and the Other. How Anthropology makes its Objects*, New York: Colombia University Press.

Favero, P. (2013). Getting Our Hands Dirty (Again): Interactive Documentaries and the Meaning of Images in the Digital Age. *Journal of Material Culture*, 18(3), 259-277.

Fish, A. & Evershed, S. (2006). Anthropologists Responding to Anthropological Television: A Response to Caplan, Hughes-Freeland and Singer. *Anthropology Today*, 22(4), 22-24.

Fligstein, N. & McAdam, D. (2011). Toward a General Theory of Strategic Action Fields. *Sociological Theory*, 29(1), 1-26.

Fonseca, C. (2000). *Familia, Fofoca E Honra: etnografia de relacoes de genero e violencia em grupos populares*. Porto Alegre, RS: Editora da Universidade Federal do Rio Grande do Sul.

Fox, K. (2004). *Watching the English*. London: Hodder & Stoughton.

Freeman, D. (1983), *Magaret Mead and Samoa. The Making and Unmaiking of an Anthropological Myth*. Harvard University Press.

Fudenberg, D. et al. (2006). Evolutionary Game Dynamics in Finite Populations with Strong Selection and Weak Mutation. *Theoretical Population Biology*, 70(3), 352-363.

Geertz, C. (1973). *The Interpretation of Cultures: Selected Essays*. New York: Basic Books.

_____. (1986). Making Experiences, Authoring Selves, In V. W. Turner & E. M. Bruner (Eds.), *The Anthropology of Experience*. 373-380, University of Illinois Press.

Geismar, H. (2012). Museums + digital = ?. In D. Miller & H. Horst (Eds.), *Digital Anthropology*. 266-287, Oxford: Berg.

Gershon, I. (2010). *The Breakup 2.0: Disconnecting Over New Media*. Cornell University Press.

Gibbs, M. et al. (2015). # Funeral and Instagram: Death, Social Media, and Platform Vernacular. *Information, Communication & Society,* 18(3), 255-268.

Giddens, A. (2006). Fate, Risk and Security. *The Sociology of Risk and Gambling Reader*, 435.

Gilroy, P. (1993). *The Black Atlantic: Modernity and Double Consciousness*. London: Verso.

Gilsenan, M. (1982). *Recognising Islam: An Anthropologist's Introduction*. London: Croom Helm.

Ginsburg, F. (1995). Mediating Culture: Indigenous Media, Ethnographic Film, and the Production of Identity. In *Fields of vision: Essays in Film Studies, Visual Anthropology, and Photography*. 256-290, University of California Press.

_____. (2008). Rethinking the Digital Age. In P. Wilson & M. Stewart (Eds.), *Global Indigenous Media: Cultures, Poetics, and Politics*. 287-306, Duke University Press.

_____. (2003). Ethnographies on the Airwaves: The Presentation of Anthropology on American, British, Belgian and Japanese Television. In P. Hockings (Ed.), *Principles of Visual Anthropology*. 3rd edn., 363-398, Berlin & New York: Mouton de Gruyter.

_____. (2012). Disability in the Digital Age. In H.A. Horst & D. Miller (Eds.), *Digital Anthropology*. 101-126, Oxford & New York: Berg.

Goffman, E. (1963). *Behavior in Public Places*. New York: Free Press.

_____. (1979). *Gender Advertisements*. New York: Harper and Row.

Goggin, G. & Newell, C. (2003). *Digital Disability: The Social Construction of Disability in New Media*. Rowman & Littlefield.

Gomez-Cruz, E. & Lehmuskallio A. (Eds.) (2016). *Digital Photography and Everyday Life: Empirical Studies on Material Visual Practices*. London: Routledge.

Graham, M. & Dutton, W. H. (Eds.) (2014). *Society and the Internet: How Networks of Information and Communication are Changing our Lives*. Oxford: Oxford University Press.

Grasseni, C. (Ed.) (2007). *Skilled Visions: Between Apprenticeship and Standards*. Vol. 6, Berghahn Books.

Grimshaw, A. (2001). *Ethnographer's Eye: Ways of Seeing in Anthropology*. Cambridge University Press.

Gunning, T. (2004). What's the Point of an Index? Or, Faking Photographs. *NORDICOM Review*, 25(1-2), 39-49.

Gunn, W. & Donovan, J. (2012). Design anthropology: An Introduction. In W. Gunn & J.

Donovan (Eds.), *Design and Anthropology*. UK: Ashgate.

Haddon, L. (2007). Roger Silverstone's Legacies: Domestication. *New media & society*, 9(1), 25-32.

Hakken, D. (1999). *Cyborgs@Cyberspace: An Anthropologist Looks to the Future*. New York: Routledge.

Hall, S. (1973). *Encoding and Decoding in the Television Discourse*. Birmingham: Centre for Contemporary Cultural Studies.

Haraway, D. (1991). *Simians, Cyborgs and Women: The Reinvention of Nature*. New York: Routledge.

Harris, M. (1976). History and Significance of the Emic-Etic Distinction. *Annual Review of Anthropology*, 5, 329-350.

_____. (Ed.) (2007). *Ways of Knowing: Anthropological Approaches to Crafting Experience and Knowledge*. Oxford and New York: Berghahn.

Harris, Marvin (1974). *Cows, Pigs, Wars and Witches*. New York: Vintage.

Hayes-Conroy, A. & Martin, D. G. (2010). Mobilising Bodies: Visceral Identification in the Slow Food Movement. *Transactions of the Institute of British Geographers*, 35(2), 269-281.

Haythornthwaite, C. (2007). Social Networks and Online Community. *The Oxford handbook of Internet psychology*, 121-137.

Hebdidge, D. (1994). Foreword. In E. Michaels & D. Hebdidge, *Bad Aboriginal Art and Other Essays: Tradition, Media and Technological Horizons*. ix-xxvi, University of Minnesota Press.

Heidemann, F. (2011). *Ethnologie*. Göttingen: Vandenhoeck & Rupert.

Helmreich, S. (2007). An Anthropologist Underwater: Immersive Soundscapes, Submarine Cyborgs, and Transductive Ethnography. *American Ethnologist*, 34(4), 621-641.

Henley, P. (2013). From documentation to representation: Recovering the films of Margaret Mead and Gregory Bateson. *Visual Anthropology*, 26(2), 75-108.

Hine, C. (2000). *Virtual Ethnography*. London: Sage Publications.

_____. (2015). *Ethnography for the Internet: Embedded, Embodied and Everyday*. London: Bloomsbury.

Hjorth, L. (2007). Snapshot of Almost Contact: The Rise of Camera Phone Practices and a Case Study in Seoul, Korea. *Continuum: Journal of Media & Cultural Studies*, 21(2), 227-238.

_____. (2009). *Mobile Media in the Asia-Pacific: Gender and the Art of Being Mobile*. London and New York: Routledge.

_____. (2011). *Games and Gaming: An Introduction to New Media*. Berg.

Hjorth, L. & Arnold, M. (2013). *Online@AsiaPacific: Mobile, Social and Locative Media in the Asia-Pacific*. New York: Routledge.

Hjorth, L. & Chan, D. (2009). Locating the Game: Gaming Cultures in/and the Asia-Pacific. In *Gaming Cultures and Place in Asia-Pacific*, 17-30, Routledge.

Hjorth, L. & Hendry, N. (2015). A Snapshot of Social Media: Camera Phone Practices. *Social*

Media+ Society, 1(1).

Hjorth, L. & Richardson, I. (2016). Mobile Games and Ambient Play. *Social, Casual and Mobile Games: The Changing Gaming Landscape*, 105-116.

Hockings, P. (Ed.) (2009). *Principles of Visual Anthropology.* 3rd edn., Berlin: De Gruyter Mouton.

Hockings, P. et al. (2014). Where is the Theory in Visual Anthropology?. *Visual Anthropology,* 27(5), 436-456.

Hornbacher, A. (2011). The Withdrawal of the Gods: Remarks on Ritual Trance-possession and Its Decline in Bali. In *The Politics of Religion in Indonesia*, 167-191, Routledge.

Horst, H. A. (2009) Aesthetics of the Self: Digital Mediations. In D. Miller (Ed.), *Anthropology and the Individual: A Material Culture Perspective*. 99-113, Oxford & New York: Berg.

_____. (2015). Cultivating the Cosmopolitan Child in Silicon Valley. *Identities: Global Studies in Culture & Power,* 22(5), 619-634.

Horst, H. A. & Herr-Stephenson, R. & Robinson, L. (2010). Media Ecologies. In M. Ito, *Hanging Out, Messing Around, and Geeking Out: Kids Living and Learning with New Media*. 619-634, MIT Press.

Horst, H. A. & Miller, D. (2006). *The Cell Phone: An Anthropology of Communication*. Oxford: Berg.

Horst, H. & Hjorth, L. (2013). Engaging Practices: Doing Personalised Media. In S. Price & C. Jewitt & B. Brown (Eds.), *The SAGE Handbook of Digital Technology Research*, 87-102, London: SAGE Publications.

Horst, H. A. & Hjorth, L. & Tacchi, J. (2012). Rethinking Ethnography: An Introduction. *Media International Australia,* 145, 86-93.

Howes, D. (2003). *Sensual Relations: Engaging the Senses in Culture and Social Theory*. Ann Arbor, MI: University of Michigan Press.

Howes, D. & Classen, C. (2013). *Ways of Sensing: Understanding the Senses in Society*. Routledge.

Huang, W. J. & Lee, B. C. (2010). The Tourist Gaze in Travel Documentaries: The Case of Cannibal Tours, *Journal of Quality Assurance in Hospitality & Tourism,* 11(4), 239-259.

Hughes-Freeland, F. (2006). Tribes and Tribulations: A Response to Pat Caplan. *Anthropology Today*, 22(4), 22-24.

Humphrey, C. (2009). The Mask and the Face: Imagination and Social Life in Russian Chat Rooms and Beyond. *Ethnos*, 74(1), 31-50.

Ingold, T. (2000). *The Perception of the Environment: Essays on Livelihood, Dwelling and Skill*. Routledge.

_____. (2008), Ethnography is not Anthropology, *Proceedings of the British Academy*, 154, 69-92.

_____. (2011). *Being Alive: Essays on Movement, Knowledge and Description*. Routledge.

_____. (2012). Introduction: The Perception of the User-producer. In W. Gunn & J. Donovan (Eds.), *Design and Anthropology,* 19-33, Ashgate.

Ito, M. & Okabe, D. (2005). *Intimate Visual Co-presence*. Position Paper for the Seventh International Conference on Ubiquitous Computing, Tokyo.

Ito, M. et al. (2010). *Hanging Out, Messing Around and Geeking Out: Kids Living and Learning with New Media*. Cambridge, MIT Press.

Jacknis, I. (1988). Margaret Mead and Gregory Bateson in Bali: Their Use of Photography and Film. *Cultural Anthropology*, 3(2), 160-177.

James, A. & Hockey, J. & Dawson, A. (1997). *After Writing Culture: Epistemology and Praxis in Contemporary Anthropology*. Routledge.

Jameson, F. (1998). *The Cultural Turn: Selected Writings on the Postmodern, 1983-1998*. Brooklyn: Verso.

Jones, G. M. et al. (2014). Anthropology in and of MOOCs. *American Anthropologist,* 116(4), 829-838.

Keightley, E. & Pickering, M. (2012). *The Mnemonic Imagination: Remembering as Creative Practice*. Basingstoke: Palgrave Macmillan.

King, Richard C. (2000), The (Mis) Uses of Cannibalism in Contemporary Cultural Critique. *Diacritics*, 30(1), 106-123.

Kopytoff, I. (1986). The Cultural Biography of Things. In A. Appadurai (Ed.), *The Social Life of Things: Commodities in Cultural Perspective*. 64-91, Cambridge: Cambridge University Press.

Koskinen, I. (2007). Managing Banality in Mobile Multimedia. *The Social Construction and Usage of Communication Technologies: European and Asian Experiences*. 60-81, Singapore University Press.

Kozinets, P. (2002). The Field Behind the Screen: Using Netnography for Marketing Research in Online Communities. *Journal of Marketing Research*, 39(1), 61-72.

_____. (2010). *Netnography: Doing Ethnographic Research Online*. London: Sage Publications.

Krämer, N. C. (2017). The Immersive Power of Social Interaction: Using New Media and Technology to Foster Learning by Means of Social Immersion. *Virtual, Augmented, and Mixed Realities in Education*, 55-70.

Kulkarni, A. (2017). Internet Meme and Political Discourse: A Study on the Impact of Internet Meme as a Tool in Communicating Political Satire. *Journal of Content, Community & Communication Amity School of Communication*, 6.

Lasén, A. & Gómez-Cruz, E. (2009). Digital Photography and Picture Sharing: Redefining the Public/Private Divide. *Knowledge, Technology & Policy,* 22(3), 205-215.

Latour, B. (2005). *Reassembling the Social: An Introduction to Actor-Network-Theory*. Oxford: OUP Oxford.

Lewis, T. (2015). One City Block at a Time: Researching and Cultivating Green Transformations. *International Journal of Cultural Studies*, 18(3), 347-363.

Lim, S. S. (2005). From Cultural to Information Revolution: ICT Domestication by Middle-Class Chinese Families. In T. Berker, *Domestication of Media and Technology*, 185-204, Maidenhead: Open University Press.

Lindtner, S. et al. (2011). Towards a Framework of Publics: Re-encountering Media Sharing and its User. *ACM Transactions on Computer-Human Interaction (TOCHI)*, 18(2), 5.

Ling, R. & Campbell, S. W. (2009). *The Reconstruction of Space and Time: Mobile Communication Practices*, NJ: Transaction Publishers.

Ling, R. & Horst, H. (2011). Mobile Communication in the Global South, *New Media & Society*, 13(3), 363-374.

Lorimer, H. (2008). Poetry and Place: The Shape of Words. *Geography*, 93(3), 181.

Lupton, D. (2014). *Digital Sociology*. London: Routledge.

Lutkehaus, N. C. & Dennis O'Rourke (1989). Excuse Me, Everything Is Not All Right: On Ethnography, Film, and Representation: An Interview with Filmmaker Dennis O'Rourke. *Cultural Anthropology*, 4, 422-437.

MacCannell, D. (1976). *The Tourists.* New York: Schocken Books.

_____. (1990). Cannibal Tours, *Society for Visual Anthropology Review,* 6, 14-24.

_____. (1992). *"Cannibalism Today" Empty Meeting Grounds: The Tourist Papers*, New York: Routledge, 1992.

MacDougal, D. (1998). Visual Anthropology and the Ways of Knowing. *Transcultural Cinema*, 61, 92.

_____. (2005). *The Corporeal Image: Film, Ethnography, and the Senses*. NJ: Princeton University Press.

Macfarlane, A. (1978). *The Origins of English Individualism*. Oxford: Basil Blackwell.

Madianou, M & Miller, D. (2012). *Migration and New Media Transnational Families and Polymedia*. New York: Routledge.

Malaby, T. (2012). Digital gaming, game design and its precursors. In H. A. Horst & D. Miller (Eds.), *Digital Anthropology*. 288-306, London: Berg.

Marcus, G. (2012). Foreword. In T. Boellstorff, & B. Nardi & C. Pearce & T. L. Taylor, *Ethnography and Virtual Worlds: A Handbook of Method*. xiii-xvii, Princeton University Press.

Marcus, G. E. & Myers, F. R. (Eds.) (1995). *The Traffic in Culture: Refiguring Art and Anthropology*. University of California Press.

Marcus, G. & Fischer, M. (1986). *Anthropology as Cultural Critique. An Experimental Moment in the History of Social Sciences*. University of Chicago Press.

Marcus, G. & Richard C. (1982). Ethnographies as Texts. *Annual Review of Anthropology*, 11, 25-69.

Marres, N. & Weltevrede, E. (2013). Scraping the Social? Issues in Live Social Research. *Journal of Cultural Economy*, 6(3), 313-335.

Marwick, A. (2011). I Tweet Honestly, I Tweet Passionately: Twitter Users, Context Collapse, and the Imagined Audience. *New Media & Society*, 13(1), 114-133.

Massey, D. (2005). *For Space*. London: Sage.

McLeod, S. & Bathon, J. M. & Richardson, J. W. (2011). Studies of Technology Tool Usage are not Enough: A Response to the Articles in This Special Issue. *Journal of Research on Leadership Education*, 6(5), 288-297.

Meyrowitz, J. (1985). *No Sense of Place: The Impact of Electronic Media on Social Behavior*. Oxford: Oxford University Press, .

Miller, D. (1988). *Material Culture and Mass Consumption*. London: Wiley-Blackwell.

_____. (1994). *Modernity: An Ethnographic Approach*. Oxford: Berg.

_____. (2001a). *Home Possessions: Material Culture Behind Closed Doors*. Oxford: Berg.

_____. (2011). *Tales from Facebook*. Cambridge: Polity.

_____. (2012). Social Networking Sites. In D. Miller & H. Horst (Eds.), *Digital Anthropology*. 146-161, Oxford: Berg.

_____. (2016). Photography in the Age of Snapchat. *Anthropology and Photography*. 1.

Miller, D. & Sinanan J. (2014). *Webcam*. Cambridge: Polity Press.

_____. (2017). *Visualising Facebook*. London: UCL Press.

Miller, D. & Slater, D. (2000). *The Internet: An Ethnographic Approach*. Oxford & New York: Berg.

Miller, D. et al. (2016). *How the World Changed Social Media*. London: UCL Press.

_____. (2005). *Information Society: Emergent Technologies and Development Communities in the South*. Report, Information Society Research Group, London, June.

Milne, G. R. & Bahl, S. (2010). Are There Differences between Consumers' and Marketers' Privacy Expectations? A Segment- and Technology-level Analysis. *Journal of Public Policy & Marketing*, 29(1), 138-149.

Mitchell, M. J. T. (2005). *What Do Pictures Want?*. University of Chicago Press.

Moores, S. (2012). *Media, Place and Mobility*. London & New York: Palgrave Macmillan.

Morley, D. (1992). *Television, Audiences and Cultural Studies*. Hoboken: Taylor & Francis.

_____. (2000). *Home Territories: Media, Mobility and Identity*. Routledge.

Murdock, G. & Pink, S. (2005). Ethnography Bytes Back: Digitalising Visual Anthropology. *Media International Australia*, 16(1), 10-23.

Murray, S. (2008). Digital Images, Photosharing, and our Shifting Notions of Everyday Aesthetics. *Journal of Visual Culture*, 7(2), 147-163.

Myers, F. (Ed.) (2001). *The Empire of Things: Regimes of Value and Material Culture*. Santa Fe, NM: (School for Advanced Research) SAR Press.

Nardi, B. A. (2010). *My Night As an Elf Priest: An Anthropological Account of World of Warcraft*. University of Michigan Press.

O'Reilly, K. (2005). *Ethnographic Methods*. London: Routledge.

Okabe, D. & Ito, M. (2006). Everyday Contexts of Camera Phone Use: Steps Toward Technosocial Ethnographic Frameworks. In J. R. Höflich & M. Hartmann (Eds.), *Mobile Communication in Everyday Life: Ethnographic Views, Observations and Reflections*. 79-102,

Berlin: Frank & Timme.

Ong, W. J. (1991). The Shifting Sensorium. In D. Howes (Ed.), *The Varieties of Sensory Experience*. 47-60, Toronto: University of Toronto Press.

O'Rourke, D. (1997). Beyond Cannibal Tours: Tourists, Modernity and "The Other". In Y. Shinji & H. Kadir & J. S. Eades (Eds.), *Tourism and Cultural Development in Asia and Oceania*. 32-47, Bangi: Penerbit Universiti Kebangsaan Malaysia.

_____. (1987). *Cannibal Tours*. Canberra: O'Rourke and Associates.

_____. (1999). On the Making of "Cannibal Tours".

Ortner, S. B. (1984). Theory in Anthropology since the Sixties. *Comparative studies in Society and History*, 26(1), 126-166.

Palmer, C. & Lester, J. (2007). Stalking the Cannibals: Photographic Behaviours on the Sepik River. *Tourist Studies*, 7(1), 83-106.

Paterson, M. (2007). *The Senses of Touch: Haptics, Affects and Technologies*. Oxford & New York: Berg.

_____. (2009). Haptic Geographies: Ethnography, Haptic Knowledges and Sensuous Dispositions. *Progress in Human Geography*, 33(6), 766-788.

Pearce, C. & Boellstorff, T. & Nardi, B. A. (2011). *Communities of Play: Emergent Cultures in Multiplayer Games and Virtual Worlds*. MA: MIT Press.

Pels, P. & Salemink, O. (1994). Introduction: Five Theses on Ethnography as Colonial Practice.

Pertierra, A. (2009). Private Pleasures: Watching Videos in Post-Soviet Cuba. *International Journal of Cultural Studies*, 12(2), 113-130.

Pertierra, A. C. (2015). Cuban Girls and Visual Media: Bodies and Practices of (still-) Socialist Consumerism. *Continuum*, 29(2), 1-11.

Pickering, M. (1997). *History, Experience and Cultural Studies*. Basingstoke: Macmillan.

Pinheiro-Machado, R. & Scalco, L. M. (2012). Brand Clans: Consumption and Rituals Among Low- income Young People in the City of Porto Alegre. *International Review of Social Research*, 2(1), 107-126.

Pink, S. (2001). *Visual Ethnography. Images, Media and Representation in Research*. London; Thousand Oaks.

_____. (2004). In and out of the Academy: Video Ethnography of the Home. *Visual Anthropology Review*, 20(1), 82-88.

_____. (2008). An Urban Tour: The Sensory Sociality of Ethnographic Place-making. *Ethnography*, 9(2), 175-196.

_____. (2009). *Doing Sensory Ethnography*. London: Sage.

_____. (2011). Amateur Photographic Practice, Collective Representation and the Constitution of Place. *Visual Studies*, 26(2), 92-101.

_____. (2012). *Situating Everyday Life: Practices and Places*. London: Sage.

Pink, S. & Mackley, K. L. (2012). Video and a Sense of the Invisible: Approaching Domestic

Energy ConsumptionTthrough the Sensory Home. *Sociological Research Online*, 17(1), 87-105.

Pink, S. & Mackley, L. K. (2013). Saturated and Situated: Expanding the Meaning of Media in the Routines of Everyday Life. *Media, Culture & Society*, 35(6), 677-691.

_____. (2014). Re-enactment Methodologies for Everyday Life Research: Art Therapy Insights for Video Ethnography. *Visual Studies*, 29(2), 146-154.

Pink, S. et al. (2016). *Digital Ethnography: Principles and Practice*. London: Sage Publications.

_____. (2013). Applying the Lens of Sensory Ethnography to Sustainable HCI. *ACM Transactions on Computer-Human Interaction*, 20(4), 1-18.

Pink, Sarah & Tania L. (2014). Making Resilience: Everyday Affect and Global Affiliation in Australian Slow Cities. *Cultural Geographies*, 21(4), 695-710.

Pinney, C. (2002). The Indian Work of Art in the Age of Mechanical Reproduction: Or, What Happens When Peasants 'Get Hold' of Images. In F. Ginsburg & L. Abu-Lughod & B. Larkin (Eds.), *Media Worlds: Anthropology on New Terrain,* 355-369, University of California Press.

Postill, J. (2008). Localising the Internet beyond Communities and Networks. *New Media and Society*, 10(3), 413-431.

_____. (2011). *Localizing the Internet: An Anthropological Account*. Oxford: Berghahn.

_____. (2012). Digital Politics and Political Engagement. In H. A. Horst & D. Miller (Eds.), *Digital Anthropology*. 165-84, Oxford: Berg.

_____. (2014a). A Critical History of Internet Activism and Social Protest in Malaysia, 1998-2011. *Asiascape: Digital Asia Journal*, 1(2), 78-103.

_____. (2014b). Democracy in an Age of Viral Reality: A Media Epidemiography of Spain's Indignados Movement. *Ethnography*, 15(1), 50-68.

Powdermaker, H. (1933). *Life in Lesu: The Study of a Melanesian Society in New Ireland*. New York: W. W. Norton.

_____. (1947). An Anthropologist Looks at the Movies. *The Annals of the American Academy of Political and Social Science*, 24, 80-87.

_____. (1950). *Hollywood: The Dream Factory*. MA: Little, Brown and Co.

Randall, D. & Rouncefield, M. (2013). Ethnography. In M. Soegaard & R. F. Dam (Eds.), *The Encyclopedia of Human-Computer Interaction,* Aarhus: The Interaction Design Foundation.

Rao, U. (2009). Arbeit am Ruf. Medienstrategien indischer Patrone. *Sociologus,* 59, 199-227.

Richardson, I. (2011). The Hybrid Ontology of Mobile Gaming. *Convergence*, 17(4), 419-430.

Ritchie, D. (2005). Frame-Shifting in Humor and Irony. *Metaphor and Symbol*, 20(4), 288.

Robinson, L. (2007). The Cyberself: The Self-ing Project Goes Online, Symbolic Interaction in the Digital Age. *New Media & Society*, 9(1), 93-110.

Roddick, N. (1987). O'Rouck's Drift. *The Society for Visual Anthropology Newsletter,* 3(1&2), 1-4.

Rose, G. (2012). *Doing Family Photography*. Surrey: Ashgate.

Ruby, J. (2005). The Last 20 Years of Visual Anthropology - A Critical Review. *Visual Studies*, 20(2), 159-170.

_____. (1980). Exposing Yourself: Reflexivity, Film and Anthropology. *Semiotica*, 30(1-2), 153-179.

Ruby, J. et al. (2001). Visual Anthropology: Digital Video. *Anthropology Today*, 17(5), 23-25.

Sanjek, R. & Tratner, S. (2016). *eFieldnotes: The Makings of Anthropology in the Digital World*. University of Pennsylvania Press.

Sarvas, R. & Frohlich, D. (2011). *From Snapshots to Social Media: The Changing Picture of Domestic Photography*. London: Springer Verlag. 133.

Serres, M. (2008). *The Five Senses: A Philosophy of Mingled Bodies*. Bloomsbury Publishing.

Sheller, M. & Urry, J. (2006). The New Mobilities Paradigm. *Environment and Planning A*, 38(2), 207-226.

Sherry, J. (2008). Ethnography Goes to Market. *American Anthropologist*, 110(1), 73-76.

Silverman, E. (1999). Art, Tourism and the Crafting of Identity in the Sepik River (Papua New Guinea). In R. Phillips & C. Steiner (Eds.), *Unpacking Culture: Art and Commodity in Colonial and Postcolonial Worlds*. 51~66, University of California Press.

_____. (2003). High Art as Tourist Art, Tourist Art as High Art: Comparing the New Guinea Sculpture Garden at Stanford University and Sepik River Tourist Art. *International Journal of Anthropology*, 18, 219-230.

_____. (2004). Cannibalizing, Commodifying, or Creating Culture? Power and Art in Sepik Tourism. In V. Lockwood (Ed.), *Globalization and Culture Change in the Pacific Islands*. 339-357, Prentice-Hall.

_____. (2012). From Cannibal Tours to Cargo Cult: On the Aftermath of Tourism in the Sepik River, Papua New Guinea. *Tourism Studies*, 12, 109-130.

_____. (2013). After Cannibal Tours: Cargonism and Marginality in a Post-touristic Sepik River Society. *The Contemporary Pacific*, 25(2), 221-257.

Silverstone, R. & Hirsch, E. (Eds.) (1992). *Consuming Technologies: Media and Information in Domestic Spaces*. Routledge.

Sinanan, J. (2017). *Social Media in Trinidad: Values and Visibility*. UCL Press.

Singer, A. (2006). Tribes and Tribulations: A Response to Hughes-Freeland. *Anthropology Today*, 22(3), 24.

Singer, A. & Woodhead, L. (1988). *Disappearing World: Television and Anthropology*. London: Boxtree.

Slater, D. (1995). *Domestic Photography and Digital Culture*. In Lister, M. (Ed.), *The Photographic Image in Digital Culture*. 129-46, London: Routledge.

_____. (2013). *New Media, Development and Globalization: Making Connections in the Global South*. MA: Polity.

Sontag, S. (1978). *On Photography*. London: Allen Lane.

Sprague, S. (1978). How I See the Yoruba See Themselves. *Studies in the Anthropology of Visual Communications,* 5(1), 9-29.

Spyer, J. (2017). *Social Media in Emergent Brazil.* London: UCL Press.

Stam, R. & Spencer, L. (2009). Colonialism, Racism, and Representation: An Introduction. In L. Braudy & M. Cohen (Eds.) (2009). *Film Theory and Criticism*, 751-765.

Star, S. L. (1999). The Ethnography of Infrastructure. *American Behavioral Scientist*, 43(3), 377-391.

Steven, B. (2007). Culture Turn. *Blackwell Encyclopedia of Sociology*.

Stoller, P. (1997). *Sensuous Scholarship*. Philadelphia, PA: University of Pennsylvania Press.

_____. (1989). *The Taste of Ethnographic Things: The Senses in Anthropology*. University of Pennsylvania Press.

Sunderland, R. L. & Denny, R. M. (2016). *Doing Anthropology in Consumer Research*. New York: Routledge.

Tacchi, J. (1998). *Changing Experiences of Domestic Audio Technologies in Britain*.

_____. (2000). The Need for Radio Theory in the Digital Age. *International Journal of Cultural Studies*, 3(2), 289-298.

_____. (2003). Nostalgia and Radio Sound. In M. Bull & L. Back (Eds.), *The Auditory Culture Reader*. 281-295, Oxford: Berg.

_____. (2009). Radio and Affective Rhythm in the Everyday. *The Radio Journal: International Studies in Broadcast and Audio Media*, 7(2), 171-183.

_____. (2012). Radio in the (i) Home: Changing Experiences of Domestic Audio Technologies in Britain. *Radio fields: Anthropology and Wireless Sound in the 21st Century, 233*.

Tacchi, J. & Chandola, T. (2015). Complicating Connectivity: Women's Negotiations with Smartphones in an Indian Slum. In L. Hjorth & O. Khoo (Eds.), *Routledge Handbook of New Media in Asia*. Abingdon: Routledge.

Taylor, Bron (Ed.) (2013). *Avartar & Nature: Spirituality*. Ontario: Wilfrid University Press.

Taylor, J. & Taylor, J. (2009). A Content Analysis of Interviews with Players of Massively Multiplayer Online Role-play Games (MMORPGs): Motivating Factors and the Impact on Relationships. In *Online Communities and Social Computing: Third International Conference,* 613-621.

Taylor, T. L. (2002). Living digitally: Embodiment in Virtual Worlds. In R. Schroeder (Ed), *The Social Life of Avatars: Presence and Interaction in Shared Virtual Environments*. 40-62, London: Springer.

Thomas, K. (1971). *Religion and the Decline of Magic*. London: Weidenfeld & Nicolson.

Thornham, H. & Weissmann, E. (Eds.) (2013). *Renewing Feminisms: Radical Narratives, Fantasies and Futures in Media Studies*. Bloomsbury Publishing.

Thrift, N. (2007). *Non-Representational Theory: Space, Politics, Affect*. Oxford: Routeldge.

Throop, C. J. (2003). Articulating experience. *Anthropological Theory*, 3(2), 219-241.

Turkle, S. (2005). *The Second Self: Computers and the Human Spirit*. Cambridge, MA: MIT Press.

Turner, T. (2002). Representation, Politics and Cultural Imagination in Indigenous Video: General Points and Kayapo Examples. In F. Ginsburg & L. Abu-Lughod & B. Larkin (Eds.), *Media Worlds: Anthropology on New Terrain*. 75-89, CA: University of California Press.

Turner, V. W. & Bruner, E. M. (Eds.) (1986). *The Anthropology of Experience*. IL: University of Illinois Press.

van Dijck, J. (2007). *Mediated Memories in the Digital Age.* Stanford University Press.

van House, N. A. (2011). Personal Photography, Digital Technologies and the Uses of the Visual. *Visual Studies,* 26(2), 125-134.

Vannini, P. & Waskul, D. & Gotschalk, S. (2011). *The Senses in Self, Culture, and Society*. Routledge.

Venkatraman, S. (2017). *Social Media in South India*. London: UCL Press.

Vonnegut, K. (1990.12.09.). Heinlein Gets the Last Word. *The New York Times*.

Wallis, C. (2013). *Technomobility in China: Young Migrant Women and Mobile Phones*. New York University Press.

Warner, M. (2002). Publics and Counterpublics. *Public Culture*, 14(1), 49-90.

Wasson, C. (2016). Design Anthropology. *General Anthropology*, 23(2), 1-11.

Waterman, C. A. (1990). *Jùjú: A Social History and Ethnography of an African Popular Music*. University of Chicago Press.

Wellman, B. (2001). Computer Networks as Social Networks. *Science*, 293(5537), 2031-2034.

Wendl, T. & Beez, J. (2004). Africa screams: Das böse in Kino, Kunst und Kult.

Whitehead, N. L. & Wesch, M. (2012). *Human no More: Digital Subjectivities Unhuman Subjects, and the End of Anthropology.* University Press of Colorado.

Whyte, W. F. (1943). *Street Corner Society: The Social Structure of an Italian Slum*. IL: University of Chicago Press.

Williams, R. (1974). *Television: Technology and Cultural Form*. London: Collins.

Willis, P. (1977). *Learning to Labour: How Working Class Kids Get Working Class Jobs*. New York: Columbia University Press.

Wilner, S. J. S. (2014). A Crisis of Representation? Anthropology in the Popular Business Media. In R. M. Denny & P. L. Sunderland (Eds.), *Handbook of Anthropology in Business*. 497-520, CA: Left Coast Press.

Witkowski, E. (2012). On the Digital Playing Field: How We "do Sport" with Networked Computer Games. *Games and Culture*, 7(5), 349-374.

Wulff, H. (2007). *The Emotions: A Cultural Reader*. Oxford & New York: Berg.

Young, Katherine (1992). Visuality and the Category of the Other: The Cannibal Tours of Dean MacCannell and Dennis O'Rourke. *Visual Anthropology Review*, 8, 92-96.

찾아보기